# 拥抱未来
## 新经济的成长与烦恼

探析新经济形态 □ 把脉数字化未来

信息社会 50 人论坛◎编著

中国财富出版社

**图书在版编目（CIP）数据**

拥抱未来：新经济的成长与烦恼／信息社会50人论坛编著．—北京：中国财富出版社，2017.1

ISBN 978－7－5047－6369－3

Ⅰ.①拥… Ⅱ.①信… Ⅲ.①网络经济—文集 Ⅳ.①F062.5－53

中国版本图书馆 CIP 数据核字（2016）第 305101 号

| | | | | | | | |
|---|---|---|---|---|---|---|---|
| **策划编辑** | 刘 晗 | **责任编辑** | 宋宪玲 | | | | |
| **责任印制** | 方朋远 | **责任校对** | 孙会香 | 孙丽丽 | 张营营 | **责任发行** | 张红燕 |

| | |
|---|---|
| **出版发行** | 中国财富出版社 |
| **社 址** | 北京市丰台区南四环西路 188 号 5 区 20 楼　　**邮政编码** 100070 |
| **电 话** | 010－52227588 转 2048/2028（发行部）　010－52227588 转 307（总编室） |
| | 010－68589540（读者服务部）　　010－52227588 转 305（质检部） |
| **网 址** | http://www.cfpress.com.cn |
| **经 销** | 新华书店 |
| **印 刷** | 北京京都六环印刷厂 |
| **书 号** | ISBN 978－7－5047－6369－3/F·2697 |
| **开 本** | 710mm×1000mm 1/16　　　**版 次** 2017 年 1 月第 1 版 |
| **印 张** | 26.5　　　　　　　　　　**印 次** 2017 年 1 月第 1 次印刷 |
| **字 数** | 420 千字　　　　　　　　**定 价** 52.00 元 |

# 序　找准新经济的痛点

"你身边的孵化器，真的有孵化能力吗?"准备写这个序言时，恰好在微信里看到了这样一则广告。

因为想弄懂新经济，近期去了不少地方，看到了不少"孵化器"。

所有"孵化器"好像都有一个好的理由：发展新经济。

当然，孵化器只是新经济的冰山一角，只是推动新经济发展大拳法中的一个动作。

与孵化器类似的还有各种称谓的创新创业空间，再大一点的还有以新经济为噱头的各类新兴产业园区。

2016 年 3 月，"新经济"首次被写入《政府工作报告》："当前我国发展正处于这样一个关键时期，必须培育壮大新动能，加快发展新经济。"这也可以算是中国全面拥抱新经济的一个开端吧。

于是，新经济如旭日东升，如水银泻地，如雨后春笋。

于是，赤膊上阵的有互联网企业，有房地产商，还有政府。

然后，就有了疑问，有了迷惑，有了反思。

再然后，就有了今天大家看到的这本书——《拥抱未来：新经济的成长与烦恼》。

本书与此前出版的《未来已来："互联网＋"的重构与创新》《读懂未来：信息社会北大讲堂》，一同构成了信息社会 50 人论坛奉献给读者的"未来三部曲"。

《未来已来》关注的是思维转变，《读懂未来》关注的是趋势变化，《拥抱未来》关注的则是现实难题。

《拥抱未来》选择的主题是新经济，不仅因为新经济可以成为未来发展的新动能，还因为新经济正在成为中国经济发展的主旋律，更因为中国新经济的发展遇到了诸多难题。

在一定意义上说，拥抱新经济就是拥抱未来。

新生事物都会遭遇成长的烦恼，新经济也不例外。

新经济的难点至少有三个：认知难、测量难、突围难。

"新经济"一词最早出现于20世纪90年代的美国，现在我们所谈的新经济显然有了明显的中国特色。李克强总理强调发展"新经济"是要培育新动能，促进中国经济转型。"新经济的覆盖面和内涵是很广泛的，它涉及一、二、三产业，不仅仅是指三产中的'互联网＋'、物联网、云计算、电子商务等新兴产业和业态，也包括工业制造当中的智能制造、大规模的定制化生产等，还涉及到一产当中像有利于推进适度规模经营的家庭农场、股份合作制，农村一、二、三产融合发展，等等。"

围绕新经济内涵与边界的讨论并没有形成定论，实践中各地政策制定中也出现了"三新说""四新说""五新说""七新说"，内容涵盖新技术、新产业、新业态、新模式、新产品、新要素等。至于新经济与信息经济、网络经济、数字经济、知识经济等的区别与联系，从理论到实践也都还处在混沌中。

这些争论也许还会持续很久，也许永远都没有答案，但实践发展不会因之而停顿，正像关于什么是人、什么是电的争论不影响人类正常发展一样。

新经济的测量是另一个难题。似乎所有人都习惯性地想得到关于新经济的数据表现：体量有多大？速度有多快？对GDP（国内生产总值）影响如何？

理论上的探讨是一回事，实践操作是另一回事。

新经济测量的困难表现在三个方面：一是新经济的边界划分难，对于哪些算是新经济哪些不算都还没搞清楚；二是缺乏有效的工具，简单使用工业经济时代的GDP核算体系显然不行，但新的工具还没有出现；三是对新经济的本质和意义认识不清，导致测算对象的模糊和错误。

2016年10月28日，信息社会50人论坛联合中国信息经济学会、DAMA中国（一个非营利性、专注数据和信息管理的专业组织）召开了一次"经济测量的挑战"专题研讨会，开了一个好头，但离解决问题还很远。

本书的第一篇就以"新经济及其测量"为主线，选取了杨培芳、陈禹、梁春晓、高红冰、陈德人、邱泽奇、汪向东、何霞等多位论坛老师的文章，反映了他们从不同视角对新经济及其测量的最新思考。同时，也收录了鲜祖德、赵清华、韩小明等大家的讨论发言，以期对更好地理解新经济及其测量能有所助益。

新经济的"突围难"可以从分享经济这两年的遭遇看出一二。

与新经济一样，分享经济也是在 2016 年首次被写入《政府工作报告》。

作为新经济的突出代表，分享经济在快速生长的同时不可避免地遇到了各种难题。能看清楚的是，这些难题主要源于旧有体制机制带来的障碍。

分享经济已然成为新经济的风向标，也成为政策导向的试金石。

理解了分享经济，也就理解了新经济。分享经济的难题如能解决，整个新经济的烦恼也就扫除得差不多了。

所以，本书的第二篇就以"分享经济与平台治理"为主线，收集了卢希鹏、吕本富、安筱鹏、姜奇平、薛兆丰、阿拉木斯、张国华、朱巍、司晓、张平、毛伟、刘德良等多位论坛专家的文章。

不管有多少烦恼，新经济总会前进，而且还会不断变化其内容和形式。

新经济源于新一轮产业革命，其间最为突出的动力源就是互联网。所以要看清新经济的未来，需要对互联网发展有新的考量。

新经济是时代变化的产物，这个时代的主要特征就是信息社会的来临。

在本书的第三篇"互联网发展与信息社会测评"里，有段永朝、邬焜、胡泳、师曾志、吴秀媛等几位论坛专家的独到见解，还有国家信息中心团队完成的全球和中国信息社会发展报告，相信会有助于大家对互联网及信息社会发展趋势的理解和把握。

不求振聋发聩，但求开卷有益。

2016.12.15

# 目 录

CONTENTS

## 第一篇　新经济及其测量

## 第二篇　分享经济与平台治理

## 第三篇　互联网发展与信息社会测评

第一篇

# 新经济及其测量

# 杨培芳：信息时代的新经济哲学

信息社会 50 人论坛理事，中国信息经济学会名誉理事长，信息社会 50 人论坛发起人之一，教授级高工。长期从事信息通信领域经济与政策研究，1992 年获"国务院津贴和突出贡献专家"称号，曾任国家信息技术政策起草组成员，国家 S－863 高技术发展规划核心组成员，负责和参与多项信息产业领域改革与发展课题研究，2014 年被《经济学家周报》评为年度十大著名经济学家。代表论著有《网络协同经济学——第三只手的凸现》《网络钟型社会——公共理性经济革命》《挽在一起的手》等。

杨培芳

现在的时代很浮躁，多数人不怎么关注理论，可是现在遇到许多新问题都需要从根本理论上寻找出路。前不久，习近平主席在哲学社会科学工作座谈会上指出：这是一个需要理论而且一定能够产生理论的时代，这是一个需要思想而且一定能够产生思想的时代。

最近一段时间以来"新经济"这个词比较热。我认为制度创新更需要新经济理论的支撑，因为新经济和老经济不一样，工业时代我们跟随美国和欧洲就行了，信息时代我国在 IT 技术和互联网应用领域已经走到前面，到了无人区。跟随发展比较容易，引领发展就容易迷茫。

## 一、现代经济学已经失灵

不久前我写过一篇短文，说"西方经济学已死"，比较刺激，惹很多人不高兴。现在许多境外学者都在反思西方经济学的问题，似乎只有我们国内对西方经济学还是顶礼膜拜，甚至当作圣经。

进入21世纪以来，世界经济遭遇到前所未有的难题，经济下滑，环境污染，灾害频发，贫富差距拉大，西方经济学开不出有效的药方。诺贝尔奖获得者、经济学大师布坎南说，现代经济学已经迷失了救世的激情和公平的梦想。斯蒂格利茨提出，新古典经济学试图证明经济个人主义是有效的，但是"一旦引入不完备市场和不完全信息更接近现实的假设以后，帕累托效率的论点就站不住脚了"。问题出在两个半世纪以来亚当·斯密提出的一个悖论，叫作"利己之心可结利他之果"，认为每个人都去争取自己的利益最大化，就会在市场这只"看不见的手"的作用下，实现社会利益最大化。

后来有人认为人的本性就是贪婪自私，只有贪婪自私才能激发人们去创造，促进社会经济发展。在亚当·斯密的年代，为了消除封建势力，提倡经济个人主义是进步的，但是延续到工业时代后期问题就来了。借用印度前总理甘地的一句话，"地球可以满足人类的需求，但是满足不了人类的贪婪"。张五常也在反思经济学为何失败的时候说："自私可以使人类发展，也可能使人类毁灭！"科斯最近也开始惊叹"经济学已经坏掉了！"他说："物理学已经超越牛顿，生物学也已经超越达尔文，可是经济学尚没有超越亚当·斯密。"现在欧美有很多大学的学生抗议经济学理论无用，要求全面修改经济学教材。

## 二、新经济学派正在兴起

20世纪70年代，哈佛大学教授丹尼尔·贝尔在《后工业社会的来临》中提出，经济形态正在从商品生产向信息服务演变。他又说："一个严重的问题是人们需要做出的是一种社会决策，不等于个人决策的总和。正如每一辆汽车都聚在一起，个人决策加在一起肯定是一场噩梦。"斯蒂格利茨提出："始自亚当·斯密，经过二百多年的发展的标准竞争模型不能反映市场经济，很多的结论都是错误的。凯恩斯主义和达尔文主义都难以确保市场经济的长期活力，我们正在接近一种处于两者之间的哲学，它将为未来指引方向。"

《零边际成本社会》的作者里夫金提出了一个产权之问："互联网的所有者是谁？"他说："网络基础设施建设资金来自富裕资本家和公司股东的并不多，大部分的资金来自数百万的消费者和纳税人。每一个人都拥有互联网，互联网又不属于任何人。"有人提出上网"提速降费"的问题，本身就是矛盾。我们按照西方经济理论将电信资费完全市场化，政府刚刚下发文件说完全放开电信资费，但是没多久国务院总理就又提出来要提速降费。有人解释说这是国务院总理代表市场对价格提出的要求。现在上网费降了多少？有的降了百分之三十几，有的降了百分之二十几。都是按照信息流量来算的，有时候会突然收到短信说赠送你多少 G 的免费流量，你一用就超，因为都是有附加条件的，或者只有什么时间才能用，或者叫作什么定向流量。反正你信了就会吃亏上当，把零边际成本的新经济当作稀缺资源的传统经济卖给消费者，完全扭曲了新经济的根本特征。

其实除了国外关于新经济理论的探索，国内部分前卫学者也在深入研究。以中国信息经济学会为代表的新经济学派曾发表《新商业模式宣言》，出版了《新商务系列丛书》和《中国经济向何处去——基于信息经济学的分析》。我们认为现代经济学三大理论基石已经动摇，一是资源稀缺假设被共享经济动摇，二是完全信息假设被信息价值论动摇，三是理性经济人假设被网络社会人动摇。

现在有些政府官员懒政，面对新经济与旧制度的矛盾，不积极想办法适应新兴生产力发展，而是等着出事，只要一出大事，他们就会推波助澜，阻止新经济发展。现在"互联网＋出租车""互联网＋金融""互联网＋医疗"都出现类似的情况。

大家知道华为的信息通信技术已经走在世界前列，基本到了无人区，我们的经济理论研究也到了无人区。西方在反思现代经济理论，我们也在反思和研究新经济理论，但是究竟谁能够超越亚当·斯密，是西方还是东方？我认为西方背负了更多工业时代的包袱，而在 ICT（信息 Information、通信 Communication 和技术 Technology 三个英文单词的词头组合）技术互联网应用领域，我们已经走在前面，新经济理论很可能在我们这样的东方大国土壤里产生。

面对信息生产力的迅猛发展，最重要的是创新而不是守成，是增量而不是存量。现在我们许多人还把东、西方的制度冲突和文化差异当作心病，但是我想过不了多久，网络会把最好的东西毫无偏向地推向世界。以移动通信为例，1G（大哥大）、2G（数字化）时代，从技术标准、网络设备，再到手机终端全靠国外；3G 时代有了中国提出的三大世界标准之一，中国网络设备和手机终端也占有一席之地；4G 时代中国提出的技术标准与国外平分秋色；到了 5G 时代，很可能由中国提出唯一的世界移动通信标准。这一方面是因为我们有 14 亿人口基数和 8 亿多的网民，另一方面东方文化的协同思维基因要比西方还原论思维更适合未来信息社会。在这样的情势之下我们没有理由迷信西方的经济学理论。

## 三、新经济哲学

一个历史事实是，西方思维偏向精确的、静止的个体还原论概念，在工业时代取得了莫大的成功；东方思维则更关注模糊的、变化的整体协同概念，先天不适合工业时代。但是今天的人类正处在从硬邦邦的工业社会向充满流变的信息社会转型过程之中。

社会信息化从 20 世纪 70 年代开始，经过了三个重要阶段，第一阶段是信息交流，第二阶段是信息媒体，现在第三阶段是直接为生产服务，主要标志是大、智、物、云、印，我们把它叫作信息生产力阶段。它和传统的农业生产力、工业生产力有许多根本区别。比如说互联网作为信息生产力的核心成分，它具有三种精神：协同共享的开放精神、扁平互动的平等精神、分布关联的普惠精神。作为生产资料，物质靠占有和垄断增值，信息靠开放和共享提效。

信息经济有十个重要特征，其中最重要的是收益递增性。这里有两组曲线，一组是工业经济的成本收益曲线，传统教科书里都有，我现在要补充一组曲线，就是信息经济的成本收益曲线。工业经济成本是递增的，收益是递减的；信息经济成本是递减的，收益是递增的。这就注定了工业经济嫌贫爱富，信息经济普惠大众。

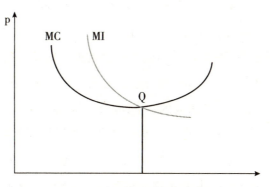

**图1 工业经济成本收益曲线**

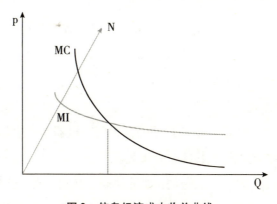

**图2 信息经济成本收益曲线**

信息社会能不能形成协同互利的机制？如果没有一种内在机制，再良好的愿望只能是乌托邦幻想。西方经济学有个著名概念叫"公地悲剧"，说的是没有产权的草地会因为过度放牧而荒芜。但是有了互联网以后产生了一个新的概念，我把它叫作"公共资源池"，人们可以把许多闲置资源甚至闲置时间和精力放入公共资源池，以低费甚至免费方式实现共建共享。这种公共经济模式才能代表未来经济的发展方向。

我认为信息社会是普惠经济，高而不贵。应该大力提倡优质、低费，同时反对高价暴利和免费陷阱。中国有三种商业文化，第一种是北京的商业文化，燕赵之地，大刺客荆轲的老家，其主要特点就是明处对你客气，暗地里宰人；第二种是吴越文化，宁愿吃亏也要和你做成生意，然后卧薪尝胆，等待机会；第三种是平等交易，崇尚"我有利客无利，则客之不存；客有利我无利，则我之不久；客有利我有利，则客永存，我永利也"。

互利主义最重要的机理就是"互联网＋一报还一报"模型和"以直报怨"模型。主要是讲互联网扩大的熟人社会的重复交易模式，使著名的埃克斯罗德的"一报还一报"模型快速收敛，实现互利共赢，在 2016 年杭州 G20 峰会上习近平主席使用频率最高的一个词就是互利共赢。

如果我们从历史的角度看，人类从封建社会提倡利他主义和群族理性，资本社会提倡利己主义和个人理性，现正在朝向普惠社会的互利主义和公共理性过渡。整个哲学思维也会从农业时代的大一统、工业时代的两元对立，向信息时代的三元协同发展。

在互联网条件下社会治理也正在形成市场、政府和社会三只手的合力。我国必须同时发挥市场的决定作用、政府的保障作用和社会的协同作用，才能促进当前经济的健康发展。

最后有三条结论：

第一，耕牛生产力的时代特征是分散封闭，机器生产力的时代特征是集中管控，信息生产力的时代特征是分布关联。

第二，请大家记住三个关键词：多元协同、互利主义、公共理性。

第三，生产关系必须适应新型生产力的时代要求，"互联网＋"必然催生效率和公平高度统一的普惠信息社会。

# 梁春晓：未来经济形态

## ——后天的世界,有你的位置吗

信息社会50人论坛理事,阿里研究院高级顾问、学术委员会主任,工信部电信经济专家委员,北京市信息化专家咨询委员,中国信息经济学会常务理事,盘古智库学术委员。曾任阿里巴巴集团高级研究员、副总裁、阿里研究中心主任。

长期专注于电子商务、互联网经济和信息社会,提出新经济"三位一体"、从"三次产业"到"三层生态"、信息经济三动力、电子商务经济体、电子

梁春晓

商务四阶段、网规、电子商务服务、电子商务生态和电子商务以商务为本等重要观点和概念,主持或参与国家发改委"中国信息经济发展趋势与策略选择"和"电子商务发展'十一五'规划"、商务部"中小企业电子商务应用"、中国工程院"现代服务业信息化战略研究"、科技部"十五"科技攻关课题"电子商务发展战略研究"和"电子商务工程评价体系研究"以及阿里研究院"信息经济前景研究"等重要课题,主编或著有《电子商务服务》《信息经济与电子商务知识干部读本》《电子商务——从理念到行动》《电子商务导论》《电子商务纵横谈》等。

2008年,中国网络零售刚刚超过1000亿元,现在看来是很平常的一个数字,但那时很多人对此非常惊讶,这是中国电子商务发展史上一个非常重要的节点。2014年,云计算尤其是阿里云计算达到了相当的高度,并在今年成

为全球三大云计算之一。

今天，我们又在谈"智慧物流"。

每到这样的节点我都有一个特别深的体会，事情特别热闹的时候，要知道它一定不是今天才发生的。2008 年谈网络零售 1000 亿元的时候，要在五六年前找原因，因为 2003 年有了淘宝，1999 年有了中国电子商务最初的崛起。同样，有了 2009 年阿里云的成立，才会为六年以后云计算的崛起打下基础。

所以，我们今天在这个场合谈"智慧物流"，其实我们是在谈"未来"。所有今天发生的事情都不是今天才发生的，所有今天关注的东西都是要面向未来的。

前年开始，阿里研究院常讲一个词——"后天"。我们每个人都在谈论明天，规划明天，但是如果你仅仅是从今天看明天，明天很可能只是又一个今天，无非是量的修正和调整。当你真到了明天，可能发现人家已经超越你了。我们特别强调后天，一定要超越明天，看得更远，看到一个全新的变化和未来。2009 年，当那么多互联网公司觉得自己基础设施还可以的时候，阿里巴巴开始做云计算。三年前菜鸟网络开始建立的时候，很多人没有看到今天，更不要说看到今天的明天，也就是昨天的后天。

图 1　明天从哪里来——从后天来

谈物流也好，谈共享经济也好，谈城市末端基础设施或资源共享也好，其实都是在一个更大的从工业时代向信息时代转型的时代背景下，谈一个非常重要的问题，意味着很多原来熟知的东西需要重新思考。不知道在座有多少人依然把互联网仅仅当作渠道或工具来看，有多少人还没有把互联网当作基础设施来看，有多少人还没有看到我们已经到了一个新的时代——信息时代。

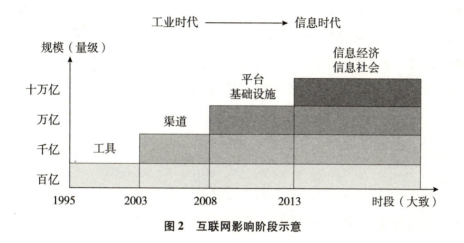

图2　互联网影响阶段示意

今天所面对的是一个跨度巨大的变化，无论是思考菜鸟网络的未来，还是城市末端的发展，还是如何加入大的生态体系共同奔向明天或者后天，我们的视野都要足够大。

## 一、两次重大转型

十年前谈到中国互联网，人们马上想到的是新浪、网易和搜狐，但是现在它们的规模跟BAT（百度、阿里巴巴、腾讯）完全不在一个量级。

这中间究竟发生了什么事情呢？

首先，是从Web 1.0到Web 2.0的转型。在Web 1.0时代，网上的东西是网站自己做的，比如当时在三大网站上看到的内容大都是新浪、网易或搜狐的编辑们编发的。但在Web 2.0时代，网上的东西大都是用户创造的，百度上的东西不是百度做的，而是数以百万计的网站创造的；阿里巴巴、淘宝上的东西不是阿里巴巴、淘宝卖的，而是网商们卖的；腾讯上面的信息也不是腾讯发的。这三家都是平台。这是网站从生产者到平台的转变，这个变化非常大，是中国互联网20年发展史上的第一次重大转型。

其次，是最近几年正在发生的第二次重大转型，即从 PC 互联网到移动互联网的转型，以及从 IT 到 DT 的转型。在这个转型过程中，几大互联网巨头都比较紧张，比较有压力，都不敢掉以轻心，因为忽然之间冒出了很多新的互联网公司，比如滴滴打车这类市值百亿美金数量级的公司，那些 10 亿美金数量级的"独角兽"就更多了。他们会不会趁着移动互联网、云计算和大数据的台风极大地改变中国互联网格局呢？值得期待。

## 二、新基础设施、新要素、新结构

新基础设施：从"铁公机"到"云网端"。我们对基础设施的理解正在发生重大变化，以往的基础设施是工业时代的"铁公机"，现在，云计算、互联网和智能终端正在成为重要的基础设施。对于智慧物流及相关领域，特别需要重视的是个人化的智能终端正在成为基础设施的一部分，这在人类历史上是空前的。

以往一谈基础设施就是大规模的、集团化的，或是必须政府投入的。这让我们第一次领略到社会基础设施可以依托手机等手持设备、智能手环、智能眼镜、植入芯片等个人化的终端设备构成，数据源源不断通过这样的基础设施连接起来、分享出去。

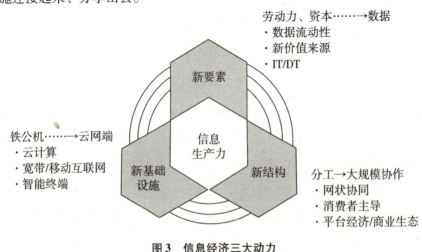

图 3　信息经济三大动力

新要素：从土地、劳动力和资本等生产要素扩展到数据。

新结构：从分工到大规模协作。在工业时代强调专业化分工，当专业化分工到一定程度时则需要强调大规模协作。今天，涉及电子商务的规模都非常大，通常比线下高出 2~3 个数量级。这意味着其已经完全超出个人经验的感知和推断。一些年轻人不一样，他们没有经验的包袱，反而能用数据化的方式展开一个新世界的探索。

## 三、基础设施：降低成本、提高效率

城市是什么？城市就是基础设施。基础设施总会涉及两点：一是降低成本，二是提高效率。城市不仅仅是建筑、空间、资源，城市还是基础设施，当这样的城市基础设施与互联网结合时，就构成了新的信息时代的基础设施。

我前几天回成都帮母亲取快递，短信通知我到小区的"菜鸟驿站"取。你看，这个简单的过程包含三个层面：一是成都的城市基础设施，二是那个小区的基础设施，三是叠加上的互联网以及菜鸟网络的基础设施。因为这三层叠加，实现了我头天在北京出发之前下单，第二天到成都就把东西搬到家里了。这种高效率和低成本，就是对信息时代基础设施结构的非常好的诠释。

城市的发展和共享都是在这个基础设施上形成的。在这个基础设施之上，如何构建新的业务，包括创业、贵阳交通大数据共享，以及北京中关村创业大街上各种咖啡馆和共创空间，都是城市基础设施在这个时代的能量释放。

## 四、平台、生态和演进

最近几年的变化的确非常大。一些与硬件相关的领域变化就更大了，比如苹果公司，你以为它是做手机的，其实人家是做平台的，做生态的。在网络零售领域，今年面临一个特别大的转折点，可以有把握地说，在今年的某个时点上，阿里平台上的零售交易额将会超过沃尔玛全球交易额。这件事的意义非常重大，这意味着自此以后全球最大的零售平台就不在线下而在线上，不在美国而在中国。这是信息经济全面崛起的标志。

平台和生态是核心。比如淘宝平台上有数以十万计的服务商，包括各种各样的类型和各种各样的角色，而且在不断地演化和涌现。整个过程都不是人为设计的，也不可能是所谓"顶层设计"的结果。最近"顶层设计"这个词用得很滥，但"顶层设计"往往不靠谱，因为社会、经济状况实在太复杂，绝不是哪一个或几个脑袋或机构能够设计得了的。如果真能这样，就不需要改革了，就不需要从计划经济向市场经济转型了。真实的社会和经济发展是一个生态演化的过程。

## 五、自由连接体

有了信息时代的基础设施会发生什么？由于新基础设施的形成，"自由职业者"越来越多，美国把其称为"自我雇佣者"，一个人也可同时扮演不同的角色，比如"张三：演员、电子商务论坛主持人、导演、策展人等"。新基础设施为其提供了低成本、高效率的环境，使其可以随时改变角色。未来，自由人会越来越多。正如工业时代来临之时，出现了前所未有的基础设施，出现了大城市、大工厂等前所未有的新东西，能提供更低的成本、更高的效率，很多人从高成本、低效率的地方被吸引过来，很多农民被吸引到了城市。

为此，阿里研究院提出一个概念叫"自由连接体"。就是说，一个人或一个小的组织，今天可以加入这个连接，明天可以加入那个连接，或者可以同时加入好几个连接。正是因为这样一种存在方式，才使得共享经济、菜鸟网络、菜鸟驿站等成为可能。这在以前是不可想象的。基于此，未来会有越来越多的人或机构处于既是专家又很柔性的状态，我们称其为"专业化＋U盘化"的生存方式。

小微企业或个人直接面对市场需求，通过互联网、平台和服务体系连接和组织起来，以"自由人的自由联合"，以自由连接体，快速响应和满足市场需求。

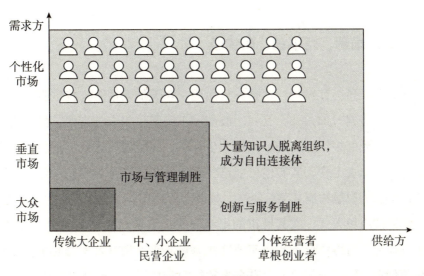

**图4 自由连接体**

随着新经济的发展，在供给和需求两个方向，都会有越来越多的人脱离固定的公司化组织，演变为自由连接体。未来也许一半以上的年轻人不会加入任何一个固定的组织。公益组织也如此，比如古村之友，它在互联网上聚集了超过数万名关心古村建设的年轻人，随时组织各种活动，也随时转入下一个任务。这种情形在淘宝上早就有了，70%的淘宝卖家在5个人以下，95%的卖家初期投入在3万元以内，都是很小规模的，很多时候你很难说他是个人还是企业。

未来对人的要求也会发生变化。新的技术催生新的商业模式，新的商业模式催生新的商业生态，新的商业生态催生新的组织形态，新的组织形态又会催生新的人。未来，每个人都是专家，但是也许不是以前那种大专家，比如所谓"IT专家"，这种貌似很牛的大头衔没有意义，你得告诉别人你是IT里面的哪一个细分领域的专家。也千万不要告诉别人你是服装专家，因为也没有意义的，你要告诉别人你是哪一个细分类别的服装专家。人人都是专家，也意味着人人都是U盘式生存，今天可以插入这个团队，明天可以插入那个团队，实现自由连接体的柔性化生存方式。这是未来，但实际上现在已经可以看见了，很多地方已经出现了这样的生活方式和生产方式。

## 六、小前端、巨平台、富生态

　　未来公司还会存在吗？这是一个问题。今天加入这个连接，明天加入那个连接，或者同时加入几个公司。改变一下脑子里固有的东西，把眼光往下看，你会看到好多年轻人已经在这么生存了。我听到一些家长抱怨孩子老是在家里，不出去工作，其实他可能已经在工作了，只是你不知道而已。这样的组织形态为智慧物流、菜鸟驿站、城市末端的共享运营打下了极好的基础。

　　未来的组织方式，尤其城市的组织方式会呈现"海量小前端+巨平台"的大规模分工与协作形态。如何把这些海量的小前端有效整合起来，形成新的价值创造，取决于你的平台有多大的能力，特别是平台能够赋予这些小前端以多大的能力。这样的案例很多，比如淘宝村，2009年以前很难想象农村和很偏僻的地方如何搭上互联网快车，但是2015年年底淘宝村接近800个（2016年已超过1300个）。正是因为大平台的存在、大生态系统的存在，形成了大规模的分工与协作。

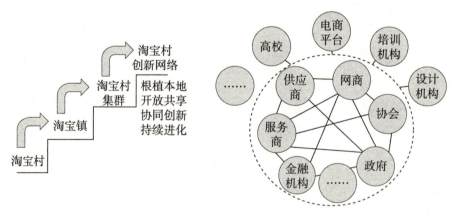

图5　淘宝村创新网络

## 七、共享经济：必由之路

　　当今时代社会问题太多了，如环境问题、老龄化问题、贫富悬殊问题、数字鸿沟问题等,但有一个问题可能是最大的:人类创造的财富,从无到有,从少到多,总量巨大、人均丰裕,但分布严重失衡,且自然资源难以持续支撑。人类不可能把财富之饼无限摊大,因为资源有限,所以共享经济是唯一出路。共享经济不仅是必需的,而且是可行的,因为我们有信息时代的新基础设施、新要素和新结构即大规模协作。

同时在线几千万、上亿,每天产生几千万笔交易,数以十亿计的商品数,超过1000万卖家,这些在以前都是无法想象的,但是现在可以做到,共享可以实现。为什么今天要将菜鸟网络、智慧物流与共享经济联系起来?因为两者非常契合。

## 八、网络化治理

人们越来越意识到,对互联网经济或未来经济的治理必须基于互联网属性,包括互联网的理念、架构、体系和特性等属性,比如开放、对等、公平,比如人人参与。

互联网本身内在的一些技术特性,从一开始就在相当程度上塑造了互联网治理的一些基本机制和要求。因此,对互联网、互联网经济或新经济的治理不能简单地理解成单边治理,不能仅仅理解成政府管理,而是所有利益相关者参与的治理。未来,应由所有互联网利益相关者共同参与开放、对等、公平的网络化的治理,而不是由一个中心进行控制或逐层控制,而是一种网络化的治理,一种所有角色连接、开放、对等、公平的治理,一种生态化的、多方协同的治理。

## 九、微经济、平台经济、共享经济

互联网经济是信息经济的核心,也催生了更大范围的信息经济。

信息经济是平台经济、共享经济和微经济三位一体的经济形态。平台经济即以平台为核心的经济形态;共享经济或称分享经济,比如滴滴打车;微经济是以海量个人和小微企业为经济主体的经济形态,比如淘宝的上千万个卖家,未来小微企业比重会越来越高。

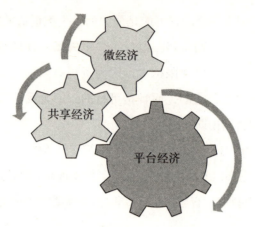

图6　信息经济"三位一体"

如果说在 2008 年我们看到网上交易巨大规模的可能性，那么在 2015 年我们看到通过云计算处理这种巨大规模的可能性，今天我们则在智慧物流看到基于新基础设施形成大规模协作的无限可能性。这种可能性可以为社会创新带来新的空间，并催生社会主体创新，菜鸟驿站就是一个新的社会主体。2004 年以来，我们提出网商是新的主体，电子商务平台是新的主体，电子商务服务商是新的主体，现在菜鸟驿站也是新的主体。

在可以预见的未来，我们正在看到微经济、平台经济和共享经济"三位一体"的新经济体系。共享经济是唯一出路，但没有平台经济哪有共享经济？同样，如果没有基于海量微商业主体的微经济，要平台干什么？新经济正在崛起，正在成为广受关注的焦点，从根本上说，新经济就是"三位一体"的经济，即微经济、平台经济、共享经济。让我们通过构建一个基于菜鸟网络的共享经济推动新经济的未来，推动信息时代社会创新的发展。

## 十、从"三次产业"到"三层生态"

由此引发出更大范围的转型，即整个大的宏观经济体系的转型，亦即从"三次产业"到"三层生态"、从行业分工到平台共享的转型。

迄今为止，人们对于宏观经济体系还是按照第一产业、第二产业、第三产业来划分，但是随着平台经济的兴起，随着共享开始成为新经济结构的主要特征，这三种产业的划分越来越有问题，越来越不能标示、理解和把握经济的本质，以及各个经济主体的属性。记得多年前讨论现代服务业时，曾提问："剃头匠是第几产业的？中国移动又是第几产业的？"答案当然都是第三产业。两个全然不同的形态竟然被放在同一个产业，只能说明产业体系本身开始失效了，这个体系本身出问题了，在信息经济时代，在越来越多的领域，已经没法用工业时代的产业划分方式来划分和解释了。事实上，这两者有一个重大的关键性区别：中国移动提供的是具有高度共享特征的基础设施服务，而剃头匠不是。未来的宏观经济体系再不能这么划分了。

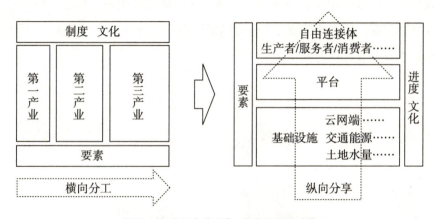

**图7 从"三次产业"到"三层生态"**

工业经济时代第一、第二、第三产业的划分，是横向分工式的划分。比如种小麦是第一产业，把小麦磨成面粉是第二产业，将面粉做成包子卖出去叫第三产业。它所强调的是分工，但在信息经济时代，看到的更多是"共享"。在信息经济时代，要问的是，你是做基础设施的？还是做平台的？还是做自由连接体的，比如生产者、服务者或消费者等？其价值不是取决于在某个环节中创造了什么价值，而是取决于你提供共享的能力有多强。

未来看一个企业，不应横向看它属于第一、第二或者第三产业，而是纵向看它属于几个共享层里的哪一层。其实，即使原本属于第一产业的农业也在变化，不能简单地认为农业就是第一产业。在一些较为发达的地方，做农民也跟以前不大一样，越来越像人们很羡慕的美国农民，不需要自己种地，只需向专业机构咨询应该种什么，到时候就有人负责耕作和收获。会有一套相应的农业服务体系，这套服务体系也会架在平台上共享。

这种从"三次产业"到"三层生态"、从行业分工到平台共享的大转型，对于理解未来经济发展和形态非常重要。

## 十一、从技术创新、商业创新到社会创新

由于互联网技术创新的推动，出现越来越多的互联网和电子商务企业，涌现出越来越多的新商业模式和新商业形态，即商业创新。现在，进一步推动了社会创新，所导致的变化不仅是经济层面，不仅是一个企业或一个行业，而是整个城市或农村的变化。

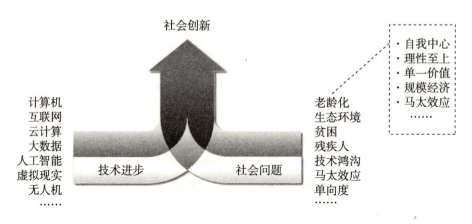

图8　社会创新

比如，某个小区或校园的菜鸟驿站带来的仅仅是经济意义上的变化吗？不，会对整个社区的演化带来影响。在阿里巴巴与杭州师范大学合作的阿里巴巴商学院也有菜鸟驿站，那个驿站绝不仅是一个经济行为或商业行为，很多学生通过菜鸟驿站感受社会、参与社会，这是一种新的社会形态，是社会创新。未来菜鸟驿站会体现和承载越来越多的社会创新。

## 十二、你在后天的体系里还有位置吗？

这是一个大时代的变化。谈到"后天"，特别要看到当整个体系发生根本性变化的时候，你在后天的体系里还有位置吗？这些年许多传统 IT 企业感到焦虑或者干脆走向没落，原来纯粹卖软件许可的公司，当云计算发展起来后，突然找不到自己的位置。同样，以前认为自己在第一产业、第二产业或者第三产业，现在你要问在新的共享体系中我在哪里？今天谈城市末端智慧物流建设，就是谈如何基于这样的基础设施构建各类智能物流平台，以服务于自由连接的生产者、服务者和消费者。

# 陈禹：从"蒸汽机+"到"互联网+"

## ——工业经济与信息经济的异同

信息社会50人论坛轮值主席，中国人民大学信息学院教授。1965年北京师范学院数学系本科毕业，1981年中国人民大学经济信息管理系硕士研究生毕业。1965年开始在中学任教，1981年开始在中国人民大学任教。历任中国人民大学信息学院教授、博士生导师，兼任经济科学实验室主任；曾任信息系系主任、信息学院院长、信息中心主任等。2009年退休。

陈禹

曾任国际信息处理联合会（IFIP）信息系统专业委员会（TC8和WG8.1）委员，国际信息系统学会（AIS）中国分会副主席，国家电子政务标准化总体组成员，教育部管理科学与工程教学指导委员会委员，中国信息经济学会理事长，全国高校教育技术协作委员会副秘书长等职务。现任中国信息经济学会名誉理事长，中国系统工程学会信息系统专业委员会主任委员。

对"互联网+"我有三个主要观点：

第一，"互联网+"的涌现，是人类社会深刻变革进程中的一个重要的里程碑。

第二，目前的经济学的理念大大落后于社会进步的步伐，急需更新和反思。

第三，青年朋友们面对这场变革，如何思考和应对？下文我会给出几点建议。

## 一、信息经济是一种全新的经济形态

我们所说的信息经济，是相对于工业经济而言的。目前，对于社会和经济系统的发展历程，一般的提法是：农业时代和农业经济、工业时代和工业经济、信息时代和信息经济。前两个阶段在名称和特点上大概没有什么争议。但是，对于工业时代以后的这个阶段，可就众说纷纭、莫衷一是了。从最笼统的后工业时代，到最重视技术的互联网时代、大数据时代，人们可以列举出几十个不同的说法和概念。社会的范围比经济更大，我们这里不展开讨论。就经济系统而言，我们的观点是：信息经济的提法比较合适。我不打算详细比较这些不同的提法，而只是想强调"全新"的经济形态这一个观点。

之所以想强调这一点，是因为 2015 年里经济学界的一些争论。一些学者明确地主张：亚当·斯密已经把经济学的基本道理讲清楚了，新古典经济学的理念和体系不需要进行根本性地重构和更新。更有甚者，还有否定"互联网思维"的说法，认为只要"独立思维"就够了！在这些观点背后的是这样一个理念：人类社会并没有什么根本性的变化，"天不变，道亦不变。"我在这里要明确地表示反对。所以需要花一点时间，重复一些基本的事实。

从 20 世纪的后半叶开始，人类社会发生了一系列深刻的变革。这些变革是从技术开始的，但是其引发的变革浪潮迅速地超出了技术的领域，从经济、文化、社会、法律、政治直到人们的思维方式和日常生活，没有一个领域、没有一个国家、没有一个行业能够置身事外。无可争辩的、客观的实际情况是：人类社会正在经历着一场全面的、深刻的巨变。这是我们对于当今时代的一个基本的判断。

这半个世纪的变化，再一次清楚地表明了技术与经济、生产力与生产关系的辩证关系。如果说，我们今天可以把现代信息技术的迅速普及形象化地称为"互联网＋"的话，那么，近三百年前的工业革命同样可以被称为"蒸汽机＋"。新技术与各种传统行业的融合、生产力的飞速发展、新的业态的不断涌现、分工合作的格局变化与范围扩大，所有这些似曾相识的社会现象，展示了人类社会进步的规律和方向。区别在于，处理能源的技术换成了处理信息的技术，蒸汽机换成了互联网。

150 年前，美国著名诗人惠特曼在欢呼美国东西海岸铁路通车时，曾写出了如下的著名诗句：

> 地球必须联成一体，用铁路网联成一体
> 种族之间、比邻之间必须彼此嫁娶
> 必须横渡海洋，使千里变为咫尺
> 各国国土都必须连在一起

沃尔特·惠特曼《走向印度》

我们不妨对比一下"蒸汽机＋"和"互联网＋"，历史真是惊人地相似。蒸汽机（当然还有电动机，这里只是作为一个代表）和计算机芯片（同样还有光纤和微波通信）在刚出现的时候，只是一些新技术。引起人们关注的，只不过是多带动了几台纺纱机，或者方便了求微分方程的数值解而已。然而，人们很快发现它们的意义远非止于此。关键在于最基本的社会经济的资源——能量和信息，得到了全新的处理手段。由此释放出来的精灵（也许是魔鬼）在几乎所有领域都能够施展其无穷的能力，创造丰富的财富。于是远洋轮船、跨州铁路带来了工业文明，互联网和手机带来了信息时代的曙光。先是企业内部的动力和信息的管理，然后是跨企业、跨行业、跨国家的全新的能源市场和经济格局。先是经济活动，然后是相应的法规的出现，然后是政治和社会的变革、人们生活方式和交往方式的变革，最后是思维方法和哲学观念的更新。多么相似啊！

当然，既然是全新的经济与社会形态，就会具有一系列根本性的区别和变化。中国信息经济学会和信息社会 50 人论坛，近年来对于这些异同（即普遍规律和特殊性）进行了多视角的研究和讨论，已经先后出版了一些书可以参考，这里只列出几个要点，不再详细重复。[①]

信息经济和工业经济的区别，最主要的是以下几点：

首先，经济活动所依据的核心资源和相对应的处理技术不同。工业经济靠的是能源和蒸汽机、电动机；信息经济靠的是信息和现代信息技术。由此而来，人类利用这些资源的能力大大加强，生产财富的本事大大加强。用我们习惯的用语来说，就是生产力得到了大幅度的提升。

其次，由此而来的分工合作的模式和格局不同，从而形成的经济系统的结构和功能不一样了，经济活动的规模和范围也大大扩展了。特别是在社会各层次上，个体和整体的相互关系，发生了质的变化。从个人和企业，企业和行业，地区和国家直到国家和全球经济。用我们习惯的用语来说，就是生产关系发生了质的变化。

由于上面的原因，经济系统的复杂程度大大增加。系统效应、"一加一大于二"的作用越来越明显地表现出来。马太效应、路径依赖、状态锁定等复杂系统的行为特点，使得经济运行的规律变得与以前大不相同。与简单系统的均衡状态相比，不确定性大大增加。

在这种变化中，信息和心理的影响力量大大提升。道德风险、逆向选择、劣币驱逐良币等现象充分表明：坚持"信息完全假设"的传统经济学的理念已经不合时宜。股市的起伏就是最典型的例子。与此相关，把经济现象与文化和社会心理完全割裂开的"纯经济研究"也已经走到了头。

总之，我们要再强调一遍，信息经济和信息社会是全新的经济和社会。

## 二、当今的经济学研究和教学大大落后于实际

大家不妨回顾一下，我们在大学课堂上所学的经济管理的课程究竟教给

---

① 相关的详细讨论可以参看以下书籍：

陈禹，方美琪. 复杂性研究视角中的经济系统 [M].北京：商务印书馆，2015.

中国信息经济学会. 中国经济向何处去 [M].北京：社会科学文献出版社，2012.

信息社会50人论坛. 边缘革命2.0 [M].上海：上海远东出版社，2014.

信息社会50人论坛. 未来已来 [M].上海：上海远东出版社，2016.

了我们什么样的理念？这些理念和我们今天的现实有多大距离？或者我们把话题再扩大一点：经济学在社会经济管理者的培养中，究竟应当发挥怎样的作用？究竟应当传播和培养什么样的理念？

在社会和经济系统发生根本性的变革的时候，出现种种动荡和不稳定是必然的。当今社会的种种冲突和矛盾，从根本上说正是新的生产力和传统的生产关系的矛盾所导致的。这并不是中国的特殊现象，纵观世界各国，今天几乎都处在类似的不稳定和动荡之中。这充分表明了人类已经走到了新时代的门槛前。

在这种情况下，在世界各地的人们都在急于寻找摆脱困境的药方。问题在于，向哪里去找？欧美的情况大家都看得到。以美国为例，几十年来，在凯恩斯主义和货币主义之间来回摇摆，"面多了加水，水多了加面"，结果是长期陷于恶性循环之中。在我国，更是意见纷繁、众说纷纭。有人主张"回到某某"，有人推崇"某某模式"。其实，既然是一种全新的经济与社会形态，怎么可能在祖先那里找到现成的药方呢？至于向外看，也是不现实的。且不说西方自己已经焦头烂额，就说面对一个拥有十几亿人口的、具有特定的历史文化背景的中国，世界上有哪个国家可以提供现成的模式呢？

纵观今天的中国经济学界，无论是在新古典主义的框架内修修补补，还是仅仅把问题归结为执行者的错误，都无法解决实际工作的燃眉之急。最近的"熔断机制"事件就是一个明显的案例。实际情况已经清楚地表明，在现行的理论框架中，在经济学的现成武库中寻找药方，是找错了地方。现在需要的是突破传统的经济学的思维定式，根据新的情况，重新审视我们对于经济这个复杂系统的理解和认识。简单地说，信息时代和信息经济需要新的经济学的思维。

不少人认为，西方经济学的基本理念没有问题，只是执行者的私利和失误。我们实在不敢苟同。从逻辑上讲，既然信息经济是全新的经济形态，怎么能够要求250年前的亚当·斯密替我们今天的人们准备好完整的解决方案呢？作为工业时代的产物，古典经济学在具有当时当地的合理性的同时，也不可避免地带有时代的烙印和局限性。

在这里，我们不可能展开对于古典经济学的详细剖析。我只是简单地列举其最基本的理念中三个最关键的偏颇。

第一，对于分工合作认识的偏颇。没有合作的分工是不能创造财富的。古典经济学把分工合作中的个体利益与整体利益的对立统一，简单化为绝对的对立，从而栽下了社会冲突的祸根。无论是成为"阶级斗争为纲"的经济基础的、绝对化的劳动价值论，还是导致"剥削有理"的"一切向钱看"，都是从这里引申出来的。

第二，在价值概念和计量方法上的偏颇。由于闭眼不看经济系统中多主体、多层次的复杂情况，传统的经济理念用抽象的一般等价物——"钱"作为无所不能、无处不在的评价标准。这种"一切用钱算"的理论，必然地导致"一切向钱看"的社会风气。当这种把货币神化的理念成为人们思考问题的出发点的时候，资本无限制扩张的趋势就必然一发不可收拾，于是金融危机、房地产泡沫、庞氏骗局就是必然出现的后果了。

第三，在供应和需求问题上的偏颇。传统的经济理论把只适用于物质产品的、局部的供需规律不加限制地扩大到一切产品、一切领域。于是，收视率第一、审丑闹剧、炒作成名、代考枪手、论文作假等种种奇谈怪论和丑恶现象，纷纷以"市场规律"的名义，堂而皇之地大行其道。各种黄色的、黑色的利益链陆续形成，而我们的管理部门对此不仅软弱无力、束手无策，而且似乎还有点"理亏"。

我们无意把这些问题简单地都归咎于经济学家。但是作为"经世济民"的科学，经济学应该承担的社会责任是什么？我们的经济学界应该给社会一个明确的、科学的回答。看看我们今天的经济学状况，从政策制定、报刊上的文章到大学课堂里的教科书，实在是无法令人满意。我们总不能在大力解决七千万人口的贫困问题的同时，默认不断加剧的收入差距是"合理的"；也不应该在大力提倡社会主义精神文明的同时，听任"一切向钱看"和"厚黑学"的泛滥。2008年金融危机后英国女王曾对经济学家提出问题："为什么经济学没有能够预料到？"大家都知道，皇家科学院经过认真研究给出的回答是坦率地承认：经济学的理论和实际距离太远。科斯逝世前曾一再批评"黑板经济学"。最近"熔断机制"的事情再一次给出了最新的案例。这样的情况难道还需要解释和证明吗？

## 三、顶天立地、迎接未来

现在的青年人相比我们这一代人要幸运，赶上了这个历史大变革的机遇。回顾我们这几十年走过的曲折的认识道路，我想给青年人的建议就是：顶天立地、解放思想、积极应对、拥抱未来。

"让思想冲破牢笼"，这是我们首先要强调的。我坚决反对那种向老祖宗要现成药方的、无所作为的态度。从孔夫子到马克思，从亚当·斯密到凯恩斯，他们的所有贡献和真知灼见都是需要我们认真学习和领会的。但是，他们没有看到互联网，没有用过手机，没有跨洋旅游的体验，怎么能够要求他们告诉我们如何制订滴滴打车的管理办法呢？维纳写了一本非常好的书叫《人有人的用处》，我们不妨再向前走一步：每一代人有每一代人的用处。五四运动是思想解放，改革开放是思想解放，今天仍然需要思想解放。基于这样的认识，我们对于"回到某某""某某模式"的思维方式在原则上是反对的。全新的社会经济环境呼唤全新的经济学理念！

顶天立地包括两个方面的意思。首先是要从历史长河的尺度、从全球一体化的视野看待我们身边正在发生的种种事情。为此，我们需要重新认真地阅读亚当·斯密、马克思、米瑟斯、哈耶克、凯恩斯，看明白他们的贡献是什么，局限在哪里，哪些问题没有变化，哪些问题发生了根本性的变化，哪些问题是他们提出了但是没有解决，哪些问题是当时所没有的、现在新出现的，如此等等。同样，我们要关心欧盟的事情到底是怎么回事，印度发展中面对的问题和中国的异同，非洲的发展道路有何特点，所有这些事情中普遍规律是什么，特殊性又在哪里。

其次则是我们要从身边的事情入手。我们有幸身处改革开放的中国，世界最大的市场。不断发展的经济和社会为我们的思考，提供了取之不尽的源头活水——鲜活的案例和海量的数据。随着数据的开放，我们今天已经面临着冯·诺依曼 70 年前所希望的局面。

冯·诺依曼在 1944 年曾经讲过：

"我们对于经济学中有关事实的认识太少了，根本无法与完成物理学的数学化时人们所掌握的物理学知识相比。事实上，17 世纪的物理学，尤其是力学，之所以会出现决定性的转折，是由于此前天文学的发展。而天文学的这种发展，是以几千年系统、科学的天文观察为基础的。到了才华超群绝伦的天文观测者第谷时，这种天文观测达到了顶峰。在经济科学中，没有任何类似事件发生。在物理学中，设想没有第谷而出现开普勒和牛顿是荒唐的——我们没有理由希望经济学的发展会比物理学的发展更容易。"

引自《数学在科学和社会中的作用》

在同一处，他还指出了脚踏实地、研究具体问题的重要意义。他说：

"在每一门科学中，当通过研究那些与终极目标相比颇为朴实的问题，发展出一些可以不断加以推广的方法时，这门学科就得到了巨大的进展。"

"我们相信，尽可能多地了解个体行为以及交换的最简单的形式是必要的。经济学家们常常致力于一些更大的、更'热'的问题，并且把妨碍他们做出关于这些问题的结论的任何东西都扫除一清。比较先进的科学如物理学的经验告诉我们，这种性急的做法只会延误对包括那些'热点'问题的研究在内的科学研究的进展。我们没有任何理由假定在科学研究中存在捷径。"

引自《数学在科学和社会中的作用》

所以，我们今天完全可以做到前人所无法达到的科学高度。前景是乐观的，悲观的、无所作为的观点是没有道理的。

我们相信，人类的前途、中国的前途是光明的，目前的种种迷茫和混沌，都只是新时代到来之前的暂时现象，是"柳暗花明又一村"之前的"山重水复疑无路"。在新时代到来的时候，积极的态度将是我们的最重要的准备。

# 张新红：**数字经济与中国发展**

张新红

　　信息社会 50 人论坛执行主席，国家信息中心信息化研究部主任。1987 年毕业于北京大学国民经济管理系，历任国家信息中心计划财务部计划管理处处长、山东省淄博市市长助理（挂）、中国信息协会会长助理兼常务副秘书长、国家信息中心办公室副主任等职。现任国家信息中心信息化研究部主任。长期从事信息化研究工作，主持并完成"中国信息化发展报告""中国内容数字化产业发展研究""中国农村信息化发展模式研究""中国数字鸿沟问题研究""中国信息化城市发展研究""中国信息社会测评研究""中国电子商务发展研究"等重点研究项目。主要著作有《信息改变中国》《聚焦第四差别：中欧数字鸿沟比较研究》《中国信息社会测评报告》《中国信息化城市发展指南》《分享经济》等。

　　以 2008 年金融危机为分水岭，全球经济进入了深度调整的新阶段。新旧经济交替的图景波澜壮阔又扣人心弦：一方面是传统经济的持续低迷，而另一方面是数字经济的异军突起。中国的实践印证了这一历程，也使得这一图景更加清晰可见。在全球信息化进入全面渗透、跨界融合、加速创新、引领发展新阶段的大背景下，中国数字经济得到长足发展，正在成为创新经济增长方式的强大动能，并不断为全球经济复苏和社会进步积累经验。

## 一、发展数字经济对中国具有特殊意义

以计算机、网络、通信为代表的现代信息技术革命催生了数字经济，所以有时数字经济也被称为信息经济等。发展数字经济正成为信息时代的最强音，对中国而言更具有特殊意义。

**1. 数字经济成为新常态下中国经济发展的新动能**

新常态需要新动能。中国经济在经历了30多年的高速增长之后，开始进入一个增速放缓、结构升级、动力转换的新阶段，这一阶段也被称为新常态。认识、适应和引领新常态已被确定为指导中国经济发展的大逻辑。新常态下经济发展面临的最大风险是掉入"中等收入陷阱"，而找准并利用好新动能就成了制胜关键。

信息革命带来了大机遇。新动能在哪里？本来这是一个大难题，曾让很多国家困扰了很多年。但现在不同了，因为人类经历了农业革命、工业革命后，现在正在经历信息革命——正是信息革命为中国顺利跨越"中等收入陷阱"提供了前所未有的历史性机遇。从社会发展史看，每一次产业技术革命都会带来社会生产力的大飞跃。农业革命增强了人类生存能力，使人类从采食捕猎走向栽种畜养，从野蛮时代走向文明社会。工业革命拓展了人类体力，大规模工厂化生产取代了工场手工生产，工业经济彻底改变了生产能力不足、产品供给不足的局面。而信息革命则增强了人类脑力，数字化工具、数字化生产、数字化产品成就了数字经济，也促成了数字化生存与发展。以数字化、网络化、智能化为特征的信息革命催生了数字经济，也为经济发展提供了新动能。

数字经济的动能正在释放。数字经济不仅有助于解放旧的生产力，更重要的是能够创造新的生产力。数字技术正广泛应用于现代经济活动中，提高了经济效率、促进了经济结构加速转变，正在成为全球经济复苏的重要驱动力。2008年以来，云计算、物联网、移动互联网、大数据、智能机器人、3D打印、无人驾驶、虚拟现实等信息技术及其创新应用层出不穷，日新月异，

并不断催生一大批新产业、新业态、新模式。更为重要的是，这一变化才刚刚开始。凯文·凯利一直在提醒我们，真正的变化还没有到来，真正伟大的产品还没有出现，"今天才是第一天"。也有专家断言，人类现在的信息处理能力还只是相当于工业革命的蒸汽机时代。

发展数字经济成为中国的战略选择。面对数字经济发展大潮，许多国家都提出了自己的发展战略，如美国的工业互联网、德国的工业4.0、日本的新机器人战略、欧盟和英国等的数字经济战略等。中国政府立足于本国国情和发展阶段，正在实施"网络强国"战略，推进"数字中国"建设，发展数字经济成为国家的战略选择。

**2. 数字经济是引领一系列国家创新战略实施的重要力量**

发展数字经济对中国的转型发展和实现中华民族伟大复兴的中国梦具有重要的现实意义和特殊意义，对贯彻落实新的发展理念、培育新经济增长点、以创新驱动推进供给侧改革、建设网络强国、构建信息时代国家新优势等都将产生深远影响。

发展数字经济是贯彻"创新、协调、绿色、开放、共享"五大发展理念的集中体现。数字经济本身就是新技术革命的产物，是一种新的经济形态、新的资源配置方式和新的发展理念，集中体现了创新的内在要求。数字经济减少了信息流动障碍，加速了资源要素流动，提高了供需匹配效率，有助于实现经济与社会、物质与精神、城乡之间、区域之间的协调发展。数字经济能够极大地提升资源的利用率，是绿色发展的最佳体现。数字经济的最大特点就是基于互联网，而互联网的特性就是开放共享。数字经济也为落后地区、低收入人群创造了更多的参与经济活动、共享发展成果的机会。

发展数字经济是推进供给侧结构性改革的重要抓手。以新一代信息技术与制造技术深度融合为特征的智能制造模式，正在引发新一轮制造业变革，数字化、虚拟化、智能化技术将贯穿产品的全生命周期，柔性化、网络化、个性化生产将成为制造模式的新趋势，全球化、服务化、平台化将成为产业组织的新方式。数字经济也在引领农业现代化，农业O2O（离线商务模式）、数字农业、智慧农业等农业发展新模式，就是数字经济在农业领域的实现与应用。在服务业领域，数字经济的影响与作用已经得到较好体现，电子商务、互联网金融、网络教育、远程医疗、网约车、在线娱乐等已经使人们的生产生活发生了极大改变。

数字经济是贯彻落实创新驱动发展战略，推动"双创""四众"的最佳试验场。现阶段，数字经济最能体现信息技术创新、商业模式创新以及制度创新的要求。数字经济的发展孕育了一大批极具发展潜力的互联网企业，成为激发创新创业的驱动力量。众创、众包、众扶、众筹等分享经济模式本身就是数字经济的重要组成部分。

数字经济是构建信息时代国家竞争新优势的重要先导力量。在信息革命引发的世界经济版图重构过程中，数字经济的发展将起着至关重要的作用。信息时代的核心竞争能力将越来越表现为一个国家和地区的数字能力、信息能力、网络能力。实践表明，中国发展数字经济有着自身独特的优势和有利条件，起步很快，势头良好，在多数领域开始形成与先行国家同台竞争、同步领跑的局面，未来在更多的领域存在领先发展的巨大潜力。

## 二、中国发展数字经济有自身的特殊优势

中国数字经济的不俗表现得益于全球信息革命提供的历史性机遇，得益于新常态下寻求经济增长新动能的强大内生动力，更得益于自身拥有的独特优势。中国发展数字经济的独特优势突出表现在三个方面：网民优势、后发优势、制度优势。

### 1. 网民优势酿造了中国数字经济的巨大潜能

网民大国红利日渐显现。近几年中国劳动力人口连续下降，人口老龄化程度逐步加深，使得支持中国经济发展的"人口红利"在逐渐丧失。但另一方面，中国的网民规模却逐年攀升，互联网普及率稳健增长，网民大国红利开始显现。自 2008 年起中国成为名副其实的第一网民大国，目前网民规模已经超过 7 亿人，将来可能还会达到 14 亿人。正是有了如此庞大的网民数量，才造就了中国数字经济的巨大体量和发展潜力。这就不难理解，为什么一个

基于互联网的应用很快就能达到上千万、上亿甚至数亿人的用户规模，为什么只有几个人的互联网企业短短几年就可以成为耀眼的"独角兽"企业，甚至在全球达到领先水平。中国互联网企业在全球的出色表现，表明中国已经成功实现从人口红利向网民红利的转变。

信息技术的赋能效应为数字经济带来无限的创新空间。近年来，信息基础设施和信息产品迅速普及，信息技术的赋能效应逐步显现。以互联网为基础的数字经济，解决了信息不对称的问题，边远地区的人们和弱势群体通过互联网、电子商务就可以了解市场信息、学习新技术新知识、实现创新创业，获得全新的上升通道。基于互联网的分享经济还可以将海量的碎片化闲置资源（如土地、房屋、产品、劳力、知识、时间、设备、生产能力等）整合起来，满足多样化、个性化的社会需求，使得全社会的资源配置能力和效率都得到大幅提升。当每一个网民的消费能力、供给能力、创新能力都能进一步提升并发挥作用，数字经济将迎来真正的春天。

从技术驱动走向应用驱动使网民优势得到有效发挥。当前数字经济发展已从技术创新驱动向应用创新驱动转变，中国的网民优势就显得格外重要了。庞大的网民和手机用户群体，使得中国数字经济在众多领域都可以轻易在全球排名中拔得头筹。如 2015 年滴滴出行全平台（出租车、专车、快车、顺风车、代驾、巴士、试驾、企业版）订单总量达到 14.3 亿，这一数字相当于美国 2015 年所有出租车订单量的近两倍，也超越了已成立 6 年的 Uber 实现的累计 10 亿的订单数。百度、阿里巴巴、腾讯、京东跻身全球互联网企业市值排行榜前 10 位，有足够的经验供互联网创业公司借鉴。小猪短租、名医主刀等一批分享型企业也在迅速崛起，领先企业的成功为数字经济全面发展提供了强大的示范效应。

**2. 后发优势为数字经济提供了跨越式发展的特殊机遇、信息技术创新具有跳跃式发展的特点，为中国数字经济的跨越式发展提供了机会**

信息基础设施建设成功实现了跨越式发展。中国的电话网铜线还没有铺设好就迎来了光纤通信时代，固定电话还没有普及就迎来了移动通信时代，固定宽带尚未普及就直接进入了全民移动互联网时代，2G、3G 还没普及就直接上了4G。对于现在的很多年轻人来说，转圈拨号的电话、调制解调器的滋滋声响、每秒几K字节的网速简直就是个传说。截至2016年6月，中国手机网民中通过3G/4G上网的比例为91.7%，92.7%的网民通过WiFi接入互联网。

信息技术应用正在经历跨越式发展。中国数字经济的发展是在工业化任务没有完成的基础上开始的，工业化尚不成熟降低了数字经济发展的路径依赖与制度锁定。工业化积累的矛盾和问题要用工业化的办法去解决十分困难也费时较长，但有了信息革命和数字经济就不一样了。工业化的诸多痛点遇到数字经济就有了药到病除的妙方，甚至可以点石成金、化腐朽为神奇。中国的网络购物、P2P（互联网金融点对点借贷平台）金融、网络约租车、分享式医疗等很多领域能够实现快速发展，甚至领先于许多发达国家，很大程度上也是由于这些领域的工业化任务还没有完成，矛盾突出痛点多，迫切需要数字经济发展提供新的解决方案。在制造业领域，多数企业还没有达到工业2.0、工业3.0水平就迎来了以智能制造为核心的工业4.0时代。可以说，数字经济为中国加速完成工业化任务、实现"换道超车"创造了条件。

农村现代化跨越式发展趋势明显。仅仅因为有了互联网，许许多多原本落后的农村彻底改变了面貌。仅以"淘宝村"为例，2009年全国农民网商比例超过10%、年网络销售额1000万元以上的行政村只有3个，到2015年已经发展到780个，分布在17个省份。农村电商的快速发展和"淘宝村"的崛起，吸引了大量的农民和大学生返乡创业，人口的回流与聚集也在拉动农村生活服务水平的提升和改善，释放的数字红利也为当地发展提供了内生动力。现在，网购网销在越来越多的农村地区成为家常便饭，网上学习、手机订票、远程医疗服务纷至沓来，农民们开始享受到前所未有的实惠和便利。正是因为有了数字经济的发展，许多农村地区从农业文明一步跨入了信息文明，农民们的期盼也从"楼上楼下，电灯电话"变成了"屋里屋外，用上宽带"。

信息社会发展水平相对落后为数字经济发展预留了巨大空间。国家信息中心的测算结果显示，2016年中国信息社会发展指数为0.4523，正处在从工业社会走向信息社会的加速转型期，与先行国家还有较大差距，也低于全球0.5601 的平均水平。但转型期也是信息技术产品及其创新应用的加速扩张期，为数字经济大发展预留了广阔的空间。目前中国电脑普及率、网民普及率、宽带普及率、智能手机普及率、人均上网时长等都还处于全球中位水平，未来几年仍将保持较快增长。以互联网普及为例，每年增加 4000 万以上的网民，就足以带来数字经济的大幅度提升。

### 3. 制度优势为数字经济发展提供了强有力保障

中国实行的是社会主义制度，在统筹协调、组织动员、包容发展等方面的制度优势在信息时代将表现得更为突出，对于促进数字经济健康快速发展非常有利。

组织领导体系基本健全提供了政治保障。2014 年中央网络安全和信息化领导小组的成立标志着中国信息化建设真正上升到了"一把手工程"，信息化领导体制也随之基本健全。建设网络强国，发展数字经济已形成全国共识。各级领导和政府部门对信息化的高度重视，为数字经济的发展提供了重要的政治保障。

信息化引领现代化的战略决策为数字经济发展提供了明晰的路线图。2016 年 7 月发布的《国家信息化发展战略纲要》提出了从现在起到 21 世纪中叶中国信息化发展的三步走战略目标，明确了在提升能力、提高水平、完善环境方面的三大类 56 项重点任务。

制定形成了较为完整的政策体系。在过去两年多的时间里，中国围绕信息化和数字经济发展密集出台了一系列政策文件，包括互联网＋行动、宽带中国、中国制造 2025、大数据战略、信息消费、电子商务、智慧城市、创新发展战略等。各部门、各地区也纷纷制定出台了相应的行动计划和保障政策。中国信息化政策体系在全球也可以称得上是最健全的，也体现出国家对发展数字经济的决心之大、信心之足和期望之高。更为重要的是，中国制度优势有利于凝聚全国共识，使政策迅速落地生根，形成自上而下与自下而上推动数字经济发展的大国合力。

## 三、中国数字经济开始扬帆起航

中国数字经济已经扬帆起航，正在引领经济增长从低起点高速追赶走向高水平稳健超越、供给结构从中低端增量扩能走向中高端供给优化、动力引擎从密集的要素投入走向持续的创新驱动、技术产业从模仿式跟跑并跑走向自主型并跑领跑全面转型，为最终实现经济发展方式的根本性转变提供了强大的引擎。

### 1. 高速泛在的信息基础设施基本形成

宽带用户规模全球第一。截至 2016 年一季度，我国固定宽带网络延伸至全国所有乡镇和 95% 的行政村，基础电信企业宽带用户合计达到 2.7 亿户，加上广电网络公司发展的 2000 万宽带用户，以及民营企业超过千万宽带用户，全国宽带用户合计超过 3 亿户，人口普及率超过 22%，快速逼近发达国家平均 27% 的普水平。4G 网络覆盖全国城市和主要乡镇，用户近 5.3 亿，占全球 1/3。宽带发展联盟的报告称，截至 2016 年第二季度中国固定宽带家庭普及率达到 56.6%，移动宽带（主要指 3G 和 4G）用户普及率达到 63.8%。

网络能力得到持续提升。全光网城市由点及面全面推开，城市家庭基本实现 100 Mbit/s 光纤全覆盖。光纤宽带全球领先，光纤到户（FTTH）用户占比达到 63%，仅次于日、韩，位列第三。部分重点城市已规模部署 4G + 技术，载波聚合、VoLTE 商用步伐全面提速。骨干网架构进一步优化，网间疏导能力和用户体验大幅提升。

固定宽带实际下载速率迈入 10 Mbit/s 时代。网络提速效果显著。2016 年第二季度中国固定宽带网络平均下载速率达到 10.47Mbit/s，突破 10Mbit/s 大关。全国有 16 个省级行政区域的平均下载速率已率先超过 10Mbit/s，其中上海和北京已经超过了 12Mbit/s，中国的宽带网速已经迎来"10M 时代"。另外，根据 Open Signal 发布的全球移动网络报告称，中国的 LTE 网络速度达到 14Mbps，超过美国、日本等发达国家，全球排名第 31 位。

截至 2016 年 6 月底，中国网民规模达 7.1 亿，上半年新增网民 2132 万人，增长率为3.1%。互联网普及率达到51.7%，比2015年年底提高1.3个百分点，超过全球平均水平3.1个百分点。上网终端逐渐多样化，全国手机用户数超过13亿户，手机移动端上网比例高达90%。

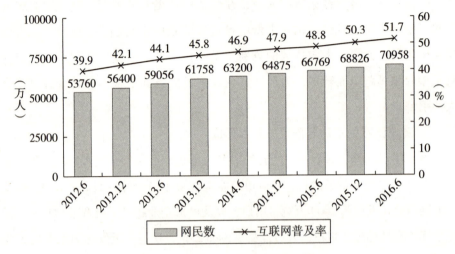

**图1　中国网民规模和互联网普及率**

资料来源：CNNIC中国互联网络发展状况统计调查

### 2. 数字经济成为国家经济发展的重要引擎

目前，关于数字经济规模及其对GDP的贡献并没有可信的统计资料，但国内外都有机构做了一些研究性测算，对于数字经济成为经济增长重要引擎给出了一致性判断。

2012年美国波士顿咨询集团发布的《G20国家互联网经济》称，2010年G20国家的互联网经济占GDP的比重为4.1%，到2016年将占GDP的5.3%，互联网经济对中国GDP的贡献将从2010年的5.5%提高到2016年的6.9%，在G20国家中仅次于英国和韩国。

2014年美国麦肯锡咨询公司发布《中国数字化的转型：互联网对劳动生产率及增长的影响》称，中国的互联网经济占GDP的比重由2010年的3.3%上升至2013年的4.4%，高于一些发达国家，已经达到全球领先水平。

中国信息化百人会2016年出版的《信息经济崛起：区域发展模式、路径与动力》一书指出，中国信息经济总量与增速呈现"双高"态势。1996—

2014 年中国信息经济年均增速高达 23.79%，是同期 GDP 年均增速的 1.84 倍，在中国经济进入新常态的大背景下，信息经济正在成为国家经济稳定增长的主要引擎。2014 年总体规模已达到 2.73 万亿美元，占 GDP 比重为 26.3%，对于 GDP 增长的贡献率高达 58.35%。

**图 2　2014 年世界主要国家信息经济规模及占比情况**
资料来源：中国信息化百人会，《信息经济崛起：区域发展模式、路径与动力》

### 3. 数字经济在生产生活各个领域全面渗透

数字经济正在引领传统产业转型升级。2015 年 7 月，中国发布《关于积极推进"互联网＋"行动的指导意见》，明确了"互联网＋"的十一个重点行动领域：创业创新、协同制造、现代农业、智慧能源、普惠金融、益民服务、高效物流、电子商务、便捷交通、绿色生态、人工智能，数字经济引领传统产业转型升级的步伐开始加快。以制造业为例，工业机器人、3D 打印机等新装备、新技术在以长三角、珠三角等为主的中国制造业核心区域的应用明显加快，大数据、云计算、物联网等新的配套技术和生产方式开始得到大规模应用，海尔集团、沈阳机床、青岛红领等在智能制造上的探索已初有成果，华为、三一重工、中国南车等中国制造以领先技术和全球视野打造国际品牌，已稳步进入全球产业链的中高端。

数字经济开始融入城乡居民生活。根据 CNNIC 报告，网络环境的逐步完善和手机上网的迅速普及，使得移动互联网应用的需求不断被激发，2015 年基础应用、商务交易、网络金融、网络娱乐、公共服务等个人应用发展日益丰富，其中手机网上支付增长尤为迅速，截至 2015 年 12 月，手机网上支付用户规模达到 3.58 亿,增长率为 64.5%,网民使用手机网上支付的比例由 2014 年年底的 39.0% 提升至 57.7%,网上支付线下场景不断丰富,大众线上理财习惯逐步养成。各类互联网公共服务类应用均实现用户规模增长,2015 年共计 1.10 亿网民通过互联网实现在线教育,1.52 亿网民使用网络医疗,9664 万人使用网络预约出租车。互联网的普惠、便捷、共享特性,已经渗透到公共服务领域,也为加快提升公共服务水平、有效促进民生改善与社会和谐提供了有力保障。

数字经济正在变革治理体系,倒逼传统的监管制度与产业政策加快创新步伐。数字经济带来的新产业、新业态、新模式,使得传统监管制度与产业政策遗留的老问题更加突出,发展过程中出现的新问题更加不容忽视。数字经济发展,一方面促进了政府部门加快改革不适应实践发展要求的市场监管、产业政策,如推动"放管服"改革、完善商事制度、降低准入门槛、建立市场清单制度、健全事中事后监管、建立"一号一窗一网"公共服务机制,为数字经济发展营造良好的环境。另一方面数字经济发展也在倒逼监管体系的创新与完善,如制订网约车新政、加快推进电子商务立法、规范互联网金融发展、推动社会信用管理等。当然,数字经济也为政府运用大数据、云计算等信息技术提升政府监管水平与服务能力创造了条件和工具。

### 4. 数字经济推动新业态与新模式不断涌现

中国在多个领域已加入全球数字经济的领跑者行列。近年来,中国在电子商务、电子信息产品制造等诸多领域取得"单打冠军"的突出成就,一批信息技术企业和互联网企业进入世界前列。腾讯、阿里巴巴、百度、蚂蚁金服、小米、京东、滴滴出行等 7 家企业位居全球互联网企业 20 强。中国按需交通服务已成全球领导者,年化按需交通服务次数达 40 亿次以上,在全球市场所占份额为 70%。

中国分享经济正在成为全球数字经济发展的排头兵。国家信息中心发布的《中国分享经济发展报告 2016》显示,2015 年中国分享经济市场规模约为 19560 亿元(其中交易额 18100 亿元,融资额 1460 亿元),主要集中在金融、生活服务、交通出行、生产能力、知识技能、房屋短租等六大领域。分享经济领域参与提供服务者约 5000 万人（其中平台型企业员工数约 500 万人），约占劳动人口总数的 5.5%，参与分享经济活动总人数已经超过 5 亿人。

中国电子商务继续保持快速发展的良好势头。根据《中国电子商务报告 2015》显示，2015 年全社会电子商务交易额达到 20.8 万亿元，同比增长约 27%；网络零售额达 3.88 万亿元，同比增长 33.3%，其中实物商品网络零售额占社会消费品零售总额的 10.8%；B2B 交易额为 17.09 万亿元，占全部电子商务交易额的 78.4%，同比增长 33.0%；跨境电子商务继续呈现逆势增长态势，全年交易总额达 4.56 万亿元，同比增长 21.7%；农村网购交易额达 3530 亿元，同比增长 96%，其中农产品网络零售额 1505 亿元，同比增长超过 50%。

互联网金融进入规范发展的新时期。根据互联网金融研究机构"网贷之家"发布的数据显示，截至 2016 年 6 月底，中国 P2P（个人网络借贷）行业累计成交量达到了 2.21 万亿元，其中，上半年累计成交量为 8422.85 亿元，预计全年累计交易量或将突破 3 万亿元。

## 四、中国数字经济将为全球经济发展做出更大贡献

未来较长时期，信息革命将面临着从 1 到 N 的全面蜕变。根据网络强国建设三步走的战略部署，中国数字经济将迎来巨大的机遇窗口，并为中国加速完成工业化任务、跨越"中等收入陷阱"、构筑国际竞争新优势提供强大的物质保障，并为全球经济转型发展做出更大贡献。

### 1. 陆海天空立体覆盖的国家信息基础设施体系将更加完善

超前布局国家信息基础设施体系建设是夯实中国数字经济发展基础、引领全球数字经济发展潮流的先手棋。《国家信息化发展战略纲要》提出，到 2020 年，固定宽带家庭普及率达到中等发达国家水平，第三代移动通信（3G）、第四代移动通信（4G）网络覆盖城乡，第五代移动通信（5G）技术研发与标准取得突破性进展。互联网国际出口带宽达到 20 太比特/秒（Tbps），支撑"一带一路"建设实施，与周边国家实现网络互联、信息互通，建

成中国—东盟信息港，初步建成网上丝绸之路，信息通信技术、产品和互联网服务的国际竞争力明显增强，移动互联网连接规模超过 100 亿个，占全球总连接的比例超过 20%，"万物互联"的时代开始到来。到 2025 年，新一代信息通信技术得到及时应用，固定宽带家庭普及率接近国际先进水平，建成国际领先的移动通信网络，实现宽带网络无缝覆盖，互联网国际出口带宽达到 48 太比特/秒（Tbps），建成四大国际信息通道，连接太平洋、中东欧、西非北非、东南亚、中亚、印巴缅俄等国家和地区。到 21 世纪中叶，泛在先进的信息基础设施为数字经济发展奠定了坚实的基础，陆地、海洋、天空、太空立体覆盖的国家信息基础设施体系基本完善，人们通过网络了解世界、掌握信息、摆脱贫困、改善生活、享有幸福。

**2. 经济发展的数字化转型成为重点**

以信息技术为代表的技术群体性突破是构建现代技术产业体系、引领经济数字化转型的动力源泉，先进的信息生产力将推动我国经济向形态更高级、分工更优化、结构更合理的数字经济阶段演进。按照国家信息化发展战略要求，到 2020 年，核心关键技术部分领域将达到国际先进水平，重点行业数字化、网络化、智能化取得明显进展，网络化协同创新体系全面形成，以新产品、新产业、新业态为代表的数字经济供给体系基本形成；信息消费总额将达到 6 万亿元，电子商务交易规模达到 38 万亿元，信息产业国际竞争力大幅提升，制造业大国地位进一步巩固，制造业信息化水平大幅提升，农业信息化明显提升，部分地区率先基本实现现代化。到 2025 年，根本改变核心关键技术受制于人的局面，形成安全可控的信息技术产业体系，涌现一批具有强大国际竞争力的数字经济企业与产业集群，数字经济进一步发展壮大，数字经济与传统产业深度融合；信息消费总额达到 12 万亿元，电子商务交易规模达到 67 万亿元，制造业整体素质大幅提升，创新能力显著增强，工业化与信息化融合迈上新台阶，信息化改造传统农业取得重大突破，大部分地区基本实现农业现代化。预计到 2025 年中国互联网将促进劳动生产率提升 7% ~ 22%，对 GDP 增长的贡献率将达到 3.2% ~ 11.4%，平均为 7.3%。到 21 世纪中叶，国家信息优势越来越突出，数字红利得到充分释放，经济发展方式顺利完成数字化转型，先进的信息生产力基本形成，数字经济成为主要的经济形态。

### 3. 分享经济将成为数字经济的最大亮点

经历了萌芽、起步与快速成长，分享经济即将进入全面创新发展的新时期，成为数字经济最大的亮点。据国家信息中心预测，未来5年中国分享经济年均增长速度在40%左右，到2020年分享经济规模占GDP比重将达到10%以上，未来十年中国分享经济领域有望出现5～10家巨无霸平台型企业。到2020年中国分享经济将进入一个人人可参与、物物可分享的全分享时代。一是更多的参与——随着中老年人群互联网应用的普及，尤其是面向老年人群体开发的应用软件如餐饮、家政，亲情关怀、紧急求助等服务业务的丰富多样，越来越多的中老年人将享受到分享经济发展带来的实惠。随着农村互联网普及程度的提高和分享实践的发展，农村居民将成为分享经济的重要参与者。二是更广泛的分享——从无形产品到有形产品，从消费产品到生产要素，从个人资源到企业资源，物物皆可纳入分享经济的范畴。除了个人闲置的资金、时间、技能可供分享外，企业闲置的生产要素也将进入分享的范畴，包括办公场地、生产厂房、设备、仓储基地等闲置的不动产，也包括诸如企业的研发团队、发明专利、专业人员等，为分享经济发展注入更大的活力。三是更深入的渗透——分享经济将深入渗透到各个领域行业，分享经济不仅活跃在交通、住房、教育、医疗、家政、金融等与人们生活息息相关的服务业领域，还将迅速渗透到基础设施、能源、农业、制造业等生产性领域。未来，越来越多的传统制造企业将积极拥抱分享经济，如海尔集团的"人人创客"、徐工集团的"路之家"工程机械信息服务平台、沈阳机床厂建立的I5智能平台等都已经取得明显成效。四是更活跃的创新——未来中国分享经济将进入本土化创新的集中迸发期，分享经济企业将加速从模仿到原创、从跟随到引领、从本土到全球的质的飞跃。如滴滴出行、小猪短租、途家、携程网、WiFi万能钥匙、在行、阿姨来了、猪八戒网等一批分享经济的隐形冠军，已经进入了本土化创新的快车道。

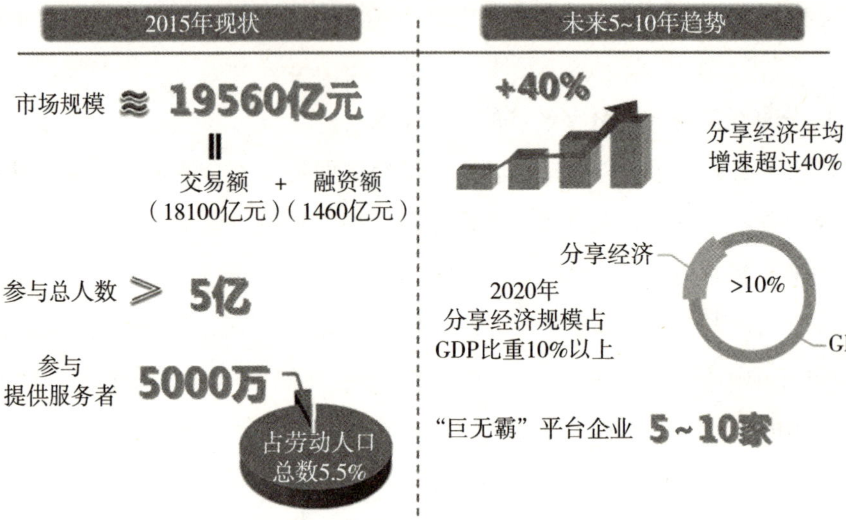

| 2015年现状 | 未来5~10年趋势 |
| --- | --- |

市场规模 ≈ **19560亿元**
＝
交易额 ＋ 融资额
（18100亿元）（1460亿元）

**+40%**
分享经济年均
增速超过40%

参与总人数 ≥ **5亿**

分享经济
2020年
分享经济规模占
GDP比重10%以上

>10%
GDP

参与
提供服务者 **5000万**
占劳动人口
总数5.5%

"巨无霸"平台企业 **5~10家**

**图3 中国分享经济发展现状趋势**

资料来源：国家信息中心《中国分享经济发展报告2016》

### 4. 数字经济将助推形成全民共享全面共享的新局面

作为最能体现包容性发展特质的经济形态，数字经济发展将有利于不断满足广大人民群众对社会公平正义的新要求，不断实现广大人民群众共享社会主义现代化建设的新成果。第一，数字经济助推全民共享。根据精准扶贫的总体目标与任务部署，到2020年，数字经济的蓬勃发展将推动5000万贫困人口全部脱贫，让农村留守儿童、妇女和老人等弱势群体享受到现代化文明成果，并推动中等收入阶层的扩大，逐步形成人人共享公平正义与民生福祉的社会结构。第二，数字经济助推全面共享。网络提速降费的持续推进，电信普遍服务机制的不断完善，将为农村与中西部地区宽带网络发展奠定基础，为社会困难群体运用网络创造条件；数字经济发展将进一步释放信息赋能作用，通过实施信息扫盲行动计划、"三支一扶"等项目，为老少边穷地区和弱势群体提供信息技能培训，全面提升国民信息素养；数字经济发展还将进一步降低信息技术应用成本，为老百姓提供用得上、用得起、用得好的信息服务，通过互联网＋教育、互联网＋医疗等促进基本公共服务均等化，全方位提升人民群众的"获得感"。第三，数字经济助推共建共享。数字经济发展将成为推动大众创业、万众创新的最大引擎，使人人在现代化建设中共享人生出彩的机会。截至 2015 年年底，全国通过开设网店直接创业就业的人员已超过 1100 万人，接入滴滴出行平台的专兼职司机数超过 1400 万人，猪八戒网帮助大量个人设计师提升能力，他们中的很多人成立了工作室、小型公司乃至中型公司。数字经济的进一步发展将为越来越多的返乡农民、失业人员以及残疾人等弱势群体通过网络平台找到就业创业机会。

### 5. 中国数字经济实践将为全球发展提供经验

中国数字经济发展将践行"以对外开放的主动赢得经济发展的主动、赢得国际竞争的主动"，在更大范围、更宽领域、更深层次上全面提高开放型经济水平，提高在全球经济治理中的制度性话语权，引领新兴市场国家和发展中国家群体性崛起，从而在国际经济秩序重构中推动建立最广泛的全球经济共同体。同时，中国数字经济发展的创新实践将更为丰富多彩，为全球经济社会转型发展提供中国经验和中国方案。

# 高红冰：数字经济提升信心能见度

信息社会 50 人论坛理事，阿里巴巴集团副总裁，阿里研究院院长，承担过中宣部、国家安全部、发改委、工信部、知识产权总局等十多项中央、国务院有关部门的互联网政策和战略研究课题。加入阿里巴巴之前，他曾经担任过华为、腾讯、百度等多家企业的政策与战略顾问。曾参与中国信息化发展战略和互联网政策与法规的起草制定，早期中国互联网监管架构设计和政策法规制

高红冰

定。兼任中国社科院信息化研究中心理事和特邀研究员，浙江省委党校特聘教授，浦东干部学院讲座教授，微金融 50 人论坛（筹）发起人。

很多人都在问一个问题，天猫"双 11"不断地刷新纪录，不断地创造奇迹，有什么含义吗？数字的背后我们解读出什么？我想就数字背后的经济做一些讨论和解读。

今天，整个大淘宝的交易系统带来了很多的价值创造，我们扩大了消费，同时把消费和娱乐结合起来，变成了一个娱乐化的电商。电商变成了一种生活方式，电商也进一步向线下延伸，跟线下的实体店结合，融合创造了新的业态。今天技术不断推动商业的发展，数据正在驱动整个商业为消费者和商家带来更大的创新和创造。今天的技术在驱动人工智能方面有重大的突破，这些都是生态系统中各个角色的产出和创造。

从 2008 年金融危机以后，整个全球经济都进入低迷、迟疑和纠结当中，大家对未来经济的走向都看不清。包括特朗普上台以后会怎么样？大家有各种猜测。今天有各种各样的不确定性，在这种情况下我们应该怎么看今天的经济？

有一个非常大的亮点就是数字经济的浮现。这一轮不光是 IT 技术，更重要的是互联网 DT 技术（数据处理技术）在推动一个新的数字经济产生。

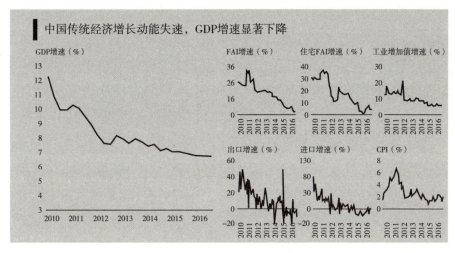

图 1　中国传统经济增长动能失速

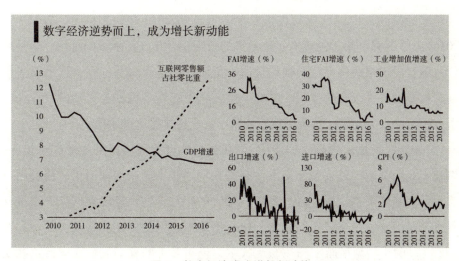

图 2　数字经济成为增长新动能

我们发现，传统经济的增长方式在转型，住宅投资、进出口投资等主要经济指标，今天都在往下走。中国经济正在由出口和投资驱动，走向消费驱动的新方向。在消费驱动下，网络零售所代表的中国消费正在崛起，驱动经济结构的调整和改善。今天由网络零售所代表的数字经济，其价值在宏观经济层面上是不是得到了充分的测量和统计，我觉得还有很多的工作值得去做。

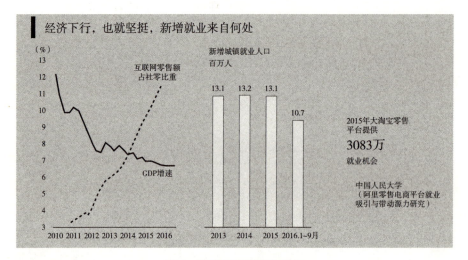

**图3　数字经济提供新就业**

我们看到经济下行数据的同时，还应看到另一个数据——就业。过去这一年多的时间，中国就业是在增长的，我们看 2013 年、2014 年、2015 年，2016 年 1—9 月，城镇就业有一个很好的表现。今年经济下行的时候，但是就业并没有出现跟经济下行同样的情况，可能在一定意义下，今天网络零售带动的就业发挥了很好的作用。研究发现，阿里巴巴零售平台带动的就业超过了三千万，大大提振了整个中国就业状况，创造了很大的价值。

"新能源"增速远超"旧能源"。我们去比较工业经济的主要经济指标，例如工业用电量，过去几年基本没有太大的增长，但是移动通信、移动用户流量在高速增长，甚至以高达 80%～90% 的年复合增长速度在增长，这推动着整个经济发生一个很大的变化，就是移动互联网的使用和普及。截至现在"双 11"的交易量里面 83% 来自无线端，说明今天的移动流量在支持这些交

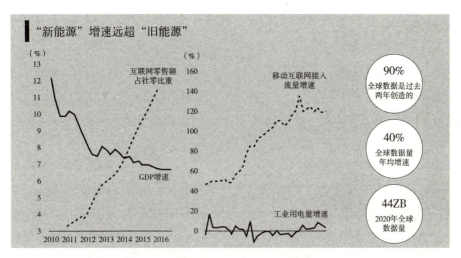

图4 "新能源"增速远超"旧能源"

易完成。我们可以看到，今天我们有90%的数据量是过去两年创造的，在2020年，全球数据量会突破44ZB。我们有理由相信，数据或者数据流量可以作为衡量数字经济的主要指标之一。

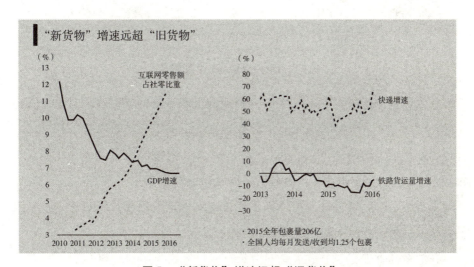

图5 "新货物"增速远超"旧货物"

在商品流动方面，"新货物"增速远超"旧货物"。今天的新商品和货物，跟过去的不同在于，它以一种淘宝包裹的形态表达，它有电子面单，有附加上去二维码，而且包裹的流动是变成2C的，集装箱里每一个包裹都实现数据化。如果看铁路运输货量，2013 年、2014 年有所增长，2015 年、2016 年开始负增长，但是同期淘宝货物和包裹出现高速增长，保持每年 50% ~60% 的增长率。截至现在（11 月 11 日 17：15）"双 11"创造包裹的数量已经超过了 4.6 亿只，是 2015 年"双 11"全天的包裹量。以这样的数据衡量的时候，新的货物（即数字经济）的增长速度远远高于传统经济的增长速度。

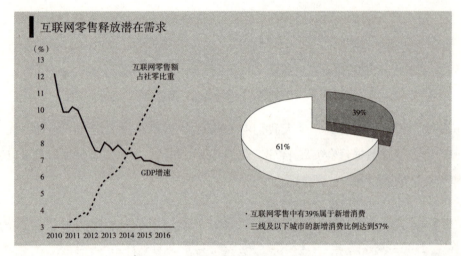

图6 互联网零售释放潜在需求

互联网也在释放着非常巨大的消费潜力。麦肯锡的研究表明，电子商务实际上创造了一个增量的消费需求，把过去线下的零售体系压抑的消费需求释放出来，这个比例是 39%。可以看到三、四、五线城市的消费者，今天的年轻人，"00 后""90 后"，他们用移动互联网购物带来了零售体系的扩充。线上零售体系的广域覆盖，把原来不能覆盖到的消费需求挖掘出来，变成交易，所以带来了非常大的消费增量。

在消费升级中有一个很重要的增长方向是来自于零售，BCG 公司的研究认为，互联网消费贡献未来五年私人消费增量是 42%，也就是私人部门的网络消费是一个巨大的增长，在增长的背后可以看到由于消费所带来的数字经济的拉动是全方位的，会带来结构性的变化。

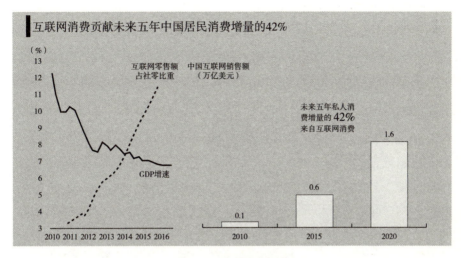

图 7　互联网消费贡献

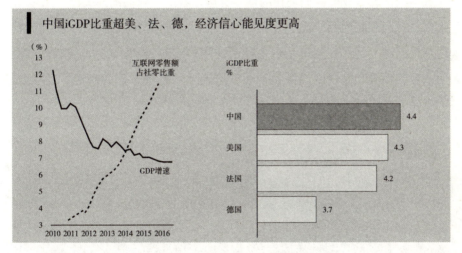

图 8　中国经济信心能见度增高

中国 iGDP 比重超美、法、德，经济信心能见度更高。麦肯锡 2013 年做了一项研究，它提出了一个新的指标叫 iGDP，研究了六个行业的发展状况以后，对这些行业使用信息技术和互联网的状况进行了综合的测度。它对比了各个国家，最终的结论就是中国 iGDP 的指标高过美国、法国、德国，意味着互联网技术在中国经济的渗透所推动的数字经济，实际上比欧美国家有更大的价值贡献，或者说是更高的能见度。

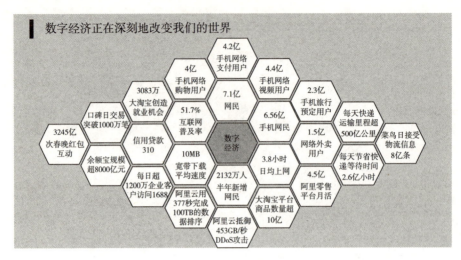

图9　数字深刻改变世界

数字经济怎么改变我们现在的世界？可以看到，我们的网民已经超过7.1亿人口，移动互联网用户超过6.5亿，日平均上网时长接近4小时，网络外卖用户量已经上亿，在阿里平台上的活跃用户也超过4.5亿，这些数据都在表明，数据经济和互联网经济在不断渗透到生活各个方面的时候，对整个经济和生活方式所带来的深度变化。

图10　数字经济的商业生态前景

我们以阿里巴巴的生态来看，阿里巴巴的底层由云计算大数据，由各种各样的数字平台和技术平台构成，在这个平台的上面，有我们的零售体系，线上零售体系，线下的零售体系，包括银泰百货、苏宁电器等这些企业融合做O2O。线上和线下的融合通过数据和云计算系统支撑，进一步变成了一个新的零售体系。同样，支付宝也变成了互联网新的基础设施，互联网金融正在服务于那些过去的传统金融所不能覆盖的新的金融消费者和小微企业。

我们也发现，电子商务带动了零售，也带动了批发，更进一步带动制造业的升级。中国广大的工厂们非常需要找到一个产能的出口，需要找到一个消费的需求点去拉动他们的生产制造的升级。这时候提出一个新的需求，新的制造方向在哪里。

新的制造要以C2B（消费者到企业）、以数据驱动的方式，让更多的创新企业进入这个市场，去创造一个新的制造领域。我们看到2003年产生淘宝的时候，还没有今天超过一千万的小卖家们参与市场，平台化的网络零售给我们的一个启发，在制造业上也会形成新的制造业互联网平台，它会把各个主体角色要素汇聚起来，由零售端的销售去驱动制造业升级的转型，我们会发现文化产品、娱乐化产品、服务产品，也会变成一个升级的方向。

我们看到阿里巴巴的生态系统正在迈向一个新的零售、新的制造、新的技术、新的金融、新的资源，这样一个"五新一平"的体系，正在成为未来第五经济体。

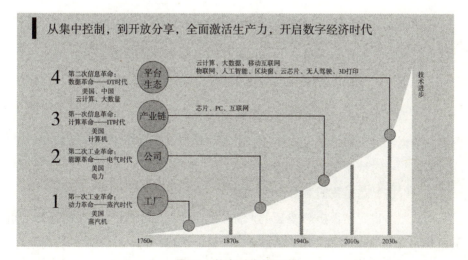

图11　数字时代的开启

回望过去，经济发展、产业发展的几次革命，我们发现第一、第二、第三次产业革命都是以控制资源为中心的，但是以人工智能、大数据为中心的第四次工业革命，是以更开放的方式进行的。互联网的平台构建，是一个开放的体系，是开放、分享、透明，又要承担责任的体系，这套体系连接了更多的市场主体，让更多复杂的网络连接起来。

过去的工业经济，是以企业的上游和下游的价值链为主导的，在一个制造业企业的价值链上，企业主体加起来也就几万家。但是我们看到淘宝的生态系统，有超过一千万的卖家，有 4.5 亿的消费者，有数以十万计的服务商参与市场的共同创造。在这样一个复杂的商业生态系统下，正在构建一个新的价值网络，这个价值网络正在呈现出一种大数据、云计算的方式。

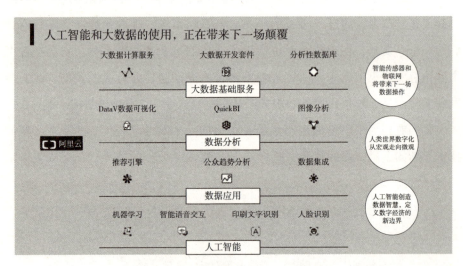

图 12 人工智能与大数据的迅速发展

今天以人为中心的数据沉淀，正在拓展到以物为中心的数据沉淀。所以，沉淀的数据经过机器的学习，经过模仿人的学习，经过模仿各种场景的学习，通过算法，通过数据的产品，进一步打造出新的以数据为中心、以数据为基础的平台经济，这是我们对未来的判断。

大家刚才也看到很多阿里云的产品和应用，在云计算大数据的基础分析下，我们会发现，不管是 IOT 还是基于平台的沉淀，都会带来对机器的学习，深度的学习、人脸的识别等各个方面的突破，继而进行数据的沉淀，进行算法的开放和创新，形成各种各样的人工智能产品，而这些产品会进一步变成商业、制造业、批发业、金融业、服务业的创造，所以，智能传感器和物联网将会带来进一步的数据爆炸，人类也会在数字化从宏观层面进一步走向微观，人工智能创造数字的智慧，定义着数字经济新的边界，这是我们看到的人工智能大数据所带来的对商业产业和整个经济的变化。

在 G20 会议上，马云提出了一个倡议，要创建一个 eWTP（世界电子贸易平台），让全世界的中小企业开创一个属于自己的自由公平、开放的贸易平台，让中小企业和消费者更方便参与这个市场，共同来完成全球经济的打造。他讲得很形象，用一部手机就可以买全球，一部手机也可以卖全球。eWTP 最终写进了 G20 领导的公报中。这表明工商界以及二十国集团的政府认可这样一个数字经济的方向。

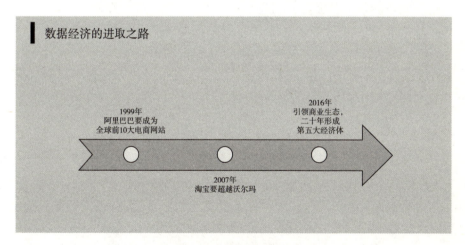

图 13　数字经济的进取之路

对于未来的预测以及如何看待数字经济，我想首先是需要想象力。预测未来很容易，但是要把未来创造出来，就要看你是不是真的相信它。

1999 年，阿里巴巴刚刚成立的时候，18 个合伙人一起开了一个会，马云说我们阿里巴巴要变成全球十大网站之一。那个时候阿里巴巴网站在全球排名是第 25 万名，没有人相信这件事，但是他相信，他带动了 18 个人一起相信，所以走到了今天，阿里巴巴成功成为全球互联网企业的前十强。

　　第二个是 2007 年，阿里提出来要超过沃尔玛，在 2008 年的一次会议上，沃尔玛的高管在听到这个说法后，拍一拍马总的肩膀，说："小伙子，有志气。"然后笑笑走了。结果 2016 年 3 月，阿里巴巴零售平台交易规模已经超过了三万亿元，超过了沃尔玛。马云在提出 eWTP 同时，还提出了"五新一平""第五大经济体"，这正是我们未来 20 年要做的一个贡献。

　　所以，我们要相信梦想，相信数字经济有未来，相信这是我们经济发展的方向，相信数字经济有更好的能见度来指引全球经济、中国经济走向更美好光明的未来。

# 陈德人：**为什么说 2016 年是新经济的元年**

信息社会 50 人论坛成员，浙江大学电子服务研究中心主任、教授。主要研究方向为电子商务、服务学、互联网与计算机应用技术。先后承担完成国家自然科学基金、国家重点攻关、863 计划、973 计划、国防预研、国家发改委、国家科技支撑、航天部、商务部等部委和省级以上项目及一大批企事业项目 70 多项。累计发表学术论文 200 多

陈德人

篇，专利 8 项，软件著作版权 8 项，主编著作教材 20 多部。先后获得国家级科技和教学成果奖 5 项、省部级奖 9 项。国务院特殊津贴获得者。2009年获得"中国电子商务十年发展突出贡献奖"（中国电子商务协会）、"首届中国服务业科技创新人物奖"（中国商业联合会），并被评选为杭州市数字人物。

2016 年 9 月 4 日和 5 日的 G20 杭州峰会注定会在世界历史发展进程中留下里程碑式的一个记忆，那就是宣告了由中国引领的世界新经济的起航。就像习近平主席在 9 月 4 日 G20 杭州峰会上致开幕词中最后讲的那段气吞山河的话："让我们以杭州为新起点，引领世界经济的航船，从钱塘江畔再次扬帆起航，驶向更加广阔的大海！"

两个月后的 11 月 16 日，在距离杭州 80 公里的乌镇召开了第三届世界互联网大会，在这个以"创新驱动造福人类——携手共建网络空间命运共同体"

为主题的世界大会上，习近平主席进一步指出："互联网是我们这个时代最具发展活力的领域。互联网快速发展，给人类的生产生活都带来了深刻变化，也给人类社会带来了一系列新机遇和新挑战。互联网发展是无国界、无边界的，利用好、发展好、治理好互联网必须深化网络空间国际合作，携手构建网络空间命运共同体。"

从 G20 杭州峰会的世界经济起航，到世界互联网乌镇峰会构建网络空间命运共同体的目标，我们看到了一个由中国引领的、以互联网为引擎的新经济时代在 2016 年正式开启。世界互联网进入中国时间，全球新经济由中国领航。

## 一、为什么说 2016 年是一个大变革的元年

首先 2016 年对于世界而言是一个经历重大变革的年份，无论政治、经济、社会还是科技等，一切都在发生翻天覆地的变化。

政治领域，从英国脱欧到美国大选，结果与大众预判的完全相反。好不容易形成一体化并运行数十年的欧洲经济共同体开始重新洗牌。在美国，一个没有任何从政经验的亿万富翁将入驻白宫。传统媒体被网络媒体彻底打败，世界必将进入一个与传统精英主导和习惯思维运作全然不同的新时代。

社会领域，一方面，旨在应对全球气候变化威胁、对世界经济发展具有重大影响的《巴黎协定》2016 年 11 月 4 日正式生效，新能源替代传统能源已经箭在弦上，新的经济业态势不可挡。实时互动的互联网社交正在发挥越来越重要的作用，成为人类社会生活和经济活动的主要载体和效益本体。另一方面，中国网民数达到 7.1 亿，首次超过全国人口比例的半数以上。

经济领域，一方面，全球性的经济危机持续加深，世界基尼系数已经达到超过公认 0.6 "危险线"的 0.7 左右。世界各国迫切需要经济转型和变革的新引擎。而另一方面，以互联网为核心的新兴经济则增速明显。2015 年中国网络经济市场规模突破 1.1 万亿元，年增长率达 47.3%。仅一个阿里巴巴所形成的新兴经济体已经成为全球第 20 大经济体规模。

金融领域，一方面，2016 年全球金融行业资本寒冬肆虐、市场低迷、丑闻不断。但另一方面，2016 年 10 月 1 日人民币正式加入国际货币基金组织（IMF）特别提款权（SDR）货币篮子，成为继美元、欧元、日元和英镑之后的第五种入篮货币。将极大推动人民币国际化，特别有利于人民币跨境结算、国际商务、物流运营等国际化贸易。

贸易领域，在全球贸易总量持续低迷的背景下，阿里巴巴 2016 财年的一年零售交易量达到 3.092 万亿元，超过传统商业巨头沃尔玛成为世界最大的零售商业体。"双 11"一天更是交易额突破千亿元，达到 1207 亿元。

科技领域，2016 年是信息技术的 70 周年。AlphaGo 的人工智能完胜人类世界围棋冠军，SpaceX 的航天火箭成功回收，中国研制的世界首个量子卫星上天，以及登陆火星计划启动，等等，这一切看似与人们现实无关的技术将会深刻影响人类的未来生存。

所有这一切表明世界进入了一个剧烈变革的新时代，其标志就是以互联网为代表的科技创新与大规模应用在经济社会各个领域开始发挥越来越重要的作用。各国都越来越重视互联网相关的新经济。在 2016 年 3 月 14 日在汉诺威 CeBIT 开幕式上，德国联邦经济部长加布里尔隆重发布了德国政府的"数字战略 2025"计划，宣布 2016 年是数字经济年。再联想到习近平主席提出的中国经济进入新常态和美国当选总统特朗普在竞选中强调美国需要 Great Again（伟大复兴）。这一切似乎在预示着 2016 年是一个新经济时代的开始。

## 二、新经济的本质和内涵

关于新经济，很多国内外的经济学家和各类专家都有各自的观点阐述。我们认为新经济的本质首先就是创新型经济，尤其是互联网为代表的科技创新型经济。习近平主席在 2016 年 9 月 3 日召开的二十国集团工商峰会（B20）上发表了题为《中国发展新起点，全球增长新蓝图》的主旨演讲，强调建设创新、开放、联动、包容型世界经济的中国战略与合作之路。在习近平主席报告的八个观点中，有五个都是围绕以互联网为代表的新经济展开论述，介绍了中国创新驱动发展战略，"在新的起点上，我们将坚定不移实施创新驱动发展战略，释放更强增长动力。抓住科技创新就抓住了发展的牛鼻子。建设创新型国家和世界科技强国，是中国发展的迫切要求和必由之路。"强调了科技创新的作用，"创新是从根本上打开增长之锁的钥匙。以互联网为核心的新一轮科技和产业革命蓄势待发，人工智能、虚拟现实等新技术日新月异，虚拟经济与实体经济的结合，将给人们的生产方式和生活方式带来革命性变化。"提出了中方把创新增长方式设定为 G20 杭州峰会重点议题，推动制定《二十国集团创新增长蓝图》的意义。目的就是要向创新要动力，向改革要活力，把握创新、新技术革命和产业变革、数字经济的历史性机遇，提升世界经济中长期增长潜力。

一般常常把新经济与信息经济、网络经济、互联网经济或数字经济互为代名词而混为一谈。我们的观点是新经济要比上述概念更为广泛。从新经济的内涵分析，新经济既包括了信息经济、网络经济、互联网经济或数字经济所涵盖的各类新兴产业和业态，也涵盖了传统经济与信息经济等创新融合或转型升级形成的经济体。

在全球经济快速发展变革进程中，所有的经济个体、经济活动、经济属性或固有模式都不得不先后委身其中。就如从农业时代个体劳作的无数离散的点模式，再从工业时代的大规模流水线作业的线模式，走向一个互联互通和开放互动的网模式。因此新经济代表了当今世界经济发展的主流方向。在中国，2015 年网络经济的年增速是国内生产总值增速的近 7 倍。无疑已经成为引领中国经济发展的主要引擎。

与传统经济相比，新经济无论从基础设施、核心业务还是可持续发展等方面都有完全不同的内涵和特征。例如在基础设施方面，新经济以平台为核心提供互联网的各类服务从而实现共享、分享或协同，达到大规模的效果。例如"双 11"移动消费占比从 2013 年的 24%、2014 年的 42.6%、2015 年的 68.3% 增长到 2016 年的 81.8%。

在核心业务方面，新经济通过粉丝实现互动和融合从而打造全新的互联网品牌。从大规模制造到个性化定制，从生产者到消费者单向流通到消费者同时成为生产者的双向流通等都是新经济的创新模式。例如 2016 年的"双11"全球狂欢节从一系列眼花缭乱的数据背后体现了消费的五大变化。即全民娱乐互动化、全球化、城乡消费一体化、线上线下结合化和移动消费主流化，其中交易超亿元以上的 93 类商品都是天猫上著名的品牌。

在可持续发展方面，新经济通过跨界和创新来打造可持续发展的生态链，从而实现企业持久存在的价值。包括制造业服务化、服务业产品化、产品数字化等业务的扩展。阿里巴巴 2016 年 10 月在杭州云栖大会上提出"新零售、新制造、新金融、新技术、新资源"就是新经济战略的体现。

## 三、新经济与互联网创新的五大要素——3 万亿案例

长期以来，沃尔玛一直是全球的商业巨头，是多年的世界 500 强之首，代表了传统工业化时代商业老大的缩影。2015 年度沃尔玛的年零售规模首次达到了 3 万亿元，进入一个新的高度。而 80 天后，来自互联网行业的阿里巴巴在它的财年（当年 4 月 1 日至次年 3 月 31 日）不到 10 天的 3 月 21 日 14 点 58 分，其零售交易额也达到了 3 万亿元，成为全球第二个达到此规模的零售体。4 月 6 日，阿里巴巴发布财报称年度零售交易总额为 3.092 万亿元，一举超越沃尔玛成为全球最大的零售商业体。

在上述眼花缭乱的大数据背后，可以看到新经济的巨大能量和互联网创新对社会经济带来的震撼冲击。我们把这些变化归结为互联网创新的五大要素。

### 1. 互联网速度——互联网是传统商业流通速度的 4 倍以上

沃尔玛和阿里巴巴这两个企业是两个不同时代产生出来的杰出代表，两个 3 万亿仅仅相差了 80 天，可以得出互联网带来的速度变化。沃尔玛达到 3 万亿规模整整花了 53 年的时间，而阿里巴巴则花了 13 年时间，发展速度是沃尔玛的 4 倍以上。

表1 沃尔玛和阿里巴巴对比时间表

|  | 成立时间 | 达到10亿美元规模年度 | 达到100亿美元规模年度 | 达到3万亿元规模年度 |
|---|---|---|---|---|
| 沃尔玛 | 1962 | 1980 | 1987 | 2015 |
| 阿里巴巴零售 | 2003 | 2006 | 2008 | 2016 |

### 2. 互联网广度——传统流通只能是局部的，而互联网流通是全方位

互联网带给人类最大的变化是突破了空间和时间的界限，让任何人在任何时间、任何地点、用任何终端、以任何接入方式进行交互和协同。附表体现了作为传统商业体代表的沃尔玛和作为互联网经济体代表的阿里巴巴在覆盖区域和人群等方面的差别。

表2 沃尔玛和阿里巴巴在覆盖区域和人群的对比

|  | 惠及的消费者数量 | 惠及的国家和地区数量 |
|---|---|---|
| 沃尔玛 | 2亿 | 28个（截至2015年年底） |
| 阿里巴巴零售 | 4亿 | 224个以上 |

### 3. 互联网高度——社会贡献度增长10倍以上

传统商业随着工业化发展经历了零售、百货、超市三个阶段的演化。其中百货商店这个词形象地刻画了20世纪传统商业的物资供应数量，今天的超市我们可以用万计到百万计来描述大型商场的货物供应数量。而互联网零售平台则更多地以亿计来统计，体现出物质极大丰富和应有尽有的共产主义特征。另一方面通过阿里巴巴零售这一共享平台，为1500万人群提供了直接就业的机会，间接的则达到3000万以上。

表3 沃尔玛和阿里巴巴提供商品参与商家、提供就业的对比

|  | 提供商品的数量 | 参与商家的数量 | 提供直接就业数 |
|---|---|---|---|
| 沃尔玛 | 百万级 | 十万级 | 220万 |
| 阿里巴巴零售 | 10亿级 | 千万级 | 1500万 |

### 4. 互联网深度——现有的社会经济模式正在被颠覆

互联网带给我们的不仅仅是这些数据上的变化，更深刻的是对于社会经

济发展的变革。就像农业时代的水不仅仅是让人能够解渴，还是为了维持生命和健康生活；工业时代的电不仅仅就是为了黑夜照明，更是为了提高生产效率和生活质量；互联网正在颠覆现有的社会结构、行业体系和经济模式，让人类生存生活中一切原认为的不可能变为可能和可行。这就是为什么像BAT（百度、阿里巴巴、腾讯）这类的互联网公司越来越像一个巨无霸，它们什么行业都在涉足、都敢涉足。任何一个行业，只要BAT进入，就一定会产生天翻地覆的变革，从商业、社交、媒体到旅游、银行、物流、农业和制造业等。就如美国的Google（谷歌）在研发无人驾驶汽车、Facebook（脸谱）在研制飞机和卫星一样。

沃尔玛这一工业化时代传统经济体系下的商业航母，今天已经让位于互联网时代新经济发展起来的分享经济平台航母阿里巴巴。明天一定会有更多的传统第一让位于互联网第一。

**5. 互联网力度——从"＋互联网"时代到"互联网＋"时代**

2016年是信息技术发展70周年，从1946年第一台计算机发明、1969年两台计算机在实验室连通到1989年万维网协议正式推广，信息技术已经发展70年了，但互联网发展迄今还只有短短27个年头，在中国更只有22年，但是可以看到其对社会经济和人类生活产生的巨大影响。特别是以大数据、云计算、物联网和移动计算为代表的"大云物移"正在替代IOE（IBM小型机、Oracle数据库和EMC存储）为代表的传统信息技术支撑平台，使得人人都能够享受到互联网带来的效率和好处，人人都可以成为创客、企业家、主持人……

自从李克强总理在2015年两会报告中提出制订"互联网＋"行动计划以来，2016年各地、各部门、各行业都在积极制订和实施"十三五"的"互联网＋"行动计划。"创新"是"互联网＋"行动计划的主旋律。就像本文一开始所说的，如果说互联网就是一个工具的话，那么那是"＋互联网"时代。那个时代是通过互联网在原有的运行体系下来提高效率和降低成本。今天的"互联网＋"时代则是通过颠覆和融合来形成新的体系。例如今天我们看到的第一、第二、第三产业正在通过"互联网＋"融合成为以互联网为核心的新经济体。

进入"互联网+"时代的互联网究竟有多大的力度？可以认为，互联网就是那个支点，那个能够撬动地球的支点。

## 四、杭州在新经济中的历史地位

杭州作为中国电子商务之都一直是中国电子商务发展的核心和世界电子商务瞩目的标杆。中国第一个纯互联网上市公司中国化工网（网盛生意宝）10年前就产生自杭州，世界最具规模的电子商务B2B平台阿里巴巴和C2C平台淘宝都诞生在杭州。杭州更是最早建成了具有生态链的电子商务服务体系，大大小小为电子商务服务的平台、网站或企业在2008年就多至2000余家，包括世界级规模的支付宝、阿里云和菜鸟物流。中国十大快递行业领军人物的三分之二也都来自杭州。近几年杭州的信息经济规模一直保持在GDP占比的25%左右，这在全国和全球业是少见的。

习近平主席在B20大会报告中，首先称赞了"杭州是创新活力之城，电子商务蓬勃发展，在杭州点击鼠标，联通的是整个世界"。在G20杭州峰会发布的最后公报四次提到了电子商务，可见电子商务作为新经济主要代表的核心和作用。第14条提到要"加强电子商务合作，提高数字包容性和支持中小企业发展"，第29条关于核准《二十国集团全球贸易增长战略》，要求"在降低贸易成本、促进贸易和投资政策协调、推动服务贸易、加强贸易融资、促进电子商务发展，以及处理贸易和发展问题方面作出表率"。第30条专门指出"欢迎B20对于加强数字贸易和其他工作的兴趣，并且注意到B20关于构建全球电子商务平台（eWTP）的倡议"。最后的公报附件涉及"二十国集团创新增长蓝图"行动篇的数字经济中，再提"鼓励电子商务合作"。

G20杭州峰会结束不久，一系列关于eWTP的相关实施就紧锣密鼓地展开了。2016年9月马云在联合国被任命为贸发组织中小企业发展特别助理，阿里巴巴与中国航天科技集团签署了发射聚划算号卫星的协议。10月28日在杭州召开的博鳌亚洲论坛——2016全球电子商务领袖峰会上，杭州市委书记赵一德明确在大会上承诺，杭州将全力支持阿里巴巴搭建 eWTP，努力将杭州打造成为国际电子商务中心。

## 五、关于新经济的新思考

2016 年作为新经济的元年并不是说在这以前没有新经济，而是强调在新经济发展进程中 2016 年是一个大规模推进的拐点和全面发展的转折点。G20 杭州峰会的主题"构建创新、活力、联动、包容的世界经济"较好地体现了世界新经济起步的目标和方向。

11 月 15 日，中国首个国家级信息经济示范区——浙江省国家信息经济示范区在乌镇峰会上宣布启动建设。这标志着中国新经济的大规模区域化建设的试点先行已经正式启动。国家明确该示范区的创建应着力探索适合信息经济创新发展的新体制、新机制和新模式，激发全省创业创新活力，努力推动浙江在"互联网＋"、大数据产业发展、新型智慧城市、跨境电子商务、分享经济、基础设施智能化转型、信息化和工业化深度融合、促进新型企业家成长等方面走在全国前列，创造可复制、可推广的经验。因此可以说示范区也是浙江作为新经济的起航地为世界新经济发展作深入的改革试点。

新经济的发展一定会有很多的问题和困难，需要解决一系列新的问题。国家统计局许宪春副局长 11 月 11 日在深圳大运会新闻中心论坛中指出新经济重要作用的同时，也分析了新经济对于国民经济核算带来的挑战，提出了探索新经济核算的方法和新思考。

# 邱泽奇：**新经济**

## ——互联网资本的秘密

信息社会50人论坛成员，北京大学社会学系教授，北京大学中国社会与发展研究中心主任，兼任重庆大学公共管理学院名誉院长。"中国家庭（动态）跟踪调查（CFPS）"的设计、试调查以及第一次调查的组织者，第一任首席专家组组长。1986年进入社会学领域从事教学与科研，1991年师从费孝通先生。致力于信息技术应用对社会影响的研究，初期关注数字鸿沟，后关注信息技术应用

邱泽奇[1]

对企业组织变迁的影响，开辟了组织研究在中国的技术学派，现关注互联网应用对社会的影响。重要论著有《中国社会的数码区隔》《技术与组织的互构》《回到连通性》等，先后获得过高等学校科学研究优秀成果（人文社会科学）奖、国家图书提名奖、中国出版政府奖图书奖提名奖。

## 一、"连接"能填平数字鸿沟吗

互联网技术的大众应用已经成为人们社会经济生活的重要组成部分。在

---

[1] 本文其他三位作者分别为：北京大学社会学系博士研究生张樹沁、北京大学中国社会与发展研究中心教授刘世定、北京大学社会学系博士研究生许英康。

城镇，人们的工作和生活离不开互联网，通过各类电子商务平台购物成为人们日常消费的重要途径之一；在农村，互联网也已生根发芽，在村镇的土墙上，赫然展现着"在外东奔西跑，不如回家淘宝"这样数据化社会气息浓厚的电商标语。城镇和农村的边界在互联网上越加模糊，传统上认为中国农村隔绝在现代化发展之外的看法难以成立。农村电子商务的发展不仅让农村的各类产品可以顺利地在国内甚至海外售卖，也使得农村消费者能够与城市消费者处在同样的消费平台上，购买来自人类市场范围内的商品与服务，正如有些地区在倡导电子商务中归纳的那样，只要连接互联网，就有机会"买中国（的商品与服务）、卖中国（的商品与服务）"，甚至"买世界（的商品与服务）、卖世界（的商品与服务）"。

而在半个世纪前，美国著名的汉学家施坚雅还在费心地搜寻 19 世纪末的文献以及 20 世纪 70—80 年代的数据，汇集杨懋春、杨庆堃等人的研究，翻阅《鄞州通志》，证明了中国农村集市呈六边形结构，一个集市的辐射范围平均为 18 个村庄，且这一结论具有普遍性。彼时，第一个互联网络阿帕（ARPANET）还需要几年积淀才会诞生。半个世纪过去了，在阿帕"后代"的协助下，原来的"18 个村庄"一跃成为了"买世界，卖世界"，如此巨大的变化，又如何不让人为之欢呼、心生遐想呢？

的确，是连通性让施坚雅的集市售卖者无须羡慕大城市的货郎，只要他们掌握使用互联网的基本技术，就不会因无法登录电子商务平台而与广阔的市场失之交臂。曾经因互联网可及性而产生的数字鸿沟，会伴随互联网使用技能的传播而逐渐使所有群体获得平等的可及机会；只要他们在电子商务平台上开店，也一定会因市场范围的扩大而有机会获得更多的互联网红利。

与此同时，也出现了新的疑问。如果施坚雅的集市售卖者都在网上开店，他们会获得同样的互联网红利，还是会像在集市上一样，有人获利多，有人获利少？如果答案是后者，互联网在为接入者提供发展机会的同时，是否也会放大接入者之间、接入者与非接入者之间、地区之间、城乡之间原本已经存在的差异，进而形成叠加差异？如果答案仍旧是后者，我们权且将这一差异也称为数字鸿沟的话，那么，这样的数字鸿沟与之前因互联网可及性机会差异而产生的数字鸿沟又有什么差别？新数字鸿沟机制又是什么？

带着以上疑问，我们将首先回顾数字鸿沟的发展，探讨产生和影响运用鸿沟的机制——以互联网市场为例；再进一步探讨影响人们把既往投入的各类资产转化为互联网资本转化规模和转化率的条件，揭示互联网红利差异中隐藏的社会事实。

## 二、接入设施发展与数字鸿沟的转向

广义上，"数字鸿沟"指给定社会中不同社会群体对互联网在可及（haves or not haves）和使用（use or not use）上的差异。[①] 值得注意的是，人们对"使用差异"的不同理解，呈现了对数字鸿沟认识的不同指向：围绕接入可及性差异或接入后的运用差异（using for what）。前者指向一个国家的公共政策和基础设施供给，后者指向用户因互联网技术应用差异而产生的不平等。

### 1. 接入可及性差异的缩小

在接入可及性（accessibility）方面，最先被关注的是国家间及群体间的差异。在中国，直到1995年瀛海威公司创立，大众接入通道才被真正打开。在1997—2000年，互联网用户规模从62万人增长到1690万人，用户群体的主要特征是：接受过或正在接受高等教育，年龄在18~30岁，大多居住在北京、上海和广东，在教育、科研、信息产业领域和国家机关工作的男性。[②]

在随后的发展中，有三个关键因素缩小了可及性差异：基础设施、使用设备，以及互联网的有用性。

第一，接入设施覆盖性的扩展。在中国，初期提供互联网接入的大多数

---

① Fabiola Riccardini, Mauro Fazion. Measuring the Digital Divide [J]. IAOS Conference on Official Statistics and the New Economy, 2002, August: 27 – 29.

Nicoletta Corrocher and Andrea Ordanini. Measuring the Digital Divide: AFramework for the Analysis of Cross – Country Differences [J]. *Journal of Information Technology*, 2002, 17: 9 – 19.

② 邱泽奇. 中国社会的数码区隔 [J]. 二十一世纪，2001 (2).

是教育机构、信息企业和政府部门，其所覆盖的群体与其之外的人群形成了接入可及性差异。随着宽带、无线网络的覆盖，城市区域的接入可及性大大提高；伴随"村村通"工程的发展，到2007年年底，97%以上的乡镇具备了互联网接入条件，92%开通了宽带。[①]

第二，使用设施的便利化明显降低了使用门槛。早期使用互联网的门槛较高，还需要特定的技能。智能手机和平板电脑等接入设施的发展，成为互联网接入可及性提高的转折点，为更多人群提供了接入机会。

第三，有用性的发展有效地促进了接入行动。在中国互联网发展初期，网上资源的数量和种类非常有限，与人们工作、生活的关联度不高。[②] 随着网络购物、网上支付的发展，有用性得到了明显提升。

由上可知，数字鸿沟最初体现为"是否接入"的区分。即使接入，也是一个个的局部网络，"用或不用"对人们工作、生活或社会经济的影响不大；接入鸿沟两侧的群体也未产生可感知的不平等。彼时，对不平等的讨论更多来自政府和学界对趋势的预判，并通过影响各国的公共政策，促进了接入可及性的提高。

互联网基础设施的广覆盖、使用设施的便利化与人们对互联网的使用之间，逐步形成了正向强化。

### 2. 接入之后，运用差异的显现

在接入可及性差异缩小的同时，新的问题接踵而至，人们在互联网运用上的差别逐渐显现。在给定接入可及性前提下，是否运用互联网改变自己的社会经济地位成为社会分层的新维度，打破了职业对社会流动的决定性影响[③]。DiMaggio等人在传统二分法（即上网或不上网，使用或不使用）的基础上，用5个维度（设备、使用主动性、技巧、社会支持和使用目的）讨论

---

[①] 张新红，于凤霞，罗彼得．聚焦"第四差别"：中欧数字鸿沟比较研究 [M]．北京：商务印书馆，2010．

[②] JuhaNurmela and Marja – LiisaViherä．Patterns of IT Diffusion inFinland：1996—2002 [J]．*IT & Society*，2004：20 – 35．

[③] 邱泽奇．中国社会的数码区隔 [J]．二十一世纪，2001（2）．

了基于运用差异的数字鸿沟在不同群体中的表现，强调应用差异是数字鸿沟的进一步发展。①

不仅仅是使用过程的差异，在互联网的使用目的差异上也存在差异，中国家庭追踪调查（CFPS）的数据显示，社会经济地位高的群体更倾向于使用互联网来学习，而不是娱乐②。"皮尤（Pew）研究中心"2004年一项政治传播数据显示，同等可及性条件下人们运用互联网的方式大相径庭，进而产生了获取政治知识的差别。③

简言之，人们观察到在接入机会趋向平等时，运用差异开始显现。有研究追问，运用差异是否映射了在信息化时代社会不平等的新形态、新发展？④也有研究探讨了此类不平等的特征以及改善不平等的公共政策方向。⑤ 本文则试图追问：如果运用差异导致了不平等，那么，如何导致的？即运用差异对互联网用户带来了什么后果？产生后果的机制又是什么？其中的重要影响因素有哪些？

## 三、互联网红利与红利差异

虽然设备、技能、运用方式和运用目的都是测量运用差异的维度，更重要的维度是因运用而带来的社会经济后果。

---

① Paul DiMaggio et al. Digital Inequality：From Unequal Access to Differentiated Use – A Literature Review and Agenda for Research on Digital Inequality.

② 郝大海，王磊. 地区差异还是社会结构性差异？——我国居民数字鸿沟现象的多层次模型分析 [J].学术论坛，2014（12）.

③ 韦路，张明新. 第三道数字鸿沟：互联网上的知识沟 [J].新闻与传播研究，2006（4）.

④ Jan van Dijk. Evolution of the Digital Divide：The Digital Divide Turns to Inequality of Skills and Usage [M] // J. Bus et al. *Digital Enlightenment Yearbook* 2012，IOS Press，2012：57 – 75.

Avi Goldfarb and Jeff Prince. Internet Adoption and Usage Patterns Are Different：Implications for the Digital Divide [J]. *Information Economics and Policy*，2007，2 – 15.

⑤ PaulDiMaggioetal. DigitalInequality：From Unequal Accessto Differentiated Use——ALiteratureReviewandA gendaforResearchonDigitalInequality.

Amy Bach Gwen Shafferand Todd Wolfson. Digital Human Capital：Developing a Framework for Understanding the Economic Impactof Digital Exclusionin Low – Income Communities [J]. *Journal of Information Policy*，2013，3：247 – 266.

### 1. 互联网红利

本文将由运用互联网带来的超额收益称为互联网红利（dividends of con-nectivity）。网络商务平台在中国的发展，充分显示了"互联网＋"带来的互联网红利。运用差异带来的直接后果即有人在经济上受益。

2013 年吐鲁番果业有限公司在 8 月 1—5 日投放 10000 件共 1800 吨以"无核白"为主的鲜食葡萄，在淘宝网上面向江、浙、沪、皖部分地区促销，每件 2.2 千克，每千克售价近 23 元，很快被抢购一空。① 如果这些葡萄面对的是吐鲁番本地市场，不仅会面对同质性竞争而不得不降低价格，市场容量也仅限于本地 63 万人口。仅以人口数量蕴含的市场规模为例，江、浙、沪、皖的总人口约为 2.2 亿人，是吐鲁番市总人口的近 400 倍。这就意味着，一个"连接"使得市场规模放大近 400 倍。

孙寒是江苏省徐州市睢宁县沙集镇东风村村民，2006 年，在村民依旧热衷于乡镇工业时，他开淘宝店并赚到第一桶金。在孙寒影响下，东风村互联网商务蓬勃发展，至 2015 年已发展出网商 6500 多位，网店 8100 多家，工厂 1590 家，实现销售额超过 40 亿元人民币。吸引了物流快递企业 67 家，营业额 5.7 亿元人民币；从业人员 24000 余人，业务所及不仅遍及中国城乡，还远及世界几十个国家和地区。②

类似东风村的村子，2013 年以来在中国农村迅速涌现并形成不同发展模式。不管是哪一种互联网商务模式，都意味着人们在互联网运用中获得了超过传统商务模式的收益，即互联网红利。

### 2. 互联网红利差异

值得注意的是，互联网技术应用提供了均等的受益机会，却不意味着用户从中的受益是均等的。我们把在不同人群、地区、城乡之间从互联网红利中受益的差异定义为互联网红利差异（简称"红利差异"）。

以东风村为例，在越过接入鸿沟之前，村民们之间曾因乡镇企业带来的

---

① 参见 http：//topic.ts.cn/201308/tlfly/2013-08/12/content_8550842.htm，2015 年 10 月 3 日。
② 涉及东风村的数据，如未专门注明出处，均来自于笔者于 2016 年 1 月在江苏省睢宁县的调查。更加生动的个案，可参见陈恒礼.中国淘宝第一村［M］.南京：江苏人民出版社，2015.

发展机会差异而出现过受益差异。孙寒在开网店之前没有正式工作，不曾从工业化中直接受益。为此，他被村民们嘲笑。与孙寒类似的还有程怀宝，他娶了东风村的姑娘为妻，却因没有正式进厂、进店工作而被人看不起。

一旦越过接入鸿沟，则是另一种格局。在互联网市场上开店让孙寒获得了先行者优势，也让程怀宝在 5 年之内从没有栖身之地的外来女婿变成年网络销售额超过 6000 万元的网商明星。不仅在东风村，在几乎所有互联网运用群体及区域中，互联网红利的受益差异正在逐步显现和明晰。以"淘宝村"为例，"淘宝村"之间的红利差异不仅显现在群体之间，也显现在地区之间。根据《中国淘宝村》一书中展现的数据可知，在村民人数大致相同的条件下，互联网技术应用既给青岩刘村和军埔村带来了超过 10 亿元网络销售额，也给北山村带来了 1 亿元的网络销售额。从产品品类来看，依靠自然资源和传统工艺的淘宝村，网络销售额基本都在 1 亿元以下；而依靠原有工业基础或创建新兴加工产业的，网络销售额则多在 1 亿元以上。不仅互联网红利在淘宝村、产业之间差异明显，也呈现出了较大的地区间差异。从阿里巴巴中国县域互联网商务发展指数来看，在中国，从互联网红利中受益更多的地区主要集中在东南沿海，与 20 世纪 80 年代以后的区域工业化的状态同构。[①]

但我们也发现，在 2015 年的 780 个"淘宝村"[②] 中，有 17 个来自于中西部的 7 个省、市、自治区，甚至国家级贫困县的淘宝村数量也从前一年度的 4 个增加到 10 个，来自省级贫困县的淘宝村数量则达到 166 个。

这使得我们必须要问：互联网红利差异是否是工业化红利差异的延续与扩展？到底是什么因素影响了人群、地区、城乡之间的互联网红利差异？它和工业化红利差异究竟是怎样的关系？

## 四、互联网资本如何影响了红利差异

我们提出互联网资本（capitalof connectivity）这一分析框架，认为藏在红

---

① 魏后凯. 中国乡镇企业发展与区域差异 [J]. 中国农村经济，1997（5）.
② 阿里研究院. 中国淘宝村研究报告（2015）[M]. 北京：阿里研究院，2015：9 – 10.

利差异背后的正是个体、群体、地区、城乡之间的互联网资本以及对其运用的差异。

### 1. 资产的互联网资本化

我们将"资本"界定为凝聚以往投入而形成的、具有市场进入机会因而能够通过市场获益的资产。它既是要素，也是特定的社会机制。由此，也可以视其为内含特定社会机制的发展要素。

资产转化为资本的过程，即资产获得市场进入机会的过程，本文称之为资本化。① 将资产转化为资本，在转化中，促使资本增长的途径有两条：第一，提高资本化程度。对给定资产数量而言，资产的资本化程度越高，资本的增加越多，此为资本的内涵性增长。第二，增加资产数量。对给定资本化程度而言，资产的数量增加，便意味着资本的增加，此为资本的外延增长。把索托的逻辑引入互联网运用中会发现，在互联网市场上，资产向资本的转化，既意味着资产规模的扩张，亦意味着资产资本化程度的提高。互联网资本（capital of connectivity）为每一类运用互联网技术应用转化后的资本的和。

前文列举的产品声誉、技术能力，甚至零碎时间等都属于索托意义上的"僵化"资本。互联网技术应用则有机会激活这些"僵化"资产，让曾经难以转化为资本的资产转化互联网资本。

因此，我们将互联网资本定义为任何因既往投入形成的、具有互联网市场进入机会并可以通过互联网市场获益的资产。

### 2. 互联网资本的特征

互联网市场给进入机会，进而给资产资本化带来的影响，由下例可见。

一是在"淘宝村"随处可见的情景，以沙集镇为例。中年妇女陈淑珍，小学教育程度，抱着孙子打理网店，年销额几百万元。如果要问陈淑珍的网店挣多少钱，答案一定模糊不清。不是陈淑珍不愿意回答，而是她根本就没记过账。

另一个是在淘宝天猫店随处可见的情景，以海尔为例。每一个品类的每

---

① 在经济学文献中，"资本化"（capitalization）常常用于将资产参照利率而形成现值关系（present value）。本文讨论的"资本化"不同于此，而是索托意义上将资产向资本的转化。

一个型号在网店中都有形态展示、特征数据、售前售后服务指引，包括个性化定制。客服也始终在线。与消费者需求联系在一起的是从设计、原材料采购配置，到生产排产、质检、物流配送、财务结算等一系列超越了纯粹工业生产模式的管理制度和流程安排。

两类网店的差异显而易见。第一，两者的交易方式都是信息时代的电子商务、产品定制化、"先预订、后生产"、物流、数据化等。第二，生产方式则至少跨越了两个形态。陈淑珍的生产方式是工业化时代之前作坊式的，海尔的生产方式则是工业化或后工业化的。第三，管理方式则相差着三个形态。陈淑珍的管理方式是小农式的，甚至没有基本的会计制度；海尔的管理方式则进入了后工业化形态，即基于数据化和大数据的模块式管理。

每个时代对既往积累资产的运用，通常仅限于与之适应的部分。譬如在工业化时代，陈淑珍的性别、低教育程度等都属于"僵化"资产，让她没机会进入工厂。而在互联网市场上，陈淑珍每年却有几百万元的网销额。让一个没有"用处"的老妇获得互联网红利的，是由互联网市场将"僵化"资产及其关联资产（如学习能力）激活，转化为陈淑珍从互联网红利受益的资本。在互联网市场中，不同时代的资产都可能是可转化的资产，一方面实现对可转化资产种类和规模的扩展；另一方面，经由连通性提高资产的转化率，进而在互联网市场上形成不同于既往的资本，这正是互联网资本的核心特征。

对此，还有四点延伸讨论。

第一，如果人力资产和互联网设施资产结合，却未与市场营运结合，便只构成特定主体拥有的互联网技术资产，如孙寒拥有的互联网使用技能。在将互联网技术资产和市场机会的发现、捕捉、利用结合起来时，便转化为互联网技术资本。在前述讨论中，一些学者注意到的运用差异，部分属于这一场景下的资本化差异。

第二，互联网技术资产扩大人们的社会交往范围，进而扩大人们的社会资产，并形成互联网信誉资产。"网络大咖"是具有丰富互联网社会资产和信誉资产者。互联网技术资产和互联网社会资产、信誉资产相结合，构成特定主体拥有的互联网组合资产。如果互联网组合资产仅用于信息交流、情感互动、游戏娱乐，则资产尚未转化为资本。当互联网组合资产和市场营运结合，进而从互联网上获益，便转化为互联网组合资本。

第三，当互联网组合资本和其他实业资产结合起来，并将实业资产通过互联网组合资本与市场营运结合起来，便形成了"互联网＋"资本，并通过互联网产生效用。

第四，也是最重要的，在各类资产向互联网资本的转化上，互联网平台是基础设施，是匹配者，也是操控者。曾经，资产资本化采用的必要形态是货币，货币具有市场认可的连接功能。在互联网出现之后，平台同样具有市场认可的连接功能。然而，互联网平台与货币虽具有相同的连接功能，却有着本质差异，即货币不具备能动性，平台却具备能动性。正是平台的能动性让平台在互联网资产向资本的转化以及效用的发挥中扮演了匹配者、操控者角色。

从陈淑珍到海尔，互联网造就的众多例子说明的正是因连通性带来从人力资产到实业资产的互联网资本化的大尺度变异性。当然，对互联网资本的深入阐释需要将其放在"资本"理论、"资本"演化的历史脉络中，但超出了本文的讨论范围。

### 3. 互联网资本发挥效用的条件：两个"乘数效应"

如前所述，让互联网资本发挥效用的条件之一是互联网平台，但对平台影响的探讨才刚刚开始。

让互联网资本发挥效用的另一个条件是两个"乘数效应"，以本文讨论的互联网市场为例，即市场规模乘数效应和潜在差异需求规模乘数效应。

让我们再回到施坚雅的中国农村集市，此时集市辐射范围平均为 18 个村庄。[①] 如果把集市售卖者放入互联网情境，18 个村庄只是一个局部市场。依据小世界原理，[②] 在互联网上，任何一个售卖者面对的市场范围在理论上都是

---

① 施坚雅. 中国农村的市场与社会结构［M］. 史建云等译校. 北京：中国社会科学出版社，1998：21－40.

② Stanley Milgram. The Small World Problem［J］. *Psychology Today*，1967，1：60－67.

Duncan J. Watts，Steven H. Strogatz. Collective dynamics of "small－world" networks［J］. *Nature*，1998，393：440－442.

整个互联网社会，是一个趋于无穷大的集。市场范围如此巨大的变化，正是连通性带来的影响，即售卖者把店铺从集市搬到了互联网商务平台上。这是因为互联网带来的高度互联即连通性，大大降低了市场扩张中的搜寻成本，拓宽了原先受到搜寻成本约束的市场范围。

此为连通性给互联网市场带来的一重影响：市场规模乘数效应。当然，这并不意味着供给侧是万能的，需求侧乃至市场、制度因素，依然是重要的约束因素。

连通性给互联网市场带来的另一重影响是由市场需求的细微差异和规模乘数共同作用带来的潜在差异需求规模乘数效应。

对买家而言，在工业化模式下，批量化的生产模式让买家不得不遵从标准化的消费。在现实生活中，每个买家都有个性化需求。在产品设计、生产过程、物流配送等数据化支持下，个性化需求便有可能得到满足，连通性也为个性化需求提供了表达的机会。因此，在互联网上，"差异化的需求"成为一个有价值的市场空间，买家的细微差异需求便是对产品特征细微差异的需求。与之相应，对差异化产品需求的满足，会刺激潜在差异化需求的进一步扩大和显性化。

进一步，假设在规模乘数效应中，产品特征的细微差异不仅是可组合的，也是可汇聚、可类别化的，则在互联网上对细微差异需求的汇集，便形成了卖方满足潜在差异化产品需求的机会和激励。在规模乘数效应的影响下，即使不是每种差异化需求都可汇集、可类别化的，所形成的差异化市场依然在理论上是一个趋于无穷大的集。

市场需求的细微差异通过互联网平台的撮合、买家的主动搜寻、卖家对销售数据的运用而获得匹配，进而让卖家面对的潜在差异需求规模也获得乘数效应，并根本上改变了工业化的受益模式。

与传统企业的受益模式进行比较，假设互联网电商采用的是沙集镇的"网销＋工厂"模式，则看起来一样的生产过程，其获益的逻辑却完全改变：第一，把"先生产、后销售"模式改为"先销售、后生产"模式；第二，把"标准化、批量化"模式改为"定制化、个性化"模式；第三，把"拓展市场"模式改为"积累市场"模式；第四，把"多层客户"模式改为"扁平客户"模式，等等。

### 4. 对互联网红利差异的解释

由陈淑珍、孙寒、海尔等案例可见，正是汇聚不同类型的资产，将其转化为互联网资本的差异，才造成他们从互联网红利中受益的差异。而影响互联网资本化的因素，则涉及了与互联网资本内涵增长和外延增长相关的各类资产的转化。

孙寒玩电脑游戏积累的互联网操作技能很难在科层制岗位上转化为资本，程怀宝捕捉细节和挖掘学习资源的能力在工业化流水线上就几乎是"僵化"资产，陈淑珍的性别和受教育程度在工业化时代的资产附加值极低。这些既往积累的、在工业化时代无法转化为资本的资产，在连通性条件下，被不同程度地激活，且转化为有效用差异的互联网资本。可以认为，在向互联网资本的转化中，以往资产特征的差异是影响互联网资本内涵性增长差异的重要因素。

海尔的案例则说明，除了激活僵化资产以外，互联网资本还可整合既有资产、增加新资产等，形成互联网资本的外延性增长。

需要特别注意的是，不管是互联网资本的内涵性增长还是外延性增长，都必然要面对互联网平台以及市场规模乘数效应和潜在需求差异乘数效应的影响。

在施坚雅的集市中，农村产品（不一定是农产品）面对的是同质性较强的局部市场，此时，无论是哪一类资本，都只能通过局部市场获益，资产的差异也难以在局部市场中凸显。一旦局部市场与网络化社会连接，在互联网平台的匹配、操纵下，两个"乘数效应"便会让各类互联网资本的差异也呈现乘数效应，进而放大从互联网中获益的差异性，甚至也让从互联网红利中的受益出现乘数效应。这就是人们在互联网上常见的如程怀宝在短期内获得滚雪球般发展、陈淑珍却依然维系着不大不小获利的基本原理。

如此，在高度互联的网络中，互联网资本的差异获得了充分彰显，一方面汇聚到同类之中，另一方面在不同类别之间将互联网资本的差异在互联网红利受益份额中放大。是否能够运用互联网资本捕捉差异化市场的红利成为红利差异的重要标准。

除了人群之间的互联网资本差异，在村与村之间、地区之间，红利差异还受到其他因素的影响。在行政区划、地域之间，互联网资本的组合除了个体性因素以外还包括行政区划内社会资产、文化资产以及其他任何具有市场进入机会的资产如区位优势、资源禀赋、制度安排等。这些资产的差异，通过影响人群、区域各类资产的资本化程度与范围，进而影响互联网资本效用的差异。

由此可见，在给定互联网平台影响的条件下，通过资产组合差异形成的互联网资本组合差异及其面对的两个乘数效应，形成了互联网资产的乘数效应，直接并主要地影响了从互联网红利中受益的差异，这就是互联网资本的秘密。有鉴于此，互联网红利差异并不是工业化红利差异的延续与扩展，而是基于互联网资本差异的新差异类型。

## 五、结论

在填平接入鸿沟上，中国走在了世界的前列。在过去的十多年里，随着互联网设施、设备以及应用的发展，互联网用户数量从 2003 年的 5900 万增长到 2016 年 6 月的 7.1 亿。如果以家庭计算，则平均每个家庭有超过 1.5 人在使用互联网。互联网技术应用已经成为人们日常工作和生活的重要部分。

人们运用互联网市场获得的、相比其他市场而言的超额收益，即互联网红利。在多种形态的互联网技术应用中，从互联网红利中受益的差异，替代了早期的接入鸿沟，成为了数字鸿沟的新形态。如果说接入鸿沟是基础设施短缺的后果，可以通过公共政策来改善；那么，影响人们从互联网红利中受益的主要因素则是互联网资本，一种凝聚以往投入形成的、具有互联网市场进入机会、能够通过互联网市场获益的组合资产。

在互联网市场中，一方面人们把多种资产，包括"僵化"资产转化为互联网资本；另一方面通过互联网平台的匹配或操控扩大可转化资产的规模，提高转化率，让多种形态、多样化的互联网资本成为影响人们从互联网红利中受益差异的主要因素和机制。

在这个机制中，由连通性带来的两个"乘数效应"极其重要。它们让市场规模变成为一个趋于无穷大的集，同时也让原本在局部网络中没有价值或价值极低的差异需求和（或）潜在差异需求变得有价值，让差异化的需求变化、汇集与类别化，在类别与规模两个维度也近似于一个趋于无穷大的集。正是两个乘数效应提供了各类资产差异化的资本化程度。在这个过程中，互联网平台是重要的基础设施，不仅扮演了媒介角色，在关系结构上，也具有操控互联网资产转化为资本和两个乘数效应的机会。遗憾的是，既有的研究对作为一种特殊组织形态的互联网平台研究才刚刚开始，对其性质、运行特征、关联因素等，还需要深入探讨；其垄断性可能带来的效率损失也是不容忽视的议题。

此外，互联网资本的组合性让用户很难具有完全同质、等量的资本，即互联网资本在用户之间、同一个用户的不同时点之间都具有差异性。因此，互联网资本的差异性，如果不是决定性地，也是主要地造就了红利差异。值得注意的是，在互联网资本中创意资产的重要性使得用户对差异性需求市场的捕捉与满足始终是一个有限集，则互联网红利也无法始终集中在少数运用者身上。

这就是互联网资本的秘密，也是给定连通性条件下影响数字鸿沟发展的机制。在已经高度互联的中国，如何发挥连通性带来的积极影响，促进互联网资本的公平发展，让中国社会公平地从互联网红利中受益，将是中国公共政策需要关注的焦点。

# 汪向东：我国农村电商的新趋势

信息社会50人论坛理事，中国社科院研究生院教授，博导。中国社科院退休学者，信息化研究者、电商扶贫倡导者、推进者，涉农电商、县域电商、电子政务等领域多项研究成果的作者。主持完成过十几个国家级、省部级课题，著有《信息化：中国21世纪的选择》《中国：面对互联网时代的新经济》《电子政务行政生态学》

汪向东

《"新三农"与电子商务》等多部学术专著，发表过《衡量我国农村电子商务成败的根本标准》《电商扶贫：是什么、为什么、怎么看、怎么办？》等上百篇学术论文和研究报告。因提出"沙集模式"曾被评为2010年农村信息化十大年度人物。目前主要社会兼职包括"信息社会50人论坛"理事、"信息化百人会"成员、中国信息经济学会副理事长。国家"十三五"规划专家咨询委员会委员、商务部电子商务专家委员会委员、工信部电信经济专家委员会委员等。

2015年是中国农村电商史册中又一个具有里程碑意义的年份。农村电商的新进展，不仅体现为量的快速扩张，而且更重要的，它还是一次新的阶段转换。发展阶段变了，要解决的中心问题变了，这是今天正确把握农村电商新趋势的关键。

## 一、从"早盘布局"进到"中盘绞杀"

在商务部发布的数据中，我们看到，2015 年，虽然农村网民增加不到10%，但是和农村电商相关联的两个指标，农村网购增长了 96%，将近翻了一番，农产品网销增长了 70% 多。还有一个更值得我们关注的数据，就是农村电商点，到 2015 年年底达到 25 万个。如果把中国农村电商市场想象成一个方圆 960 万平方公里的大棋盘，盘面上大致有 60 万个村级节点，那么，到 2015 年年底，其中的 25 万个已经被电商"点亮"，村民可以就地开展电子商务了。或许这些村点可做的具体业务不一，有多有少，但不管怎么样，这都是农村电商的一个非常重要的新进展。

数据还在快速增长。例如，截至 2016 年上半年，京东集团农村电商业务覆盖的村，已从 2015 年底的 17 万个，发展到 27 万个。京东农村电商业务覆盖速度之快，令人刮目相看。而他们既定到今年年底的目标是覆盖 40 万个村。

其他电商企业的市场覆盖也有不同程度的进展。比如，山西乐村淘到2015 年年底已经覆盖了 6 万个村。社会知名度更大的阿里村淘，一度因实行专职合伙人计划，客观上提高了自己农村业务进入的标准，从而放慢了农村覆盖的速度。据 2016 年 5 月寿光县域电商峰会上孙利军披露的数据，当时村淘覆盖了"近两万个村"。现有迹象表明，自启动"淘帮手"兼职计划后，村淘的覆盖速度又重新有所加快。

农村市场覆盖的新进展告诉我们，农村电商正在快速地从"早盘布局"进到"中盘绞杀"。当多个市场主体进入农村市场开展竞争，今天这个村点是你的，明天是谁的，还不一定。农村电商竞争的新局面，在一些地区已成事实，并且还将在更大的范围展开。

## 二、当"the only way"变成"many ways"

农村电商的上述新进展，是在政府、市场等多元主体联合推动之下实现的。2015 年以来，除了国家出台了一系列加快电商发展的政策外，各地、各级政府也对农村电商给予强力推动。比如，河北、山东等省政府还提出实现农村电商全覆盖的任务。

在市场方面，尤其 2015 年以来，介入农村电商市场的主体明显增加，让农村电商的样式更加丰富。

2014 年 7 月，马云在遂昌看了赶街，他评论说这是他见过的最好的农村电商模式，而农村电商是让农民享受城镇生活和农产品卖出来的"the only way（唯一的路径或做法）"。随后，阿里启动的农村淘宝，其模式最初就是从赶街脱胎而来。其实，不管是当时、还是现在（特别是现在），更多的证据让我们确信，农村电商本身远不是"the only way"，而是"many ways（许多路径或做法）"。即便是赶街和村淘，一年多来，各自在具体样式上都改变了许多，二者正变得越来越不一样。

这一年多来，我们看到，作为广域平台的阿里、京东、苏宁等，纷纷发力农村电商；看到像赶街、乐村淘、淘实惠等，这些专门聚焦于农村做电商的专域平台，也早已突破了一市一省的局部市场，面向全国农村布局；我们看到，转型的商家，尤其是供销社、邮政、原来万村千乡的营办主体，基于过去在线下深耕多年的条件，开始从线下往线上打；我们还看到，比方说农商 1 号、云农场、农医生等，这些来自于不同品牌商家的电商平台，也在村镇县布点。此外，还有本地化、社群化农村电商的快速发展。农村电商这种多模式并存与竞争的局面，真是前所未有！

农村电商的这一新进展，让其模式变得丰富多彩，也给各地政府、农村消费者、创业者、投资者、服务商和网商等，提供了更多的选择。

这一新进展还带来一个必然结果，那就是平台间的竞争，"蓝海"转"红海"。不久前，我去河南博爱县调研。这个 40 万人的县，如今已有 20 多个平台进入农村市场。农村电商市场的利益博弈，已经是越来越明显。农村电商不是"the only way"，而是"many ways"，多元竞争，是农村电商新进展带来的新局面。

当然，平台间的这种竞争更多是差异化竞争。平台虽多，但尚未有哪个平台可以包打天下。这既体现农村电商业务需求的复杂性，又对当地选择自己的平台策略提出更高的要求。

## 三、迈入新的发展阶段

2015 年最后一天，我曾在自己的博客上发了一篇文章，题目为《农村电商：20 年、新变局》。文章指出从 1995 年年底，中国农村电商走过 20 年发展历程，可区分为两个阶段，前后大致各 10 年。2015 年，中国农村电商出现新变局，并开始进入一个新的发展阶段。而发展阶段的转换，会令农村电商许多方面因变而变。

在我看来，人们可以从动力机制、核心业务和应用效果等三个方面，来划分农村电商的发展阶段。据此，我们可以把迄今为止农村电商三个阶段的特征，归纳于下表。

农村电商三个阶段的特征

| | 信息服务<br>集诚现货网<br>（1995—2004 年） | 在线交易<br>草根网商<br>（2005—2014 年） | 服务体系<br>三级服务体系<br>（2015 年至今） |
|---|---|---|---|
| 动力机制 | 政府主导、国家投入 | 两类并存、各自为战 | 多元发力、两类合流 |
| 核心业务 | 官办平台、信息服务 | 市场化平台在线交易 | 服务体系建设与升级 |
| 应用效果 | 能力闲置、应用初级 | 市场示范、野蛮生长 | 快速覆盖（其他待察） |

第一个 10 年（1995—2004 年），我们可以称其为"信息服务阶段"。其标志性事件是集诚现货网的成立。其动力机制是政府主导、国家投入；核心业务是依托官办平台，主要开展信息服务；应用效果差强人意，建成的能力大量闲置，应用程度为初级水平。

第二个 10 年（2005—2014 年），我们可以称其为"在线交易阶段"。其标志是在农村出现了草根网商。其动力机制，因市场主体兴起带来变化，在原有政府主导、自上而下的农村电商的基础上，开始出现并迅速发展起市场驱动、自下而上的农村电商。两类农村电商并存、却又各自为战，是这个阶段动力机制的基本特征。在核心业务上，农村出现了草根网商，可以不出家门直接在网上做交易、获得营收。在应用效果上，农村草根网商赚钱效应，形成市场示范，吸引越来越多的模仿者，在随后很长的时间里，它表现为一种市场野蛮生长的过程，农村电商乃至市场体系建设的深层痛点很少被触及。

新变局带来的第三个阶段，从去年开始，我主张称其为"服务体系阶段"。其标志是电商村乡县三级服务体系建设。其动力机制上，除了多元主体共同发力外，更表现为两类农村电商开始合流。尽管培育电商主体仍是主要任务之一，但其核心业务，已不仅仅停留于线上交易，更重要的变化是开始瞄准农村电商乃至农村流通体系中比如人的素质，物流配送，冷链、追溯、营销等服务环节的深层痛点，即围绕农村线上线下结合、上行下行贯通的本地化的服务体系发力，从前端的交易沿着产业链向更深处延展。在应用效果上，目前我们已经看到农村电商在全国快速覆盖，然而国家更希望农村电商通过和农村第一、第二、第三产业深度融合，能在供给侧获得更多的正面效果，希望能在助力三农，包括脱贫攻坚等方面取得更满意的效果。能否实现这些应用效果，尚待未来用事实说话。

我们必须认识到，今天的农村电商不仅有量变，更有发展阶段转换带来的质变，以及所谓的"因变而变"。如果我们现在还把农村电商简单理解为开个网店卖产品，那就 out（过时）了，因为仅此已远远不够。

## 四、落地的服务体系是关键

在农村电商的新阶段，最关键的任务，就是建立落在本地的、线上线下结合、上行下行贯通的农村电商服务体系。

为什么？

第一，它是实现国家农村电商发展目标的要求和保证。2015 年国办发〔2015〕78 号文件，明确规定农村电商三个目标。第一个说的就是这个服务体系。另外，要实现其他两个目标，即与农村第一、第二、第三产业深度融合和在应用上取得明显成效，其实也离不开服务体系做保证。

第二，它是电商进村入户后落地生根、开花结果的必要条件。农村电商进农村，虽有难度，但不是最难。最难在电商进村入户以后，不让它成为摆设，让它能够落地生根、开花结果，造福三农。为避免过去多年农村信息化建设中出现的事与愿违、能力闲置的现象，一个上述落地的服务体系，就成为刚需。

第三，它是农村"互联网＋流通"的重点所在。发展农村电商，我们要的仅仅是增加一个新的增量吗？当然不限于此！我们还要以电商助力存量业态、包括农村服务体系的转型升级。比如，万村千乡工程到今天，做了起码有 10 年了。虽然它一直在瞄准农村流通体系中的那些难点，在补短板，但是主要做的是线下，很少做到线上。今天农村的"互联网＋流通"，要的是一个线上线下结合的新的农村流通体系。为此，就要用电商激活、转型、升级原来农村已有的流通体系。

第四，它是支撑农产品上行的保障。前不久网上徐闻菠萝的案例，再次告诉我们，好农品不等于好网货，好网货不等于有好销售，就是有了好销售，也不一定有好结果。对农产品上行，互联网＋、电商＋，就是加上了一个放大效应，你好，它放大；你不好，它也放大。这是个双刃剑，玩不好，会伤了自己。这也说明了落地的服务体系的必要性和重要性。

第五，它还是优化电商环境的重要内容。县域电商环境好不好，看什么？看你出台了什么政策吗？如果你只有纸面上的政策，本地没有一个好的服务体系，会是什么情况？你有再好的政策，去招商引资，但没有好的服务体系，人家可能也不愿意过来。就算一时来了，可能你也留不住。这样，好政策可能就变成了空头文件。其实，一个地方电子商务环境好坏，最重要的看点，就是你这里是不是有一个落地的、强有力的服务体系。

## 五、农村电商建设呼唤"机场模式"

目前，农村电商服务体系建设整体上有何特点？

第一，越来越多的地区已经将农村服务体系的建设，作为新阶段农村电商的核心内容加以布局和实施。这开始真正从线上、线下结合的要求出发，触及到农村流通体系的深层制约因素，其意义深远。

第二，其中，县、乡、村三级服务体系成了农村电商的标配，不管是政府，还是市场化的平台，都把构建这样的三级服务体系作为重要的"规定动作"。

第三，线上、线下结合（O2O），已明显呈现出不同的路径。主要有三种：比方说，阿里村淘为代表的，是从线上往线下打；像供销，像原来的万村千乡点，比如商务部 2016 年在蚌埠开会展示给大家的淮商集团，是从线下往线上走；还有一些电商平台，比如淘实惠，到了一个地方采取的是加盟的、融入的方式，即外来线上平台和本地线下商业主体携手，共同在当地做线上、线下的结合。从中，我们可以再次看到，农村电商真不是"the only way"，而是"many ways"，有多种不同的线上、线下结合的路径。

第四，上行和下行不同步。尤其农产品上行的滞后，成了现在农村电商发展绕不开的一个话题。

第五，各地产业依托、主打产业不一样，因此围绕特定产业所需的服务体系也是不一样的。你可以通过招商引资，引一些服务体系中的要素进来，但是你引进来的服务商，是不是水土不服？我们调研发现，这还真是个问题。真正好的服务体系，必须和当地的产业结构契合，才能对当地农村电商形成有力支撑。

还有，现在不同的电商平台、不同的商业模式，已经开始越来越多地展现出自己的特点。这些不同的商业模式，其实会对各地农村原来的产业结构产生不同的影响，这可能是下一步要越来越多去考虑和研究的问题。

最后，当前在农村电商服务体系的构建中，重复建设非常严重。外来的平台，张家来了，自己建自己的三级服务体系；李家来了，又要建自己独立的服务体系。阿里村淘建的体系开放给京东用吗？反过来，京东帮能向阿里开放吗？就像国航、东航、南航等众多航空公司，业务每到一地，需要建自己的机场吗？这样，社会资源的浪费岂不太大?! 我们非常期待农村电商也能有自己的"机场模式"，一个地方建一套开放接入、资源共享、一网多用的农村电商"机场"就够了。可能有人说，人家是企业行为，有钱、任性，"法无禁止市场主体皆可为"。但是，这些平台过来，是不是要求地方政府给配置公共资源，提供公共服务？今后更多的市场主体过来，地方政府是否应该一视同仁，给予同样的支持？所以，我们迫切期待各地在农村电商服务体系上能尽快建成自己的"机场"。好在怀远、博爱等地的探索让我们看到了解决这一问题的希望。

## 六、农村电商要"顺天时""接地气""服水土"

农村电商的发展趋势如何？现在我们看到有这样几个趋势：

第一个趋势，电商正在快速进入成年期。"十二五"是中国电子商务发展最快的 5 年。"十三五"电商发展速度即便有所回落，也注定还会继续快速增长。不管人们愿意不愿意，它都会迎来自己的成年期。成年期的电子商务，跟婴儿期的电子商务是不一样的，农村电商也如此。一定的经济基础决定一定的上层建筑，包括农村电商在内的电商的政策体系、监管体系都会因变而变。

第二个趋势，"县域自生态"与"平台自生态"的角力，呼唤开放、融入、共享的农村电商新生态。"县域自生态"，是农村电商发展中以县域已有的市场生态为主，通过本土生长和外来融入的方式带来变化，促进转型升级。"平台自生态"，是以平台的生态模式为原则，外来平台进到一个县域，不管原有的市场生态如何，以我平台为主，更多采取一种外力挤压，乃至强力颠覆的方式，带来当地市场生态变化。"县域自生态"与"平台自生态"，其实代表着两种不同的农村电商落地县域的方式，从而带给当地不同的影响。"十三五"期间，按国家"五大发展理念"协调发展的要求，人们希望农村电商的发展能够处理好外来和本土的关系，经过市场博弈，争取用一种较低的成本，找到并进入一个开放、融入、共享的农村电商的市场生态。

此外，还有其他一些趋势，比如，农产品上行将得到更多的政策关注和资源投入；跨平台、微平台、分享经济将在农村电商发展中会发挥越来越大的作用；电子商务会更多地作用于供给侧，推动存量的转型；并且，在上述过程中，机制创新、制度创新变得越来越重要，等等。

"十三五"期间，农村电商的发展，跟其他所有工作一样，都应该用创新、协调、绿色、开放、共享"五大发展理念"来引领。商务部近期对于农村电商提出了一个"九字方针"，即"补短板、重上行、促竞争"。我理解，补农村电商发展中的短板，就要针对农村电商的深层痛点发力，政府补短板，除了要在市场主体不愿意做的那些事情上补位外，还要对贫困地区给予更多的支持；重上行，包括所有农村产品的上行，当然，重中之重是农产品的上行；促竞争，如前所说，其实点到了农村电商新阶段、新变化所带来的新问题和政府政策的取向。

基于以上讨论，我也想不揣冒昧地就农村电商服务体系，补充三句话，九个字：一是"顺天时"，农村电商是大趋势，必须顺应天时。产业转型升级是大趋势，必须顺应天时。二是"接地气"，农村电商与城市电商不一样，它的特殊场景、特殊主体，决定有其自己的特殊规律，不要拿着过去的成功经验和某种模板机械地套用在农村电商的具体场景。不接地气，要吃苦头的。三是"服水土"，特别考虑到农产品上行，这么多的千差万别的细分产品，大宗产品与特色产品、生鲜与干货、生活资料与生产资料、奢侈品与大路货、2C（To Customer 即对消费者的产品）与 2B（To Business 即对商家的产品）等，它们所对应的服务体系是不一样的。

# 何霞：推动构建智能汽车、信息通信与公安交通交互融合新业态

信息社会50人论坛理事，工业和信息化部中国信息通信研究院政策与经济研究所副总工。兼任中国信息经济学会副理事长、工业和信息化部电信经济专家委员会委员、工业和信息化部通信科学技术委员会电信业务与经济技术管理专家咨询委员、西安邮电大学经济管理学院客座教授。本科毕业于首都经贸大学贸易经济系，研究生毕业于中国人民大学经济管理学院，于1995年赴美

何霞

国马里兰大学进修。拥有二十三年电信经济与政策研究经历。在国内重要刊物上发表有关电信管制的学术论文100多篇，代表性的著作有《信息产业的投资与融资》《移动通信产业发展与社会影响》《网络时代的电信监管》等。

## 一、智能汽车将是智能手机之后的下一个风口

移动互联网、移动通信产业已经成为全球经济增长的主要贡献力量之一，也使智能手机改变了手机本身的通信功能，还改变了社交形式、信息传播，并承载了大量的互联网应用。2015年年底全球智能手机用户达到20亿，超过四分之一的全球人口，我国成为全球智能手机用户人数最多的国家。但近两年，智能手机增长趋势明显放缓，进入了调整阶段。

伴随移动智能终端技术发展，泛智能终端的边界不断扩张，形态推陈出新。2013 年以来，以可穿戴设备、智能汽车、智能家居、智能无人系统、智能手表为代表的新一轮硬件创新蓬勃起步，形成继智能手机后电子信息产业新兴增长点。其中，智能汽车更是由诸多汽车企业、信息通信企业、公安交通服务企业共同参与，产业发展热度高涨。预计至 2020 年，全球除智能手机外的泛智能终端市场规模将超过百亿台，为同期智能手机、平板电脑和 PC（个人电脑）数量总和的两倍。

在泛智能终端中，可穿戴智能终端设备被普遍认为是继智能手机和平板电脑之后，最有希望造就巨大市场的创新产品，但是目前行业旗帜性、颠覆性产品尚未出现，演进路径尚未明确；增强现实（AR）、虚拟现实（VR）等新技术又一次被认为是未来发展方向，但对产业影响力来看，还远远不够。因此，在泛智能终端市场中，智能汽车成为大家关注的焦点。

智能汽车发展呈现出三大态势。第一，智能汽车会形成智能手机"操作系统＋移动芯片"的技术架构，但并非以操作系统为单一核心，目前仍处于产业竞合早期。第二，智能汽车以传感互联、人机交互、智能控制、大数据处理等新兴信息技术与传统业态的集成创新为主要特征，其创新成果应用于交通、公安、保险等经济社会各领域。第三，智能汽车的相关产品品类和服务类别差异过大，容易形成技术引领的新兴企业。智能汽车呈现出长尾特点，其 APP（应用程序）开发和后台数据处理的需求千差万别，对新型显示器件、传感器件的需求更是碎片化，较容易形成专有技术引领性企业。第四，智能汽车的制造企业在全生命周期的扩张中，难以完全借势已有的制造环节的生态，不断重新调整产业组织模式，与信息通信、公安交通、金融保险等企业共存共赢。

5G 时代将会在 2020 年到来，无人驾驶汽车将与先进移动通信网络连接，带动智能汽车进入自动驾驶的新阶段，使智能汽车成为智能手机之后的下一个产业风口。

## 二、智能汽车与信息通信、公安交通共建移动出行新生态

汽车产业一直是全球科技进步与产业创新的前沿产业。当前，智能汽车与

公安交通、信息通信跨界融合形成多领域交集的新生态，已成为"互联网＋"中最具代表性、最具融合性和最具创新性的前沿领域。它不仅改变了汽车制造与产品形态，改变了人们用车方式及人与车的关系，也开创了移动出行新方式。智能汽车发展呈现出四大趋势：第一，汽车从智能化向网联化发展，将成为手机之后又一个重要的智能超级智能终端。车联网和地图导航逐渐成为标配，从而为其他增值应用提供了网络、技术和硬件基础。第二，智能汽车网联化改变了传统的销售和维护模式，出现了大量的O2O应用，如网上订单、在线洗车等。第三，与智能汽车网联化相适应，道路交通基础设施也呈现联网化和智能化趋势，带来了智能停车场、智能公路、智能物流等典型应用。第四，智能汽车服务业态与产业组织的变化催生了汽车共享与汽车租赁的发展。

智能汽车与公安交通、信息通信融合产生的新业态可分为五类：一是智能生产类。包括汽车设计模式的改变、汽车制造方式的智能化、汽车部件的电子化以及汽车控制决策的自主化。二是汽车交易类。包括商品流通环节的变革以及二手车交易平台的涌现。三是共享经济类。包括专车、拼车、汽车分时租赁等共享经济的形态。四是汽车后市场服务类。包括从导航、安保、维修、智慧物流等方面的应用。五是智慧交通服务类。包括智能公路、智能停车、电子支付等。

在这一业态中涌现出众多本土创新公司。其中，滴滴已成为中国最大的打车应用公司，覆盖400多个城市的3亿多用户，超过1400万的司机，提供出租车、专车、快车、顺风车、巴士、代驾、试乘试驾等八条业务线，是目前全球最大的一站式出行平台，估值达到250亿美元。易到自2015年10月加入乐视以来，用户突破4000万，日订单量达到60万，已稳坐专车第三的位置。易到与乐视生态深度融合，将推出生态专车，启动"汽车共享的2.0"，实现全面汽车共享。

## 三、面向自动驾驶的新业态带来了颠覆性革命

### 1. 改变了传统交通出行管理和服务模式

新业态创新发展正在改变交通出行管理和服务模式。第一，通过互联网

及信息技术对传统交通运输业务关键环节的改造，提升其便利性和运行效率。第二，借助移动互联网、大数据以及云计算技术对传统交通运输业务管理与服务流程的重构，提高了用户体验感受，如打车软件、专车、拼车、分时租赁以及智慧物流应用等。第三，载运工具动力、车体结构、控制方式以及感知与决策能力的进步，提升了载运工具的安全、效能和使用的便捷性，并与智能公路、智能枢纽与停车场等基础设施的发展结合，将推动交通运输体系向一体化、规则化、中心化和受控化方向发展。

### 2. 自动驾驶将改变人们生活方式与社会观念

自动驾驶是智能汽车与信息通信、公安交通融合发展的最高阶段，自动驾驶可实现完全的无人驾驶，端到端的运输货物或人员，将形成以汽车为中心的一系列生活和工作方式的改变。将自动驾驶汽车作为超级终端连接用户在驾驶沿途和目的地发生的全部旅游、娱乐、订餐、住宿、购物和其他消费，甚至判断用户需要租房购房时把地段介绍、楼盘、行情、推荐、点评、价值分析一并提供，这样巨大的商业想象空间是任何一家企业无法抗拒的。自动驾驶改变的远不止汽车制造业和交通运输业，而是创造了以无人汽车为中心的新经济和前所未有的生活方式与社会观念。

### 3. 新业态发展将重构城市交通新体系

互联网的广泛渗透，将实现民航、铁路、水路、道路和管道多种运输方式的无缝衔接，个体出行将拥有多种服务方式的选择权，交通服务体系的可靠性、便捷性和安全性将得到大幅提升。当前，私家车还是一种重要的交通工具，不同价格品牌的私家车成为家庭财富和社会地位的表征，随着分时租赁、汽车共享以及无人驾驶的出现，汽车将更多地表现为基本生理需求以及社交需求。

## 四、推动构建智能汽车与智能交通的美好未来

未来，智能汽车、交通与互联网深度融合，通过基础设施、运输工具、相关应用的互联网化，使网络连接、要素和功能彼此耦合，以提升行业的协

调、效率和活力，带来产业变革，催生形成跨界融合的新业态和新模式。为此，我们需要在政策层面为新业态的发展营造良好的政策环境。

**1. 打造产业协同环境，推动新业态相关主体间的合作共赢**

智能汽车与信息通信、公安交通的融合需要推动汽车企业、信息通信企业、交通安全管理等部门共同参与开发、平台构建与运营，形成协同的、可持续发展的产业发展环境。加强工信部、公安交通管理部门等政府机构间的联动协调机制，促进融合性政策设计的整体性和协调性。要鼓励相关主体形成产业联盟，建立共同的愿景和协同的生态环境，推动联网自动驾驶汽车的研发。

**2. 创新拓展多元化融资渠道，推动智能汽车的研发与生态创新**

发挥财政资金的引导作用，利用重大专项等国家科技计划，推进智能汽车关键技术研发和示范应用。强化智能汽车研发及产业化的协同效应。发挥财税政策杠杆作用，采用 PPP（政府和社会资本合作）等创新融资模式，引导金融资本、风险投资等各类社会资本参与推动车联网发展。

**3. 提倡包容性监管，推动共享经济发展**

李克强总理指出，要发展共享经济，让更多的人有平等创业就业的机会，使广大人民更好地分享改革发展成果。共享经济不光是在做加法，更是在做乘法，会让创业创新门槛更低，成本更小，速度更快。我国移动出行是引领共享经济发展的前沿领域，面对新业态与传统出租企业间的冲突应采取包容的态度，不能习惯性"一刀切"设置准入障碍，扼杀新业态活力，而是从更好地满足人民群众出行需求出发，明确监管目标，从事前审批向事中事后监管转变，将网约车平台接入政府管理部门的监管平台，通过大数据技术实现对人车筛选、服务监督等环节的管理。顺应分享经济发展大潮，对兼职网约车模式给予政策支持，倒逼出租车行业升级转型。通过引入新业态给传统出租车行业带来新的活力和生机。

# 鲜祖德：创新中的中国统计制度方法

国家统计局总统计师。1982 年参加工作，在贵州民族学院数学系任教师。1984 年进入上海财经大学数学系统计学专业研究生学习。1986 年毕业分配到国家统计局工作，曾任农村社会经济调查总队科员、主任科员、副处长、处长、见习副总队长、副总队长，中国经济景气监测中心主任，农村社会经济调查总队总队长，统计设计管理司司长（其间：2005 年 5

鲜祖德

月—2006 年 4 月挂任北京市统计局副局长）。2010 年 4 月，任国家统计局总统计师。2014 年 12 月任国家统计局党组成员、总统计师。

为了适应社会经济的发展，为了适应大数据的发展，为了适应各方面需求，统计工作也在不断地创新。回顾历史来看，对经济的测量是统计主要的工作，在手段上和方法上有了很多的创新，但是有一些根本性的原则，现在来看，还是没有变。这是统计在测量经济方面面临的主要问题。

测量经济最主要的指标就是 GDP，就是国民经济核算，现在使用的国民经济核算版本是 2008 年定的，我们称为 SNA。国民经济核算的第一版是在 1947 年产生的，第二版是在 1953 年，第三版是在 1968 年，第四版是在 1993 年，第五版是在 2008 年，这五版国民经济的核算已经做了很大的变化，但是一些基本的原则没有变。比如现在纳入核算的必须是市场交易，没有市场交易就不能纳入。但是今天我们面临这么多的分享经济，大都是免费的，有人就说，滴滴打车、网络下载影视作品等为什么没有算到 GDP 当中呢？这就是目前需要改变的地方。

还有统计单位也需要改变。我们每一个人都属于某一个单位，当然也有自由人。单位的概念是我们核算的根本概念之一。不管是法人单位还是产业合同单位，现在这个概念也面临着调整，因为现在的企业没有哪一家只生产一个产品，某一个产品也不是由某一个企业独立生产的，而是由所谓的生产链生产出来的。例如淘宝，它是什么样的企业呢？它不是某一个特定的企业，它是金融企业，也是一个平台，为零售而搭成的平台。因此我们不能简单地定义它是某一种企业，政府的统计也由此面临着很多的挑战。

## 一、国家统计调查体系

国家统计体系调查有三个部分组成：国家统计调查项目、部门统计调查项目、地方统计调查项目，各个地和各个县都有统计调查项目。

国家统计局主要通过周期性的普查和常规统计调查搜集统计数据，此外还通过专项调查、典型调查以及行政记录等方法搜集、整理统计资料。目前，国家统计局组织开展的重大国情国力普查主要有人口普查、农业普查和经济普查，组织开展的经常性统计调查共 47 项，包括 1130 种报表、13000 多个指标。3 项普查包括 90 多种报表、3151 个指标，18 种专项（委托）调查包括 51 种报表、934 个指标。统计内容包括国民经济核算、农业、工业、能源、投资、建筑业、贸易外经、服务业、城乡住户、价格、社会科技、劳动工资、人口就业等统计调查，基本涵盖了经济、社会、人口、环境与资源各个方面。

国家统计项目有很多，指标也是非常庞大的。市场上主要用的国家统计局发布的指标主要是 CPI（消费物价指数）、GDP、就业等，但是这些指标也是由很大的部分组成的，涉及的统计部门就将近 90 个。

部门统计调查项目覆盖高级法院、高级检察院、国务院各部委局、有政府职能的人民团体和社会组织、授权行业协会等 84 个部门或机构。经国家统计局审批、备案正在执行的部门经常性调查项目 320 项。统计内容涉及交通、旅游、财政、金融、海关进出口、利用外资、文化、教育、卫生、科技、户籍人口、社会发展等多个方面。

地方统计调查项目是指各省、自治区、直辖市统计部门为满足地方党政领导需要，而自行开展的统计调查项目。

## 二、统计法

### 1. 统计法律体系

中国统计法律体系由统计法律（《中华人民共和国统计法》）、行政法规（包括普查条例、海关统计条例等）、规章及规范性文件（部门统计调查项目管理暂行办法、涉外调查管理办法、统计调查审批管理办法）、地方统计法规等 5 部分组成。

### 2. 统计的基本任务

《中华人民共和国统计法》（1983 年 12 月制定，1996 年 5 月修正，2009年修订）明确规定，统计的基本任务是对社会经济发展情况进行统计调查、统计分析，提供统计资料和统计咨询意见，实行统计监督。

### 3. 统计的服务对象

服务对象包括各级党政机关、社会团体、企业、事业单位和普通公民，以及国际社会。

### 4. 统计调查项目管理

根据《统计法》的规定，国家统计调查项目由国家统计局制定，或者由国家统计局和国务院有关部门共同制定，报国务院备案；重大的国家统计调查项目报国务院审批。调查制度应当对调查目的、调查内容、调查方法、调查对象、调查组织方式、调查表式、统计资料的报送和公布等做出规定。统计调查应当按照统计调查制度组织实施。

### 5. 统计方法

搜集、整理统计资料，应当以周期性普查为基础，以经常性抽样调查为主体，综合运用全面调查、重点调查等方法，并充分利用行政记录等资料。

### 6. 统计标准

国家制定统一的统计标准，保障统计调查采用的指标含义、计算方法、分类目录、调查表式和统计编码等的标准化。

## 三、统计制度

为反映经济转型升级，"新经济"动能转换，展现"大众创业、万众创新"加快推动新经济发展的良好成效，这几年新增加了统计内容：

新建《反映提质增效转型升级综合统计制度》；

新建《绿色发展统计报表制度》，测算绿色发展指数；

新型能源产品统计；

大型商贸购物中心专项调查，全面反映商贸综合体等新兴业态的经营情况；

健全电子商务统计，建立电子商务交易平台年报及重点网上交易平台月报和其他交易平台季报；

新建《资源环境综合统计报表制度》；

新建《应对气候变化部门统计报表制度》；

新建《规模以上健康服务业综合统计制度》，规范和统一健康服务业基础数据来源；

完善科技统计，新建《企业创新活动统计报表制度》，拓宽企业创新调查范围；

规范文化及相关产业统计，完善基础数据来源，并将文化及相关产业核算纳入国民经济核算制度。

另外，我们制订了《部门综合统计报表制度》，将统计公报等所需部门数据纳入统一的报表制度，并根据各部门制度修订和我局对部门的数据需求情况，调整报表和指标，规范数据来源。并积极推进部门间信息共享。例如与税务、工商等部门共同建立基本单位名录库共享交换制度，制订了《部门共享国家统计基本单位名录库信息管理暂行办法》，大力推进部门行政记录和调查数据共享。

## 四、统计标准

在统计标准方面，只要中央、国务院有一个文件提出来一个新的概念，我们就马上要制订相应的标准。这两年建了金融业以及居民消费支出的标准等，再比如国务院提出要推进健康服务业，我们就要赶紧对健康服务业进行定义，并及时制定健康服务业的标准。

国民经济行业分类是按照联合国的要求十年做一次，但是中国的变化太快了，因此中国国家统计局是五年做一次变化。今年正在做新经济统计分类、生活性服务类也是按照国务院的要求来做的。

我们还建立了元数据标准，主要是用于统计。在大数据背景下面，元数据应该是非常重要的，我们现在做了标准统计指标的元数据，还不是社会上所有的元数据。阿里巴巴、腾讯等公司也在算 CPI，但是他们和我们采集的样本就不一致，如何将可比性一致起来，这就涉及元数据的问题。

## 五、统计数据收集

数据收集的方法在大数据背景下应该做一些什么样的改变呢？为了测量经济的发展，收集数据手段就两个，一是普查，二是抽样调查。普查历史很悠久了，有几千年，抽样调查大概有一百多年的历史。那除了这两种方法以外，还有没有第三种方法呢？

大数据时代如何利用更便宜、更及时、更新的网络数据来做传统数据收集方法的补充，这也是国家统计局在研究的内容。在数据收集方面，国家统计局建立了比较大的系统，我们称之为企业一套表，全国一百万家大型的企业和国家统计局的数据中心是直接联网直报的，企业的数据直接传到国家数据中心，这就减少了中间的过程。

## 六、"新经济"统计

大家都知道,新经济发展很快,例如分享经济,各种新的业态、新的产业、新的技术和新的模式大量出现,如何把这部分反映到现在的统计里面是目前面临的问题。2015年年底中央领导指示统计局建立健全新产业、新业态、新商业模式统计体系。在前期调研和各地试点的基础上,广泛征求各地和国家相关部门的意见,目前我们已经建立了《新产业、新业态、新商业模式专项统计报表制度》,也就是"三新"专项统计制度。包括11个重点方面。

"三新"专项调查的数据来源来源于三种渠道:

一是依托现行国家常规和专项调查,在已有的数据基础上加工汇总,包括转型升级、工业战略性新兴产业新产品、高技术产业及新技术电子商务、城市商业综合体等6个方面,11张报表。

二是使用部门调查和行政记录数据,包括科技企业孵化器、互联网金融、开发园区等3个方面,5张报表,分别来自科技部、人民银行和商务部等。

三是按照"三新"制度的总体要求新建的报表,包括新服务、四众2个方面的3张报表,以及省级开发园区的1张报表。

此外,在开展"三新"专项统计工作的基础上,我们正在着手进行新经济测算,编制我国新经济发展指数。该指数指标体系包含6个一级指标和42个二级指标。

## 七、大数据统计应用

大数据如何在政府统计中得到应用呢?如何改变数据收集的手段呢?在传统项目里面,如何把大数据,特别是网上交易能够包含进来呢?这是我们面临的问题。

### 1. 科研先行，集中攻关

为研究大数据在政府统计专业中应用的可行性及实施路径，国家统计局成立了专门的课题组，以科研为先导，集中攻关，就大数据在政府统计中的应用重点问题进行研究。

### 2. 深入合作，互利双赢

国家统计局分两批与10多家大数据企业（包括BAT）签署了《大数据战略合作框架协议》，合作期限均为三年，旨在共同推动建立大数据应用的统计标准，利用大数据完善补充政府统计数据的内容。

### 3. 选取重点，实现突破

率先在以下重点应用领域开展了大数据应用实践：

批发零售贸易业统计中的大数据应用；

农业统计中的大数据应用；

交通运输业、物流业统计中的大数据应用；

工业生产者价格（PPI）统计中的大数据应用；

房地产价格统计中的大数据应用；

消费价格（CPI）统计中的大数据应用；

服务业价格统计中的大数据应用；

能源统计中的大数据应用；

投资统计中的大数据应用；

国民经济核算中的大数据应用；

基本统计单位名录更新维护中的大数据应用。

举个例子，传统CPI数据收集方式，就是派人到实体店收集价格数据，而现在存在大量网上交易的数据，我们也在研究怎么样采用网上数据来计算CPI。再比如流动人口的统计，传统流动人口统计就是入户调查，一个片区抽样，再抽一些户，住了半年以上就算常住人口，不到半年就被定义为流动人口。这种方法很笨重，又花钱又花精力，每次做这个调查要花很多财政经费，工作量非常大，调查也很难准确。其实只要两个指标——手机号码的属地、手机号码运动的轨迹，就可以判断流动人口。例如一个手机号码的归属地是美国，机主在北京待了两天走了，而另一个号码的机主天天在北京待着，上下班时间都是固定的，显然后者不是流动人口。所以我们为什么不利用这么简单的两个信息就把流动人口统计出来呢？其实我们在这方面已经有了初步的成果，下一步准备在全国推广。利用手机移动信息估算流动人口，这就是大数据的应用。

## 八、需要进一步讨论的问题

对于新时期的统计制度改革，有一些需要进一步讨论的问题：

**1. 统计原则：如何适应新经济需要**

现在的统计原则都是上一辈统计学家定义下来的，他们没有看到今天网络发展得这么快，他们也没有想到现在网络上电影下载都不花钱了。因此原有的统计原则该如何重新定义呢？之所以要进一步讨论，是因为虽然国家统计局也在研究，但目前还没有成果。

**2. 统计制度：报表、指标如何设计**

传统的报表、传统的指标能不能反映新的需求呢？如何设计呢？能否通过问答式收集数据呢？或者通过各种关联性报表设计来收集数据呢？这些都是我们在研究的。我们现在的报表设计，实际上是给了你一个假设，你是知道你要调查内容之间的因果关系，你才这样设计报表。但现在很多问题还不知道因果关系，应该收集调查对象所有的信息，再进行挖掘和分析，分析出它的关系，所以报表重新设计是个大问题。

**3. 统计方法：数据收集方法如何创新**

现在的数据收集方法就是普查、抽样调查，能否有第三种方法，就是通过网络来收集数据呢？

大数据和统计从思维到方法等方面有明显的不同，主要表现在以下八个方面，这也是在大数据背景下统计创新要思考的主要问题。

一是"问题驱动"与"数据驱动"。即我们带着问题去调查，还是发现问题去调查？现在的统计手段是带着问题去调查，但很可能我问的问题被调查对象都不一定明白我想问的是什么。所以这很影响数据的质量。

二是"我问你答"与"我取你有"。就像中央电视台的调查问你幸福吗？被访者能否回答准确谁也不敢肯定。而我取你有的东西就不一样了，例如如果你在朋友圈发的笑脸多，就表明今天是幸福的。其实根本就不用问你，而直接取你的数据来分析你是幸福还是不幸福的。

三是"因果联系"与"相关分析"。

四是"样本抽选"与"总体描述"。

五是"数据烟囱"与"数据平台"。上次请了阿里巴巴的代表来统计局做了一个报告，阿里巴巴就是把原来的数据烟囱全部变成数据黑盒子，需要什么样的数据，提出请求之后在黑盒子里抽取出来，这就是一个数据平台。政府统计也是面临着这样的问题，各个专业的数据、各个部门的数据、各个来源的数据基本是独立的，如何把这些数据以统一的标准整合起来放在一个平台上，这是很大的问题。

六是"以小见大"与"以大见小"。传统思路是通过抽样调查获取总体的信息。现在我们可以通过大数据，分析出每个个体的行为。有了个体的信息，总体信息就有了，分布也有了，当然这是对某一个特定问题的方案。

七是"记录历史"与"预测未来"。统计的功能之一是为了记录历史，现在社会发展很快，领导人要求也很高，统计结果不仅要讲清楚发生了什么，还要讲清楚明天会发生什么，这就面临着预测的问题。统计学界还在长期争论，统计究竟要不要做预测？我认为统计应该做预测，问题关键是怎么样预测。现在的统计模型都是把以前的模式放到未来，把以前的模式画一套回归线，推算出未来，这种方式是需要重新思考的。

百度有很多搜索数据，今天的数据实际上已经暗示了未来。"经济雷达"项目就是通过今天的搜索数据来预测明天会发生什么。这种预测对个人来说是有真实性的，例如你如果生病了，可能不会告诉我，但是你一定会上百度搜索关于病情的信息，如果搜索感冒药人多了，那是不是预示着下一步感冒会流行起来呢？再比如一个人车牌摇号中签，那他可能会上网搜索什么车型好，只要搜索汽车的量多了，我们就会预测下一步汽车销量就会增加。我们已经和百度合作，通过两百多个搜索指标加上传统相关的指标建立了一个短期预测模型，效果还是很好的。但是这个预测的结果是否该发布就成了现在遇到的问题。

八是"归纳推断"与"演绎推理"。这是方法论的问题。

希望未来能结合社会力量共同推进统计工作的发展。

# 赵清华：迎接统计的新时代

世界银行研究部资深数据科学家，长期从事经济统计计算方法的研究。研究结果有贫困地图分析系统 PovMap、国际贫困比较项目及其在线分析工具 PovcalNet，还有面向公众的数据分析平台 ODAT、高速贝叶斯估计算法及其实现等。

赵清华

国际上这几年对于以 GDP 为先导的传统经济统计指标有很多诟病，这个诟病并不是针对具体哪个国家的，而是随着世界的发展，20 世纪 40 年代定下的统计指标，尽管不停地在修订，但肯定还是存在缺陷。

网上经常看到有人说先把环境污染，之后再把它整治好，这过程本身就增加了 GDP。这是很典型很现实的问题，在各个国家都有。如果只以 GDP 增长来衡量国家发展，那么肯尼亚肯定比英国增长得多，难道它的发展就更好吗？

这种问题并不是针对某一个国家，我们在世界银行（以下简称银行）所做的工作当中用到了各个国家的数据，这些国家存在修改数据的现象。例如 2015 年巴西竞选，他们非常关心马上要发表的"贫困指标"。但如果巴西的指标值变化了，阿根廷肯定就得站出来反对，因为他们有"邻居做得好，我也得做得好"的政治压力。这些问题不仅在不同国家间存在，在不同的地区层次中也是一样的。例如不管是全国 CPI 还是某一个省市的 CPI 计算，它们所面临的问题是一模一样的。所以同样的问题在不同层次当中存在。

## 一、现行统计体系的问题

任何事物都是多维的，单单做一维就会有问题。各种事物必须用多维描述，但问题是多维不能进行比较，因此在某一个层次上，我们经常为了要做比较，还要把多维变成一维，这就有问题了。例如世行做的贫困问题的比较一直受到批评，说我们为什么只考虑收入或者支出，不考虑别的指标呢？再比如婴儿死亡率、就业率等，有很多人推行多维。其实我们是可以做到多维的，统计年鉴、统计数据库都是多维的，但是如果要用来比较的话，数据结果就必须加权，加权的时候就会出问题了。现在看起来，以往基于收入或支出的指标统计也算是一种加权，而且还算是各种加权当中最有道理的加权。这些问题并不是统计指标的问题，其实是统计系统本身的问题，是怎样收集数据、怎么样处理数据、怎么样发布数据过程中的问题。

1. **数据采集**

在数据采集方面目前有以下问题：

一是缺乏统一的元数据与统一的 ID。在调查当中我们很可能会自我想象设一些指标，就拿年龄的分段来说，现在在世行收到的数据当中有的按大中小分，有的按不同受教育年限分，缺乏统一的元数据。中国还有别的国家到世行做项目，通常最花时间的工作是处理 ID。处理 ID 大概是整个工作量的60％到70％，而数据处理反而很简单。

二是统计法规的执行很弱。中国有世界上最强的统计法规，但是执行力度还是比较弱的，《统计法》当中很多规则并没有得到具体要求。

三是数据采集方式存在局限性。数据采集过程中，抽查肯定有代表性的问题，普查只能十年做一次。我们在世行做过贫困地图，就是用普查的数据估算各国人口贫困指标。遇到最大的问题是没有普查的那一年怎么办呢？我们用 2005 年普查数据没办法回答最近这几年来的贫困问题。其他信息来源就是行政数据和交易数据，如阿里巴巴淘宝的交易数据。但交易数据有很强的有偏性，那些农贸市场、街头巷尾小摊小贩没有包括在其中。

**2. 数据处理**

在数据处理方面的问题，一是数据处理时间很长。我们现在发表到 2013 年为止世界各国的贫困数据，为什么我们不及时更新呢？因为数据根本没有到我们手上，这通常需要三年时间。那些反映国民经济状态、更敏感的指标很难在短期内得到。最好的方式就是直报，但是直报有没有可能呢？有，但可能性确实比较低。

二是数据在汇总过程被湮灭了大量信息。这几年国际上有很大的呼声要做数据公开，很多国家就把统计年鉴电子化，这就是数据公开吗？这叫指标公开，不是数据公开。我们讲的数据是更基层的，记录单位变量之间有联系的数据，才是活的数据。我们现在在统计年鉴看到的是年龄分布、性别分布，或者多少人打过卡介苗等信息，但是真正到了具体地方，作为地方卫生管理者，他们很希望知道在 7—15 岁的学龄儿童有多少没有打过疫苗，这个数据在年鉴中有吗？显然是没有的。其实这个数据是存在的，但是在处理过程中被湮灭了。

## 二、现行统计体系结构

下面这张图里面一大部分是我经手过的数据，还有一部分是我所知道的数据。有些是美国的，例如所得税数据 W2。在美国所有雇主都会向雇员发 W2 单子，上面有发给雇员的工资数目，雇员就要拿着 W2 单子，填好 1040 表去国税局缴税，这些都是大数据。中国有没有这样的系统呢？中国的金融业报税要填 1104 表，那是个很复杂的表，但是那张表能够把各个金融企业的状况在一张表上汇总起来。实际上各种各样的报表，其实就是把一个东西和另外一个东西连接起来。

**1. 国家级信息系统与企业行业业务系统的差别**

最近听到一件非常让人振奋的事情，就是国家大数据中心的成立。大数据中心要做什么呢？它不可能存储所有的信息，但是如果有这么一个中心，

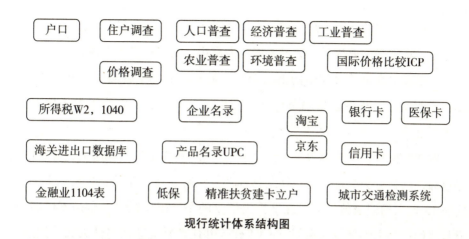
现行统计体系结构图

就会帮助我们把各种各样的信息连接起来，而信息的连接正是我们目前最缺乏的。

如果真正在国家级建立一个信息系统的话，那国家级信息系统与企业行业业务系统之间有什么样的差别呢？一是国家级的数据量会大得多；二是国家级数据库并没有最原始微观数据的使用权；三是个体信息的私密性；四是数据传输过程的安全性。例如银行和个人签订合同的时候，个人必须要报家庭住址、身份证号码等，这些信息属于私密条文，不能用作其他目的。国家层级在收集这种信息时很可能和原始收集时的使用权限和目的产生矛盾。此外，这么大的系统传输中的安全性也是一个问题。其实国家级数据只要产生宏观统计模型，并不需要用到所有的指标。

### 2. 关键问题与解决办法

最关键的问题是什么呢？

一是元数据的统一，要有全世界统一的元数据。比如标准工业代码这是现在通行的元数据。经济在演变的过程当中，各专业数据可以修订统一的元数据。随着经济发展，这个数据将来肯定会变化，因此要有一个向后兼容手段。

二是标识码的改进。标识码是特定的元数据：ZIP、MAC、UPC、SSN。每个网卡都有一个标准自代码，MAC 其实是很好的例子，MAI 也是非常好的收集数据的源泉。UPC、SSN 和中国的 ID 都是标识码。标识码和元数据在使用上是很不方便的，因为缺少统一发布的平台和一键就可以得到的信息获取的手段，将来必须要改进。数据要能让大家用，需要提供得方便。

三是减少在汇总过程中的信息消失。最简单的办法就是做直报，或者在技术上做到在不减少信息的条件下，减少信息量，还可以使用电子化上报、自动汇总等。

例如我们有一个普查数据，记录13亿人的基本信息，有地址、城乡性别等指标，这是分类指标。还有连续指标，如年龄、住房面积、收入、支出等。这是13亿人的记录数据。想在不丢失信息的条件下压缩信息量是不可能的。但是我们找到大学毕业后在IT部门工作，并居住在北京的男性人数，把这些人按照同样的规则汇总，假如有24000条，这24000条记录总共占16.32MB。16MB和13亿记录在感兴趣的指标上面其实是完全等价的，利用多个指标汇总到多维数字立方体，就是将来可以采用的折中的办法。这样做还有一个好处是什么呢？如果把这个立方体拿来发布的话，让研究者使用就可以不牵扯个体的信息，每组都是所有同类性质元素之和，这在技术上很容易做到的。技术上能做到的解决办法是目前最容易的办法。

## 三、迎接新的统计时代

首先要定义新的统计是什么呢？作为统计从业人员，可能要对知识结构进行一定的优化。中国统计系统有大量从计统毕业的，中国很奇妙的地方在于有计统和统计之分，中文我们一听就知道，这个人是知道国民经济核算体系的，那个人会知道大数定理，将来这两拨人应该互相借鉴、互相取长补短。

统计从业人员首先要对专业元数据和数据、统计指标非常熟悉，能够处理海量数据。海量数据是不是就是大数据呢？并不见得，大数据和大的数据是不一样的，并不单纯是大小的问题。另外还要有建模分析能力、估计与统计推断能力，并熟悉网络通信规程和网络安全的知识，下一代统计从业人员很可能需要这些知识。

从结构来讲统计结构和现有的经济体制是一样的，数据可以从基层向上报，只要是总部有足够的空间，历史数据都能留得住，那是没问题的。现在基本都是总部发一个规则，基层按照规则把事情做了。其实这个过程没必要做，例如1104表，总部可以直接发一个1104制表的软件下去，让全国都使用这个软件，大家运行这个软件，1104表就直接生成，上报到中央，这是技术完全可以做得到，而且不会丢失信息的方法。这个框架在将来还是有希望实现的。

# 韩小明：大数据应用的经济学思考

中国人民大学经济学院教授，1983 年毕业于中国人民大学经济系。经济学院教授，博士生导师；研究方向：经济理论研究、经济体制研究、经济政策研究、网络经济研究、企业问题研究、国有资产研究。曾参与国家社科"七五"规划重大项目"我国社会主义经济运行机制研究"、联合国开发计划署资助研究项目"社会主义经济发展与改革道路选择"、国家教委"八

韩小明

五"规划项目"全民所有制企业改革研究"、国家社科"九五"规划重大项目之子课题"国有资产监管、运营体制研究"、北京社科"九五"规划重大项目"转变政府职能，深化国有企业改革"等近 20 项重大项目。主要论著有《市场化的国有企业制度》《市场经济新体制》《社会主义市场经济理论》等。

大数据不是规模大，用"大"这个概念很难界定清楚。我对此也有一些想法，大数据对经济学来说有很重要的意义。我也没有一个成熟的看法，只是把我的疑问和我觉得会有所启示的东西提出来。我是学经济学的，我想站在经济学的角度看大数据应用对经济学到底会有什么样的影响。

## 一、大数据：通过互联网获取的数据

大数据是什么呢？研究大数据的人给了一大堆定义，但是我从经济学的

角度来看，在这里给它一个定义——大数据就是通过互联网获取的数据。规模大、数据复杂等都不是大数据重要的因素，重要的因素是数据获取的来源。过去数据获取没有互联网通道，所以获取成本、处理方式都很高，今天从互联网上能够获取数据，而且数据覆盖面能够覆盖到经济系统的所有方面，很显然这个数据和原来的数据有根本性的区别，对经济学演进会有很大的作用。

在经济学，尤其是实证研究里对数据是非常需要、非常依赖的，做一个模型没有数据就没法做，数据对于经济分析来讲是举足轻重的。数据是计量信息的载体，传统意义上的信息分成可计量信息和不可计量信息，原来的信息很多不可计量，比如说形态信息。可计量的是什么呢？就是今天所讲的数据。数量型信息是可计量的，我认为数据是可计量信息的载体。但是这些载体有些可加总，有些不可加总。经济学有两个基础概念，一是价值，二是效用。价值可加总，例如 GDP 就可加总。但是效用不可加总，而更多的微观基础是用效用来做的，因此怎么样统计效用是很重要的。

从经济学的角度来看，大数据不同于传统数据，一是获取方式不同。我特别强调数据的获取方式，通过互联网获取的数据我称之为大数据，如果不是通过互联网获取的数据就是传统数据。所以在互联网上获取数据是数据获取方式的升级。

二是数据规模不同。传统获取数据的术语一定是有限的，而互联网上获取的数据可以趋于和整个经济系统相匹配，所以它们的规模是不一样的。

三是精准度不同。例如让下级往上报数据，他们两个都是利益主体，都要从自己利益最大化角度考虑数据怎么样对自己更有利。我们也做过试验经济学问卷，问他这个怎么想，那个怎么想，发现每个人从自己的角度来说想法都不一样，这样的数据拿下来，做简单的处理之后，很多重要的数据都被湮灭了，被平均了。原来的数据在精准度上更多是平均化的状态，这就是为什么原来的经济学研究也是用数据找一个平均化的过程。现在的大数据精准程度要比传统的数据高得多。

四是信息成本不同。信息成本包括两块，一是获取信息的成本，二是处理信息的成本。传统统计研究 60% 的时间花在信息处理上，且获取信息的成本也不低，统计局做问卷调查不仅花费高，取得的数据还不一定能够反映你要的问题，甚至不能真实反映你要的问题。所以这样加起来，信息成本就更多了。获取信息花了很大的成本，但是获取的信息真实度只有30%或40%。如果我用这个数据做经济分析的话，分析出来的结构就会有很大的偏差。从信息成本来讲，降低信息获取的成本是难点，降低处理信息的成本相对来讲容易一些，因为技术手段比较好，只要能够技术的进步快于需要的进步，是可以解决的。总之信息成本是永远存在的，只是大数据提供的信息成本相对传统数据要小得多。

正是因为数据信息以及成本对经济学具有重要的意义，大数据如果在这些方面能够有所突破的话，一定会对经济学产生影响。

## 二、大数据能否对经济学产生影响

大数据能否对经济学产生影响体现在以下几个方面：

第一，大数据能否提供经济分析所需的全部真实信息？

大数据既然是互联网能够提供的数据，而今天互联网的应用已经非常广泛，卫星定位提供的数据实际上也是联网获得的。如果我们把大数据的定义扩大到广义的网络上能够获取的数据，在这种情况下，大数据能否提供经济分析所需要的全部真实信息？如果能的话，对经济学会产生极大的影响。因为经济学分析的很多不准确性，其实来源于数据的不准确。如果大数据能够提供这样的可能性，对经济学的改造，至少将对经济学描述现实、预测未来的精准度提高一个等级。

大数据来源来自于互联网，互联网不断发展，从网络的角度获取的信息，应该说可能是无限的。大数据获取方式的成本也会大幅下降，处理能力会大幅提高，处理的成本也在下降。单位数据成本极大的下降为经济学应用全部真实信息提供了基础。

第二，信息的成本（包括时间成本）能否趋近经济分析所能负担的水平？

信息成本通常讲的是花费，再加上时间成本。现在有很多的统计资料是五年前或者十年前的，这个数据现在再来用的话价值会大打折扣。如果要分析现实时间成本是要估算进去的。如果估算时间成本，那么传统的信息获取方式远远不能满足经济分析的需要。所以在这样的情况下，只有依托网络获取的数据，才有可能降低时间成本。如果这个成本趋近于经济分析能负担的水平，也就是说是经济的，这样分析出来的信息在使用上是很广阔的，无论是商业性的，还是非商业性的，都有很大的前景。

第三，大数据能否满足改变经济学基本假设的要求？

在经济学里有一个最基本的假设，叫不完全信息假设，正是因为不完全信息，无论是宏观决策还是微观决策，都必然面临不确定性的风险。在这样的情况下，在经济决策上，风险是不可避免的。但是信息是否能够完全满足决策的需要，取决于两个条件，一是是否能获得，二是获取成本。如果大数据能够在一定程度上解决信息成本问题，就会大大降低信息不完全性。信息的不完全如果达到了临界，就说明信息已经完全能够满足决策的需要，那么决策的风险可能会降到10%～20%。如果是这样，是否意味着把这条假设在一定程度上修正了呢？

第四，如果宏观经济分析依赖微观行为基础，大数据能否满足微观行为集合分析的需要？

现在经济学分为宏观经济学和微观经济学，宏观经济研究宏观的数据、模型推导，宏观运作解决经济系统演进的状态。严格来讲，宏观经济分析依赖微观行为基础。微观行为的集合才是宏观系统的基础。把微观行为集合分析好了，宏观系统动态状态、演进趋势等都会在一定程度上反映出来。所以说，宏观经济实际上是微观行为的集合。而依托大数据满足微观行为集合分析的需要是目前可以考虑的方法。

如果能解决以上问题，大数据对经济学会产生重大的影响。

## 三、大数据如何对经济学产生影响

假定认为经济系统是具有一定动态结构、微观主体复杂行为集合，经济系统是宏观系统、微观复杂行为的集合，那么接下来实际上就是在讲路径，就是大数据怎么样影响经济学呢?

首先，如果大数据能够满足经济分析的需要，基于大数据复杂系统科学分析，有可能求解微观经济主体的复杂行为集合。经济系统作为微观主体的复杂行为集合是复杂系统，基于大数据运用复杂系统科学分析方法，就有可能求解微观经济主体复杂行为集合。

其次，大数据有可能从理论经济学和应用经济学的双重路径推动经济学的创新。理论经济学我们认为是把现实抽象成定理，在这个过程得出基本结论和定理。应用经济学是把理论经济学得出的结论再丰富化，再还原到现实过程中来看是怎么样做的。如果把这两个过程解决了，现在的经济学就不再是纸上谈兵了。为什么过去讲黑板经济学，那就是纸上谈兵，都是在教室里研究模型推理，解决现实问题的时候就不行了。但是经济学也离不开抽象过程，我要解决问题的基础关系、基本关系，无论是因果关系还是相关关系，都要把这几个关系确定下来，确定了基本过程，才能在实际应用过程当中继续丰富。大数据有可能从这两个方面推动经济学的创新。

但是到目前为止，大数据割据式的云服务架构导致的大数据状态，无法支持求解上述复杂行为集合。现在所有获取数据是依托云服务来获取的，这个基础架构是割据状态，没有可能把它和其他所有社会上的网络信息都整合起来，在这样的情况下，必须要改变割据式云服务架构，使得大数据状态能够具有完整性。如果这个问题不解决，每一块所谓的大数据都是一个团块。做微观分析，或者做某一个企业的分析是足够了，但是对宏观分析来说还是远远不够的。

如果我们有一个完整的基础架构，通过基础架构获取完整的信息，就可以不考虑分割的问题，我想今天的信息通信技术是应该能够做得到的。在这里改造基础设施架构，使割据状态有所改观，应该说能够为大数据支持经济学演进、发展奠定基础。

第二篇

# 分享经济与平台治理

国家信息中心：中国分享经济发展报告2016

吕本富："互联网+"背景下的共享经济

安筱鹏：制造业将成为分享经济的主战场

卢希鹏：随经济

        ——共享经济之后的全新战略思维

姜奇平：分享经济与新治理中利益基础的改变

薛兆丰：顺应未来趋势，修改海关新政

阿拉木斯：传统文化与互联网治理

张国华：对网约车的拥抱与否，将决定城市的未来

朱巍：不同城市的网约车立法思维

        ——北上广深VS成都

司晓：互联网平台经济、颠覆性创新与竞争政策新挑战

张平：互联网开放创新的专利困境及制度应对

毛伟：全球互联网治理变革的启示及中国对策

刘德良：电信诈骗的法律防范机制

# 国家信息中心：中国分享经济发展报告 2016

在信息革命加速重构世界经济版图的关键时期，分享经济正成为考验各国智慧和战略决策能力的试金石。

从全球看，渐行渐热的分享经济一路走来并不顺畅，期待之高与担忧之甚难分伯仲，动力之强与阻力之大让人目不暇接。尽管路途坎坷，但大势已然形成。毕竟在出行、住宿等领域已经培育出身价上百亿美元的全球型企业，更多领域的"独角兽""十角兽"企业还在茁壮成长。

对于中国而言，发展分享经济既有得天独厚的优势条件，也有强大而迫切的现实需求。分享经济适应了"创新、协调、绿色、开放、共享"发展理念的新要求，是走出发展困境、消除诸多痛点的突破口，也是实现创新驱动、推进供给侧改革的试验场，对建设网络强国、构建信息时代国家竞争新优势将产生深远影响。从实践看，目前几乎所有领域都出现了分享经济模式的创新企业，有些属于全球领先创新，有些从一开始就铺向全球。

人们已经认识到，分享经济不仅是一种新的经济现象和经济形态，还是加速要素流动、实现供需高效匹配的新型资源配置方式，更是一种新的消费理念和发展观。往远处看，人们期待分享经济将有助于实现信息经济理论的重大突破，还将有助于化解长期困扰人类发展的资源、环境、公平、信任等诸多难题。但未知永远大于已知，分享经济的内涵与外延都还在变化中，理想与现实的距离还无法测定。从各国实践看，分享经济发展正面临诸多"成长的烦恼"。

## 一、认识分享经济

2008 年金融危机之后，伴随信息技术及其创新应用进入迸发期，分享经济快速成长，2014 年以来呈现出井喷式发展态势。发展很快，争议也很大，认识和把握分享经济还得从厘清一些基本概念开始。

### （一）定义内涵

本报告中，分享经济是指利用互联网等现代信息技术整合、分享海量的分散化闲置资源，满足多样化需求的经济活动总和。

这一定义至少包含以下三个基本内涵：

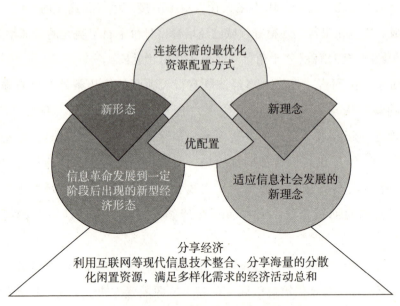

图 1　分享经济的定义与内涵

（1）分享经济是信息革命发展到一定阶段后出现的新型经济形态。

（2）分享经济是连接供需的最优化资源配置方式。

（3）分享经济是适应信息社会发展的新理念。

从分享经济发展的内在需要来看，闲置资源是前提，用户体验是核心，信任是基础，安全是保障，大众参与是条件，信息技术是支撑，资源利用效率最大化是目标。

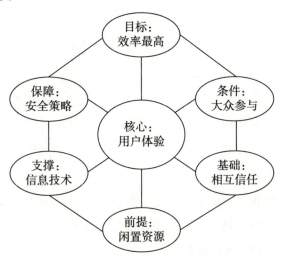

**图 2　分享经济的关键要素**

## （二）基本特征

作为互联网时代全新的经济形态，与传统经济模式相比，分享经济具有以下典型特征：

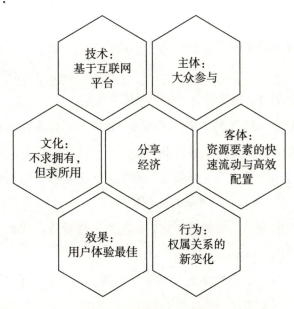

**图 3　分享经济的六大特征**

技术特征：基于互联网平台。正是因为有了互联网尤其是智能终端的迅速普及，使得海量的供给方与需求方得以迅速建立联系。

主体特征：大众参与。足够多的供方和足够多的需方共同参与是分享经济得以发展的前提条件。

客体特征：资源要素的快速流动与高效配置。现实世界的资源是有限的，但闲置与浪费也普遍存在。分享经济就是要将这些海量的、分散的各类资源通过网络整合起来，让其发挥最大效用，满足日益增长的多样化需求，实现"稀缺中的富足"。

行为特征：权属关系的新变化。一般而言，分享经济主要通过所有权与使用权的分离，采用以租代买、以租代售等方式让渡产品或服务的部分使用权，实现资源利用效率的最大化。

效果特征：用户体验最佳。在信息技术的作用下，分享经济极大地降低了交易成本，能够以快速、便捷、低成本、多样化的方式满足消费者的个性化需求。

文化特征："不求拥有，但求所用。"分享经济较好地满足了人性中固有的社会化交往、分享和自我实现的需求，也顺应了当前人类环保意识的觉醒。

## （三）主要类型

目前，对分享经济的类型划分尚未形成一个统一标准，角度不同，划分的类型不同。

按分享对象划分，分享经济主要包括以下类别：

一是产品分享，如汽车、设备、玩具、服装等，代表性平台企业有滴滴出行、Uber、RenttheRunway、易科学等。

二是空间分享，如住房、办公室、停车位、土地等，代表性平台企业有Airbnb、小猪短租、Wework、Landshare等。

三是知识技能分享，如智慧、知识、能力、经验等，代表性平台企业有猪八戒网、知乎网、Coursera、名医主刀等。

四是劳务分享，主要集中在生活服务行业，代表性平台企业有河狸家、阿姨来了、京东到家等。

五是资金分享，如 P2P 借贷、产品众筹、股权众筹等，代表性平台企业有 LendingClub、Kickstarter、京东众筹、陆金所等。

六是生产能力分享，主要表现为一种协作生产方式，包括能源、工厂、农机设备、信息基础设施等，代表性平台企业有 Applestore、Maschinenring、沈阳机床厂 I5 智能化数控系统、阿里巴巴"淘工厂"、WiFi 万能钥匙等。

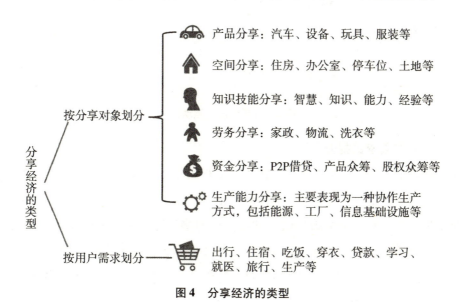

**图 4 分享经济的类型**

从满足用户需求的角度，分享经济也可以划分为以下种类：出行（滴滴出行/Uber）、住宿（Airbnb/小猪短租）、吃饭（回家吃饭/妈妈的味道）、穿衣（Rent the Runway/那衣服）、贷款（LendingClub/人人贷）、学习（Coursera/MOOC 中国）、就医（春雨医生/名医主刀）、旅行（蚂蜂窝/百度旅游）、生产（Applestore/淘工厂）等。

## （四）驱动力量

分享经济的概念源于 20 世纪 70 年代的协同消费，但在当时并未流行起来。最近几年，分享经济迅速风靡全球，并渗透到多个领域。分享经济的兴起与发展是技术、经济、文化等多种因素综合作用的结果，其背后的驱动力表现为以下六个方面：

图 5　分享经济的驱动力

### 1. 用户需求的提升

随着工业化任务基本完成，物质产品极大丰富，消费者需求层次不断提升，生存理念发生了重大变化，人们越来越注重个性化的消费体验和自我价值实现。传统方式无法满足用户日益增加的多样化需求，出现了诸多痛点，如供需对接不畅、成本高、效率低、效果差、诚信缺失等。分享经济能够有效地化解这些痛点，带来更好的体验，受到用户青睐，并带动了产业的发展。

### 2. 提高收入的意愿

分享经济的发展使得人们能够将多样化资源或碎片化时间利用起来，通过提供服务获得一定收益，有了更多创造价值、增加收入的机会。这也是 2008 年全球金融危机后分享经济迅速发展的重要原因之一。

### 3. 信息技术的推动

互联网与生俱来的开放协作特质，适应并推动了一个乐于创造和分享时代的到来。移动互联网发展以及智能终端的普及实现了参与者的泛在互联，移动支付和基于位置的服务让分享变得简单快捷。网络与大数据分析技术实现了资源供需双方的精准高效匹配，极大地降低了个体之间碎片化交易的成本。社交网络及信用评价机制日渐成熟培育了新的信任关系。信息技术创新成为分享经济发展的最强推动力。

### 4. 消费理念的转变

在被物质化、被隔离的工业时代，社会化交往及自我价值实现等精神需求被长期压抑。分享经济借助信息技术赋予人们以社交化的方式进行交流、分享和创造价值的能力。环保意识、节约意识的增强让人们逐步放弃对过度消费的追求，更加重视节约资源、创造社会价值。

### 5. 灵活就业的追求

工业时代使人像机器一样工作，信息时代使机器像人一样工作。现在的年轻人已经无法适应高度紧张、机械化的工作方式，越来越多的人加入了自由职业者的队伍。

### 6. 资本市场的热捧

近年来，分享经济创业企业成为全球资本市场的投资热点。根据 Crowd Companies 的统计，2010—2013 年全球流向分享经济的投资额累计 43 亿美元，2014 年和 2015 年两年的投资额分别为 85 亿美元和 142.06 亿美元（合计约 227 亿美元），两年内流入分享经济的风险资金规模增长了 5 倍多。在中国，近几年分享领域获得风险投资的企业数量和融资金额也出现了爆发式增长。

## （五）影响作用

图 6　分享经济的作用

分享经济对经济社会发展的方方面面产生了诸多影响，主要表现在以下七个方面：

### 1. 新动能：助力大众创新

创新是生产要素的重新组合，通过分享、协作的方式搞创业创新，门槛更低、成本更小、速度更快，能够让更多的人参与进来。一方面，分享经济的发展使得生产要素的社会化使用更为便利；另一方面，分享经济的发展降低了创新创业风险。

### 2. 新业态：打造新增长点

从理论上看，分享经济通过刺激消费、提升生产效率、提高个人创新与创业能力，对于经济增长和社会福利都有积极作用。从中国的实践看，分享经济是新的经济增长点，各领域分享经济的发展均有大幅提升，仅出行领域2015年成交额保守估计也超过500亿元人民币。

### 3. 新模式：扩大有效供给

分享经济可以快速调动各类社会资源，提高供给的弹性和灵活度，能够较好地适应不断变化的消费需求。基于网络的互动评价系统可以及时反映供需双方的意见和要求，有利于提高供给的有效性。

### 4. 新组织：激发创新活力

分享经济使得人们可以在边际成本趋于零的条件下通过协作进行生产、消费和分享自己的商品和服务，这就会带来经济生活组织方式的新变化。在分享经济模式下，越来越多的个体可以通过平台直接对接用户，不必再依附于传统专业机构，这种新的组织方式被称为"大规模业余化"。

### 5. 新理念：实现低碳生存

分享经济对于环境保护的作用越来越被人们所认知。《共享经济》作者蔡斯认为，美国有五分之一的家庭生活用品从以前的购买转向租用，平均每年减少近1300万吨的使用量，从而降低了2%的二氧化碳排放量。滴滴出行发布的《中国智能出行2015大数据报告》显示，仅快车、拼车和顺风车两个产品一年下来能节省5.1亿升汽油燃烧，减少1355万吨碳排放，相当于多种11.3亿棵树的生态补偿量。Uber提供的资料显示，其在杭州的拼车出行减少的碳排放相当于每三天增加一个西湖面积大小的森林。

### 6. 新生活：促进灵活就业

分享经济打破了传统的"全时雇佣"关系，在使就业方式更加灵活的同时，也增加了就业渠道与岗位。纽约大学教授 Sundararajan 研究称，2013 年 Uber 在芝加哥创造了 1049 个新增就业岗位。在中国，整个家政行业的分享经济都是以灵活就业群体为主，全国家政行业大约有 65 万家企业，从业人员超过 2500 万人。

### 7. 新治理：走向多元协同

分享经济为社会治理体系创新提供了机会窗口。一方面，分享经济的发展对创新治理体系提出了新要求；另一方面，分享经济也为构建新的治理体系提供了经验和支撑。

## （六）认识误区

由于分享经济发展历程不长，理论研究严重不足，实践也处于探索中，人们对分享经济的认识还存在一些明显的误区。

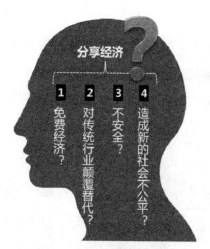

**图 7　分享经济的认识误区**

误区一：分享经济是免费经济。分享经济的本质是通过资源利用效率最大化创造新的价值，并获得一定收益，这既是对资源供给方的回报，也是保证分享经济可持续发展的动力。

误区二：分享经济是对传统行业的颠覆。分享经济是一种新的生态，也是一种新的发展理念和模式，任何一个行业都可以通过分享来创造更大的价值。

误区三：分享经济不安全。从理论上看，分享经济的开放透明和全程可追溯性为实现安全发展提供了有利条件。从实践上看，分享平台安全保障机制也在不断完善中，发展初期出现的一些安全问题，更多的是暴露或放大了原本就存在的问题。从未来发展看，分享经济将有助于从根本上解决安全问题。

误区四：分享经济会造成新的社会不公平。有人认为分享经济会加大数字鸿沟，并带来一些不公平竞争，但这是技术创新扩散过程中的必然现象，也是制度创新滞后的阶段性问题。从长期看，分享经济在扩大供给与需求、促进经济增长方面的作用将越来越明显，同时也为众多弱势群体参与社会创新系统提供了前所未有的条件和机遇，有利于促进社会公平与进步。

## 二、全球态势

目前分享经济浪潮正席卷全球，平台企业持续增加，分享领域不断拓展，市场规模高速增长，涌现出一批"独角兽"企业，行业竞争愈发激烈，竞争格局快速变化。在政策的支持下，未来全球分享经济将迎来新的发展机遇。

1 分享经济成为热点

2 分享领域不断拓展

3 初创企业快速成长

4 竞争格局尚不稳定

5 政策导向趋于明朗

图8　全球分享经济发展态势

## （一）分享经济成为热点

金融危机后，全球分享经济快速发展，从欧美不断向亚太、非洲等地区的上百个国家扩张。如截至 2015 年年底，Airbnb 已经在全球 190 多个国家和地区开展业务，覆盖 34000 多个城市，拥有 200 多万个房源，超过 6000 万房客从中受益，市场估值 255 亿美元。领先企业的成功吸引了大量创业者加入分享经济领域，平台企业不断增加，投资分享经济领域的机构数量也迅速增加。

## （二）分享领域不断拓展

全球分享经济正进入快速扩张期，从最初的汽车、房屋分享迅速渗透到金融、餐饮、空间、物流、教育、医疗、基础设施等多个领域和细分市场，并加速向农业、能源、生产、城市建设等更多领域扩张。未来一切可分享的东西都将被分享，人们的工作和生活方式将因之发生深刻变化。

## （三）初创企业快速成长

分享经济的崛起催生了大量市场估值超过 10 亿美元的"独角兽"企业。根据调研公司 CB Insights 的数据，截至 2016 年 2 月 4 日，全球价值在 10 亿美元以上的私营公司有 151 家，更重要的是，这些公司创业时间多数不到 5 年就达到上亿甚至上百亿美元的市场估值。随着分享领域的拓展以及商业模式的不断创新，更多的巨无霸企业将接踵而来。

## （四）竞争格局尚不稳定

全球分享经济尚处在起步阶段，成长迅速，竞争激烈，尚未形成稳定的格局。目前看，只有在个别领域，少数起步较早的企业获得了一定的先发优势，初步形成相当用户规模和较高市场占有率，开始建立起成形的赢利模式。

## （五）政策导向趋于明朗

随着实践的发展，人们对分享经济意义作用的认识逐步深化，许多国家的政府部门对待分享经济的态度从观望、犹疑转向明确支持。美国成为第一个股权众筹合法化的国家；英国宣布将打造分享经济的全球中心以及欧洲分享经济之都；加拿大安大略省、魁北克政府已经开始进行新法律框架的拟定和修改，支持分享经济发展；澳大利亚政府对分享经济持乐观态度；韩国政府对分享经济企业实施政府认证程序，还计划于2016年对相关法律法规进行调整以适应分享经济的发展。

## 三、中国概览

近年来，中国分享经济快速成长，创新创业蓬勃兴起，本土企业创新凸显，各领域发展动力强劲，潜力巨大。同时，在分享经济发展过程中也面临行业自我完善、信用体系建设、市场监管机制等方面的问题。整体上，中国分享经济仍处于发展初期，未来具有更大发展空间。

### （一）特殊意义

当前中国经济发展已经步入新常态，人口红利逐渐消失，资源环境约束趋紧，转型发展需求迫切。分享经济给中国带来了难得的重大机遇，对于贯彻落实新的发展理念、培育新经济增长点、以创新驱动推进供给侧改革、建设网络强国、构建信息时代国家新优势等都将产生深远影响。发展分享经济对中国的转型发展和实现中华民族伟大复兴的中国梦具有重要的现实意义和特殊意义。

**1. 发展分享经济是贯彻"创新、协调、绿色、开放、共享"五大发展理念的集中体现**

分享经济本身就是新技术革命的产物，是一种新的经济形态、新的资源配置方式和新的发展理念，集中体现了创新的内在要求。

分享经济通过消除信息障碍、降低进入门槛、重构信任关系、促进人际交流，促进了资源要素流动和供需高效匹配，有助于实现经济与社会、物质与精神、城乡之间、区域之间的协调发展。

分享经济的核心就是使资源利用效率最大化，是绿色发展的最佳体现。

分享经济的最大优势就是利用互联网，而互联网的特性就是开放共享，所以许多分享型企业从一开始走的就是全球化路子。

分享经济具有典型的"人人共建、人人共享"特征，为落后地区、低收入人群创造了更多的参与经济活动、共享发展成果的机会。

**2. 发展分享经济是推进供给侧结构性改革的重要抓手**

推动制造业转型升级。从供给的角度讲，分享经济能够调动全社会最优质的资源参与整个生产过程，加速促进生产制造的网络化、智能化。从需求的角度看，分享经济能够让用户参与到生产过程，更好地满足用户需求。在一定意义上说，分享经济就是制造业从工业 3.0 向工业 4.0 升级的重要体现。

促进农业现代化。当前定制化农业、体验化农业、休闲农业、观光农业、农业 O2O 等农业发展新模式中都带有分享经济的基因，很大程度上就是分享经济在农业领域的实现与应用。分享经济进入农业领域将有助于盘活农村闲置资源，提高土地、水利设施、农机设备等利用效率，帮助农村劳动力创业就业，建立和完善农产品质量保障体系。

优化和提升服务业。目前分享经济发展最快的领域主要集中在服务业，其影响与作用已逐步被大家所认知。

**3. 分享经济是贯彻落实创新驱动发展战略，推动"双创""四众"的最佳试验场**

现阶段，分享经济最能体现信息技术创新、商业模式创新以及制度创新的要求。分享经济的发展孕育了一大批极具发展潜力的平台型企业，成为激发创新创业的驱动力量。"众创、众包、众扶、众筹"在很大程度上本身就是分享经济的重要体现。

**4. 分享经济是构建信息时代国家竞争新优势的重要先导力量**

在信息革命引发的世界经济版图重构过程中，分享经济的发展将起着至关重要的作用。实践表明，中国发展分享经济有着自身独特的优势和有利条件，起步很快，势头良好，在多数领域开始形成与先行国家同台竞争、同步领跑的局面，未来在更多的领域存在领先发展的巨大潜力。

## （二）有利条件

近两年，中国政府高度重视互联网产业发展，坚持以开放的姿态拥抱互联网，用市场的思维培育互联网经济，在"十三五"发展规划纲要中明确提出了发展分享经济。从现实情况看，中国发展分享经济存在四大有利条件。

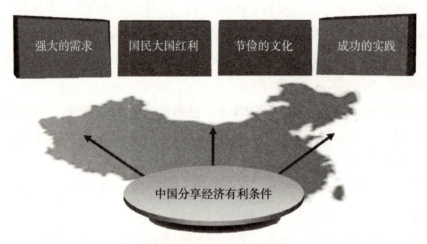

**图9 中国发展分享经济的有利条件**

一是转型发展的强大需求。人类社会发展到今天，试图通过创造更多的财富满足人们需求的做法已经达到了资源利用的极限。尤其是对于中国而言，要用传统的方法实现未被满足的大量刚性需求已不可能。当前我国正处于发展动力转换的关键时期，加快发展分享经济将有利于培育新的经济增长点，化解转型期阵痛，实现发展动力转换。

二是网民大国红利。截至2015年12月，全国网民人数已达6.88亿人，互联网普及率50.3%。上网终端逐渐多样化，全国手机用户数超过13亿户，手机移动端上网比例高达90%。庞大的网民和手机用户群体，使得中国分享经济发展拥有得天独厚的优势条件，在众多分享领域都可以轻易在全球排名中拔得头筹。

三是节俭的文化。中国传统文化向来崇尚节俭，编撰于战国初年的《左传》所引用之古语就认为："俭，德之共也；侈，恶之大也。"《论语》中也记载了孔子的言论："奢则不孙，俭则固。"对于分享经济的发展而言，节俭这种根深蒂固的消费理念是很重要的文化背景。

四是成功的实践。百度、阿里巴巴、腾讯、京东跻身全球互联网企业市值排行榜前10位，有足够的经验供互联网创业公司借鉴。滴滴出行、猪八戒网等企业的崛起也吸引了大量创业者涌入分享经济领域。领先企业的成长路径和成功经验为分享经济领域初创企业的发展提供了借鉴。

## （三）发展历程

从发展实践看，中国的分享经济实践大体经历了三个阶段：

一是萌芽阶段（2008 年之前）：20 世纪 90 年开始，美国陆续出现 Craigslist、Napster、Zipcar 等分享经济平台，在互联大潮的影响下，一批海归回国创业，国内互联网产业开始发展，开始出现一些基于互动式问答的知识分享网站，并逐步出现一些众包平台，如 K68、威客中国、猪八戒网等。这一时期分享经济的发展仍处于萌芽阶段，似星星之火，尚未形成燎原之势。

二是起步阶段（2009—2012 年）：伴随着国外分享经济浪潮的发展，国内众多领域的分享型企业开始大量涌现，如滴滴出行、红岭创投、人人贷、天使汇、蚂蚁短租、途家网、小猪短租、饿了么等。

三是快速成长阶段（2013 年以来）：随着技术和商业模式的不断成熟、用户的广泛参与以及大量的资金进入，部分领域的代表性企业体量和影响力迅速扩大。分享经济影响越来越广泛，许多领域出现了本土化创新企业，已经有企业开始了全球化进程。总体上看，这一时期分享经济领域的企业数量和市场规模都呈加速成长态势。

未来，分享经济领域的竞争将更加激烈，产业发展将在竞争、淘汰、整合的过程中走向成熟。

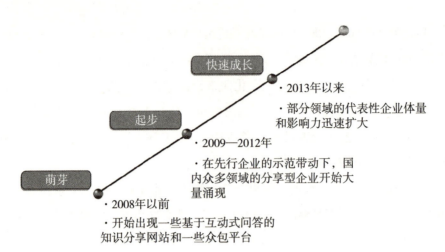

图 10　中国分享经济发展阶段

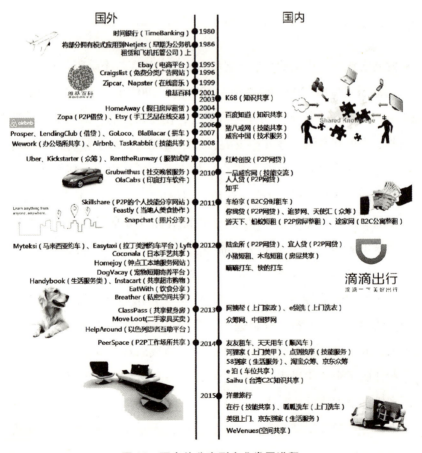

图 11　国内外分享型企业发展进程

（四）发展态势

2015 年中国分享经济市场规模约为 19560 亿元（其中交易额 18100 亿元，融资额 1460 亿元），主要集中在金融、生活服务、交通出行、生产能力、知识技能、房屋短租等六大领域。

分享经济领域参与提供服务者约 5000 万人（其中平台型企业员工数约 500 万人），约占劳动人口总数的 5.5%。

保守估计，参与分享经济活动总人数已经超过 5 亿人。

预计未来五年分享经济年均增长速度在 40% 左右，到 2020 年分享经济规模占 GDP 比重将达到 10% 以上。

未来十年中国分享经济领域有望出现 5 ~ 10 家巨无霸平台型企业。

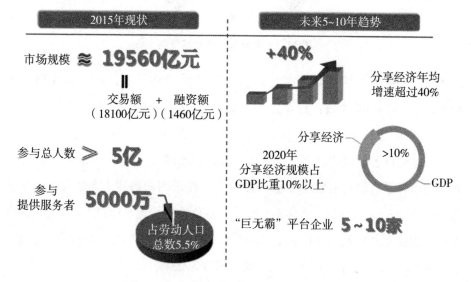

**图 12 中国分享经济发展现状及未来趋势**

从发展现状和演进态势看，中国分享经济发展呈现以下特点：

### 1. 产业初具规模，未来潜力巨大

近年来，国内分享经济发展迅速，平台企业快速成长。根据速途研究院数据，2012 年在线短租市场起步时市场规模仅有 1.4 亿元，2014 年达到 38 亿元，2015 年超过 100 亿元，环比增长 163%。在医疗分享领域，名医主刀自

**图13 中国分享经济发展特点**

2015年10月上线后的几个多月内就开展了数千台手术,业务量月均增速40%以上。在网贷领域,行业发展还处在高速增长期,领先企业仍然保持100%以上的增长。分享经济的发展速度远远超传统行业,发展潜力巨大。

分享经济各领域代表性企业的参与人数快速增加。截至2015年年底,接入滴滴出行平台的司机数已超过1400万人,注册用户数达2.5亿人。成立于2015年5月的京东众包,半年多时间内就发展注册快递员超过50万人,其中参与过快递业务的就有20万人。2015年约有7200万人次参与过众筹活动,使用过O2O类本地生活服务的用户数量超过3亿人。

**2. 分享领域迅速拓展,平台数量持续上升**

分享领域迅速拓展,从在线创意设计、营销策划到餐饮住宿、物流快递、资金借贷、交通出行、生活服务、医疗保健、知识技能、科研实验,从消费到生产,分享经济已经渗透到几乎所有的领域。

平台数量持续上升,一些领域在短短数年间就涌现出数百家分享型企业,并迅速形成一批初具规模、各具特色、有一定竞争力的代表性企业。

表1                                        国内主要分享经济领域

| 应用领域 | 部分代表性分享平台 |
|---|---|
| 交通出行 | 滴滴出行、易到用车、PP租车、友友租车、AA拼车…… |
| 房屋短租 | 游天下、蚂蚁短租、小猪短租、途家网…… |
| P2P网贷 | 陆金所、红岭创投、宜信、人人贷、点融网…… |
| 资金众筹 | 京东众筹、天使汇、众筹网、点名时间、淘宝众筹…… |
| 物流快递 | 达达物流、e快送、人人快递…… |
| 生活服务 | 58到家、功夫熊、e代驾、爱大厨、我有饭、河狸家…… |
| 技能共享 | 猪八戒、在行、K68、时间财富、做到网…… |
| 知识共享 | 百度百科、知乎网、豆瓣网…… |
| 生产能力 | 沈阳机床厂I5智能平台、阿里巴巴淘工厂、易科学…… |

### 3. 交通出行发展较快，示范引领作用凸显

作为"互联网＋交通"下的新业态，交通出行领域分享经济的发展起步于2010年，易到用车、滴滴打车、快的打车等诸多交通出行分享平台相继成立，经过5年多时间的发展，平台企业经历了早期的创业热潮、寡头竞争、战略整合等发展阶段。

交通出行只是人们日常生活、生产的一个领域，未来分享经济涉足的领域更广、渗透程度更深，对传统产业带来的影响更大。由于平台企业成长的相似性，作为分享经济的领头羊，使得交通领域的发展历程、成长路径、竞争战略以及行业政策制定对整个中国分享经济行业都将起到一定的示范引领和风向标作用。

### 4. 本土企业创新崛起，积极开拓国际市场

网络化的特质加上中国独特的优势，大大加快了中国分享经济企业从模仿到创新、从跟随到引领、从本土到全球的进程。

从商业模式或涉及的领域看，中国早期绝大多数分享经济平台都是从模仿国外的平台开始。但成功的分享经济平台并非简单照搬照抄，而是在模仿的基础上进行了本土化创新。此外，市场竞争压力不断加大也在倒逼企业走本土化创新的道路，一些创新已经走在了世界前列。在一些细分领域，中国

本土企业也引入分享经济的模式，比如"在行"利用分享经济的理念改善知识服务的效率，打造了一个社会化的个人智库。

一些企业开始凭借成功的商业模式创新，积极拓展国际市场。比如，2015 年 5 月，WiFi 万能钥匙正式开辟海外市场。截至 2016 年 2 月，其已经在巴西、俄罗斯、墨西哥、印尼、越南、马来西亚、泰国、埃及、中国台湾、中国香港等近 50 个国家和地区的 Google Play 工具榜上排名第一，用户遍及 223 个国家和地区，成为少数能覆盖全球用户的中国移动互联网应用之一。

## （五）问题与挑战

所有新生事物都会遭遇"成长的烦恼"，分享经济也不例外。对于中国而言，分享经济的发展还会遇到一些特殊的矛盾和问题。

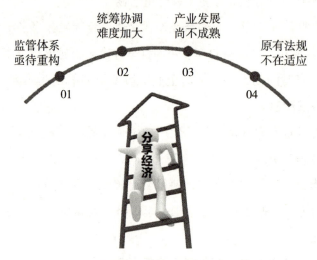

图 14　中国分享经济面临的问题与挑战

### 1. 分享实践发展加快，监管体系亟待重构

当前占主导地位的经济社会管理制度是建立在工业经济和工业化大生产基础上的，强调集权、层级管理、区域与条块分割等管理方式，注重事前审批和准入。基于网络的分享经济具有典型的网络化、跨区域、跨行业等特征，快速发展的实践使得许多制度变得越来越不适应。

当前许多新业态游走在监管的灰色地带，如股权众筹在我国还处于法律与监管的模糊地带。有些创新实践则面临不合理的制度要求，如从事互联网教育的企业被要求配置线下教学用地，否则不予审批；一些地区要求从事网络出行服务的专车需要具有运营资格，等等。如按现有法律和制度要求，多数分享经济模式都有"违法"嫌疑，面临随时都可能被叫停的灭顶之灾。诸如此类的问题还有很多，分享经济的发展对现有的政策、制度、法律提出了新的挑战，也在倒逼监管部门研究、制定适应分享经济发展的政策体系，创新和完善监管方式与手段。

**2. 创新引发利益调整，统筹协调难度加大**

分享经济发展大大降低了诸多行业的进入门槛，分享型企业拥有显著的成本优势、创造无限供给的能力、趋近于零的边际成本，使传统企业面临巨大竞争压力。在具有排他性的垄断市场中，分享型企业的进入及其快速扩张的发展态势冲击着原有的商业逻辑和经济秩序，直接引发了社会财富和利益的重新分配，不可避免地会遇到来自既得利益者的质疑和阻挠。

分享经济可能引发深层次的社会分工与组织变革，涉及的领域之广、人员之多前所未有，协调难度明显加大。

**3. 产业发展尚不成熟，许多问题有待解决**

分享经济模式下产品与服务的供给方通常是大量不确定的个人或组织，尤其是当前诸多领域的分享经济都处于探索阶段和发展初期，其服务和产品的安全性、标准化、质量保障体系、用户数据保护等方面仍存在不足和隐患。多数企业并未找到有效的商业模式，同质化竞争普遍，多数领域仍处于乱战状态。

多数领域的分享经济模式尚未取得合法性，无法纳入正常监管体系，导致不公平竞争、税收、劳资关系等许多问题没有得到妥善解决，容易被不良商人钻空子。

**4. 观念认识不到位，原有法规不适应**

目前，人们对于分享经济的理解还只是实证分析和现象观察，系统科学的理论研究还比较缺乏。比如，分享经济发展的社会财富效应、对社会就业总量和结构的影响、相关宏观制度设计等，既没有系统的理论指导，也缺乏有效的数据支撑。

现有的很多法规是在多年以前制定的，是工业时代的产物，有很多细则已无法适应信息时代的实践发展。既不能鼓励创新，甚至阻碍了创新，也无法继续发挥有效的监管作用。这些法规既不能解决行业准入门槛、从业人员社保、税收监管、信息安全以及信用体系建设等共性问题，也无法解决行业差异化带来的具体问题，如在房屋分享领域会遇到卫生、消防缺乏统一标准问题，在 WiFi 分享领域会遇到网络注册实名制问题，在送餐行业会遇到服务标准化和员工培训问题，在家政服务行业会遇到特殊的劳务关系及劳动保护问题，等等。

## 四、趋势展望

分享经济是信息技术革命与人类社会发展需求相适应而产生的必然结果。分享经济加速发展的趋势不可逆转，并将成为人类从工业社会走向信息社会的重要推动力。未来几年，分享经济发展将呈现以下趋势：

**图 15　分享经济的趋势展望**

### （一）　内涵持续深化，外延不断扩大

随着分享经济在经济社会各领域的广泛渗透，商业模式的不断创新并走向成熟，其内涵和外延都将发生显著变化，其影响也将从提升经济效率拓展

到推动社会转型。

随着产业规模持续快速扩大，分享经济对经济发展的贡献率将显著上升。人类可以通过分享来共同面对和努力解决贫困、经济衰退乃至气候变化等全球性问题。

创新实践会引发许多新现象和新问题，需要持续跟进研究。分享经济可能会引发经济学范式与理论体系的重构。人们已经发现现有的国民经济统计、核算体系和方法已不能准确反映分享经济对增长与就业的影响。在政策调整、信息安全保障、监管体系建设、法律法规及标准规范制定等方面都有许多问题。对中国而言，跟进研究和借鉴欧美等先行国家和地区的有益经验也非常重要。

## （二）竞争日趋激烈，少数企业胜出

由于市场潜力大、进入门槛低，目前尚未形成稳定的竞争格局，未来几年分享经济领域的竞争将更加激烈。网络经济具有赢家通吃的特点，部分发展较快的领域将有少数企业独占鳌头。未来几年在中国出现若干家巨无霸平台型企业是完全有可能的。

分享型企业要想立于不败之地，应该坚持以"用户为中心"，依靠价值创造来获取可持续发展能力。在发展过程中，企业应加强自我监督，主动履行社会责任，不能因为当前存在制度缺失或管理的灰色地带就放松对自身的要求，更不能以侥幸心理利用制度漏洞获取不正当收益。

## （三）传统企业转型，积极拥抱分享

传统企业面对分享经济发展浪潮，大致有三种表现：漠视观望、不知所措、积极参与。企业应该认识到分享经济会给自身带来一定的冲击与挑战，但更多的还是新的发展机遇。越来越多的企业正在采取不同策略适应并积极参与分享经济，获得新的竞争优势。

有条件的企业正在积极实施转型发展战略。越来越多的制造业企业正在积极推进基于互联网的个性化、网络化、柔性化制造模式和服务化转型。宝马、奔驰、奥迪等汽车巨头引入分享经济模式，在以租代售、停车共享等领域已经取得了很好的效果。海尔集团提出了"人人创客"的转型战略，努力推动海尔从制造产品向制造创客转型，以满足当前需求个性化、生产分散化的市场新动向和消费者新需求。

### （四）监管体系重构，社会协同治理

分享经济的全面发展既对政府治理创新产生了显著的"倒逼"效应，也为构建多方参与的协同治理模式提供了经验积累、技术与数据支撑。协同治理既是分享经济发展的客观要求，也是其必然结果，政府、企业、社会组织、用户在其中分别发挥重要且不可替代的作用。

就政府而言，既要为分享经济发展创造宽松环境，又要妥善处理创新引发的利益平衡矛盾。尤其是在分享经济发展初期，多数企业和产业发展仍处在探索创新阶段，政府可以在建立和完善补位性、底线性和保障性的制度和规范等方面多做一些工作，加快推进公共数据开放和社会信用体系建设，积极利用大数据等新技术手段实现精准治理。

对企业而言，企业内生性治理将成为社会协同治理的重要组成部分，并发挥日益重要的作用。分享经济平台在发展过程中形成的准入制度、交易规则、质量与安全保障、风险控制、信用评价机制等自律监管体系，既保障了自身的可持续发展，也成为政府实现有效监管的重要补充。企业发展过程中形成的大数据为政府监管提供重要依据，在个人信息保护方面的责任也明显加大。

就社会组织而言，产业联盟、行业协会在加强产业间联系与协作、推进信息共享和标准化建设等方面将发挥越来越重要的作用。近年来国内分享经济各领域也出现了许多行业组织，在促进协调沟通、资源共享、行业自律等方面将发挥更大作用。

### （五）倡导开放包容，走向信息社会

创新性的商业实践通常都是领先于制度与法律进程，在这个过程中，不

能强迫新生事物符合旧的制度框架，需要给创新留有试错的余地。分享经济发展带来的挑战需要通过制度层面的积极调整予以回应和因势利导，而不是用固有的条条框框去扼杀创新。从未来发展趋势看，支持和鼓励创新将成为政府监管与各项制度设计的基本原则，有利于新事物成长的"试错空间"将越来越大，分享经济充分发展的红利将惠及每一位社会成员，推动人类走向更加开放、包容、和谐的信息社会。

# 吕本富："互联网＋"背景下的共享经济

信息社会50人论坛成员，中国科学院大学网络经济和知识管理研究中心主任。国家创新与发展研究会副理事长，中国信息经济学会副理事长，中关村数字文物产业联盟会长，中国数字论坛成员，中国信息化百人会成员。主要研究领域为网络经济和网络空间战略、创新创业管理、管理智慧与谋略。在网络空间和创新创业方面，主要承担国家创新与发展研究会的政策研究工作；在智慧与谋略方面，

吕本富

主要研究中国传统智慧与博弈论结合。在《中国管理科学》《管理科学学报》《管理评论》等期刊发表过100多篇学术论文。

很早之前，有一块草地或者一块草原，有甲、乙两个牧民，因为他们都在这儿放牧，甲乙两个牧民后来发现谁少放了羊，谁吃亏，他们俩不加限制地放牧，最后把草吃光了，这个就是所谓的哈丁公地悲剧。

## 一、从"哈丁公地"看制度设计与资源配置

哈丁公地悲剧，就是说，对于集体资产，如果产权不明晰，所属成员不珍惜，最后就把资源给耗尽了。所以经济学家得出一个结论：在什么情况下都需要有明晰产权的制度设计，才能提高社会效力。但是产权明晰以后，新问题出现了，现在有钱人就任性，比如说，我有钱，我一口气买四部车，甚至

再买六个车位，虽然产权很明晰，并不能阻止资源的浪费，从整个社会角度看，并没有达到资源的最佳配置。

我们现在回过头来看这个哈丁草原的悲剧，其实它是建立在一个信息不对称上的，为什么呢？甲、乙牧民使用草原的次数没法计价，也不清晰，所以在这种情况下，他们个人出于理性思维，谁用得多，谁收益就好，最后反而大家利益都受损失。那么这个产权明晰就是在这种信息不对称的情况下，经济学家给的是最好的制度设计。

和这个信息不对称相类似还有一个资产专属性，比如说一套流水线只能生产一类产品，生产第二类产品就需要再换另外一套生产线，这就叫资产的专属性。因此在这种信息不对称和资产专属性的情况下，传统经济学有一套制度设计，这套制度设计，比如说对于公共物品就认为产权越清晰越好，对于生产方式就认为规模经济和差异化二者不可兼得，你企业要么做规模经济，要么做差异化，需要在二者之间寻找平衡。

在"互联网＋"的背景下，这一套制度设计甚至经济学描述的这个产品的方式发生了变化，比如说，我有大数据，我就记载了甲、乙两家牧民谁放的次数多，就很容易知道什么时候过度了。同时在工业 4.0 背景下，如果有智能制造，我很容易做到个性化和规模经济可以二者兼得。传统经济学描述的对象发生了变化，建立在这个基础上的制度设计，当然也要跟着变。我认为很多经济学家没有意识到，传统经济学那套描述的对象，本质上已经发生变化。如果不理解大数据，不理解智能制造，怎么能描述新的经济现象呢？

## 二、共享经济：合理配置资源＋资源的无上限供应

那么在反思经济学描述对象的基础之上，更重要的要反思制度设计。以汽车行业为例，每个人拥有一辆车，其闲置时间是很多的，由此再租一个车位可能也是浪费，现在空间越来越紧张了。所以这个时候就诞生了一个新的制度设计，就是所谓的"共享经济"。

共享经济这套制度设计有两个作用：

一是可以是资源的合理配置。还以汽车行业为例，如果下楼的时候就有一个专车在这儿等着我，也许以后就不需要买车了，买车还要消耗，这样也不用买个车位了。所以有人预测以后车就回到一个代步工具的作用，就是代步，只要能代步就行了，因为有汽车会产生各样各种的烦恼，各种各样的浪费，就成为一个代步工具。资源重新合理配置，把车的效益发挥到最大，不管三个人乘车，还是使用拼车、顺风车，也不需要自己买车，只要能够解决人们的出行问题就行了。所以这就是共享经济的制度设计，在此之上的审美倾向就容易发生变化。现在阔少老爱飙车，由于车的产权不清晰，飙车没有意义了，这个车不是你的了，还飙什么车？

二是可以达到资源的无上限供应。比如说，很多人加入专车队伍，可以使"出行供给"无上限。下雨、下雪了，原来不是专车的我也可以跨界担任专车司机，就平抑了在这种极端天气下出租车的"趁火打劫"现象。美国另外一个共享经济的代表叫 Airbnb，就是因为纽约当时发生了很严重的天气灾害，很多人无法回家，旅馆的一个标准间价格涨到 1400 美元以上。但与此同时，当地很多人出去度假了，空闲的家庭房子很多，把这些出去度假人的房间给游客用不是很好吗？这就是 Airbnb 创意起源。共享经济合理配置了资源，会使得那种趁火打劫的现象减少，这就是它两个最重要的社会效益。

## 三、利益冲突下的制度设计需"逐步规范、有序转型"

共享经济虽然很好，必定动了别人的奶酪：动了经济学家的奶酪，顶多说互联网＋不行；动了企业家的奶酪，顶多是企业家之间打嘴仗；动了出租汽车司机的奶酪就危险了，他敢揍你，因为这与他有直接的利益冲突。所以在这种共享经济的背景下，新旧的利益怎么调整，怎么协调，需要重新进行制度设计。

所以我的主张是首先要分清楚，谁代表了先进生产力，谁代表了未来的方向，这是第一个大是大非的问题，对于代表先进生产力的，我觉得对它的制度设计应该是一个逐步规范的过程。第二个，我们也不能不关注受到冲击的行业，对被冲击的行业怎么办？对它的制度设计应该是有序转型。所以一个是逐步规范，一个是有序转型，这就是对解决互联网＋冲击的方案，需要"刀切豆腐两面光"。

先说一个逐步规范，其实当时电子商务发展的时候，也曾遇到这个问题，当年淘宝曾经被要求所有的人都要注册，只要在淘宝上是卖家都要注册，都要到工商局注册、纳税。当初我们提出异议，在这个行业还弱小的时候，如果让大家都注册、都交税，网商的人数会减少80%，因为很多人在不知道能否赚钱情况下，得知要在工商局注册，大多索性就不干了。

所以，在行业起飞的时候，最重要的措施就是放低门槛。当他以这个为职业的时候，靠这个行业挣钱的时候，再逐步规范它。比如说当农民把自己的黄瓜拿到自由市场卖的时候，如果有各种各样的手续，他也许索性不干了，这个行业的供应就不会增加。所以我们觉得逐步规范的前提是降低门槛，然后才是分类管理，什么人以这个为生，什么人为了救急，这些要有不同的制度设计。

对于第二个被冲击的行业怎么办，怎么做到有序转型？第一个有序转型，出租车在这次冲击的情况下，显然是弱势群体，虽然表达方式需要探讨，我觉得第一个有序就是过去政府高价拍卖的出租车的牌照，应该把那个钱退给他们，一个出租车牌照卖到50万元，被冲击了，你退不退？第二个，这些出租车司机他们是不是可以变成专车司机，有什么样的套路？

他只要谋生的技能还在，而且他的实际利益不受损失，我认为就不会产生社会矛盾，肯定是过去某一个制度使他们付出了很高的代价，现在把我的成本取回来，我才会有激烈的冲突。第二个冲突，就是过去我可能被收了其他费用了，这个费用收了，还没有办法挣出来，也会有激烈的冲突。所以这种有序的转型就必须解决这些问题，才会化解这个矛盾，达到我们说的"刀切豆腐两面光"，这时候互联网＋就没有矛盾了。

"互联网＋"一般会引入一个词——风口。风口在哪里？所以现在互联网＋的这种O2O为代表的打车、旅馆，这是现在最强烈的风口，风口之上按照雷军的说法可能有几个猪，恐怕现在这个最大的猪还是滴滴。我们看它怎么处理技术发展和规制的关系，这是一个永恒的话题。在专车市场上，创新比较快、做得最好的还是滴滴。

所以在风口上的猪存在的问题其实是不一样的，有的是如何规制，有的是数据流的问题，有的是如何实现本土创新的问题。所以其实这才是我们今天应该研究的规范，出个三到五套方法，有的可能规范数据流，有的可能规范行为，为了搭顺风车，拼车不是商业市场不要再收钱了，我们家邻居开车拉着我，你说算啥？按道理说也是非法，这样的市场三到五类怎么规制，这个分类很重要，不同的问题应该有不同的解决办法，我基本上认为应该这么做。

## 四、分享经济未来的商业模式

我们认为共享经济不仅仅用于衣食住行方面，不是只有滴滴这样的企业才叫共享经济，任何一个运行的企业都可能有共享经济的成分。

关于共享经济的成分，我引用贝恩总结的模型——"冰山模型"来解释。这个冰山模型分为三个部分，第一部分是水面上的部分，叫自有的产品，当然这可以交易。第二部分埋在水下，叫流量变现。什么叫流量变现呢？就是利用生态系统中不同平台所累积的客户资源收取广告费和平台费作为流量入口，并对其他产品进行导流。举个例子来说，现在的农夫山泉销量很多，它是一个快销品，消费者每消费一瓶农夫山泉就相当于在网站上对它点击一次，百度不就是靠点击量来赚钱吗？它可以把消费流量变成点击变现。第三部分叫大数据变现，数据也可以拿来共享。例如银行 ATM 机的消费记录在脱敏化处理后如果共享出来，我们就可以知道这台机器上共消费了多少钱、消费频率是多少等。如果我们把 ATM 机和百度地图相结合，就可以画出一个城市消费水平的高低图，就可以知道北京二手房价格的高低。这就叫数据变现。

除了共享经济的企业以外，任何一个企业运营都可以考虑冰山模型，综合考虑售卖现有的产品、流量可不可以变现、积累的大数据可不可以跟别人共享这三方面的因素，只有实现这样一个商业模式以后，真正的共享经济时代才会到来。

# 安筱鹏：制造业将成为分享经济的主战场

信息社会 50 人论坛成员，工业和信息化部信息化和软件服务业司副司长。2003 年毕业于东北财经大学公共管理学院，获经济学博士学位。2003—2008 年就职于中国电子信息产业发展研究院，任规划研究所副所长、所长。中国信息化百人会成员。2009 年后就职于工业和信息化部。长期从事信息产业及信息化领域的理论研究和公共政策制定工作，近年来参与了多项国家信息产业

安筱鹏

及信息化发展战略、规划和政策的研究制订工作。先后出版了《制造业服务化路线图：机理、模式与选择》《现代服务业：特征、趋势和策略》《信息经济崛起：重构世界新版图》《城市区域协调发展的制度变迁与组织创新》等多部专论著。

《国务院关于深化制造业与互联网融合发展的指导意见》强调，"推动中小企业制造资源与互联网平台全面对接，实现制造能力的在线发布、协同和交易，积极发展面向制造环节的分享经济，打破企业界限，共享技术、设备和服务，提升中小企业快速响应和柔性高效的供给能力"。当前，面向消费领域的分享经济在我国发展迅速，但可以预见，制造业分享经济将成为分享经济的主战场，制造业分享经济前景广阔、潜力巨大。

## 一、制造业是"互联网＋"行动的主战场，未来也将是分享经济的主战场

《关于深化制造业与互联网深度融合的指导意见》（以下简称《指导意见》）开篇就提出了制造业与互联网融合的定位：制造业是国民经济的主体，制造业是互联网＋行动的主战场。中国是制造业的大国，也是互联网的大国，如果能够发挥制造业与互联网的优势，把这两个优势叠加起来，使其产生化学变化，产生化学反应，就能够形成一种聚合效应。在这种聚合效应的基础上，会产生一种倍增效应。所以"互联网＋"不是"加"，而是"乘"，正像《指导意见》里所讲的，"推动制造业与互联网融合，有利于形成叠加效应、聚合效应、倍增效应"。

### 1. 分享经济是互联网发展的重要趋势和方向

我们看到了分享经济在消费环节的这种乘数效应，看到了汽车、房屋、餐饮、教育、医疗等面向个人消费者的领域分享经济，看到了滴滴打车、神州专车、小猪短租等分享经济的新业态。国家信息中心的研究表明，2015 年中国分享经济市场规模约为 1.956 万亿元，分享经济领域提供服务者约为 5000 万人，参与分享经济活动的总人数已经超过 5 亿人，未来五年分享经济年均增长速度在 40%，我们看到了分享经济的繁荣发展。

但总体上来看，分享经济的发展才刚刚起步，才刚刚开始，分享经济真正的春天还没到来。分享经济的春天，将是从分享消费资料走向分享生产资料，从消费环节的分享经济走向生产环节分享经济，从为个人消费者服务到为企业服务，从提高交易效率到提高生产的效率。

### 2. 制造领域的分享经济已经萌芽

2016 年 6 月 2 日沈阳市政府办公厅发布了《关于支持沈阳机床集团 I5 战略计划的实施意见》，一个地方市政府专门为一个企业的产品出台发布实施意见在全国也不多见。"I5 机床"的战略意义如何体现，我们可以从自主数控系统、机床全生命周期管理、新的商业模式等多个维度去理解，但今天在分享经济的论坛上，我想从分享经济的视角去观察。

正像沈机人所说的，沈阳机床历时多年开发的这款 I5 操作系统，就像从诺基亚塞班操作系统到苹果的 iOS 系统，它是一个面向互联网机床款操作系统，可以和机床周边的 AGV 小车、机器人、零件设备、手持移动终端进行交互。更为重要的是，它带来了商业模式的变化，它实现了"0 元购机，在线交付"。过去很多中小企业要花十万元、几十万元买个机床，现在沈阳机床可以不让你花一分钱就可以让机床进到你的生产线上，按照加工零部件的数量或加工零部件的时间给沈阳机床付费。中小企业购买的不是机床，而是机床加工能力；中小企业拥有的是机床使用权，而不是机床的所有权。这就是分享经济在从消费环节进入生产环节、从分享消费资料到分享生产资料的重要标志。

如果说，沈阳机床是模式是"分享机床"，那么上海名匠模式就是"分享工厂"。上海名匠是一家智能制造工厂的系统解决方案企业，正探索自己为客户建设智能工厂、客户可以按工厂加工产品的数量来收费的新模式，本质上是制造工厂所有权跟使用权的分离，是分享经济进入制造环节的一种重要的探索。

正是基于这样一些新的趋势、新的探索，在《指导意见》有一段话是专门去描述制造环节的分享经济："推动中小企业制造资源与互联网平台全面对接，实现制造能力的在线发布、协同和交易，积极发展面向制造环节的分享经济，打破企业界限，共享技术、设备和服务，提升中小企业快速响应和柔性高效的供给能力。"

制造能力就像我们常讲的阿里淘工厂，中小企业可以在阿里平台发布自己的制造能力，可以实现一个订单若干个工厂加工能力的在线协同，这也是分享经济的一种重要形态。

从国外来说，分享经济进入制造领域、进入生产资料的分享也有一些新的探索。有些国家对农用机械、建筑机械、运输机械的分享更加普遍。美国的农民有 2000 多亿美元的机械设备，大部分时间都是闲置的，Machinery Link 构建了一个农业机械分季节使用的分享平台，为农民提供了一个收获淡季向数百公里之外的农户出租闲置农业设备的服务新模式；在荷兰，成立于 2012

年的 Floow2 公司，搭建了面向建筑、运输、农业领域设备的共享平台，目前平台上共有 2.5 万项设备可租赁，这个发展思路跟分享汽车是一样的。

另外，德国凯撒压缩机公司通过远程监控系统，将自身的业务从单纯的出售空气压缩机转变为按照客户使用压缩空气的体积、压力等指标对客户进行收费。德国也在探索机床联网，把客户的富余加工时间或能力进行出租或出售，帮助客户按照加工时间或加工精度进行收费。我们可以预期，制造业是"互联网＋"的主战场，也将会是分享经济的主战场。

## 二、分享经济是解决制造业与互联网深度融合现实问题的有益探索

当前，我们许多制造企业经营非常困难、市场不太景气，许多中小企业在发展智能制造方面，看到了发展趋势，也知道发展方向，但面临很多挑战。许多中小企业缺资金、缺技术、缺人才、缺理念，也缺很好的解决方案。现在好了，如果我们真正推动分享经济从消费环节进入制造环节，如果能培育出一批像沈阳 I5 机床这样的产品，能够形成一批像上海名匠这样的进入制造环节的企业的话，可以通过分享经济的思路理念，只求所用，不求所有，中小企业可以低成本、低门槛地使用一些更优质的制造资源。

制造环节的分享经济模式通过以租代买、按时计费、按件计费的方式大大降低购买设备的成本，而且分享工厂以较低成本分享技术人员、维护人员，有效解决了智能制造发展缺人才的问题，解决了企业、尤其中小企业智能制造发展过程中所面临许多问题。制造领域的分享经济刚刚开始，在很多领域很可能还是一个萌芽状态，但是我们要看到未来发展前景，分享经济为各类企业提供了难得的发展机遇、提供了广阔的市场空间。

## 三、当前分享经济蓬勃发展的内在动力

为什么我们在 30 年前都提出了分享经济，而只有近三五年分享经济才成为一个热词、成为各界广泛关注的一个话题呢？其背后的动力机制是什么？

在我看来，根本原因在于信息技术尤其移动互联网的发展促进了共享经济，我们也讲分享经济的核心是不求所有但求所用。从分享经济的本质来看，其核心从交易"产品"到交易"能力"，滴滴出行交易的是"出行能力"，沈阳 I5 机床交易的是"加工能力"，猪八戒网交易的是"设计能力"。分享经济这两年才蓬勃发展，是因为信息通信技术，尤其是移动互联网的发展解决了分享交易能力的三个最基本的问题——和谁交易（Who）、要交易什么（What）、怎么交易（How）。

那么信息通信技术对分享经济是怎么解决的？

**1. 谁和谁交易？关于"Who"的问题**

从实践来看，无论是闲置资源的拥有者，还是希望分享闲置资源的参与者，在很多时候，供需双方的信息是碎片化的，是一个具有长尾特征的市场：

一是闲置资产提供主体的信息是碎片化的，市场上充斥着无数个交易主体的信息。

二是闲置资产的空间分布是碎片化的，今天提供了，可能明天没有了。

三是资源可利用时间是碎片化的，资产分布充满不确定性，是实时动态变化的。

所以要实现资源的精准对接是比较困难的。而信息通信技术，尤其是互联网提供了一个平台，实现了分散的供需双方的精准匹配，它解决了谁和谁分享、谁和谁交易的问题。

**2. 分享什么？关于"What"的问题**

各种"能力"是分享和交易的对象，为什么"能力"可以分享和交易呢？因为信息通信技术解决了"能力"交易时的可计量。没有计量就没有交易，当交易的双方对于他们交易的时间、价格、产品形态、收益等都没有办法计量的时候，这个交易是没有办法完成的。

相对于有形产品所有权的转让，基于有形产品服务能力的度量是非常复杂的。过去机床企业通过卖机床给客户的方式赚钱，现在机床企业要通过机床的加工时间、精度或加工产品的数量来收费，而当交易双方不能对机床加工的时间、产品、精度、数量等指标进行准确计量的时候，这种分享是不可能实现的。

没有信息通信技术的时候，"能力"是不可计量的，现在无论是用滴滴打车还是 I5 机床都突破了这点。I5 机床可以利用加工零部件去计费，加工零部件的能力是可以计量的。滴滴打车也是可以计量距离的。只有能够按照时间、里程、产量、精度等，对各种"能力"进行计量时，交易才会达成。

**3. 怎么分享？关于"How"的问题**

"能力"的交易能不能实现，还取决于交易成本是否足够低。信息通信技术解决了交易过程的低成本问题，无论是交易过程的搜寻成本、物流成本、制度成本、支付成本、信用成本，由于信息通信技术的出现发展和应用，都带来了交易成本的最小化。为什么我们今天讲分享经济？因为信息通信技术高效率地解决了谁和谁交易、交易什么、怎么交易三个基本问题。

当前，分享经济尽管大部分仍是消费环节的分享经济，但是我们可以预期，未来将会大踏步地进入制造环节。中国的智能制造市场是独特的，孕育着分享经济的巨大商机，当前我国部分行业工厂设备利用率不超过 60%，有一些不超过 30%，监测设备只有 10%，这都为未来分享经济发展提供巨大市场。

最后做一个小结：分享经济的春天何时到来？一枝独秀的春天已经到来，但百花齐放的春天尚需时日。我们期待的分享经济的春天不是一枝独秀的春天，不只是消费领域的分享经济，不仅仅是面向消费者的分享经济，也不仅仅是面向生活资料的分享经济。分享经济的春天应该是百花齐放的春天，从分享生活资料到分享生产资料，从消费环节进入制造环节，从为消费者服务到为企业服务，从提高交易效率到提高生产效率。我们需要积极拥抱分享经济，融入产业变革潮流中去。

# 卢希鹏：**随经济**

## ——共享经济之后的全新战略思维

信息社会 50 人论坛成员，中国台湾科技大学管理学院特聘教授。现任中国台湾科技大学管理学院专任特聘（Distinguished Professor），金管会金融科技办公室咨询委员、国发会咨询委员、国家实验室咨询委员。曾任管理学院院长、精诚荣誉学院院长、学务长、信息管理系主任、EM-BA 执行长、电子商务中心主任、东吴大学讲座教授等职务。毕业于美国威斯康星大学麦迪逊分

**卢希鹏**

校工业工程博士（1992），研究领域为电子商务、随经济、创新管理、与战略管理，著有百余篇国内外学术期刊论文。也是报章杂志专栏作家与畅销书作者。上市柜公司独立董事与企业顾问。获颁台湾科大杰出研究奖。近五年，总共发表了 43 篇国际期刊论文，有 35 篇为 SSCI/SCI 的论文（28 篇 SSCI）。主持过二十余件国科会计划。

当许多企业在思考如何使用互联网时，一种被互联网使用的共享经济思维产生。

从经济学发展来看，由亚当·斯密的"利己"思维逐渐发展出共享经济的"利他"思维，其中的关键在于共有文化经历了财务资产共有、知识资产共有、人脉资产共有，乃至共享经济中闲置资产的共有。

其中共享经济的实践在于开放（信任、开放数据、开放 API）精神，成

功之后所导致的万众创新，让使用者的时间成为新经济有限的资源，这种新经济称之为"随经济"。包括了随时（零碎、延长、锁定）、随地（O2O 商务）、随缘（社群媒体的意外发现）、随处（智慧生活）、随支付（数字金融）与随渠道（全渠道）六项战略思维。

**奇怪的现象**

在互联网的世界中，有许多看似奇怪的现象：世界上最大的零售商（如阿里巴巴），没有自己的产品库存；世界上最大的内容提供商（如脸书或微博），没有自己出版的内容；世界上最大的出租车公司（如 Uber 或滴滴打车），没有自己的车子；世界上最大的出租公寓（如 airbnb），也没有自己的房子，等等。

这些怪现象，应该是来自于数位经济"＋互联网"与共享经济"互联网＋"间的差异。因为，前者将互联网当工具使用，重点在利己；后者则是设法将自己当作工具，给互联网生态使用，强调的是利他。在本文中，笔者首先提出两个公式，来解释共享经济与传统数位经济间的差异。

**共享经济与传统数位经济**

公式一：企业＋互联网＝企业

公式二：互联网＋企业＝互联网

前者代表的是传统数字经济，而后者则代表了共享经济。举例来说，诺基亚手机＋互联网，等于一部有上网数字化功能的手机，还是一部手机，是数位经济的思维，主体在诺基亚手机；而互联网＋iPhone，却等于一个拥有 iPhone 的互联网生态，是共享经济的思维，主体在互联网生态。

其中最主要的差别是，诺基亚把互联网当作工具来使用，而 iPhone 等智能手机却是把自己当作工具，被互联网来使用。诺基亚使用互联网"利己"，而 iPhone 使用互联网"利他"。结果，利他的思维大获全胜。

因为出版业利用 iPhone，保安业利用 iPhone，零售业利用 iPhone，还有酒店公寓、出租车、银行……当各行各业都要利用 iPhone 时，iPhone 怎能不红？

这个道理很简单，酒店或公寓＋互联网还是酒店或公寓，但是互联网＋公寓就是 Airbnb。出租车公司＋互联网就是有互联网服务的出租车公司，互联网＋私家车就成了 Uber 了。品牌商＋互联网还是品牌商，但是互联网＋品牌商，就是阿里巴巴。

同样的道理，银行＋互联网，只是一个网络银行，但是互联网＋银行，就是一个有数字金融服务的网络生态。大学＋互联网，只是一所有互联网的大学。但是互联网＋大学，这将有可能是一所世界最大的教学资源，是一种新经济的基础建设。

但其中一项重要的观点，就是大学不再"利己"地把互联网当作自己的资源，而是将自己的资源共享给互联网，设法"利他"。

**共享经济的发展：利己到利他**

经济学主要探讨在有限资源下，人们产生价值的活动与逻辑。经济学由亚当·斯密的"利己"思维，逐渐发展出共享经济的"利他"思维，其中的关键在于共有文化经历了财务资产共有、知识资产共有、人脉资产共有，乃至共享经济中闲置资产的共有。

古典经济：强调利己与生产成本。

数位经济：强调平台与交易成本。

共享经济：强调利他与共有成本。因为工业经济的发达，让市场的物资非常充沛，许多资源都闲置着；因为数字经济的发展，降低交易成本（媒合）的技术越发成熟。当这两项碰在一起时，就产生新的分享经济。让一种使用不必拥有的新生活形态俨然成型。

从最早的二手资源（拍卖网站），到现在闲置汽车的共享（Uber）、闲置房子的共享（Airbnb）等，因为网络上的随选、搜寻、媒合的交易成本越来越小，未来这种凡事皆可出租的新经济，就成为共享经济。

根据《经济学人》在《共享经济的崛起》一文中对"共享经济"的定义：网络上，任何东西都能出租。包括分享你的资产、资源、时间、技能……在经济上，随着支付与信任技术的完善，人们开始能从分享资源中获得金钱报酬。

## 一、共有文化的形成

共有文化的形成：财务、知识、人脉与闲置资产的共有。共享经济时代，对资源的看法逐渐由"私有"走向"共有"，因为共有的文化没有形成，很难真正地分享。这个资产共有化的过程，又可分作财务、知识、人脉乃至所有闲置资产的共有。

### 1. 财务资产共有

首先，是财务资产的共有。过去，公司是股东的，现在，企业为了留住科技人才，开始将公司的股票与员工共享，当公司赚钱与赔钱都由员工共享时，大家就会更努力地让公司成长。这是第一拨共有化。公司为所有员工所共有，有钱大家赚，这是财务的共享经济阶段。

### 2. 知识资产共有

接着，知识资产的共有。知识必须共有，知识分享的行为才会形成。过去，知识是个人的资产，必须付费才可取得，现在，知识渐为共有资产，随时皆可上网取用。像是百度、维基百科上几乎包括了各式各样的知识。

这些知识是由群众分享而来，虽然不一定准确，但是浅显易懂，并影响着市场。例如有一次笔者要买数码相机，互联网上总是有"不求名、不求利、只求爽"的人，努力分享着他的相机知识。

但是相比之下，我比较相信企业公关网站的介绍，还是这些陌生人的观点？我选择相信陌生人，而这些"素人"的知识观点，也渐渐影响着我们的社会与经济。

### 3. 人脉与渠道共有

之后，人脉与渠道也从私有变为共有。过去，企业必须建立自己的人际网络与渠道，这是一种私有化的过程。现在，电子商务如阿里巴巴与 iPhone App Store 所建立的渠道网络，渐渐成为共有。

过去，人脉是个人私有的资产，现在，人脉成为分享的资源。比如微信的朋友圈、脸书（Facebook）上认识朋友的朋友，渐渐地人们开始分享朋友，甚至分享自己的隐私。

举例来说，在阿里巴巴上，一个内地的网商可以轻而易举地将产品卖到全大陆，甚至是全世界。过去，必须建立自己的渠道，现在，使用阿里巴巴的渠道即可。

### 4. 闲置资产共有

互联网经过二十年的商业化应用，使得市场间的交易成本降低，越来越容易在互联网中搜寻闲置资源，一种"使用不必拥有"的闲置资产共有的新生活形态正在成型中。

当财务、知识、人脉逐渐共有化时，共享经济俨然而生，人类社会开始学习与朋友或陌生人分享与利他。依照 Belk 的说法，分享可以分作好朋友或强联结关系间的"内分享"，与陌生人或弱联结间的"外分享"。

分享的形式又可以分作所有权的转换（如二手商品交易或捐赠）与使用权的转换（如借用或租用）。这类的议题已经讨论许多，本文将讨论共享经济的实践。共享经济的实践，需要靠以下的基础建设。


## 二、共享经济的实践：开放

除了闲置资产、便捷的交易成本，分享经济的实践还要靠企业从封闭走向开放，包括开放 API、开放数据以及数字足迹信任三项。

### 1. 开放 API

开放 API。"互联网＋"的思维，在于要从把互联网当工具使用的思维，转换成把自己当工具，被互联网生态使用的思维。如何被他人使用？其中的关键，便在于开放 API。

API（Application Program Interface）是一种应用过程调用的标准接口，借由标准化的数据交换接口，可以让不同的系统串接起来。

早期只是供给企业内部使用，但是在互联网的世界中，如果开放给企业以外的第三方使用，便能开发更多的应用，达到利他与利己的目的。

举例来说，早期微软开放操作系统的 API，让许多伙伴软件公司能够替微软写系统，让应用系统与操作系统能够串接起来。

之后，SAP 公司的 ERP 系统也开放 API，也能与企业现有的系统与数据串联；目前苹果智能手机也开放操作系统的 API，让全世界的人都能为之写 APP。未来如果有越来越多的智慧家电，若能彼此以 API 串联，便是未来的智慧城镇。

当大家都要用你的 API，你的应用工具怎么会不红呢？

### 2. 开放数据

开放数据。共享经济成功的另一项关键就是开放数据。过去，资料受版权的保护，是企业利己的资产。未来，数据是共有的，越"利他"，有越多人使用，就越有价值。

过去，开放资料多半来自于科学实验室与政府部门，像是气象、地图、停车位空格、各地空气污染指数、主要交通堵车路段的时速、地铁人数、不动产买卖实价登录……

近年来开放数据的观念逐渐走入校园与企业，许多校园开始有开放课程、开放讲义、电子商务业者开放库存数据等，数据越开放共享，效益就越大。

举个简单例子，最近有些学校的学生认为学校的选课系统太差，希望学校能够开放数据 API，想自己写一套符合学生需求的系统。试想，学校开放了这项资料还有谁会有兴趣？企业人事部门、培训企业、政府专家聘任、产业顾问……如果这些数据公开，老师们将要更努力上课，并让这些数据更完整好用。

此时，我们的思维就不再是一间大学选课 + 互联网，那是学校内的事；而是互联网 + 许多大学的选课，一旦打破了学校藩篱，就是互联网的事。

当然，开放数据未来还有隐私权、大数据分析等议题有待解决。

### 3. 数位足迹信任

数位足迹信任。"信任"是降低交易成本最有效率的做法。互联网的思维之一，就是"媒合"与"分享"。过去，媒合的是电子商务的商品，未来，媒合的将是服务。只要是媒合，一定会有诚信与安全的问题，只不过媒合商品顶多是收到瑕疵货品，是金钱的损失。

媒合服务与资产，就有可能牵涉人身与资产的接触，是生命的安全。这也是共享经济先行者 Uber 与 Airbnb 最引起争议的地方。

互联网的诚信与信任的问题通常是由社会网络来解决，因为人们在网络上的行为都会留下数字足迹。譬如，透明公开（俗称摊在阳光下）是防弊的最佳利器。举例来说，卖家是否诚信？不是自己说了算，而是社会网络的评价说了算；餐厅是否好吃？自己称赞自己感觉很假，但若社群网络评价好吃，那就是真的好吃了；甚至在智慧手机下载 APP 时，如果有超过 1000 万人下载，评价在四颗星以上的，就能证明这个 APP 不会差到哪里，因为厂商要作弊，很难做到一千万笔。

社群网络评价的有效性靠的是巨大的数量与数字足迹记录，如果数量不高，就只有靠实名记录与信息公开，像是申请手机号采取实名登记，那么一般手机的持有者就不敢做坏事，因为每笔通信都被记录着，而通过这些记录都可以找到他。

Uber 渐渐学会了互联网思维，印度的 Uber 提供了"一键报警"（SOS）的功能，遇到紧急状况，手机上的一个键就能将实名登记司机的资料（如姓名、照片、驾照号码、车子现在的所在地等）传送给当地警方。

这也提供了"安全网"的功能，也是一个按键，能将自己的行驶路线传送给先设定好的五个好友。如果你是乘客，你觉得是传统出租车比较安全，还是网络出租车比较安全？

互联网思维不能只思考功利主义与赚钱，而更应该思考是否能"让这个世界更美好"，若你能让这个世界更美好，你就能赚到钱。Uber 会不会成功？重点不在他们的创新经营模式，而在于他们的创新是否能让这个世界变得更美好。

## 三、结论：随经济

"互联网＋"真正的含义，在于互联网将成为新经济中的基础建设，企业要思考的，不是把互联网当工具，而是设法使自己成为互联网的工具。此外，如果"互联网+"是新经济的基础建设，它所代表的，将是任何一家小微企业都能够轻易地加入一个最大的市场或结合成一个最大的产品。

在市场上，互联网把全球的消费者与供货商联结起来了。在产品上，人们可以借由互联网服务的 API，轻易地成为互联网产品中的一部分。

因为互联网将成为一个最大的全球市场，累积了大量的数据，借由开放数据，将可以促进更多创新与创业的机会。举例来说，气象、地图、停车位……都是常见的例子。

如果小微企业那么容易接触到全球市场，以及与大产品做整合，就应了"大众创业、万众创新"的现象。当越来越多的服务在"互联网+"的环境中出现，经营的策略也有所改变，重点不再只是质量服务与体验，而是使用者有限的时间，在策略思维上，便进入了"随经济"时代。

"随经济"（Ubiquinomics or U – nomics）来自于无所不在的科技，如手机、感知器、物联网的普及。传统经济的有限资源是原子（Atom），资源有限，欲望无穷，经营的重点在生产成本。

数字经济的位（Bit）资源能够取之不尽，经营重点除了传统的生产成本之外，更加上了交易成本。共享经济的基础在于共有化的成本，包括了信任、开放与共赢。

"随经济"时代，因为"随科技"的无所不在，"时间（Time）"将成为新经济中的有限资源，因为购物与阅读是要花时间的，每一个人一天就只有24小时，所有的商品与服务都在竞争这24小时。

## 四、共享时代下的六项战略思维

### 1. 随时经济

抢消费者的时间。购物是要花时间的，而消费者一天只有24个小时，时间是有机会成本的，上班的时候是无法逛街的。但是，电子商务的交易量在上班时间却很高，因为电子商务是一种随时都可以逛街的经济。

如果你发现周围的人用手机的时间越来越多，就代表着行动商务时代势必来临。电子商务最宝贵的资源，除了内容，更是消费者的时间。

### 2. 随地经济

你在哪里，哪里就是网络的中心。商务的中心，将由地址、网址转变为个人所在地。过去，商店的地址无法移动，都是号召客户来店里消费，商务的重点在通路。

但是电子商务不一样，网址是可以移动的，将是哪里有人，就在哪里开店。比如将店开在手机上，你在哪都可以购物，商务的重点是个人的所在地。简单地说，重点不再是你在哪里，而是你在哪里，哪里就是通路。

### 3. 随缘经济

不是客制化，更是个人化。客制化是制造出来的，而个人化是参与出来的。昔日诺基亚手机强调6000种客制化款式，但是iPhone手机一出，一种款式、一种颜色打遍天下，因为使用者的内容参与却是一种个人化。

"超链接"的因特网结构扩大了参与的个人化模式，世界上最大的一本书是维基百科或是脸书，一个程序、一个接口，却浏览出上亿种个人化的信息串接。

超链接所链接的，不只是信息，更是人，人人参与的结果，产生的好朋友（强联结）与陌生朋友（弱联结）间的串联。

结果，随缘经济的重点不只网站，还有社群。过去，电子商务的重点在网站，现在，电子商务的重点在个人，因为人才是付费的人。此外，客户不再是一盘散沙，他们是联结成网的，企业也不是单一存在，也是联结成网的。

### 4. 随处经济

就是数字汇流的结果，大家都成为一个网了。云端科技将应用程序与数据库搬上了云，但是留在地上的却是人机接口，因此，计算机的架构变简单了，因为只要处理接口即可。

像是QR-Code（二维码），智慧家电、智慧城市都可以是端接口的一种形式。设备不再独立存在，他们是联结成网的，像是手机拍了照，很容易地就上了脸书。

未来，联网的不只是计算机，还包括了手机、游戏机、电视机、自动贩卖机……甚至是马桶、药罐、冰箱、体重机、电表等。

### 5. 随支付经济

全球币成为可能。钱，是以物易物的标准，举凡标准，最终就有世界普及的标准。

试想，如果有一天 iPhone 推出了苹果币（点数或第三方支付），可以用来购买音乐与应用程序，未来可以购买电子商务商品，再未来可以线下支付的话，今后我们去美国，就不需要兑换美金了，直接以苹果币支付即可。

未来的货币标准，可能不再是美金，而是一种在线的支付标准，姑且称之为全球币吧。

### 6. 随渠道经济

交易成本降低，让购物就是购物，不论它在哪个通路。通路是做生意的地方，过去以商品为中心，继而以平台为中心，最终将以人为核心，是一种全通路的概念，不分线上、线下，让购物的感觉体验都是一样，无须再考虑通路的形态。

## 五、管理哲学的第四次元

管理哲学的第四次元：快速解决问题。随经济强调，网络上最宝贵的资源是"消费者的时间"，消费者已经把大多数的时间分给通信软件、音乐与网络游戏了。所以电子商务与内容产业，都在分食剩下来的零碎时间。过去我们都误以为质量、服务、体验是三项最重要的要素，但是在随经济的思维中却不是这样，"问题的快速被解决"，才是重点。

举例来说，TED18 分钟的演讲足够好了，无论在质量、服务、体验上都令人印象深刻，但是观众用于观看的时间越来越少了。因为，18 分钟，对网络来说，时间实在是太长了。还有，除了增长见闻之外，并不确定能解决什么问题。

银行的理财贵宾户也是如此，良好的服务质量与体验虽然好，但还不如让人快速买一只可以赚钱的基金。因为，投资赚钱，才是客户要解决的问题，而不只是一杯咖啡与亲切的问候。

农业时代讲求"质量"，工业时代强调"服务"，信息时代设计"体验"，这三项现在成了基本要求。因为在"随经济"时代，人们更想要：我的问题快速地被解决。这就是笔者所宣称的，管理哲学将进入"第四次元"。因为，问题快速被解决，需要个人化与智能化设计，这两项将成为未来的管理趋势。

# 姜奇平：分享经济与新治理中利益基础的改变

信息社会 50 人论坛理事，中国社科院信息化研究中心秘书长、《互联网周刊》主编。2006 年获中国信息协会中国信息化论文一等奖，2008 年获中国信息经济学会论文一等奖，2009 年获中国电子商务十年发展特殊贡献奖，2009 年当选中国互联网 10 位启蒙人物之一，2011 年著作入选中国信息协会中国信息化十大专著。著有《新文明论概略》（上下卷）、《后现代经济——网络时代的个性化与多元化》《体验经济》《长尾战略》《数字时代的人与商业》《数字财富》《新商业模型》《21 世纪网络生存术》等，翻译美国商务部《浮现中的数字经济》。

姜奇平

治理体系从根本上说，处理的是人与人之间的利益关系。有什么样的利益关系，才有什么样的治理体系。利益关系变了，治理关系也要随着改变。

本文着重探讨因"使用而非拥有"的产权关系变化，导致劳动与资本的关系出现的巨大变化，对新治理产生的影响。

## 一、分享经济对治理的利益基础的改变

### 1. 使用而非拥有的价值取向：从享乐到人人利用

分享经济以"使用而非拥有"为鲜明特色，从产权根基上，对传统治理体系的利益关系基础，构成根本性的冲击。

"使用而非拥有"作为历史与逻辑的合题，经历了"使用—价值（拥有）—更高的使用（参与）"的三段论。对应的福利，也存在正反合三题。正题是作为使用的福利，反题是作为拥有（交换价值）的福利，合题是作为自主参与（更高的使用）的福利。分享经济中的使用，分别对应正题与合题的福利。

从正题看，资源利用只是使用的最低层次，其福利只是享用的福利。对自由选择来说，它既不是结果，更不是过程。因为它本身根本不是自由选择，而只是物的选择。作为正题的福利，是物质型福利。物质福利意义上的幸福，是享受（享乐）。对分享经济来说，闲置资源利用是这一层面的福利。例如，协同消费，分享闲置的车与房，可以提高人们享受资源的水平。

从反题看，比照能力模型，拥有交换价值形式的效用，也只是作为结果的 X 向量。它（钱）对每一个人都是标准的、等价的，但钱只处在向量域中，与价值（快乐）的关系只是潜在的。快乐处于评价域中。有钱不一定快乐。反题意义上的福利，是效用型福利，幸福即总效用最大化，幸福即有钱[①]。

从合题看，人一旦拥有价值（结果），是否真的能得到财富，要看他追求更高福利的能力，要看"选择本身"（过程）的能力，亦即对各种可选机会的把握能力。这种把握能力就是更高的使用（access）。从这个意义上说，作为合题的福利，是参与型的福利，是通过参与得到自我实现的福利，自我实现意义上的福利即自由而全面发展。

---

① 有钱即幸福，通常是 3000～5000 美元人均收入水平时的福利状态。超过这一水平，往往呈现有钱不快乐的状态。

分享经济的"使用而非拥有"在合题上带有这样的特殊含义，不求拥有作为中间手段的效用，但求透过中间手段实现对创新、创造活动的亲自参与，从而实现人的自由而全面发展的目的。

合题高度上的"使用"在这里不是指利用（针对物的使用结果），而是指参与（针对人的使用能力）①。因此，最高层次的分享使用是指为了自由而全面发展而分享参与机会，它对应的是包容，而非闲置资源利用。通过这种分享使用希望达到的福利目标，是使最大范围的人以最低的门槛从创造性劳动中获得因自尊与自豪而生的幸福快乐。

这里包含两层进一步的限定含义，第一，参与意义上的使用必须全面，门槛必须足够低。意思是使最大范围的人得到参与机会，不仅是精英可以参与创新、创造（如熊彼特的主张），也不仅是将草根（大众、群众）转化为精英后，大众才能参与创新、创造（如费尔普斯的主张），而是草根不转化为精英的条件下就可以参与创新、创造，这是分享的目的，分享资源就是为了扩大参与，降低参与的门槛。

第二，参与意义上的使用强调福利来自亲自参与、亲自创造。因为如果做不到"亲自"，就不会有真正的自尊与自豪的体验，就会对代理他们参与的人，心存"救世主"的感受；只有直接（亲自）参与，才会产生"从来就没有救世主，也没有神仙皇帝"的真实体验。它相对的是这样的现象，各国国有资产名义上归大众"拥有"，但由于排他性使用，造成全民不可能人人亲自参与这些资源的使用，只能将可以亲自触及（access）资源的人限制为一些代理者（如国有企业人员）。也许做得好的话（即假设代理者不会形成特殊利益集团），在二次分配上直接参与同间接（代理）参与的区别不大；但在一次分配上，直接参与同间接参与仍存在天差地别，因为无法直接参与资源使用的大众，即使可以得到正题意义上的福利，但会失去合题意义上的福利，不会实际得到人的自我实现的特殊体验（如自尊与自豪）。从这个意义上说，分享甚至可以无关资源闲置不闲置，而只关利用是人人利用还是只有少数人可利

① 利用和参与，在英文中都是一个词：access，这里把它们的含义区分出来。

用。分享经济要为人人服务。

**2. 新垄断竞争的利益模式：平台分享+增值参与**

阿玛蒂亚·森以近于哲学的方式，指出了选择本身（自由）相对于选择结果（发展）的价值优先性。但这一结论只是来自对"以自由看待发展"的推理，在提出的当时并没有实践基础。分享经济要想产生真实的福利，必须把人人利用从空想变为现实。分享经济通过"平台+增值"实现这一切。

"平台+增值业务"的模式中，平台只是半成品（充当固定成本的功能），代表的是人人的共同的选项（例如所有人都需要一个作为基础产品的手机，打电话的功能是可合并的同类项功能）；而智能手机上的 APP，相当于增值域内的选择，所不同的是，这些可能可以同时并行不悖地在不同人那里得到实现。

阿玛蒂亚·森谈论的相当于是模拟信号手机，出厂时所有功能都已固定。"平台+增值业务"的模式相当于智能手机，出厂时只固定了通用功能，但还有众多潜在的功能以 APP 的形式，不确定地存在于云中，有待用户选择加以实现。在基础业务（打电话）众人无差异的情况下，人人加载的 APP 各有不同，所有的 APP 可以并行不悖地实现。以打电话比喻发展，以 APP 比喻自由，以自由看待发展，就从只许固化若干种 APP 功能的诺基亚手机，变成了可以无限扩展和实现 APP 功能的苹果手机。

阿玛蒂亚·森并不是由于缺乏经济学的知识而没有发现这一点，而是因为他远离先进生产力的实践而钻牛角尖。从先进生产力亦即信息生产力的角度还原事实的真相，事情其实并不复杂。以联发科模式（又称山寨机模式）为例。诺基亚时代的手机，除了基本功能之外，可以实现全面功能，但功能越多，成本越高。例如，诺基亚推出一款新功能手机，最低至少需要出货一万台，需要 6 个月的开发时间。联发科采用基本功能与增值功能分离的策略，推出 MTK 手机芯片和名为"Turn－key"的全面解决方案，通过 API（应用程序接口），接驳各种 APP 功能。它相当于将阿玛蒂亚·森所说的 X 与 K 分离，MTK 和 Turn－key 只相当于通用的 X 功能，在这种作为半成品的通用平台上，嫁接各不相同的软硬件差异化功能。利用这种 X＋K 模式，将推出一款新功能手机的成本降低到最低仅需出货 400 台，两个星期开发时间。这就使品种多样化增值与大批量生产成本节约的优势嫁接起来，使选择多样化（所谓"自由"）从不可能到可能，从高成本到低成本，从而实现了技术经济意义上的"以自由看待发展"。

手机只是一个比喻，分享经济中所有的业务，从汽车、地产、图书、物流到各行各业，都可以借用智能手机模式，实现的基础业务与增值业务的业态分离，这种新业态在术语上叫互联网＋。我们用智能移动互联网时代来形容这个时代的技术特征。

当"平台＋增值业务"的模式扩展到整个业态时，市场结构就变成了网络结构，即新垄断竞争结构，它为实现包容性的福利效果提供了可行的现实基础。所谓包容性的福利效果，就是人人可参与的低门槛利用资源的方式。还是以手机为例，原来平台与增值应用不分（所谓全产业链经营）的条件下，只有诺基亚等巨头精英可以参与手机生产。而在联发科分享了平台（MTK 和 Turn－key）这种固定成本后，无数小的应用级开发商得以进入手机的生产，降低了手机行业的进入门槛，使更多草根主体从不可参与变成可参与。

人人利用，在分享经济中，就是通过对无数类似 MTK 和 Turn－key 这样的平台的分享，使参与到亲自创造价值的活动中来的机会惠及人人。这种含义的"利用"的根本特征，恰恰不是对共性供给的模仿，而是面向个性化的最终需求加以满足的创新。

### 3. 立足于包容性参与的分配关系

根据分享经济理论推论出的利益主张，在一次分配与二次分配之间，把公平的重心放在一次分配上；在二次分配上则持更加慎重的态度。

（1）强调包容性参与的初次分配

分享经济对参与给予了异乎寻常的强调，把实现公平的希望更多寄托在初次分配之上。从某种意义上甚至可以说，把参与本身就视为最值得追求的福利。因为分享使用在参与的包容性上体现了自由的真正含义。

从福利经济学角度看，分享经济给人提供的不仅是闲置资源的利用，更创造了一种使人广泛参与价值创造的条件，这才是它所创造的最大福利。对于发展来说，最大的福利损失，莫过于无法参与对价值创造机会的选择，无法释放自己的潜力。而释放人的潜力，不是二次分配所能增进的福利。至于闲置资源利用、以某种招数赚了更多的钱，只是分享经济所带来的低一级的、生存发展层面的福利。虽然也是需要的，但只谈它们，毕竟没有在自由这一高度发挥尽福利的潜力。

由于强调初次分配，分享经济的福利的重点不是放在生产结果上，而是放在生产和服务的过程中。其福利的实现，与资源配置、利益相互作用的结构内在联系在一起。主要通过平台分享使用，参与增值服务的方式，为大众提供实现梦想的选择机会。这种新垄断竞争将大众参与创新的门槛降低到零，相比而言，传统的垄断竞争由于沉淀成本不可分享，对进入来说仍然具有一定门槛。

在传统政治经济学中，拥有者与使用者一般是雇佣关系，使用者只是拿工资的劳动力。但分享经济中处于新垄断竞争结构中的拥有者与使用者是分成关系。使用者在拿到相当于工资的劳动力报酬之外，还可以获得对应剩余的分成。例如，苹果商店模式中，劳资分成比例中七三分成，APP开发者得大头。

劳动者作为生产资料的使用者，之所以在一次分配中就可以参与分成，对分享经济来说，有两种逻辑机理。

一是20世纪80年代国内外提出的基于分配的分享经济逻辑，包括私有制下的分享经济①和公有制下的分享经济②。共同特点是就分配谈分配。威茨曼的分成制，仅适用于滞胀条件下实行，一旦经济复苏，资本重新变得稀缺，分成就不再具备条件。李炳炎的除本分成制虽然符合共享发展理念，但其分成缺乏先进生产力和创新作为基础，难以推广。

二是当前互联网条件下的分享经济中基于服务的分成逻辑。这种分成不是从分配角度，而直接是从生产（服务）角度提出的。分成是因为拥有者提

---

① 马丁·L.威茨曼.分享经济：用分享制代替工资制［M］.北京：中国经济出版社，1986.
② 李炳炎.公有制分享经济理论［M］.北京：中国社会科学出版社，2004.
李炳炎.利益分享经济理论［M］.太原：山西经济出版社，2009.

供平台，使用者提供创造性劳动（利用人力资本提供增值应用服务），二者都具有经营资本的地位。我过去提出的知本家，就是指具有知识"资本"的劳动者。知本是指作为（可创造剩余或说增值收益的）生产要素的个人知识。在互联网分享经济中，一线劳动者比拥有者更接近顾客，在利润和溢价形成中的地位与作用不断提高，其具有的个人知识成为分成的现实基础。

产权的拥有与使用二分，非常适合高风险、高收益条件下的拥有者与使用者之间的利益协调。因为产权的拥有方一旦分享生产资料的使用权，在平台与应用分离的新业态下，可以同使用者谈判分担风险与收益。这也是分成得以成立的条件。

分享经济在就业上的主张，更注重能够释放人的创造力的工作机会对人的发展具有的重要意义。这种福利不在于分配结果，而更看重创造过程。这种创造过程成就了人的发展。

以往的福利把人的发展矮化为谋生，在就业这个宏观指标上，考虑得更多的是效率（特别是资本的效率），而不是多样性，而环境一旦变得复杂、不确定，资本的最优化就不如多样性更能应变。包容性就是对多样性标准的一种接纳。包容性就业不光要考虑如何与发挥资本的效率相适应，而且需要考虑人本身。单纯从资本效率来说，以机器替代人，是有效率的，但它可能导致效率高而效能（相对于多样性的效率）低，造成人力资源利用上的不充分。提高经济增长质量，从就业的角度看，还应包含更有效地利用多样化的人力资源的意思。

包容性就业不光是一个福利性的概念，还应具有参与式就业的含义。福利性的包容，往往是从再分配公平的角度，以牺牲资本的效率来满足就业。这种就业，虽然使劳动者获得工作机会，从而提高了劳动力的分配份额，但并没有使劳动者真正进入经济的开发，从中释放自身的创造性潜能，无法使之介入剩余的分配，获得应有的自豪和尊严。

参与式就业是对经济过程的深度介入，例如创业式的就业，以及在工作岗位上发挥创造性并得到与创造性匹配的回报。参与的关键是创新，以及为尽可能多的人提供足够低门槛的创新条件。创新如果只是企业家精神的实现或研发专业人员的事情，而不是全体劳动者共同参与的活动，它就不是包容性的。因此，包容性就业应与大众创新更紧密地结合起来，以实现大繁荣。

最后，包容性就业还应包含整个工作机会的创造，无论是雇佣劳动（包括兼业），还是自我雇佣的劳动（如在家办公、自我动手或互助等），甚至无论是不是可计入现有 GDP 范围的经济活动。按照美好生活的标准，使人摆脱物役，在基本生活水平之上获得更高满意度的活动，都应成为包容性就业的政策目标。

（2）有别于福利国家的二次分配主张

分享经济的主张与福利国家的主张有明显区别，认为二次分配主要应解决一次分配失灵后的公平问题，不应为了公平而牺牲效率。

按说，分享经济既然对大众福利给予特别的强调，似乎应该更接近福利国家的主张。其实不然。从分享经济的垄断竞争政治经济学角度看，公平优先的福利国家模式（北欧模式）与效率优先的北美模式，都有将公平与效率对立起来之嫌，垄断竞争政治经济学反对的正是这种对立，想强调的既不是公平也不是效率，而是公平与效率不相冲突这一点本身，具体想法是通过平台垄断体现公平，通过增值竞争体现效率，使二者从对立状态变成互补状态。

在这一背景下，垄断竞争政治经济学不认为国家应在损害效率的原则下进行二次分配，为公平而公平。主张二次分配主要承担一次分配失灵后的公共责任，而不是在一次分配的效率未得到充分发挥前"养懒汉"。

具体是指，在信息化条件下（技术条件对应非排他性使用），创造比工业化条件下（排他性使用）更广泛、门槛更低的公众直接参与、利用生产（包括服务）资源的机会；在公众参与效果不佳（例如 APP 开发失败）的条件下，再由二次分配承担起公平分配的责任。

参与效果不佳是相对整个生命周期而言的，包括两类情况，一是一次性的参与效果不佳，有的人一辈子可能只从事一次创业，但却以失败告终，或根本不从事创业，都可算作一次性的参与效果不佳。对这类人的公平体现在，一方面按使用效果收费，当效果不佳时，平台不向使用效果不佳者收费（固定成本租金），本身就是一种公平机制。这相当于土地租佃时，绝产时不收租。另一方面，对整个生命周期中有机会没抓住（无论是能力原因、运气原因还是其他任何原因）而没有分成收入者，在二次分配中基于公平正义原则给予再分配，是第二重的公平。

二是反复性的参与失败。这是对上述第一种情况的例外和排除，第一种情况，大众个人在整个生命周期中，不只一次创业机会、一次创业失败，还可以进行第二次创业、第三次创业……直至成功（以实现分成为标志）。在成熟的分享经济中，每次创业，使之分别得到固定成本分享的公平机会，可以比一次效果不佳即由国家用二次分配将福利包起来，效率更高。第二种情况，假定人具有多方面、全面发展潜力，大众个人不是只在一种业务分享平台上创业，可以在多个业务平台上创业，例如既在阿里巴巴的平台上做 APP，又在腾讯的平台上做 APP。在一个平台、一种业务上，个人的一种潜力发挥效果不佳，不等于人生失败，二次分配政策应优先鼓励人的全面发展，参与多方面的创业，而把保护的重点放在生命周期中全面失败的人身上。这样做的目的是最大限度地实现人的发展，最大限度地降低对效率的伤害，不陷入福利国家效率低下的困境，不因过度福利而抑制人的自由而全面发展潜力的发挥。

至于二次分配在数量上的度是什么，应该如何操作，是作为应用学科的福利经济学需要展开讨论的问题，而不是在基础理论中可以讨论透彻的问题。

## 二、新公平—效率关系对旧治理原则的颠覆

在分享经济实践中，公平问题主要不在于生活条件的分配（往往通过二次分配提高福利，这是福利经济学的观点），而是生产条件的分配（与一次分配处在同一过程中）。

普通劳动者是否能打破工业化为生产资料设置的高进入门槛，直接使用（access）生产资料（包括闲置资源和无形资产），涉及的主要是一次分配公平的机会平等问题。工业化（或叫专有专用经济）最主要问题在于，由于受限于物质资本技术上的排他性，而无法把有限的资本用于所有人的工作机会

的实现上，造成了普遍的机会不平等这种非包容性现象。

分享经济通过免费来收费，通过普遍服务提高商业竞争，其理念强调比公平更加公平的效率，比效率更有效率的公平。这完全有悖于常理。下面就讨论"通过公平来实现效率，用效率来实现公平"这类反福利经济学式的问题。

### 1. 福利经济学中公平的效率基础

福利经济学讨论公平问题是程序性的，与古典经济学（包括政治经济学、制度经济学）出于实质性考虑讨论公平问题出发点不同。最大区别是福利经济学要以资源配置为出发点讨论公平，而古典经济学则是以利益相互作用为出发点讨论公平。垄断竞争的政治经济学的福利论，需要综合这两种相反理论，才能解决分享经济所谈公平的基础理论问题。

垄断竞争的政治经济学第一个鲜明的不同观点，是对于什么是效率的界定完全不同。按新古典经济学的见解，精英（如企业家）比大众更有效率，把大众创新曲解成发挥企业家精神的创新。分享经济却发现，在 C2B 条件下，大众比精英更有效率。这里涉及两种效率，一种是专业化效率，即同质性含义上的效率；一种是多样化效率，即异质性含义上的效率。

论专业化效率，精英的效率比大众高；但论多样化效率，大众的效率却比精英高。大众相比精英，具有一种类同生物多样性的竞争优势。生物多样性在与上帝的博弈（生物进化）中取胜，发挥的主要就是这种异质性的优势。

这种看法的来源不仅是经验，也是深植于垄断竞争理论的范式深处。异质性构成了垄断竞争的基本条件。而异质性能力，是个性化、差异化、定制化的垄断竞争主要需要的能力。APP 就是一个突出的例子。大众创新当然可以向专业化方向发展，以成为企业家、成就企业这样的业绩为追求，例如APP 也可以脱离自然人兼业的状态（放弃全面发展），而发展成专业化的公司，甚至大公司；也可以向自娱自乐、自我发展、全面发展的方向前行。

从数学角度看，这是一个如下的数学规划问题：如果目标函数有全局唯一的最优解，则诸葛亮（喻专业化精英）远胜臭皮匠（喻多样化大众）；但如果目标函数没有全局最优解，有的只是各个节点上的情境最优，则臭皮匠远优于诸葛亮。互联网分享经济正处在后一种由生态逻辑决定的情况下，复杂性网络的节点就是用户需求，是多样性经济中的权力来源所在。这种分布式的权力使效率的重心发生了前所未有的变化，从追求以不变为特征（把个别转化为普遍）的专业化效率，到追求以变为特征（把普遍转化为个别）的多样化效率。

多样化效率，是比公平更加公平的效率。这种效率最显著的经济功能，是将均衡价格从 MC 提高到 AC，创造出比同质化产品和服务更高的附加值同时又保持住均衡。当多样化效率下降到最低（即产品完全同质化时），专业化效率最多只能将均衡价格保持在 P = MC 的水平，而利润为零。所以，多样化效率是一种保持利润不为零的效率，是一种保持租值集聚的效率。

北欧福利国家公平过于倚重二次分配的结果，导致经济缺乏效率。这能够说明效率一定会以公平为代价吗？不能。只能说专业化效率与公平存在这样的矛盾关系。按说，公平优先就难免伤及效率。但对多样化效率来说，情况有所不同，互联网分享经济将虚拟生产资料免费提供给大众，在一次分配水平，就提供了生产条件的分配公平。但是，这不仅不降低效率，以利润为基准，反而比北美效率模式的效率更高。这是因为，多样化效率（中国创造模式）比专业化效率（中国制造模式）以利润为基准衡量的效率更高。

互联网经济是高风险高收益的经济，降低生产条件分配门槛，有助于发挥大众创新精神，有效分担分散风险，提高多样化效率。这种提高效率的方式，比（二次分配意义上的）公平更加（体现一次分配意义上的）公平。

### 2. 由使用者承担风险是否公平合理

在分享经济的分成模式中，我们看到有一种普遍的情况，拥有方与使用方在合约中，将高达 70% ～ 85% 的收益归给使用方，是为了让使用方承担 APP 开发市场失败的全部风险，令拥有方处在旱涝保收的保值增值状态。互联网分享经济——作为个性化定制的经济——通常是高风险高收益的，按使用效果收费意味着，绝大多数的 APP 都是不可能取得市场成功的，少数成功的 APP 虽然获得了高达 70% ~ 85% 的分成，绝大多数 APP 开发者，岂不是白白为拥有方和少数成功的使用方蹚地雷吗？这会不会引致两极分化的加剧？或更进一步追问，如果把样本从使用效用扩大到使用，计算拥有者与所有使用者（无论成败）之间的分配关系，是否仍然存在剥削？

这带来一个问题：由使用方承担全部市场风险，本身是否公平合理？

我们认为，这是一个典型的合约问题。合约是否公平合理，既需要考虑资源配置因素（效率因素），也需要考虑利益相互作用因素（公平因素）。

首先分析合理不合理的问题。从合约经济学来讲，如果不存在限制竞争的因素存在，不同的合约安排的效率是相同的。

在高风险高收益业务的合约中，谁承担风险，谁获得相应收益，是谈判的条件。不能认为承担风险是一种无对应收益的强加义务。承担风险的能力，是以使用方经营资本的形式，考虑在谈判之中。使用者作为一个整体，在谈判前是无法得知谁经营成功，谁经营失败的。因此做出了按使用效果支付平台使用租金的约定。其内容是，使用效果不佳，不支付任何租金；使用效果好，支付收入的 15% ~ 30% 作为租金（具体比例视不同合约而定）。

支付比例的高低，明显与风险有关。以苹果商店模式为例，平台拥有方之所以肯将自身分成比例从 30% 下降到 15%，把使用者分成比例从 70% 提高到 85%，就是因为使用者承担的风险作为经营资本投入的估值，随着风险加大而在实际地提高。

这里合理的理，应是指风险与收益对等。如果风险与收益对等，则符合理；如果风险与收益不对等，高风险对应低收益，低收益对应高风险，则为不合理。

把合理问题的论域，从经济学前推到技术经济学（或内生生产力的政治经济学）可以发现，风险高低不是空间随机现象，而与特定生产力的历史发展水平内在相关，需要内生技术来解释。

劳资之间如何进行风险—收益配比呢？如果资方认为风险较小，他可以主张"资方—劳方"分成比例从三七，提高到四六、五五，甚至工业化时代的六四。如果劳方同意的话，劳方的相应风险责任比例就会降低，例如从60%降到40%；但是，收益比例也会同步降低，例如从60%降到40%。这当然不代表劳动者获益更多，相反只能是获益更少。劳动者内部按生产资料使用效果区分，可以区分为有效使用者与无效使用者（如没有顾客需要和埋单的APP）。有效者与无效者的比例本身，就是谈判的一个因素，它决定着劳资之间的"风险—收益"配比。无效者占比越大，意味着风险越大，劳动者整体的讨价还价中要求高收益的地位越高。由此可见使用无效者的利益，已内生于谈判之中。合约并没有剥夺他们。极而言之，如果劳动者在加入高风险的增值活动之前，就已知自己必败无疑，他有权选择不加入APPs群体，不参与谈判。把劳动者当作一个整体来看，他们有选择风险—收益配比的自主权。也就是说，如果他们认为高风险—高收益组合不符合自身利益，可以在谈判中向总体上的低风险—低收益方向调整条件，通过双层规划确定合约。如果认为劳动者承担风险就是剥削，等于将合理的尺度，推到"低风险—高收益"这一不合理组合之中。总之，这个问题归结成，"风险—收益"配比本身，无关乎剥削与否。我们可以反证，在平台形成之前的平台间竞争阶段，那些失败的平台，由于成为了风险的承担者，是否受到了后来的APPs们的"剥削"？甚或，在工业化时代"低风险—低收益"组合中，资本家在完全竞争中成为零利润的分母（由他们的亏损与其他资本家的会计利润相互抵消后在均衡水平形成零利润），是否可以认为是受到工人的"剥削"？显然，剥削问题的关键不在于谁承担风险，而在于这个承担是不是被迫的，是不是没有相应水平的收益与之相对的。在双层规划中，X和Y任何一方，只有当他创造且应得的租值被对方剥夺，使之处于风险高而收益低的不合理规则中时，才称得上剥削。

相反，劳动者之所以肯主动参与合约，是因为他们存在一个相对于资方的比较优势。如果把"风险—收益"当作一个光谱，从低风险—低收益组合，向高风险—高收益组合递变，我们会发现，这一递变与投入的生产力性质相关，是一个从无差异的物质投入驱动向差异化的信息投入驱动（创新驱动）递变的过程。信息生产力的技术经济含义，就是越差异化，平均成本越低

（即范围报酬递增）。劳动者正是凭借信息生产力，获得了与工业化时代效能①相反的化解风险的能力，从而获得分配上的高收益。具体来说，在 P2P、一对一、精准透明的供求匹配中，最高的生产力不在后台投资者，而分布在处于接触客户前端的劳动者那里。例如，大数据的精要不在于武装指挥中心的智能（BI），而在于加强前端、一线决策能力。这恰好说明了为什么劳动者不可能在生产力的低级发展状态获得剩余，而只有在生产力发展的高级阶段才能稳定收获这种剩余的道理。

从分享经济的实践来看，苹果商店与 APP 在反复博弈中形成的分成比例，基本体现了合理原则。生产资料拥有方让使用方承担 APP 创业、创新风险，前提是分成比例，从张五常佃农分成制中使地主目标最大化的六四分成，调整为三七分成，并进一步调整为 15%∶85%。拥有方获得的分成，符合低风险低收益的保值增值原则。而开发者承担高风险，背后有高收益回报机制作为激励。

众多 APP 开发者虽然冒着巨大的市场风险，但一旦成功，可以比赌博概率更高地走正路实现梦想。同时市场总的风险分散在上百万开发者中，由于不用承担固定成本风险（即所分享的生产资料的开发成本的风险），更多只是付出时间代价（更何况交学费也是一种收获）。因此分享经济中的风险共担、利益分成属于合理的合约。

也可以设想一种相反的情况，资本承担高风险—高收益，与劳动者承担低风险—低收益的配比。例如一种基于专利的贴牌生产，资本是作为异质资本的专利，劳动是作为同质生产要素的劳动力。劳动力在贴牌生产中只付出苦力，只拿工资，但不承担任何风险；而专利则面临同类竞争中高而不确定性的市场风险。在这种情况下，不能认为那些在竞争中失败了的专利发明人，受到了低风险的劳工的"剥削"。在双层规划中，X 与 Y 只是两个符号，可以随机替代为资方或劳动者，他们面对的是同一个规则。不能仅仅因为相互置

---

① 工业生产力的效能特征是，越复杂，平均成本越高，定义为工业病（迟钝）；信息生产力的效能特征是，越复杂，平均成本越低，定义为智慧（灵敏）。

换了位置，就说一方从被剥削变成剥削。

更何况，在分享经济分成制中，平台与APPs实际是风险共担的。从合约角度看，APPs承担了全部风险，但这种风险是业务风险，是APP业务的风险。但业务风险只是全部风险中的一部分。平台承担了两种风险，一种风险是合约之前的风险，在双方合约缔结之前，平台方事实上已经历完了平台间竞争失败的风险，平台是否具有与APPs缔约地位这种风险，已经决出了胜负，失败的平台——就像平台的无效使用者一样——承担了失败的风险。另一种风险是平台缔约后的总体风险，如果所有APP全体失败，平台仍然要承担固定成本全部打水漂的风险，其量值与搭便车风险有过之而无不及。这是分成制的本质，分成制必然意味着拥有者与使用者共担风险。定额制才是单方承担风险。

其次谈公平不公平的问题。

合约双方的利益关系公平不公平，主要应通过权利是否对等或合约对价与双方力量是否相称来观察。

分享经济的分成制与纳斯达克的情况类似。纳斯达克有两万多家企业退市，只有极少数获得成功。那是不是说对两万多家退市的企业不公平呢？如果这样认为，需要把风险投资完全视同银行投资。这显然不符合实际。两万多家退市的企业相当于分成制中失败的APP，但由于他们接受的并非与成功企业不同的游戏规则，所以并没有企业觉得纳斯达克不公平。

具体到风险机制的权利部分来看，香港股市以同股同权的法则，使它的风险水平保持在物质资本投资可控范围之内。与纳斯达克相比，体现的是低风险低收益的原则。作为低风险低收益的代价是失去像阿里巴巴、谷歌这样最高收益的创新型企业。而纳斯达克打破了同股同权的原则，接受了谷歌、脸谱、阿里巴巴等一流公司提出的双重投票权的制度，使适应高风险高收益的创始人经营能力获得与物质资本同等甚至更高的决策权力。在香港股市与纳斯达克市场上，资本拥有者与人力资本拥有者（创始人，也是资本资源的使用者）的权利，在决策权利的比重上，就有明显的差异，但公平性却是同样的。决定性的因素在于风险的平衡。低风险低收益采取同股同权的权利结构是公平的，而高风险高收益采取双重投票权的权利结构是公平的。

对分享经济的分成制来说，拥有者与使用者从利益相互作用角度讲，在分成制中，之所以出现"资本要素提供者对智力要素提供者的追捧与让步"（韩小明语），与双方的实力对比变化有关。双重投票权的产生可以说是智力要素提供者强制力（市场势力）增大的结果，创始人所得可以说是一种强制所得（forced gain）。经验多次显示，公司在离开充满企业家精神的创始人后，往往在资本充足的情况下走下坡路（也有反例）。说明创始人作为智力要素提供者，在租值集聚中起到了比资本更大的作用。

对 APP 来说，道理也是同样的。APPs 整体相当于上面所说的智力要素提供者，在与拥有方进行利益博弈。APPs 的强制所得主要表现在差别租上。但具体到每一个增值应用开发者，其强制力是不同的。APPs 作为一个整体在与资本拥有者的讨价还价中占据上风，并不意味着每一个 APP 开发者具有同样的强制力。每一个 APP 开发者的创新、创造和适应能力存在的客观差距，足以造成平台使用效果，包括根据使用效果分成能力的天上地下。但有一点，在一个正常的合约中，每一个 APP 开发者在同等市场强制力下的分成是一样的，他们作为一个整体与拥有者在同等强制力下的分成也是一样的。这就是基本的利益关系上的公平。这足以削弱另一种不公平感，即认为 APPs 内部的绝大多数失败者为极少成功者"垫背"。须知，在游戏开始之前，谁是成功者，谁是失败者，是不确定的；决定公平的因素只能是，规则对潜在的成功者与潜在的失败者是一样的，双方适用的是同一套规则。

在分享经济中，资产使用效果不佳者确实成为承担失败风险的输家，但也应该看到，其承担的是有限风险，至少他们不用承担重资产（固定成本投入）部分的任何风险，承担这种风险的主要是风险投资市场（如纳斯达克）的投资人。资产使用效果不佳，也使这些投资者损失了机会成本。从这个意义上说，分享经济中的分成制，是拥有者与使用者风险共担的。考虑公平，也需要考虑到这一点。

至于说，要不要对无效使用者进行福利性的救济，这是另一个问题，属于再分配领域所要考虑的问题。如果一家独大的平台所得来自使用者有效使用所付的租金，远超对它所分享给使用者的固定成本的补偿的上限，又不受到毁灭式创新的影响或不可被公共化平台替代，也无合适方法降低使用者风险，且大众从事双创的机会有限……各种条件凑到一起，从理论上说，确有通过二次分配手段对失败者进行福利补偿的必要。这需要与另一种选择，即让整个业态退回到较低附加值状态以降低双创风险，权衡得失。从实际情况来看，股市虚拟经济与双创虚拟经济都有风险，但双创的风险并不比股市的风险更大，从长远看，分布式的双创比向心化的股市更有利于在新经济中以透明化方式化解风险。

### 三、推动新治理形成的新动能

阿马蒂亚·森在《以自由看发展》中，提出一个突破性的见解。就是把自由当作一个发展问题看待，把自由的价值置于统摄发展的价值的地位之上。这与我们所说"比效率更富于效率的公平"一脉相承：宏观上的高质量发展对应微观上的多样化效率，有效矫正了 GDP 只能对应同质化的专业化效率的问题。

分享经济为新概念的公平内生了对等、质量和参与三种新的效率的含义，将个人主义的自由，发展为更全面的自由。以下分别讨论。

#### 1. 内生对等的效率

公平的一个具有效率含义的新含义是对等，它与工业化范式的公平（平等）不同。

把自由作为公平，为公平注入的第一个新的效率方面的福利含义是对等。对等也是一种平等，但它是工业化平等的反义词。相反在平等的结构上，对等在点对点（一对一）、透明（信息对称）、基于信息三点上，与工业化的平等（一对多、不透明、基于货币）相反。

点对点泛指社会关系的复杂性结构，对等与平等都是平等，但结构上相反在于，对等结构具有多元化、离散、去中心、点对点、拓扑、最短路径优先、熟人关系、超链接、扁平化等复杂性系统（活体）特有的特征，而平等结构具有一元化、集中、向心化、长距优先、生人关系,层级制等简单性系统(机械体)特有的特征。

对等既是一个公平因素,也是一个效率因素。与工业化平等扩大精英与草根差距,专注于为精英创造机会平等的取向相反,分享经济在机会平等上,强调趋向缩小精英与草根之间的差距,专注于为草根创造机会平等。

作为效率因素,对等网络的效率高于以汇集价格信息形式实现向心化的市场的效率。分享经济更通过分摊平台固定成本使离散化的 APP 实现报酬递增,而创造出远高于精英模式的多样化效率,实现了众包和"专—业余"革命。

在宏观经济方面,点对点的信息透明化,有助于克服华尔街主导的以信息不对称的金融方式配置资源、分配利益的传统模式,有助于实现金融民主化和以信息主导的新金融秩序。取代"大而不倒"型的平等,实现以众生平等为特点的更有效率的公平。

对经济治理来说,平等对应的治理是自上而下的不透明的统治型治理,对等要求的治理模型为扁平化的信息对称的共治。对宏观经济来说,这意味着实行"信息替代",用信息透明化方式,替代金融中以代理人为中心的不透明方式,让虚拟经济更好地服务于实体经济。反对华尔街拒绝信息透明、损害实体经济、"大而不倒"的自我中心倾向。

### 2. 内生质量的发展

以自由看待发展,带来对效率和发展的定义的改变。此前的发展,是由同质化的专业化效率界定的,由质的不同定义的质量,始终无法进入以 GDP 为标志的经济计量显示系统。道理很简单,GDP 只是数量和价格之积。工业化经济学——把自己说成是经济学好像对工业化以外的经济也起作用似的——预设了只对工业化(同质化大规模生产)适用的均衡定义 P = MC。因此租值被视为理论上不该存在的现象,租值背后的创新、质量等被隐去。当斯蒂格里茨在 1977 年把经济学的基本问题重新定义为品种—数量—价格的三维关系时,我们才赫然发现,只用数量—价格二维表现的经济,把发展的维度降低到同质化的水平(只有数量区别,没有品种——质的不同的区别),这是工业化的经济学系统地而不是个别地反对质量的基础理论上的症结所在。

以自由看待发展，在实证上表现为将质的不同嵌入数量—价格二维系统（GDP 系统）之中。这种质的不同，一方面包括资源配置导致的质的不同，如创新、个性化、差异化、网络化；另一方面包括利益相互作用导致的质的不同，如人性的变化（体验性、创造性、反异化的全面性、社会资本等），导致的直接结果是发现一种新的增量（新动能），这就是在传统中国制造构成的 GDP（以 P = MC 为基准的 GDP）之上，开发出一种新的 GDP（由 AC—MC 的租值）作为新动能。经济政策一旦聚焦于这一租值空间，可以在广义均衡（内生质的差异的均衡，即所谓垄断竞争均衡）基础上，形成高端化的经济结构，创造出中国创造类型的高附加值。这种动能之所以叫新动能就在于，同是增加 GDP，它创造的是新的、高质量的 GDP。

如果我们把公平置于"自由"这个定义域内，会有两个惊奇的发现。一是这里的公平并不是与效率对立的公平，而是可以增进效率的公平。二是分享经济既不是技术，也不是业务，而关涉人本身。相对于以人为本这个目标来说，分享经济中的业务和技术，都不过是"某些特定的手段，或者某些特别选中的工具"。在这个意义上可以说，分享经济在发展问题上，除了自由（以人为本），没有自己特殊的主张。

分享经济在其中的作用就体现在，它通过新垄断竞争结构（即把网络当作并列于市场的配置资源的主导方式），为全社会的差异化发展分享固定成本，以此刺激新租值的创造，并围绕租值保持微观和宏观上的均衡。这就是我们全书一直在谈的事情。

在增长目标中内生质量，要求治理必须面向多样化，调动多元化利益主体的积极性，进行共同治理。

### 3. 内生包容的参与

以往的公平都在物质层面（物质享受的公平）、货币层面（发展机会的公平），而没有把人的自由而全面发展（包括自主、自尊，实现梦想）本身，作为一种公平。

在分享经济中，以人的自我认同（自我实现）意义上的自由为内涵的公平，主要体现在包容性参与之中，这就把福利的含义彻底从人的物欲层面、金钱层面，升华到自我实现层面。

阿马蒂亚·森的观点是："如果发展所要促进的就是自由，那么就有很强的理由来集中注意这一主导性目的，而不是某些特定的手段，或者某些特别选中的工具。"只按 GDP 来衡量发展，是狭隘的发展观。"自由同时还依赖于其他决定因素，诸如社会的和经济的安排（例如教育和保健设施），以及政治的和公民的权利（例如参与公共讨论和检视的自由）。"显然，后者更多与公平相联系。多数人参与资源利用、价值创造和收获自尊，比少数人参与更加公平。其公平性体现在包容性上。相形之下，宏观经济学中的就业，是一个工业时代的狭隘概念，分享经济要创造条件，使包括自然人在家办公、兼业、自我雇佣、家庭劳动等灵活就业成为工作的主导方式，将劳动的内涵，从以拥有（雇佣）为基础的就业，逐步替代为以使用（租佃）为基础的工作，逐步推进整体经济的包容性。

参与本身也具有强烈的效率的含义，分享经济"使用而非拥有"中的使用，体现着一种通过公平实现的效率。（大众）参与在什么情况下，比不参与（仅精英参与）效率更高？在产消逆转（C2B）成为经济主导方式的条件下，与最终消费者直接接触（access）的劳动者发挥决策的能动性，进行面对面一对一的价值创造，比拥有资本优势但脱离一线的人效率更高，这时参与的效率更高。或者说，多数人（全民）参与创新，比少数人（如企业家、研发人员）参与创新，对于实现以多样化（即自由）为主导的大繁荣和美好生活来说效率更高。

劳动创造世界，本是人类一种素朴的认识。由一位普通劳动者谱写的《国际歌》实际体现了一种古典经济学之美，强调通过活的劳动亲自、直接地创造价值。新古典经济学颠覆了古典经济学的价值观，转而强调靠"救世主"和"神仙皇帝"（如作为资本拥有者的精英），代理创造世界，虽然极大地提高了资源配置的专业化效率，但由于把拥有权绝对化，造成人类围绕财富分配的巨大矛盾。通过对古典经济学的新古典经济学的综合，分享经济理论以否定之否定的方式，扬弃以往的生产方式，在信息生产力的新高度上，复归人类最素朴的观念，即"要创造人类的幸福，全靠我们自己"，人人参与，为人人服务。

新垄断竞争政治经济学的扬弃体现在，把新古典主义的合理性继承在平台中，发挥在提高专业化效率，实现规模经济方面的积极作用，使精英的能力得以自由发挥，并通过租金回报得到善待；但更强调的是，通过平台的开放与分享，在个性化增值的新背景下复归古典主义的劳动创造价值状态，最大限度提高多样化效率，实现范围经济，最终使普通大众复归到凭借自身努力，亲自创造与获得价值（特别是差异化的租金、剩余）、实现梦想的自由而全面发展状态。

内生包容，强调参与，对宏观经济治理来说，同样意味着共享共治。在治理失业问题上，从自上而下施舍就业机会，转向创造分享生产资料的机会，使普通劳动者自身成为掌握工作机会的主体。

## 四、结论

分享经济以"使用而非拥有"为鲜明特色，从产权根基上，对传统治理体系的利益关系基础，构成根本性的冲击。作为生产力决定生产关系的一个现实印证，预示在生产力发展的高级阶段，即信息生产力高于工业生产力发展的水平上，利益分享将成为利益关系模式演进的一个必然趋势。在这种情况下，作为传统治理体系前提的劳资对立的利益格局，将被网络空间命运共同体的利益格局所扬弃；非共享非共治型的治理体系，也会被共享共治型的现代治理体系所扬弃。新治理体现在增长、稳定和就业的新机制上，将为发展提供新动能。

# 薛兆丰：顺应未来趋势，修改海关新政

信息社会 50 人论坛成员，北京大学国家发展研究院教授，北京大学法律经济学研究中心联席主任。曾为美国西北大学法学院（Northwestern University School of Law）博士后研究员，为美国乔治·梅森大学（George Mason University）经济学博士。薛兆丰长期关注法律、管制与经济增长之间的关系，长期关注信息技术创新与互联网商业在中国的发展，为"信息社会 50 人论坛"成员和"微金融 50 人论坛"

薛兆丰

联合发起人。薛兆丰的研究兴趣包括法律经济学、竞争政策和电子商务管制与治理，著有《经济学通识》和《商业无边界——反垄断法的经济学革命》。

我国自 2016 年 4 月 8 日起实施跨境电子商务零售进口税收及调整行邮税政策（以下简称"新政"），又于 5 月 25 日宣布"新政"暂缓执行一年。此事关乎中国跨境贸易和民间消费的兴衰。未来一年，我们不应只是被动地为奉行"新政"做准备，还应主动地调研、反思、讨论，从而推动"新政"的修改和完善。

## 一、国际贸易格局已经彻底变了

活得好的法规，都是对规律的顺应；改得好的法规，都是对现实的承认。我们讨论法规的修改时，不能只盯着条文的沿革，而应该放眼世界，看看究竟发生了什么变化，否则就无法理解那些推动法规更替的原动力。

现实是，跨境贸易的基本格局，正在发生翻天覆地的变化。由于互联网和智能手机的普及、中国居民购买力的上升、跨境出行成本的骤降，传统的国际贸易已经逐渐被跨境电商所赶超。最明显的区别是，过去的消费选择面窄、品种少、批量大、物流周期长，而交易模式刻板单一；而今天的消费选择面宽、品类多、批量小、流通周期短，而交易模式灵活多样。

从数量上看，据商务部数据，我国居民 2015 年出国消费 1.5 万亿元，其中一半大约价值 7000 亿～8000 亿元的物品被带回国内（包括以客流方式入境的代购），再加上通过邮件快递方式入境的海淘和代购，其规模已经与 2016 年大约 8750 亿元（据海关数据测算）以一般贸易渠道进口的消费平分秋色了。

从品质上看，据商务部部长高虎城 2016 年年初透露，居民境外购物的品类"已经从主要购买奢侈品牌、高档品牌，转向高质量的、性价比合适的日用消费品"。也就是说，居民的境外购物已经日趋常态化、规模化和平民化了。

如果要对所有以个人随行或邮件快递方式清关的物品进行开箱检验，以杜绝各种超限行为，那即使倾举国海关之力，也只能完成全部工作量的一个零头。要限制灰色通道，只能靠增强阳光通道的吸引力。这个基本的认识和判断，是我们进一步探讨问题的起点。

## 二、选择先进的公平而非落后的公平

出国、海淘和代购固然是跨境购物的可行途径，但成本较高，周期太长，信息不对称严重，售后服务欠缺，而且交易税款都留在了国外。

为了改善这种状况，政府从 2012 年起就陆续启动了 10 个跨境电子商务进口试点城市，并在 2015 年设立了中国（杭州）跨境电子综合试验区，试图"通过制度创新、管理创新、服务创新和协同发展，破解跨境电子商务发展中的深层次矛盾和体制性难题，打造跨境电子商务完整的产业链和生态链，逐步形成一套适应和引领全球跨境电子商务发展的管理制度和规则，为推动我国跨境电子商务发展提供可复制、可推广的经验"（据 2015 年 3 月 7 日《国务院关于同意设立中国（杭州）跨境电子商务综合试验区的批复》）。

仔细读来，政府就是要用阳光管理取代灰色操作，用监管创新取代传统做法，用商誉品牌取代私人关系，用规模效应取代游兵散勇，并由此总结切实可行、行之有效的改革经验，引领世界的新贸易文明。

在此政策的鼓励下，跨境购物模式百花齐放，不论是直接从海外采购的垂直平台（如网易考拉），还是从海外选择卖家进驻销售的招商平台（如天猫国际），都会选择网购保税进口和直邮进口，而这两种进口模式都利用了"试验区"的创新制度，以廉价、快捷和高效的方式使物流通关。过去次数零散、交易量过小、物流成本高且服务质量参差不齐的私人代购，正有被这些有组织、可追溯、有保障的"试验区"服务所逐渐取代的势头。

恰在此时，"新政"出台了。"新政"内含三副针对"试验区"的紧箍，一是对网购物品按照一般贸易管理核验通关单，二是提高整体税负，三是以正面清单限制网购物品的种类。

刚刚培养起来的"试验区"优势瞬间消失：跨境电商订单量呈现断崖式下挫，而难以监管的海淘和直邮量则显著增加，商人迅速将仓库从"试验区"转到海外，保税园区大量前期投资浪费，一些国家也已经对等地提高针对来自中国的货物的入境门槛，整个局面被形容为"熔断"。

有人就此质疑跨境电商："在同样的规则下，为什么一般贸易能活下来，而跨境电商就做不下去？电商的竞争方式公平吗？"

我的回答是：确实不公平，但要看清未来的趋势，记住中国的体量，正视各地条件极不整齐的事实。如果任何政策都必须向年龄最大的惯例看齐，那中国就根本不会有经济改革，根本不会有经济特区，根本不会有眼前的经济成就，也根本不会像今天这样引领着世界电子商务的潮流。

在"试验区"的制度创新推动下，跨境电商给消费者带来了前所未有的体验，为国民经济平添了一块前所未有的红利。追求公平没错，但哪种公平更值得追求？是追求先进的公平，还是追求落后的公平？是把跨境电商打回一般贸易的原形，抑或是推动一般贸易也享受跨境电商的待遇？

这个"究竟是让监管适应未来，还是让未来适应监管"的问题，或者说"究竟是汽车向马车靠拢，还是马车向汽车靠拢"的问题，大是大非，举足轻重，我们一旦选择错误，中国的贸易前途就会发生逆转。

## 三、把大部分人的购物行为纳入到合法的范畴

"试验区"怎样才算成功？如果区内实行的政策比处于灰色地带的海外代购直邮更具有吸引力，也就是更快捷、更廉价、更可溯、更放心，并且能够带来更大的财政收入，那它就是成功的；相反，如果它实施的政策把商人们都吓跑了，逼着消费者重新回到灰色地带，以更缓慢、更昂贵、更没有保障的交易方式告终，那么"试验区"就是失败的。

有些监管官员敢于跟趋势较量，说既要在"试验区"内实施跟一般贸易看齐的"新政"，又要在海关加大执法力度，把从"试验区"内吓跑到代购直邮通路的物流给撵回到"试验区"内。

这种想法虽然有魄力，但它不仅高估了官员的执行力，而且还违背了一个最基本的常识，那就是政府永远应该尊重大部分人的意愿，把大部分人的行为纳入到合法的范畴里来。监管官员如果把普通百姓的与日俱增的海量购物行为界定到法外，那不仅是在自找麻烦，而且还会由于反复遭到挫折，损害政府的管治威信。

## 四、从行之有效的做法里提取经验

没有人反对监管，成立试点城市和"试验区"就是为了更好地监管。问

题是如何监管，而其答案不应该是纸上谈兵的，也不应该是自上而下的，而应该是从各地行之有效的经验里提取出来才逐步向全局推广的。

以杭州跨境电子商务综合试验区下沙园区为例。根据该区宣黎芳副局长介绍，在属地海关、检验检疫等监管部门的支持下，该区与国内多家知名电商共同围绕"规范化、便利化、自由化"的目标，创新研究适合跨境零售进口的制度、管理和服务模式，已经取得了一些成果和经验。主要有以下四点：

（1）清晰定义 B2C 模式。严格按照跨境零售进口概念，建立国内消费者直接向国外优质电商购买的商业模式，以区别于 B2B 的一般贸易；同时，在园区内引入为国外卖家和国内买家提供服务的服务型贸易企业，形成产业集聚，为后续设立监管制度提供了基础。

（2）全程信息化管理。建立符合跨境电子商务要求的全信息化管理系统，严格执行交易、支付、物流"三单数据申报"以及"实时对碰"制度，确保了信息的真实可靠，也满足了风险防控、统计监测和智能服务的要求。

（3）检验检疫创新监管。一是对企业和商品提前备案，建立台账规范管理；二是物品入园检疫，杜绝安全风险；三是全程信息管理，追踪溯源，边检边放；四是结合诚信管理，抽样送检，严格监控食品安全；五是定期进行数据分析，为今后"简证高效管理"提供数据基础。

（4）特殊产品风险防控。园区将牛肉、水果和鲜奶等列为"跨境限制类"商品，对它们进行特殊对待，既按照一般贸易的要求进行管控，又前置了审批程序，从而缩短了供应链。

然而，根据"新政"，跨境电子商务被当作一般贸易来管理，整体税负也随即大幅提高，再加上正面清单把大量已经纳入有效管控的商品排除在外，那就意味着几乎全面废止了上述行之有效的制度创新和监管创新，而这些创新本来是不只适用于服务与跨境电子商务，而且是可以延伸适用于一般贸易的。

显然，"新政"必然要做出修改，而重新强调试点城市的经验价值，重新回到"多地区试验、分层级管理"的轨道，重新允许和鼓励那些已经证明行之有效的创新式监管继续实施，应该成为修改"新政"的指导思想。

## 五、合理界定监管部门的责权

据最近新闻，韩国有针对中国市场而生产的假冒化妆品流入国内市场。这恰恰说明各国政府直接管制假冒伪劣产品能力非常有限，也说明通过创新政策培育优质的跨境电商平台非常重要。

常见一种误解，以为品质提高来自政府监管。事实上，监管充其量只能让所有产品达到一个时期的最高技术水平，而不可能突破这个水平。古往今来，人类所享受到的产品质量的持续提高，不是靠监管管出来的，而是通过企业之间通过优胜劣汰的市场竞争一节一节地斗出来的。技术竞争、模式竞争、品牌竞争，乃至地方政府之间的监管竞争，才是持续提高产品和服务质量的驱动力。

基于当前海量的贸易和物流，让监管部门承担所有的安全责任，既不实际，也不公平；同样，由于监管部门实际上的失职惩罚是有限的，所以仅仅为了避免他们有限的失职惩罚，就把跨境电商当作一般贸易来管理，进而削除跨境电商带来的巨大红利，也是严重地得不偿失。

合理的做法是跳出个别部门本位，由政府全局统筹，合理界定监管部门的责任和权限，根据"政府管平台、平台管个体、协同参与、多方担责"的原则，让各级政府、厂商、平台以及消费者本身，共同分担海量新增贸易带来的安全风险，从而促进跨境贸易总体的健康发展。

# 阿拉木斯：**传统文化与互联网治理**

信息社会 50 人论坛成员，中国电子商务协会政策法律委员会副主任，网规研究中心主任。2000 年创办中国电子商务法律网，2003 年创办北京德法智诚信息科技有限公司，2006 年创办"网上交易保障中心"，2010 年创办网规研究中心。2010 年开始，任阿里巴巴集团政研室高级顾问。工作期间，参加了我国电子商务与 IT 领域的多项重要法律

阿拉木斯

课题的研究工作，为国家十五重点科技攻关计划专题"中国电子商务法律法规体系研究"的项目主人。主要著作有《计算机 2000 年问题法律指南》（主编）、《信息网络与高新技术法律前沿》（副主编）等书，主编《中华人民共和国电子商务法规汇编》（2001 年版、2005 年版）。

　　一般来说，互联网从治理上的难点可以归纳为六点：虚拟环境、快速变化、海量信息、个性形态、跨界融合、复杂关系。而且这六点不是单方面发生的，而是相互交织、叠加形成的复杂体系。

　　网规里的信用治理更像是一种德治，因为西方的信用评价更多是基于有形的东西，比如资金、财产等。淘宝网上的评价和支付宝的芝麻信用，完全是基于对你的行为的评价，就是对你的品行和品德的评判。

　　中国式的互联网企业的治理，最大的特点就是"生态化治理"。这恰恰和

我们传统文化的"道法自然"思想是非常接近的。互联网网规和生态治理确实能和传统文化中的基本治理逻辑对得上。

先简单介绍一下目前互联网的现状，目前已经形成了现在所谓的中美 G2 的格局。比如 2015 年我们非常熟悉的"双 11 全球狂欢节"，全天交易额超过 900 亿元。对于这个现象，包括阿里研究院等研究机构主要都是从第二次信息革命的角度来理解。我们说，阿里巴巴也好，中国经济也好，BAT 也好，互联网+也好，这几年的确发生了一系列的变化。

而从另一角度来看，我们也能看到一系列的问题。比如百度搜索引擎，它的客观真实性的问题，它应该承担什么样的责任的问题。又比如微信，微信中也有大量的欺诈、传销、不良信息等问题。还有最近发生的一个滴滴打车的司机杀害了一个女乘客的事件，他当时的车牌还是套牌的，但是还是很顺利地破案了。还有 2015 年频繁发生的 P2P 互联网金融的跑路事件、互联网带来的对公民个人信息的侵犯和非法利用、非法买卖等，还有让阿里巴巴最痛苦，也是我研究最多的互联网假货的治理问题。

我们要看到这样一个令我们欢欣鼓舞的信息革命，另外一方面也确实有一系列严峻的问题需要解决。习近平主席在 2016 年 4 月 19 号的讲话，也明确地提出了一些要求。如何构建一个更好的互联网的秩序和治理的环境，是摆在互联网企业和平台企业面前的一个现实问题。

## 一、互联网企业的平台责任：法律、治理、社会责任三位一体

我们从研究的角度看，认为互联网治理有其特殊性。一般来说，互联网治理上的难点可以归纳为六点：虚拟环境、快速变化、海量信息、个性形态、跨界融合、复杂关系。而且这六点不是单方面发生的，而是相互交织、叠加形成的复杂体系。就像百度搜索结果一样，是一个比较复杂的治理问题。从海量的角度来讲，从比特世界到原子世界，它的数量级要大两个以上。

再看我们互联网的整个治理体系，如果要画比较粗的线条，首先是法规的治理，立法、司法、执法，第二部分就是行政管理。目前在电子商务方面

的法律还是比较少的，主要是行政管理。相关的监管部门，主要依据一些部门规章、政策文件。第三、第四部分就是网规治理和社会治理。其中作用最大、最重要的，目前应该是行政管理和网规治理。这两块的特点和效用决定了目前中国互联网治理的结构和水平。对行政管理，我们也做了一个大框架的勾勒，涉及主体、客体、市场行为、法律依据等。除行政管理之外，主要就是平台治理，也就是我们重点要介绍的网规治理。

| 法律法规 | 行政管理 |
| --- | --- |
| 网规治理 | 社会治理 |

图1　互联网治理体系

网规治理的基础是平台经济。互联网经济能够走到今天，我们认为最核心的是有平台经济这一模式，这一模式最大限度地激发了创新、创造、合作，并且成本最低、效果最大。平台也可分为很多种，电子商务平台、生活服务平台、搜索平台、媒体平台、支付平台和其他平台。网规主要是从电子商务平台的规则来切入研究治理。应该讲，电子商务平台是其中最复杂的，有资金流、信息流、物流，还有信用流等，特别是跟实体经济的相关性也是最强的。

下面我们来看什么是平台的规则，主要是出自平台的责任。其实平台不光是有法律责任，还有很多治理责任和社会责任。对于互联网企业来说，一方面它要承担法律责任，另一方面又因为它是一个枢纽，所以它也必须承担一个治理责任，此外还有相关的社会责任。这也是现在社会发展对平台的一些基本要求。为了落实这样的要求，所以平台才需要制定各种各样的规则。围绕法律责任，规则当然是依法制定的，但是围绕的治理责任和社会责任，往往并没有法律的依据。也就是说，国家的法律并没有强制要求平台必须制定一定的规则；而是为了促进所谓的生态健康，使得平台这种双边市场有更良性的发展环境。

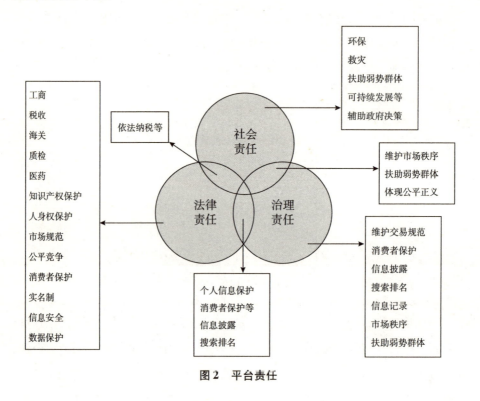

图2 平台责任

## 二、互联网企业的网规

以淘宝为例，淘宝2012年版的《淘宝规则》其实只是淘宝最核心的规则文本之一，淘宝的整个规则体系是由几百个这样的具体的《淘宝规则》构成。而现在的《淘宝规则》就已经有了129条，就是放在我国已有的法律中，也算是比较长的。它有一些很有意思的特点，里面有一些非法律的术语，比如绑定、拍下、包邮、评价不符、竞价不买、不当注册等，都跟现行法律没有太大的关系，或者说找不到法条来解释这样的术语。同时它的处罚也和我们熟悉的经济处罚、刑事处罚，形式都是很不一样的。也就是说，从术语再到它的逻辑体系、原则，虽然和法律契合，为了使得平台更好履行法律责任、治理责任、社会责任，它恰恰又和现行的法律很不一样，甚至差别很大。所以从这个角度看，我们希望能从文化的角度、传统的约束的角度找到网规发展到今天的依据。今后也能得到大家更多的指导和帮助。

当然，网规除了淘宝的规则之外，还有新浪微博、腾讯、百度、京东商城、凡客、F团、赶集网、世纪佳缘等一些互联网企业、平台企业，从不同角度，都创建了自己的网规。它是整个的非常庞大的体系。《淘宝规则》虽然有一百多条，但它只是淘宝整个规则体系中的一小部分。整个淘宝规则体系可以简单地说分成基础规则、营销市场规则、特色业务规则、行业市场规则四大块。比如《淘宝规则》就属于基础规则，"双11"的促销规则就是市场规则，营销也要遵循一定的规则，比如销售不能欺诈等。特色业务规则涉及的是C2C这样的闲鱼市场等的管理。行业市场规则包括通信市场、食品市场等，食品市场有一些特殊的要求，包括跨境等。这是整个规则体系的构成情况。

具体的处罚措施方面，对于店铺的有警告、限制发货、限制使用阿里旺旺、限制创建店铺、限制评价等。这些处罚一方面可说是多元多样，另一方面可说主要是经济手段或者说行为手段。而不是像原有的法律那样撤销许可证或者抓人之类的，一般都是很轻的处罚，主要是限制发展性质的处罚，而不是剥夺财产甚至自由的处罚。这确实也很有效。当然，还有扣分的处罚。如果违背了规定，扣1分、2分或4分，但是你如果被扣够12分了，你的店铺就该关了，类似于我们的驾照扣分制度。这里涉及信用的积累、公示等规则体系。

关于规则制定的原则，我们也简单地分析一下，主要有三种。第一是客户第一，第二是公正公开，第三是利益平衡。在保护消费者利益的同时，商家尤其是个人商家也是海量的千万级的，也要保护他们的利益，所以一定要注重利益平衡，不能完全从消费者的角度来考虑问题。

然后是制定规则的程序，程序也很有意思。首先是内部通过，然后是对外征求意见，根据意见再调整，然后再公示，最后是到商务部备案。这些流

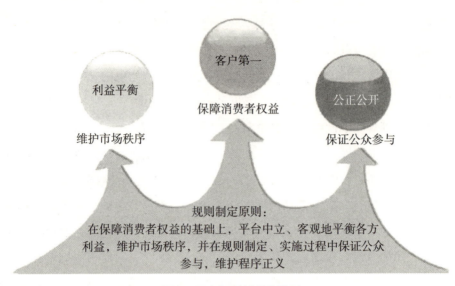

图3　平台规则制定的原则

程有点像我们法律中的程序法。无论是刑事诉讼法、民事诉讼法，都有点儿这个意思。同时，现在的规则也有一个"众议院"的规则，有点像"三权分立"的做法，规则的制定并不是阿里巴巴一家说了算，而是引入大量的相关方，如网商、消费者、服务者一起来参与制定。

在规则的执行过程中，还有一个很有意思的"大众评审"制度。就是当买卖双方出现纠纷时，这些纠纷更多不是由淘宝的小二来解决，除非有非常特殊的情况。一般就是让"大众评审员"来参与评审和纠纷调解，我本人也是评审员之一。

到现在为止，我一共判了20多个案子。这些案子本身都非常有意思，都是买卖双方的一些具体纠纷问题。判了这么多个案子，我的最大感受是，其实消费者无理取闹的情形远比商家的不诚信情形要多得多。因为每个评审员都有一个记录，一个案子有31个人判，任何一方得到超过15个人的支持就算赢了，无论是买家还是卖家。如果你在案子中支持了买方，但最后卖方赢了，那你自己也有了一个不良记录，因为你判错了。当你的判错率达到一定程度，你就会被剥夺评审员的资格。所以后来每次到最后决定自己如何投票时，我就会猜大家会支持哪一方。有些消费者如果把自己描述得很惨的话，一般都会赢的；但如果我们用法律来真正分析的话，他的那些理由未必站得住脚。但我也不能就此依据法律去判他输，因为这对我肯定是不利的。这样反而会促成了一种新的不公平，所以我们现在的平台其实对消费者还是有一种过度保护的问题。这是我的一些个人体会。现在有大概 30 多万像我这样的评审员活跃在淘宝网里。

## 三、网规的八大特点

根据我这些年的跟踪观察，网规大概有这八方面的特点：

第一，从产品的角度生产和运营规则，程序化、注重用户体验和可得性。

第二，发展导向，真正的是为了规范发展。

第三，制定者自身大部分并不懂法，基本是出于一种深刻的文化印记和他对道德、公平、秩序的理解。

第四，从立规到实施，可以形成闭环。规则实施前可以测试，量化结果，可以随时调整修改。

第五，多元化治理，多角度、多手段验证。

第六，技术处理、软件和大数据治理，针对某个治理问题设计一个特定的程序来解决问题。和我们政府的治理思维方式差别很大。

第七，最小成本。所有问题都在网上解决，不会为了某个问题设定一种线下见面或者验证的环节。

第八，信用管理，因为信任所以简单。这里的信用不是西方制度里的基于资产的信用，而完全是仅仅基于行为的信用。

我自己是学法律的，工作之后主要是在法律这个圈子里，包括参与立法、课题研究、制定部门规章等。从 2010 年网规研究中心成立之后，深入到淘宝的运行中，包括所有的互联网企业规则的运行中。确实感受到，他们在互联网规则的制定方面，确实和传统的立法、司法的规则完全不一样，差别特别大，这确实是一块值得挖掘的宝藏。他们往往从运行产品的角度来运营规则，而不是我们的立法、司法、执法这样一套程序，就是把规则当成一个产品来设计、运营。什么是产品？产品需要考虑用户的体验。你在设计的时候，你需要做各种试验，你需要考虑可用性，需要考虑结果，并且会成为一个系列的产品。也就是说，完全是从产品化的角度来运营规则、运营治理。这是一种独特的思路。我甚至怀疑在其他国家可能未必都会有这样的情况出现。

第二个特点可以从产品导向推出来。因为它从产品角度来运营，所以它真是发展导向的。虽然我们政府也总是讲，发展与规范兼顾，规范是为了发展，但往往容易成为一句空话。但在这两个方面落实到一个企业的实践中，它确实是为了发展的，它一定要充分考虑发展与各种利益的衡量。它一定是发展与规范兼顾，是能落地的。对于平台，就是最小干预的原则。我们在研究国外的很多立法的时候也会提出政府干预最小的原则，但我们很少看到具体的案例。但在平台上，每一件大事小事，都是最小干预的原则的体现。就像一个齿轮，平台治理的逻辑是在它运行的过程中，边运转边矫正，自己就矫正过来了。根本不会让它停下来，甚至都不会让它慢下来。

第三个特点，那些制定规则的人，确实都不太懂法。尤其是初期，所有网规的制定者，根本没有法律背景。就是从一个感性的潜意识的角度出发，用道德那一套办法就把事情搞定了，他们不像我们法学科班出身的那样有很多条条框框，他们完全是从他们的感觉和需求出发来制定和实施规则的。这恰恰是他们的价值所在。

而且它形成了一个闭环。我们知道，按照现在的法律体系，人大如果立一个法，实施效果到底怎么样，反馈回来是非常慢的；但是网络平台上，立法之前都会做各种测试，实施之前抛出去看结果，所以很快就可以看到它的效果。它是非常精准的，这和我们的法律体系很不一样。

这八个特点非常有意思。这和我们法律做的事情很不一样。但通过不一样的途径达到了同样甚至更好的治理效果。背后的原因非常值得我们思考。我们做了一个线上、线下治理的比较，反映出网上治理的多元化。

网规治理还有一点很重要的是软件治理。对于一个算法来说，在不到一秒的时间里告诉你 12 的 12 次方是多少，它肯定能做到，但如果你将一张狗或猫的照片放在它眼前判断是猫还是狗，它可能一个星期都不能告诉你正确的结果。算法和程序有它的长项和短处，这就是目前互联网治理的难点。交易量和信息量太大，大家知道"双11"交易的峰值是每秒14.8万笔交易，这种交易不可能是人工治理，而只能是软件治理。而软件治理，就像最近很火的谷歌AlphaGo一样，在智能上某方面是极强的，但另一方面又是极弱的。所以就经常会出现有人问平台，这个违法的东西在你的平台上我都看到了，你怎么就没看到？因为这个东西确实不是人在看，不是人在治理。不光是淘宝，我们说打车软件治理骗取交易补贴的问题，也都是软件在处理的。所有的网规治理也就是软件治理。

## 四、互联网治理与传统文化：基于德治自我约束的关系

网规里的信用治理更像是一种德治，因为西方的信用评价更多是基于有形的东西，比如资金、财产等，淘宝上的评价和支付宝的芝麻信用，完全是基于对你的行为的评价，就是对你的品行和品德的评判。而阿里小额贷款最早的联保贷款，又很像我们以前的保甲制。至于平台上面的第三方调解行为，和我国江浙地区的老娘舅的传统又很相似。

然后，我们从网规发散开来，中国式的互联网企业的治理，最大的特点就是"生态化治理"。这恰恰和我们传统文化的"道法自然"思想是非常接近的。这可能是我们今后最值得挖掘的一个方向。什么叫"生态化治理"？这个行业总是爱讲自己是个"电子商务生态"，后来我们发现，治理也是一种生态化的行为。我们目前，所有的平台也好，网商也好，形成了一些治理的模式，确实受到了我们根深蒂固的"天法道，道法自然"思维逻辑的影响。简单回顾一下，我们是怎样从生态中学到治理经验的，生态系统的"可循环、均衡、周期性、复杂关系"等这些方面，在网规里都有反映，互联网网规和生态治理确实能和传统文化中的逻辑对得上。

《失控》的作者凯文·凯利（Kevin Kelly）说："我们创造的这个世界变得过于复杂，我们不得不求助自然世界以了解管理它的方法，自然是管理复杂性的大师。"他说的就是我们老祖宗的治理逻辑，就是道家的"天法道，道

法自然"。这个社会这么复杂，如何治理？我们看天就可以了。我们今天的互联网的网规治理就有点像中医＋西医，虽然中间加了点西医，其核心还是中医的。就是因为这样的传统文化的特点，其实这也是其他国家互联网治理的逻辑走向。依靠这样一种生态型的和谐关系，基于德治的、自我约束的关系，才能给世界带来更美好的互联网的时代。

# 张国华：对网约车的拥抱与否，将决定城市的未来

信息社会 50 人论坛成员，国家发改委城市中心综合交通规划院院长。研究领域涉及智慧城市、新空间经济和新规制经济理论、"产业·空间·交通"协同的多规合一规划、基础设施PPP 投融资。在《人民日报》《瞭望》《财经》《财新》《南方周末》《经济要参》和《中国交通报》等知名媒体发表"互联网＋交通"专稿数十篇。在《城市规划》《城市规划学刊》《规划

张国华

师》等知名学术期刊发表论文 50 余篇。北京交通大学和北京建筑大学兼职教授，世界银行交通顾问，中国城市规划协会专家，中国分享经济工作委员会专家委员。

我今天主要谈三个问题：第一，从规则的制定看网约车的困境。第二，如何形成新的治理体系？第三，网约车未来良好的生态应该怎么去构建？

## 一、从规则的制定看网约车的困境

谈网约车的规则制定需要探根溯源，法律、法规乃至规则最初的根源在

哪？每个人进入社会第一个规则就是小学生的守则，那么英、日、美、中四个国家小学生守则有什么样的区别？从英国的守则上我们看到非常明确的对人生命安全的要求，日本的守则是非常细节、非常规则的标准，美国要把每个小学生培养成一个真实、诚实的人，但是中国的守则都是大道理，看完中国小学生的守则，我想我们其实都不知道怎么样养成一个良好的习惯，都不知道自己作为个人的独立和尊严。其实中国的小学生守则基本上落实不到日常具体行动中，这些守则基本上都是圣人的守则，如果以圣人的行为准则为准则的话，这意味着99.99%的人都没有办法做到。如果99.99%的人都没有做到的规则，还会有人去遵守吗？

同样的，看网约车的规则可以得到一些基本结论：按照今天网约车的规则，特别是以北上广深为代表的，意味着99.99%的司机都做不到。比如说8年的车辆要改，按照专车的司机去改，我们去看一下今天即使他是干专车的司机，他能够保证他8年都是专车吗？都是专车司机吗？根本不可能。不知道法学界是不是认为无法遵守的法就是恶法，因为它会对整个法治体系造成致命的破坏。

网约车的管理办法，应该去管不遵守法律规则的1%少数，还是去管现在不能满足北上广深条件的99%多数？这个困境的解决需要放到更大的尺度上来看待，放到未来中国城市发展的角度来寻求答案，国家刚刚召开了中央城市工作会议，会议非常明确地强调了要认识、尊重、遵照城市发展规律，端正发展指导思想，那么什么是城市规律，城市是市场经济的产物，不是计划经济的产物，城市是工商业文明发展的结果，不是农业文明发展的结果，那么城市和农业社会的区别是什么？城市经济和农业经济的区别是什么？农业社会是一个熟人社会，而城市社会是陌生人的社会，大量的陌生人聚集到城镇空间，陌生人之间高强度的交易需要信用和法治保障；农业经济是散状经济，而城市经济是一个密度经济；这就意味着国家的治理模式和治理体系都会带来一系列根本的变化，根本的变化要从"权力、等级、封闭"管理模式转型到"自由、平等、开放"的治理模式。

我们还需要进一步来剖析计划经济和市场经济的根本区别。计划经济是一种高度确定性经济，就像苏联的经济学家卢克夫所言"要把 1964 年的国民经济做好的话，需要全部苏联人把手上的工作全部停下来一起做这个计划，到 1982 年才能做好"，在过去这 100 多年人类治理社会经济发展治理史中，以苏联为代表的国家采取了高度确定性的计划经济的治理模式探索，那是以苏联垮台为标志的全面宣告了计划经济治理模式的失败。

而市场经济那一端特征是自由放任、高度不确定，怎么去看确定性和不确定的关系，其实还是需要不忘初心，需要上升到哲学层次上去寻找答案，伟大的哲学家柏拉图告诉我们：每个人到这个世界上来你都面临着现实的世界，这个世界是不完美的，是短暂的，是不和谐的，是多变的，我们都想去追求彼岸的理想的、多变的、永恒的、完美的、静态的世界，但是柏拉图告诉我们理想的乌托邦式世界是不可能存在的。

## 二、如何形成新的治理体系

其实今天很多人，包括政府有关部门和相关专家对网约车的发展中有这样、那样的不完美，都想通过价格和数量去管制，其实如果真正让自己内心静下来去考虑考虑，我们对网约车的分析和判断，依然停留在这种确定性的思维中。反过来看，不确定是什么，因为不完美才有空间去改进，多变才能带来多种可能性，对不确定性的探索、冒险成功就是创新。同时国家新型城镇化发展战略规划明确强调，城市是创业的乐园、创新的摇篮，城市的发展是高度不确定的，这才是城市的本质，看到不确定性，去拥抱这种不确定性的思维才是真正的市场性思维。

那就需要不确定性和市场经济的思维来考虑网约车未来的发展，在互联网＋出行的领域里面，传统的出租车，以原来出租车改过来的网约车，以滴滴、易到的 C2C 们，以及以神州专车为代表的 B2C 们，各种角色和作用如何去确定，他们之间如何分工？平台、车主、司机以及我们乘客之间这个合作关系如何确定？在这个发展过程当中是需要创新和差异化服务，但是向哪个方向创新，如何差异化，那不是我们研究人员所研究出来的，也不是政府所能够规定出来的。这也就是说像我们在 20 世纪 80 年代初期价格改革的时候，当时国家集中了很多专家通过计算机去模拟的价格如何去决定市场，过去 30 多年改革发展历史告诉了大家，最终的结果是市场的参与者、竞争者们，在市场的竞争当中、博弈当中相互博弈出来的。

要处理好这个市场的博弈关系，首先需要考虑网约车发展的思维进行根本转变，从过去的管理型思维真正转到治理型思维。需要考虑好"政府、企业、市场和智库"四方面和网约车的关系，那就是政府应该是充分吸收各方面的意见去制定优秀的政策、规则；企业应该主导资源配置，在实践中主导创新；公众应该更多地反馈它的诉求，并且积极地参与这种决策；但是这里面很重要的还有第四方，就是我们在座的各位专家们所代表的智库机构，如何解决政府、企业、市场之间的信息不对称，需要提供智力支持。只有处理好了这四方关系，未来才能走出新的道路。

从过去两年来网约车规则制定研讨中，智库显然面临着选边站队的选择，是为某个部门讲话，还是说为市场讲话？在讨论网约车规则的过程中，更多的不是基于你的逻辑、分析、经验的判断去讨论，更多是要给对方打标签，甚至还看到了 30 多年前红卫兵的影子，也有专家们被指责为资本家说话，显然在这样的语境下求共识是一种奢想。

而作为网约车的市场方面，主要代表是司机和用户，城市社会人是陌生人，要交易、要合作，都需要遵守规则，每个人都需要珍惜自己和对方的信用。在深圳网约车发展中发生了"安全带"事件，乘客如何不再任性而是遵守规则？Uber 在中国发展过程中，主导不少创新，比如说乘客和司机之间双方的信用评价，但是在中国当下的现实中，乘客随意给司机打分，同时司机也在随意给乘客打差评，这告诉我们什么？告诉我们这个社会还是一个农业社会，还不是一个真正的城市社会，不珍惜对方的信用，如果珍惜自己的信用，你一定会珍惜对方的信用。当然政府方面面临的挑战更大，如何从管理走到治理，面对新型的行业模式，让企业通过市场竞争得到未来的结果，而不是一上来就用已有的法律法规把它管死，在改革的路程当中，今天也面临着很大的困境，那就是吴敬琏老师所呼吁的"改革者上、不改革者下"，但是中央党校周天勇老师反驳说"今天更多的是，改革者下，不改革者上"，不同城市对网约车不同的态度是非常深刻的反映。

## 三、网约车未来良好的生态应该怎么去构建

作为网约车平台的企业家们是主导创新的。他们的责任在哪，出路在哪？通过福特汽车的发展对网约车企业能够带来哪些启示？福特汽车通过汽车的流水线为新兴的工业模式带动了新的工业革命，此外更重要的是，福特更大的贡献是创造了整个汽车产业发展的生态，福特认为"汽车不应该属于少数富人，应该让每个人买得起"。1914 年通过汽车流水线高效的生产模式，让每辆汽车的成本降到 500 美元以下。同时将每个产业工人工资一天 1 美元直接提高到了 5 美元，福特汽车的产业工人一年工资可达到 1800 美元，这样的话在满足自己家用的情况下，买辆汽车是绰绰有余。同时还需要看到中美两国创新企业的差别，美国企业无论是过去的福特，还是今天的苹果、Facebook，他们价值观是通过给社会带来什么改变，促进社会高效的运转，从而实现它的价值创造和财富积累，但是我们国家某些企业还停留在尽快挣钱的价值观。未来网约车平台的企业应该从福特的发展历程中得到启示，真正承担起责任来，应该让从事网约车的司机们有一份合理的收入，让乘客要花相对合理的钱享受到更高的服务。解决好这个问题才是真正的胜者，而不是今天所担心的哪一家企业独大，今天的独大只代表过去的商业补贴模式，如果将来商业补贴模式没了怎么办？我们唯一担心的是靠权力形成的垄断，靠技术是形成不了垄断的。

此外网约车的发展面临着和城市交通乃至城市公共交通发展的竞争和合作关系，有专家提出来政府控制网约车发展是为了让我们的公共交通更好地发展，但首先看公共交通的问题，公共交通和网约车、小汽车出行的最大区别是什么？是不可能给每个人规划一条公交线路，给你建设一条地铁线路，所以选择公共交通出行的人，都需要从家门口到公交站，公交之间要换乘，根据我们最新的研究成果，全国各个大城市选择公共交通出行的人，有 50%

以上的时间是不在车辆上的，而是在两头接驳和中间的换乘、等车。公共交通出行效率只有小汽车出行效率的一半不到，这样下来的结果是什么呢？到公交站时间长，候车时间长，乘车环境差，换乘距离远。任何一个环节的不满意都会导致放弃公交出行，上海同济大学杨东援教授在上海公交做了一个调研，上海选择公交出行的乘客当中，有70%的人只要有别的方式可以选择，立马跟公交说再见了。过去打着公交优先的旗帜对公交进行保护，保护的结果只能是让公交行业越来越落后，公共交通和城市交通好的服务一定是竞争出来的，保护只能是让被保护者更加落后。

对于网约车和城市公共交通未来的竞争和合作关系，可以期待未来网约车的新技术、新商业模式和城市公共交通更好地合作，把城市的公共交通资源进一步调动起来，其实恰恰是更好地代表未来的发展。

首先网约车生态构建需要四方主体发展好协同关系，显然今天还是非常初级的阶段，并没有真正形成像发达国家那样比较协调的治理体系，未来我们要走这一步；其次是未来不要有太多的担心，因为未来已来，我们从中国过去这些年的发展可以看到，越是接近公共产品垄断或者准垄断行业，越是新兴的产业在中国的机会越大，这也是网约车在中国短短几年时间有爆炸性增长根本原因所在；再次，也不要担心30年前第一次改革中碰到的"在深圳30年前一家养5只鸭子合理，养6只鸭子就革你资产阶级的尾巴"。互联网＋城市出行的改革将成为中国未来走向现代化、城镇化道路的试金石。

对于网约车未来的发展有太多的不确定，这些不确定就是黑天鹅，黑天鹅告诉大家"我们不知道的比知道的更有意义"，决定我们一个人、一个组织、一个国家、一个地区发展的不是我们知道的白天鹅，而是那只我们不知道的黑天鹅，对网约车发展的未来，如何看待和呵护好黑天鹅，将决定网约车何去何从。

# 朱巍：不同城市的网约车立法思维

## ——北上广深 VS 成都

信息社会50人论坛成员，中国政法大学传播法研究中心副主任。2010年至今在中国政法大学进行教学和科研工作，副教授、硕士生导师，主要从事互联网法治研究与教学工作。担任中央人民广播电台、北京电视台、《新京报》《法制日报》《法制晚报》《法治周末》、北京广播电台等媒体评论员，执业律师，中国人民大学民商事法律科学研究中心兼职研究员，北京网信办评议会专家，北京互联网协会法律工作委员会专家委员，中国人民公安大学网络空间安全与法治协同创新中心专家组专家，北京消法学会副秘书长，北京互联网人民调解委员会调解员，中国互联网协会分享工作经济委员会专家委员等社会职务。

朱巍

2016年10月8日，国庆长假后的第一个工作日下午到晚上，北上广深四地的网约车落地新政开始陆续发布，向社会公布征求意见。本人作为长期研究分享经济和互联网＋政策与法律制度的学者，作为曾经热烈歌颂过交通部专车新政"高瞻远瞩"的欢呼者，作为网约车的普通用户，在仔细学习过北上广深落地新政后，深感不安，充满疑惑。出租车本来就是属地管理，地方政府确实有权立法，特别是能够开门立法，向社会广泛征求意见，这是好事，是进步。相反地，成都公布的网约车实施细则的征求意见稿却显示出与北上广深截然不同的立法思维。

## 一、北上广深网约车立法的三大歧视

且不论四地新政没有体现出互联网"共享"的基本精神，也不论会不会再次引起打车难和出行贵的影响，更不论行政权力对市场公平的不当干预，单从四地新政体现对网约车赤裸裸的三大歧视上，就无论如何也说不过去。

第一大歧视：车型歧视。

四地新政将网约车车型的轴距作为能否作为网约车车型的入门门槛，燃油车轴距应大于 2700 毫米，新能源车轴距大于 2650 毫米。北京、深圳和广州还要求网约车的排量要在 2.0L 或 1.8T 以上。

按照如此标准，包括宝马 3 以下的车型（包括 1/2，MINICOORPER 等系列车型）、奥迪 A4 以下的车型（包括 A1/A2/A3）、奔驰 GLA 以下的车型（包括 smart 等），以及绝大多数的经济型车型和豪华跑车车型都要被排除在外。像是外观大气的菲亚特、荣威等车型，即便是轴距勉强到了标准，但也会因为排量不足被排斥在外。诸如纯电动车，宝马最新款四五十万元的 i3，轴距也只有 2570 毫米，依旧会被排斥在外。

说句实话，政府对于营运车辆车型确实应该管管，毕竟不是什么车都适合在道路上运营，但是也要有科学的标准，若是连很多豪华车的标准都不能达标，那到底是为何？

是为了安全吗？以北京出租车最重要车型现代伊兰特为例，该车轴距 2610 毫米，排气量也就是 1.6L，都不能达到网约车的标准。若是六七万元钱的韩国伊兰特都能胜任日常繁重的出租车业务安全性，那么，为何其他车辆不行？所以，不可能是为了安全。

是为了舒适吗？还是以北京出租主力车型新捷达来看，颠簸程度和后排伸腿实在超不过奥迪 TT，不过，奥迪 TT 也不能做网约车，因为它的轴距只有 2468 毫米。

是为了提高档次吗？那就更加不能理解了，即便连价值 160 万元的四座保时捷 911 轴距也只有 2450 毫米，虽然 911 后排也比较舒服，也比较够档次，还是不能作为网约车运营。

轴距和排量的限制，若不是为了安全，不是为了舒适，也不是为了档次，那是为何呢？2700 毫米的轴距和 2.0L 排气量（或 1.8T）数据到底是如何得出的，我们尚不得知。按此新规，除了低于标准车辆的网约车司机会提出疑问外，一些知名汽车厂家似乎也会大有不满，为何我们的车不能做网约车？是在质疑安全还是舒适？是否涉及市场歧视？

我们观察到，以往各个城市对出租车排量的要求是规定有上限，这是出于环保考虑。然而，此次网约车却规定了下限，这是出于什么考虑？考虑到新政落实后网约车市场的超高退出率、可能引发的车型歧视，以及运费提高等一系列问题，各地政府必须仔细衡量。

第二大歧视：户口歧视。

北上广深一致要求网约车司机必须有本地户籍。

移民都市是城镇扩张的产物，户籍竟然成为稀缺品，成为教育资源，甚至工作资源的瓶颈，这实在是走回头路。据百度数据显示，北京户籍人口与外来人口比例为 1∶8。确实，外来人口增加了北京城市负担，减少了北京福利水平。不过，正是这些外来人口才把北京建设为人间天堂。"包容"本来就是北京精神的一部分，包容的不仅是文化和习惯，不能仅体现在川菜和大闸蟹，还应该是工作机会的平等。

住房和车辆的限购，我们都表示理解，毕竟是增加资源，宏观调控是必要的，也是平等的体现。不过，工作机会的限制——性质就变了，这就是歧视。"十三五"纲要中明确，到 2020 年城镇化居民要达到 60%，城镇户籍要达到 45%，这就意味着，未来的五年中我们还要解决一亿人进城市落户问题。户籍制度与工作机会应该是相辅相成，外地人到北上广深，至少在工作机会上应该均等。靠能力吃饭，而不能靠户籍吃饭。

反户口歧视，目前还没有明文写进劳动法或促进就业法律体系中，不过，2014 年南京鼓楼区法院已经受理了第一起因户口导致就业歧视的案件，最后以劳动者获赔 11000 元赔偿调解告终。若因户口问题被用人单位拒之门外都不算就业歧视的话，那么，宪法上规定的劳动权就是一纸空文。值得注意的是，历年国务院对高校毕业生就业的政策中都重点提及了，招聘毕业生不能以"年龄、户籍等"为限制的禁止性规定。那么，若是北上广深四地网约车中，有异地应届毕业生应聘作为网约车司机的话，到底是遵守国务院的规定，还是"属地管理"，由四地新政说的算呢？

有人说，户籍在本地的司机更安全点。这个观点的支撑只有"兔子不吃窝边草"的依据，除此之外，似乎没有更好的依据。好人坏人各地都有，盲目排外和地域歧视才真正是做坏事的诱因。从户籍信息化来看，网络化的户籍制度早已建立好，"天下大同"至少在户籍调查和监管上已经完备。干吗非要分出来北京人、广州人、深圳人还是上海人？都是公民，都有身份证，何必多虑。

又有人说，户籍制度是保证本地人先有工作，这个观点认同者居多。咱们暂且以北京为例，多年以来，北京地铁耗费大量北京纳税人的钱，坐着大多数的外地人，却让北京财政埋单，所以必须涨价；北京教育资源被非京籍占用，所以必须要户籍优先限制；等等。其实，这确实是个问题，本地资源当然优先本地人，但这意味着 88% 在北京生活的外地人机会的减少，这与他们在北京夜以继日地努力工作和建设成果相比起来，似乎有些残忍和不公平。北京精神是"爱国、创新、包容、厚德"，爱国不分地域，创新不能仅依靠户籍，包容就是机会平等和一视同仁，只有这样，才能让北京文化和精神达到厚德的程度，这才是北京的魅力。

网约车司机的户籍限制，非常有可能引发第二个"就业歧视案"。我国的民法典正在制定当中，2014 年南京的就业歧视第一案请求权基础是一般人格权——人格尊严，就业歧视的普遍发生或会引起将就业权作为民事法律具体人格权的讨论。从学理上讲，我支持并呼吁"平等就业权"必须写进民法典的具体人格权之中。平等就业权的确立，不仅对公民权利起到很好的保障作用，而且也将对我国城镇化、法治化起到促进作用。

第三大歧视：经营歧视。

北京的规定是网约车应该张贴"网约车专用标示"；上海不允许网约车接受"机场和火车站"的订单；上海对顺风车做出规定，限制了路径、单数、计费标准等。对此，我有几点不明。

第一，专车新政明文规定网约车不能巡游接单，为何还要网约车张贴专用标示？网约车车型偏豪华些，很多客户就是为了追求面子和档次选择网约车。若是网约车贴了标示，除了车型与出租车不太一样外，还有啥区别呢？对于管理而言，网约车都是登记的，数据平台都是与政府数据联网，网约车又不能巡游，贴不贴标示，真的有那么重要吗？

第二，机场、火车站与其他地方到底有何区别，不允许网约车接单，不允许乘客在那里搭乘网约车？为了避免网约车司机挑活？这点好解决，平台屏蔽掉到达点后，强制派单即可，实践中也有不少这样做的。为了机场、火车站好管理？到底是旧有的管理制度适应发展，还是发展停下来适应旧有制度，得出这个答案似乎不难吧。为了保护一些旧有利益？实践中，机场、火车站、酒店、饭店门口"趴活"的都不是随意的出租车，一般都是场所"特许"的趴活车辆，如同 20 世纪 90 年代出租车向酒店"揽活"一样，互相都有好处。不过，机场、火车站是公共场所，这与酒店、饭店、商场等场所还不一样，是不是到时候打破这些"割据"势力范围了？

第三，顺风车是典型民事法律规则调整范围，为何还要行政权力特殊干预？最不能理解的是顺风车要限制次数，要明确路线，还要明确收费。上海的同乘新规，已经明确合乘出行是"驾驶员和合乘者自愿的民事行为"。民事行为不是营运行为，相关规则完全可以依照合同法和民事法律相关规则确定，立法者只要考虑到强制保险和登记信息确认即可，完全没有必要事无巨细地事事关心。若按照明确路线的规定，那么，过年回家，每年一次的好意同乘是不是会因为不是每天路线而违反法律呢？若按照每天不得超过两次的数量限制，家长每天一早送孩子去 A 地，然后送配偶去 B 地上班，再然后开车去 C 地上班，这是一家三口再正常不过的生活规律，算上来回的次数能接六次单，完全可以顺路拉六次客人，是不是因为新规必须要放弃两次呢？放弃的这两次的乘客，必须再去摇号买车，或者挤地铁或公交？

压缩网约车空间，换出租车改革时间的做法不可取。

其实，我们都能理解四地政府的苦衷，出租车改革压力很大，新旧产业矛盾尖锐。以一定的"压缩网约车空间"换取一点点"出租车改革时间"的初衷也不能说不对。

但是，网约车是分享经济的代表，是"互联网＋"的体现，更是解决就业问题、城镇化和城市出行问题的关键点，孰轻孰重，还需立法者慎重考虑。

## 二、为网约车发展的"成都思维"点赞

相比北上广深等其他城市对网约车车型、人员和管理思路近乎"苛刻"的"凛冽寒风"，成都对网约车属地管理思路却非常"宽容"，犹如促进"互联网＋"与分享经济发展的一缕阳光。

### 1. 成都思维是以人为本的典范

城市出行位列老百姓的"衣食住行"之中，没有安全、绿色和高效的出行，城市生活幸福指数就要大打折扣。成都细则中将"承运人责任""保险责任""先于赔付""信息安全""乘客监督""处理投诉率百分百""找回遗失物""提供发票"等都做出了事无巨细的规定。这些规定看似烦琐，但乘客安全和消费者权益没有小事，缺乏安全与消费者权益保护的发展，也就失去了发展初心和理由。

成都细则以人为本，鼓励创新，以安全为底线，信用和自律为手段，用保险做减震器，突出先于赔付保障消费者权益，重视用户投诉解决等"组合拳"打得好！这套组合拳不仅是网约车发展的底线，也是其他互联网＋产业发展的安全模板。

相比之下，北上广深等地的意见稿，更多通过"限制发展"的思维来解决创新中的安全问题。这可远远比不上成都思维视野的开拓，成都思维是建立在鼓励创新的基础上，保障安全为前提，以人本位，促进分享经济发展为要务的新型治理思维。守住底线和鼓励创新本来就是辩证关系，循规蹈矩地

治理就不能发展，没有了发展，受损害的将是社会和用户的长远利益，安全底线则是鼓励创新的立足点，而满足人民的需求才是立法和执法的最终目的。

**2. 成都思维将市场作为网约车发展主要指标**

与北京细则规定的"实施市场调节价，必要时可实行政府指导价"不同，成都细则仅规定了"网约车运行实行市场调节价"。以供需关系为基础，让价格直接反映出市场需求，这样的价格比较真实，能够真实反映出市场规律。当然，有人会讲，政府完全放弃"指导价"的权柄，会不会让网约车价格失控？答案是否定的。

放开价格，意味着市场要素的自由流转。当网约车市场供大于需时，价格下降，利润越少，愿意从事这个行业的人和车也就越少，这会让部分车和人选择退出市场；反之，当供小于需时，价格上涨，这会让人觉得有利可图，更多的社会车辆通过程序进入到市场中。等到进入市场的车辆越来越多，价格也就会随之逐渐偏低，人和车又会退出市场。这样，周而复始，市场作为"看不见的手"成为网约车发展的指挥棒。可见，价格因素不仅能灵活反映市场供求关系，而且更能解决城市出行领域出租车数量多少的难题。从价格开放的角度说，出租车数量应该是个变量，相比行政决定而言，尊重市场的价格调节更为科学和准确。

**3. 成都思维突出了新旧产业之间的"共享"与"融合"**

在很大程度上，网约车与出租车代表着新旧两大产业的矛盾。这种矛盾有时候是一种不稳定因素，有时候更像是一道鸿沟，这是各地政府面临的同样问题。成都政府在处理"鸿沟"时确实有着高明之处。

一方面，直接打通了出租车与网约车司机的流动渠道。细则规定符合巡游车驾驶资格的司机，可以跨过其他程序，直接申请网约车司机资格。市场实践中，用户使用习惯也多有不同，对出租车与网约车各有所爱。网约车对出租车行业的冲击大多体现在对传统出租车市场的份额上，一些出租车司机可能觉得利润不如网约车划算。此时，网约车与出租车司机作为市场构成基本要素，若能够自由流动的话，必将产生市场调节作用：出租车效益好时，司机安心做出租车司机，网约车效益好时，司机完全可以用最低成本转行做网约车。当然，一些网约车平台更是建立起来了人员流动的"物质基础"，缴纳不高的保证金，就能拥有自己的网约车，选择权又重新回归到了市场和司机师傅自己的手中。

另一方面，直接打通了出租车与网约车的经营范围壁垒。成都细则明确了巡游出租车可以跨过其他程序，直接申请从事网约车服务。不换车，不换人，由出租车转型为网约车的"融合"理念必将成就成都思维的大获成功。很多城市都面临出租车转型难、出租车改革难的大问题。北上广深细则面对处理新旧产业矛盾的问题，通篇是以"牺牲网约车发展空间，换取出租车改革时间"的思路，以车型、户籍制度等理由，刻意压制新产业发展来回避对旧产业的冲击。成都思维则不然，以新旧产业的"无缝连接""无障碍转换"等创新和灵活方式来解决新旧产业的矛盾。这种做法更为温和、优雅和智慧的手段，基本解决了新旧产业矛盾对立的问题。这对于互联网＋的其他行业来说，同样具有借鉴意义。

### 4. 成都思维对"车和人"资质的要求符合实践发展规律

北上广深等城市的网约车征求意见稿中对网约车的入门门槛分别做出了轴距（燃油车2700毫米以上，新能源车2650毫米以上）和排气量（1.8T或2.0L以上）的资质要求。以北京为例，如此的轴距和排气量要求，不仅将出租车彻底排斥在外，断绝了出租车与网约车的融合发展之路，而且还将包括宝马、奥迪、保时捷等豪华车的一些车型排斥在外。毫无疑问，这样的规定是缺乏立法依据的，是不符合城市出行实践的，更是对分享经济的变相扼杀。网约车为代表的分享经济，本来就是新时代用户"意愿经济"的代表。只要符合上路安全标准的用户个性化需求，就应该属于分享经济标的物。

仅仅以车辆轴距或排气量来衡量是否符合网约车资质，势必将绝大多数的分享经济主体排斥在外，剥夺了他们的分享互联网发展红利的权益。同时，网约车也是城市出行的重要组成，绿色环保本来就是城市出行基本准则，出租车的排气量都是存在上限（1.6L以下），却要求网约车的高排量，这无论如何也无法解释绿色环保出行理念。

成都思维则重点突出了"鼓励新能源汽车"加入网约车的理念，将燃油汽车的排气量规定到 1.6L 和 1.4T 以上，这不仅在网约车与出租车的舒适度、安全性和差异化之间找到了最大公约数，而且也贯通了出租车与网约车可能发生，也必然发生的融合，减少了新旧产业矛盾，充分尊重了分享主体合法权益和用户自由选择的权利。

　　北京和上海等城市网约车征求意见稿中最饱受争议的，就是户籍制度能否作为网约车司机的就业"门槛"。不论是从宪法和劳动法规定的平等劳动权，还是从"十三五"规划的城镇化发展，或是从网约车发展的国内外实践来看，户籍门槛制度都是涉嫌歧视、违法、忽视网约车和懒政思维的发展实践错误做法。即便从城市控制人口规模角度看，户籍制度门槛也是多此一举。因为很多城市的网约车"限外令"已经将外地车辆限制在城市出行之外。若再对"外地人"加以限制，则明显违反了《行政许可法》第 15 条，"行政许可不得限制其他地区的个人或者企业到本地区从事生产经营和提供服务，不得限制其他地区的商品进入本地区市场"的相关规定。可见，北京、上海等城市设立户籍门槛的做法，不仅不合情、不合理，而且也不合法，最终也会因违反上位法而无效。

　　成都思维则从实践角度出发，将非户籍人员的"居住证"资格也纳入到网约车司机范围之内。扩大网约车司机就业主体，实际就是增加了就业可能，有利于城镇化进程和社会稳定，有利于全社会劳动者对细则的理解和支持，符合网约车就业实践，终将极大促进"双创"和分享经济的发展，最大限度地扩张了互联网发展的社会红利。

# 司晓：互联网平台经济、颠覆性创新与竞争政策新挑战

信息社会50人论坛成员，腾讯研究院院长，腾讯集团公共战略部总经理，副总法律顾问。兼任中国知识产权研究会、中国版权协会理事，国家版权局国际版权研究基地研究员，深圳大学客座教授。先后供职于网易、迅雷、腾讯等知名互联网公司，编制"中国互联网＋指数"，发起"北大－斯坦福－牛津大学国际法律政策论坛"，组织出版《分享经济》、网络法律文库、《互联网前沿》等一系列在国

司晓

内外具有重大影响的图书，对互联网发展中大量涌现出来的法律、政策、产业、经济问题有深入分析与研究思考，具有丰富的实务经验、较强的研究能力和业界影响力。

## 一、平台经济与互联网商业模式

通过观察二十年以来全球最高市值公司排名变迁情况可以发现，在二十年前（1996年），排行榜上前十名主要是制造企业和资源型企业，而现在

（2016年）市值排名靠前的公司一大半都是像苹果、谷歌、Facebook、腾讯这样的新经济公司。这些公司有一个共同的特征就是平台型的企业，因此可以说，我们已经步入平台经济时代。

平台经济的特殊性主要表现在互联网企业以双边市场（Two-sided Markets）为核心特征的商业和赢利模式。通俗来讲，可以把平台理解为一个用户的蓄水池，所有互联网公司都在开足马力，试图用自己的服务把用户努力抽到自己的平台上。可能腾讯提供的服务是社交，阿里巴巴的是电商，百度的是搜索，滴滴的是出行，等等，但本质上都希望能够通过免费服务方式将用户吸引到自己的平台上，并且能够让用户尽量长时间地停留，然后再在这个基础上产生商业模式。

如果互联网公司能够在用户这一边赚钱，比如谷歌和百度每搜索一次就能收取一分钱，那将是最简单有效的商业模式，可以不用广告或竞价排名等办法去创造任何其他的商业模式。但事实证明，这个简单模式显然不可行。当然，用户这一边的需求也是有分层的，互联网公司也会通过挖掘出部分用户的增值服务需求来赚钱，但增值服务只能吸引到很小一部分的用户。

因此，互联网平台企业的主要收入大多来自于平台的另一端，包括广告和第三方合作伙伴。首先，广告是互联网整个产业运用最悠久、最成熟，并且到现在依然是最流行的一个商业模式。像之前的门户网站，以及谷歌、百度等搜索企业，他们超过百分之七八十的收入来自广告。其次，第三方合作伙伴通过开网店、开专车、开发应用等各种方式服务用户，与平台共享收益，这也是一个很重要的收入来源。

由此可见，互联网平台企业主要的商业和赢利模式，就是以免费和交叉补贴为主要特征的双边市场商业模式。当然，平台经济及其双边市场特征不是互联网行业所特有，但之前关注更多的是银行卡、传媒等传统产业，近一二十年以来则在互联网行业表现最为突出。

## 二、平台经济中的市场结构与竞争特性

互联网平台经济产生一个普遍而有趣的现象，即在任何一个细分领域，不管是搜索还是电商，大家基本都只能看到一两家领头企业，也就是说在大部分细分领域中市场集中度很高。寡头竞争或"一大多小"的主导企业竞争模式是互联网行业典型的市场结构形式。

出现这种市场结构的推动力之一是所谓的"倾覆效应（Tipping Effects）"。倾覆效应是指，在若干竞争产品之间，如果其中某种产品在消费者偏好方面取得某方面的优势，达到一定规模的用户（倾覆节点）之后，在用户预期的作用下，吸引力急剧增加，能迅速把其他产品的用户吸引过去，此时资本也会迅速跟进，从而使得这家企业迅速形成不对称的竞争优势，直至下一次创新的来临。

尽管在互联网平台经济中，某些细分市场有可能会出现高度集中的局面，但这并不意味着市场的竞争不激烈。当下非常流行的科幻小说《三体》提出了"黑暗森林法则"概念，这一法则如果用来描述互联网平台经济所表现出来的竞争是很贴切的。在互联网平台经济中，每个平台本质上都是竞争关系，都在抢夺用户的注意力和时间，就像黑暗森林中的每个文明一样，相互之间难以判断谁是真正的敌人，谁是最终的敌人。任何一个平台都可能将另一个看起来似乎并无直接竞争关系的平台消灭掉，这也就是通常所说的平台跨界竞争。

这里有两个问题值得关注。其一，虽然用户注意力和时间是平台竞争的一个重要维度，但并不必然说平台占有用户时间越多，竞争力和赢利能力就越强。比如视频服务天然会消耗很多的用户时间，而好的搜索服务是让用户花尽量少的时间找到想要的信息。其二，尽管静态地看，平台所占有的用户时间并不必然和竞争力、赢利水平呈正比，但平台在抢夺到用户时间之后，可以很容易地进行跨领域的业务拓展，这与传统行业存在很大区别。比如传统媒体在吸引到用户时间之后，很难将这种注意力引导至支付服务上。但在

互联网平台经济中，社交软件却可以通过入口往支付服务上去拓展，支付软件也可以往社交领域去尝试。因此，用户注意力和时间的争夺对于互联网平台的跨界竞争来说至关重要。

由于跨界竞争等因素的存在，互联网平台经济中可能出现高度集中但是极不稳定、激烈竞争的局面。在"3Q大战"庭审期间，法官曾问360代理律师这么一个问题，即360并没有即时通信、搜索等任何意义上和腾讯、百度等公司直接竞争的产品，为何在招股说明书中将这些公司列为竞争对手？这在某种程度上印证了我们的一个观察，即互联网企业的竞争，很多时候就是对用户的竞争。不管你做什么产品，只要有了足够的用户，将来就可以进入其他领域进行跨界打劫。

随着用户使用习惯改变，或者下一代硬件和设备技术发生改变的时候，跨界的机会窗口随时可能会出现。此时，企业进行的是为市场而展开的竞争（Competition for the market），而不是传统的在市场内进行竞争（Competition in the market）。这就可以解释为什么很多互联网领导企业占有很高市场份额却还总是感觉如履薄冰，并且有无数的互联网巨头"其兴也勃焉，其亡也忽焉"的经典案例可以佐证。

## 三、平台经济中的颠覆性创新

与跨界竞争密切相关的是，互联网平台经济展现出来的另一典型现象是颠覆性创新（Disruptive Innovation）。颠覆性创新是相对于维持性创新（Sustaining Innovation）而言的。这里的创新实际上包括技术的创新和商业模式的创新等多种形式。所谓的"颠覆"是指给市场带来剧烈的影响，有学者直译成"破坏性创新"，其实未能准确体现其本意。

如果说从最早的IE浏览器自带的下载工具，到具备断点续传功能的网络蚂蚁，再到网际快车、迅雷等具有多通道下载、数字指纹等技术的下载产品是维持性创新，那么随着带宽的增加和流媒体技术的发展，用户可以直接在线观看，各种APP盛行，影视领域专门的下载工具将越来越没有必要，流媒体在局部范围内取代了下载工具，这就可以说是颠覆性创新。Airbnb 在没有一家自有房屋的情况下，估值超过任何一个传统意义上的五星级连锁品牌，并同时和 TripAdvisor 这类在线预订网站开展了在线预订的竞争，这也是一个给市场带来颠覆性创新的经典案例。用传统的思维来看，他们永远发现不了这种竞争对手的存在。

在即时通讯市场，腾讯 CEO 马化腾说过，微信帮助腾讯拿到了移动互联网的一张站票，但现在还没等坐下，船就要到岸了。因为这种颠覆性创新是持续不断进行的，现在行业人士普遍认为下一代颠覆手机的设备会是 AR（增强现实技术）。就像手机时代不是做手机版 QQ 就可以，AR、VR 时代也不会是 AR、VR 版微信，会有颠覆性的产品出来。硬件更迭、用户迁移的时候往往是最好的颠覆性机会窗口出现的时候，但谁也不能保证抓住下一次的机会，这就是互联网行业颠覆性创新的特征。

## 四、互联网平台经济时代竞争政策的新挑战

平台经济、双边市场、跨界竞争、颠覆性创新……这些互联网时代的典型特征给反垄断法与竞争政策的实施带来了很多新的问题与挑战。如何通过反垄断执法确保互联网行业竞争机制的良性运转，成为各国反垄断执法部门面临的世界性难题。这里提出三个问题供探讨：①如何协调颠覆性创新引发的行业规制政策与竞争政策之间的冲突？②如何通过反垄断执法来促进颠覆性创新的产生？③互联网平台经济中，反垄断执法如何重新界定垄断的边界？

首先，颠覆性创新问题突显了行业规制政策与竞争政策之间的矛盾，这一点在近期引起社会舆论广泛关注的出租车与网约车市场表现得尤为突出。有一个经典的故事，即在汽车刚出来的时候，当时的监管机构声称基于安全考虑，规定汽车速度不能超过马车。这现在当然已经成为了一个笑话，但也说明，如果现行规制政策不能很好地应对颠覆性创新，传统在位企业可能通过游说规制部门去应对自己可能或实际遭受的破坏，甚至可能会要求规制部

门直接封锁颠覆性企业进入市场，从而给竞争政策的实施构成了障碍。中国近期出台了公平竞争审查制度，这是应对规制政策与竞争政策冲突的一个重要工具，这个工具如何真正有效实施，还需要在实践中去探索，但这一应对挑战的态度和勇气无疑是值得鼓励的。

有效促进颠覆性创新的发生可以提高消费者和社会总福利，所以也是美国和欧盟反垄断执法部门近年来关注和努力的方向之一。奥巴马当局在任期结束前夕，还推出自动驾驶政策和 AI 的国家发展战略。因此，包括竞争规则在内的公共政策的制定和实施，对新旧技术的交替，尤其对于颠覆性创新能否持续发生，都有至关重要的意义。

其次，在互联网平台经济下，一些看似封闭的商业模式能够带来局部开放的生态，传统意义上理解的一些垄断或限制竞争行为可能反而能够产生促进竞争和促进消费者福利的效果。比如谷歌将其垂直搜索服务整合在主搜索页面，因而受到反垄断执法机构的关注和调查，但迟迟没有明确的结论出来。这至少说明这些行为在互联网平台经济的语境下产生何种效果还存在争议，究竟是限制竞争还是提高效率和消费者福利，还应在实践中不断摸索。这就需要我们的反垄断执法部门根据互联网平台经济的特殊属性来重新厘清垄断的边界所在，避免直接套用传统思维模式而对新兴产业造成误判和误伤。

在 PC 时代，微软和苹果分别是开放和封闭的典型。而在移动互联网时代，典型的是安卓的开放平台和苹果的封闭平台。开放平台或封闭平台哪个更有利于消费者和整体社会福利的提升？苹果的 iPhone 和 iPad 等产品深受全球消费者的喜爱，虽然市场占有率不高，但产生的收入和开发者的分成最高，生态也比较繁荣，其成功很可能离不开其封闭的系统。因此，不能简单说平台封闭就是坏事。

最后，传统思维认为电信等基础设施平台是关键设施，因此需要采取网络中立（Network Neutrality）的思路去监管，那么，能否直接将这一思路照搬到互联网平台呢？这一点可能有些误区需要澄清。欧美等国说的网络中立，主要都是针对电信骨干网络，而非互联网应用层面的网络。国内有些人据此直接认为互联网平台也应网络中立，可能是望文生义了。

　　关于互联网应用平台是否需要采用网络中立原则进行监管，国际上近期也开始有些讨论，但主流观点并不支持对互联网平台采取网络中立原则进行监管。我个人观点认为，越接近上游基础设施领域的平台，越需要网络中立，因为上游遵守规则，下游才能发展得好；越接近终端消费者的网络平台，可能越难以成为反垄断法意义上的基础设施，因此并不适合采取网络中立原则进行监管。

# 张平：互联网开放创新的专利困境及制度应对

信息社会50人论坛成员，北京大学法学院教授。1991年获北京大学法律学系硕士学位，1998年到美国西雅图华盛顿大学当访问学者。1991年至今兼任北大专利事务所专利代理人，中国高校知识产权研究会秘书长，第三届中国知识产权研究会理事，中国科技法学会常务理事。1996—1997年，被聘为北京市第一中级人民法院知识产权庭专家陪审员，参加过重大知识产权疑难案件的审理。

张平

主要著作有《知识产权法详论》《网络知识产权及相关法律问题透析》《域名与知识产权保护》《网络法律评论》（主编）、《标准化与知识产权战略》（合著）、《共享智慧 开源软件知识产权问题解析》（合著）等。

互联网开放创新展示着无限的发展空间，从自由软件理念开始发展到开源软件的广泛应用：安卓系统手机全球普及以及私家车经济（Uber/滴滴快的）、私人住房经济（Airbnb / GoVocation）都是开放创新的结晶。开放创新成就了一批共享经济企业，也借助互联网经营着每个人的资源。在中国政府提出"万众创业、大众创新"的口号下，自由、开放、共享的创新理念更是促进实现这样目标的原动力。

然而，开放创新也面临着巨大的知识产权困扰，其开放、共享的创新理念与以保护私权至上的现代知识产权法律制度志道不同。

早期，自由软件为了规避"专利丛林"而强烈排斥专利申请，但是发展到开源软件产业化时为了守卫自由的 Linux 世界，众多专利权人聚集百万件专利以构建专利长城①，却依旧秉持不收费、不起诉的主旨，表现出何等的专利纠结。

互联网服务商（ISP）在提供分享软件和云存储服务时也遭遇到前所未有的著作权挑战，从 P2P、BT 到各种云盘，即使著作权法中为其设立了"通知—删除"义务的"安全港"原则，缓解了音乐、视频、图片、文档等分享网站的著作权侵权风险，但 ISP 们在接到"通知"后终究还是无法彻底"删除"侵权作品，在海量诉讼面前，ISP 们已经没有了所谓的"安全港"。今日，微信类的通信软件更是面临著作权困境：对于微信公众号还可以由服务商介入直接删除未经授权的传播内容，而对于朋友圈之间的微信传播可以说每时每刻都在传播他人的作品，但服务商已经无法净化这片空间了，这些"非法"复制件在微信中的传播能否逃避著作权法的"利剑"？

互联网开放平台亦遇到严重的商标侵权风险，亚马逊、阿里巴巴、唯品会这类经营网站以及各类"海外代购"的经营模式一直被平行进口的商标侵权问题所困扰，在贸易全球化和互联网＋时代，是否还存在着平行于商标权人"第一市场"的"灰色市场"？全球电子商务环境下是否还有"水货""行货"的问题？

基于开放创新理念的 Uber／滴滴快的们更是与传统出租车、公交车开展一场拉拢乘客之战，各种折扣、红包、免费已经引起全球规模的市场准入及反不正当竞争之诉。

开放创新成就的共享经济在带给人们便利的同时也卷入了无尽的知识产权纠纷。本文限于篇幅，仅以开放创新带来的专利问题展开讨论，期望法律

---

① 开放创新网络 OIN（Open Invention Network），集合了全球 1500 余家公司的 160 余万件专利和专利申请筑起了一道围绕开源操作系统的专利长城，该组织在全球范围内开展让 Linux 远离专利诉讼的活动。正所谓"恨也专利，爱也专利"。http：//www. openinventionnetwork.com/.

能在私权保护与产业发展的平衡之中寻求一种共赢的制度设计。

## 一、从"专利丛林"到"许可证丛林"

在信息技术领域，由于创新的激烈竞争，一件产品往往汇集了成百上千件专利，涉及众多的专利权人，所谓的"专利丛林"就是指制造一件这样的产品所涉及的专利越来越密集，众多专利之间互相纠结、制约，专利权人之间无法达成一致的谈判条件以致最终不能顺利实施这些专利产品，这些相互纠缠的专利形成"灌丛"，不仅阻止后续发明，也让后发企业在商业竞争中寸步难行。"专利丛林"现象对软件技术的开发和应用尤为明显，所以，在软件领域首先开始反叛现代知识产权制度，反对软件著作权和软件专利保护，诞生了著名的以自由软件为标志的开源许可证 GPL（General Public License）许可证。

GPL 强烈排斥专利，为避免开源软件的再传播者以个人名义取得专利授权而使程序专有化的风险，GPL 始终提醒利用开源资源的人们不要去申请专利。如果取得专利，GPL 许可证亦要求：任何专利权人都必须为了他人自由使用而开放许可，否则就不应申请专利。可见，基于 GPL 许可证开发的软件，要么不申请专利，要么申请专利后免费许可给所有用户[1]。

然而，在商业社会里，完全洁身自好的开放社区是不存在的，随着应用程序的开发，开源软件越来越多的和商业软件结合，生长出上百种不同条件的许可证。[2] 今天，互联网公司提供开放平台，当大家都利用底层代码的开放资源，而在接口和上层应用程序中依然允许部署专利，并且有不同条件的许可证发布，一定会导致后来者在编程接口、组合产品中无法厘清众多复杂的

---

[1]　参见 Open Source Initistive 网站 GPL 许可证，http：//opensource. org/licenses/gpl－2. 0. php 。中文翻译可参考百度百科词条 GPL 许可证。

[2]　开源许可证的种类可分为，以使用开源软件的代码再散布（redistribute）时，源码也必须以相同许可证公开的类别有：GPL、AGPL；以使用开源软件的代码并且对开源代码有所修改后再散布时，源码必须以相同许可证公开的类别有：LGPL、CPL、CDDL、CPL、MPL；以使用开源软件的代码（包括修改）再散布时，没有特殊限制，只需要明确标记的许可有：ASL、BSD、MIT 等，资料来源于开源运动 OSI（Open Source Initiative）网站：http：//opensource. org/ 。

许可证关系，使其掉进"许可证丛林"。"专利权和许可证在法律结构上层层叠叠、互相覆盖。弄清两者对开源软件的作用就像是穿越雷区"①。如果说商业软件是专利权和著作权许可、收费的一种显性竞争，那么，基于开放创新技术的法律风险是隐性的许可证冲突和违约责任与侵权责任混交在一起的法律大战。

美国法官波斯纳在其博文中反思专利权和著作权是否过度使用时指出："软件领域专利过度保护带来的问题是最有力的说明。这是一个充满发明的、先进的、有活力的产业。但是在药品领域中存在的专利保护必要性在软件这里消失了。现在，大部分的软件创新是由一段代码来体现，软件创新逐渐变得支离破碎，不是一个整体，而是很多个零件，以致某个软件设备（手机、平板电脑等）或许有成千上万件理论上可以申请专利的独立零件（一段软件代码或者一组硬件）。结果就是庞大的专利灌丛，给市场主体创造了无数的机会提出侵权诉讼、质疑专利的有效性"②。

基于开放创新的技术在产品转让和公司兼并中发生的权利义务转移也会改变开源软件的许可规则。2010 年 8 月，甲骨文公司指控谷歌公司在构建 Android 系统时非法使用了 JAVA 程序的代码，侵犯了其拥有的 7 项与 JAVA 有关的专利权及其相关版权，要求赔偿 60 亿美元。这七项专利包括：US6125447、US6192476、US6530080、US6910205、US6061520、US7426720、USRE38104。实际上这些专利是甲骨文早前在收购太阳微系统公司（Sun Microsystems）时从太阳公司取得的。太阳公司作为 JAVA 程序的开发者，也是开源框架的最大拥趸，其始终为客户提供有关开放 JAVA 源代码的免费版本，但是依旧维持着专利权的有效。在甲骨文公司收购太阳公司之后，部分代码的开放许可证被甲骨文公司终止，甲骨文公司利用收购的专利和

① Jack M. Germain. Defending the Free Linux World ［EB／OL］. http：／／www. linuxinsider. com／story／Defending－the－Free－Linux－World－81512. html.

② Becker－Posner. Do patent and copyright law restrict competition and creativity excessively? ［EB／OL］. http：／／www. becker－posner－blog. com／2012／09／do－patent－and－copyright－law－restrict－competition－and－creativity－excessively－posner. html.

著作权对互联网公司发起了诉讼。谷歌的 CEO 曾在太阳公司任高级经理数年，帮助把开源软件的理念引入了谷歌，并在 Android 系统中使用了 JAVA 技术，一些科学家、软件工程师也都指责甲骨文公司违背了诚信和契约，甲骨文公司可以对其收购之后的改进技术申请专利，但是对收购之前已经确立的开放许可证应当继承其法律义务，这些证据让谷歌最终避免了专利侵权，但是在是否构成著作权侵权方面法官存在分歧①。无论该案结果怎样，互联网公司已经被复杂的知识产权授权产生的"许可证丛林"所捆绑。

## 二、来自传统 IT 厂商对互联网企业的专利威胁

新兴的互联网企业往往没有很雄厚的专利储备，特别是新近崛起的电商，他们在纠结各种开源许可的法律关系时，更无法应对传统 IT 厂商的专利威胁。

以 Facebook 为例，在其商业经营如日中天的时候，专利诉讼也接踵而来，仅在其提出 IPO 申请前后，Facebook 就遭遇了 5 件专利诉讼：3 个来自于 NPEs（Non - Practicing Entities，非专利经营实体），一个来自于其他公司，另一个则来自于雅虎，同时 Facebook 也遭到了亚马逊的诉讼。实际上，这均是由于 Facebook 的专利基础较为薄弱造成的。一些著名的咨询公司如埃森哲公司在网络社交、电子商务领域也拥有相当多的专利权，根据美国专利和商标局公布的数据，埃森哲拥有 2700 多个专利组合，在电子商务相关的专利中，其数量已经超过 eBay。随着 Facebook 与其他公司的专利战不断升温，不排除埃森哲、高盛等咨询公司也会加入其中②。

2009 年以来，B2B 网站 eBay 又卷入一些重大专利纠纷，如 Actus 诉

---

① 参见 May 9, 2014 Decided, UNITED STATES COURT OF APPEALS FOR THE FEDERAL CIR-CUIT, ORACLE AMERICA, INC. , Plaintiff - Appellant, v. GOOGLEINC. , Defendant - Cross - Appnt. ella。

② 毕春丽，李梅. Facebook 频遭专利诉讼的启示 [EB/OL].中国信通院知识产权中心网站 http: //ipc. catr. cn/zjsd/201303/t20130304_ 908069. html.

eBay、Amazon. com、花旗集团、苹果等 15 家公司专利侵权案，计算机澄明公司诉 eBay、波音公司、爱普生美国公司等 44 家企业专利侵权案，PartsRiver 公司诉 eBay、PriceGrabber. com、雅虎、微软等 5 家公司专利侵权案等。美国著名电子商务网站 Autotrader. com 也被 GraphOn 公司两度控告专利侵权。Cars. com 仅在美国联邦地区法院就曾卷入十多起专利诉讼。

2009 年 4 月，平行网络公司起诉 Google、亚马逊、Kayak 软件公司侵权，涉案专利为 US6446111，该专利主要保护客户端与服务器端之间的通信方法，包含 27 项权利要求，其权利要求几乎覆盖所有的互联网公司的基本业务。

2009 年 4 月，Actus 公司控告 Google、美国银行、Visa 公司、万事达卡国际公司、沃尔玛超市、迪士尼公司、M&T 银行、Javien 数字支付方案公司等 20 家企业侵权。涉案专利有 4 项，全部保护用电子令牌实施电子商务交易的方法和设备。

2009 年 5 月，API 技术公司控告 Google、Amazon. com 公司、Amazon 网络服务公司、美国在线、百思买公司、汤姆森 - 路透公司、雅虎等 24 家企业专利侵权。涉案专利是一种在数据传播网络上通过机器执行的服务数据的提供方法[1]。

互联网企业遭遇的专利纠纷，大部分与上述已有案件相同或来自相同专利家族。这些集通信软件及商业方法于一体的专利，其保护范围之大，让后续的创新很难在现有的技术路径上超越。

软件专利权人还有一个更强的控制力，就是将软件专利与技术标准结合或者形成行业习惯。他们一旦在某个领域捷足先登，就意味着在互联网空间有了制定技术规则的权力，而如果再将其专利以国际标准的面目出现，就有了进行全球许可的平台，或许现在存在的侵权现象有可能还是培育市场的绝好途径，20 年的专利保护期足以让他们在市场发育良好后坐收标准必要专利的许可使用费。

---

① 前述发生的案例资料整理来源于笔者主持的研究项目"开源软件知识产权及法律风险研究"报告（2011 年、2015 年）。

面对专利短板带来的威胁,互联网公司不得不在关键技术领域如社交网络服务、搜索服务、地理位置服务、安全保障、云计算等方面展开始专利布局,试图通过用户黏度的优势与传统 IT 企业来一场专利博弈①。但这也仅是近几年才开始的专利申请。在我国,号称是高新技术公司的互联网企业,在其核心业务方面的基础专利也远弱于之前的 IT 公司,IBM、甲骨文、诺基亚、微软、华为、中兴等公司在文件管理、存储、安全保障方面的专利比互联网公司在专利的积累上具有绝对的优势,他们一旦进入移动互联网业务,传统的互联网公司是没有专利招架之力的,这也是为什么会出现互联网公司近年来大量收购专利的现象。互联网公司通过收购专利,一方面壮大自己的实力,更多的是为了应对法律诉讼,做防御性储备,特别是应对近年兴起的众多专利经营公司(NPE)的诉讼。

## 三、NPEs 对互联网企业的专利攻击

NPEs 是近年开始活跃的专利经营实体,相对于之前的"专利蟑螂"(patent troll)来说,NPEs 更是指那些专利巨无霸②。NPEs 让专利领域中的创新活动成为一种商业投资行为,向发明投资与向其他领域投资一样可以直接从市场赢利。聚集了成千上万件专利"资本"的巨人们在专利应用的模式上也不同于传统的专利授权方式。这种"投机"性创新总是伴随诉讼回收其前期投资,于是在激烈的市场竞争中搅起了寻租式的诉讼浑水。

NPEs 并不进行生产制造或产品销售,主要是针对市场行情,选择竞争活跃的技术领域,从其他公司或个人手上购买专利,或者看好"猎物"之后有针对性委托研究获得专利,然后通过诉讼索要高额专利赔偿予以牟利。美国《财富》杂志 2014 年 2 月报导:2013 年被 NPEs 攻击的公司排名(在美国被

---

① 参见本文作者主持的研究项目:北京大学法学院互联网法律中心 2014 年《互联网技术创新观察报告》,http://www.cneip.org.cn/emphasisshow.aspx? CateID = 19&ArticleID = 13222。

② 参见 TOM EWING & ROBIN FELDMAN 发表在《斯坦福大学科技法评论》2012 年第 1 期的文章:The Giants Among Us. http://stlr.stanford.edu/pdf/feldman - giants - among - us.pdf。

诉）：AT&T 70 次；Google 43 次；Verizon 42 次；Apple 41 次；Samsung / Amazon 39 次；Dell / Sony 34 次；Huawei 32 次；BlackBerry 31 次。上述公司每十二天至少被诉一次。2013 年 NPEs 大量起诉 4800 个被告，诉讼数量高达 2008 年的六倍，诉讼数量已占全部专利诉讼的 67%。

NPEs 通过市场分析进行的选择创新活动，使原来既有的创新市场发生了变化，也改变了同业竞争者的专利战略方向。专利正在成为一种可流通的大宗商品，至于其中的技术是否核心、是否有重大创新价值，已少有人关心。

NPEs 的惯常做法是：

（1）找到能够应用到多个公司的产品和服务的专利。

（2）在同一个诉讼中起诉数十甚至上百家公司。

（3）诉状通常只包括适用于每个被告的通用主张。

（4）主张被告故意侵权以获取多倍的赔偿金。

（5）支付尽可能少的诉讼费，律师风险代理。

（6）执行统一的取证计划。

（7）提出的和解数额大大低于诉讼费用和支出。

（8）起诉之后马上联系被告要与之和解。

（9）先拿大公司开刀，取得战绩后，再陆续以此找上其他厂商。

（10）连带威胁向厂商合作的客户提起诉讼。

（11）对与之较早达成和解的被告提供比较优惠的条件，以便对其他要和解的被告提供动力。

（12）与为潜在陪审员所知悉的著名被告达成和解，以便给人以该专利很强的印象。

（13）总是强调，"大"公司正在利用"弱小发明人"的技术赚得大量金钱却不肯为该技术付费。

在美国这样法律繁复、诉讼过程冗长的国家，NPEs 不惜破耗大量时间、金钱策动诉讼，足以看出其一旦专利侵权成立的严重后果给当事人带来的威胁以及起诉之后迅速和解的"轻松"赢利的模式是非常诱人的。在技术频繁更新的 IT 界和互联网领域，NPEs 更喜欢在关键时期抛出专利武器攻击对手。

NPEs 的行为使专利权完全脱离产品，独立地被交易和货币化。大量资金流入早期阶段投机性的科技公司，投资者也乐于抬高此类公司的价值，以期这些公司的专利能被证明具有市场前景。这种非理性的专利繁茂导致大量创新泡沫，科技产业会像股票市场那样动荡不安，产品制造商也因为忌惮 NPEs 提起专利权诉讼而退让，引发专利所有者与使用者脱节，制造业被 NPEs 控制的尴尬局面①。

## 四、专利制度的修正与完善

基于开放创新诞生的互联网企业具有极强的专利追赶能力。腾讯、阿里、百度等企业已在国内提交数千篇有关电子商务、安全管理的专利申请。许多专利已经与传统 IT 领域的专利构成互补竞争，如：信息商品交易模式、音乐消费行为分析方法、采用第二代身份证绑定银行卡进行支付的方法、侵权作品甄别汇报方法、数字产品奖励方法等。在这样的专利竞赛下，企业之间的专利纠纷亦必然加剧。2015 年，我国在北京、上海、广州设立了专门的知识产权法院，专利诉讼已经成"井喷"势头，以海外 NPEs 对中国市场的觊觎以及中国"专利大跃进"效应，如果没有一个理性的制度应对，会严重影响我国经济和科技进步的效果。这一点，美国波斯纳法官的预言应当引起我们的重视：

"当专利保护给发明者提供的更多是一种与竞争的隔离，而非发明人需要的充分激励，那么结果将是市场价格高于生产效率，引起资源分配的扭曲；并将出现大量浪费性的专利竞赛，这里说浪费性，是因为重复的劳动与无法激励发明（尽管这些竞赛提升了发明的速度）。

"高效、优质的专利制度不仅能够有效激励本国创新，还能够遏制专利海

---

① 参见笔者 2012 年主持的研究项目"开放平台的知识产权问题"，参加者：何为、沈冲、陈佳佳、刘永伟。

盗公司的滥诉以及其他不正当竞争行为。实践中，应严格控制授权标准，提高专利质量，防止专利海盗公司利用垃圾专利威胁企业正常经营活动。慎用专利禁令，在发明所有人为非专利实施主体的情况下，应综合考虑案件具体情况以做出是否发布专利禁令的决定。

"软件领域进一步阻碍专利机制发挥效力的障碍包括：缺乏具备必要技术背景的专利审查员、有限的技术型法官与陪审团、产品某部分而不是全部产品的侵权损失难以计算，以及软件产业自身技术活跃性带来的不稳定性，这种技术活跃性同时激励了专利申请与侵权，这就造成了司法成本的增加。

"迄今为止，虽然在社会利益与专利保护成本的问题上，药品与软件产业仅是两个极端。但我认为，大量的学术研究证实专利保护整体过度，重大的改革势在必行。"①

美国政府针对专利应用中出现的这些问题，已经采取了应对措施。2013年6月4日，奥巴马政府宣布采取5项行政措施和7项法律措施：提高专利审查和诉讼的透明度、清晰度；减轻消费者和终端用户的专利侵权责任；加重败诉方的诉讼成本；修订 ITC 专利侵权禁令规则等。美国在专利法修改时也考虑到计算机软件和生物基因专利保护带来的不良后果，在专利审查方面更加严格。但是，这些措施发布以来并没有看出美国的 NPEs 行为有减弱的趋势，大公司的专利竞争更加严重，对进入美国本土的外国公司起诉依然猛烈，美国在海外的专利政策也与其国内不尽相同，依然以专利强保护的势头对其他国家施加压力。

2014 年，德国马普所向全世界发出《专利保护宣言》，该《宣言》序言写道："作为创新市场的框架性规章，专利制度应当与其为之服务的创新进程以及赖以运行的竞争环境相适应。为了确保专利制度作为一项发明政策工具能够发挥其有效的功能，专利权应该在参考社会经济成本与收益的前提下，

---

① Becker – Posner. Do patent and copyright law restrict competition and creativity excessively？[EB/OL]. http：//www. becker – posner – blog. com/2012/09/do – patent – and – copyright – law – restrict – competition – and – creativity – excessively – posner. html.

加以界定、证成以及不断反思。"① 马普所的这份《专利保护宣言》从 TRIPs 协议第 7 条与第 8 条出发，强调 WTO 成员在制定知识产权制度时拥有高度的自由裁量权来调整国内的创新市场，特别是在具体的制度设计：可专利性与公开、专利保护范围的确定、权利用尽、专利权限制于例外、强制许可、政府使用、专利侵权救济、临事过境、形式责任等方面，WTO 成员都有立法的自由选择权。

尽管在 TRIPs 协议中这些内容都有白纸黑字的陈迹，但是，在实施 TRIPs 的过程中，似乎人们已经忘记了这些政策空间，完全被引导至"专利神圣不可侵犯"的道德遵从。马普所的《专利保护宣言》让人们从盲从中"清醒"，让专利制度回归初衷。也提醒那些专利保护过度膨胀的国家回归到 TRIPs 协议的国际规则上来，不要期望在知识产权保护方面另辟区域协定（如 TPP 等）、双边协定（如 FTA），要充分给本国创新和竞争留有发展空间。

中国正值专利法第四次修改，一方面，要解决多年来专利保护不力的问题；另一方面，也要考虑蔓延全球的专利恶性竞争，尽可能遏制那些准备在中国"大干一场"的 NPEs 发动的寻租诉讼。

开放创新已经成为互联网技术的发展趋势，不使用开源软件已经成为行业内不可能的事，开源社区丰富的开发者及软件资源是每一个互联网企业不可忽视的创新源泉，基于封闭的工业革命诞生的专利制度在开放的互联网时代进行根本的变革是大势所趋。

---

① 德国马普所的《专利保护宣言》由马普创新与竞争研究所所长 Reto Hilty 主持拟订，中文译本：张文韬、肖冰译，林秀芹校，资料来源于 2015 年 7 月 8 日中国人民大学"专利保护宣言"研讨会。

# 毛伟：全球互联网治理变革的启示及中国对策

信息社会 50 人论坛成员，北龙中网（北京）科技有限责任公司董事长。中科院研究员、博士生导师，国家信息化专家委员会委员。1997 年作为第一任主任创建 CNNIC，2009 年作为董事长创建中网公司。作为主要技术人员参与建设了中国第一个与 Internet 连接的网络——中国科技网（CSTNet），由此获得中科院科技进步特等奖，主持参加了网络信息服务安全管理系统、CNNIC 总体安全、IPv6 根域

毛伟[1]

名服务系统等国务院信息化工作办公室、863 计划、中国科学院项目，在国内率先开展了中文域名、ENUM 等新一代互联网资源寻址技术的研究，主持开展下一代互联网示范工程 CNGI IPv6 网络地址规划研究、CNGI 可信域名服务系统等多项国家项目，制定多项互联网 IETF 标准和国家行业标准，在国内最早开展了关于互联网络的调查研究工作，在 CNNIC 推动建设国家域名服务管理体系，多项指标达到国际一流互联网络信息中心水平。享有政府特殊津贴。

2016 年 10 月 1 日，在经历了美国国内各种复杂的政治和法律博弈后，美

---

① 此文为毛伟与互联网域名系统北京市工程研究中心张建川共同执笔。

国政府正式将互联网号码分配局（IANA）的管理权移交给互联网名称和数字地址分配机构（ICANN）。自 2014 年 3 月 14 日美国国家电信和信息管理局（NTIA）发表声明有意放弃这一权力以来，全球互联网社群一直在期盼这一天的到来。IANA 移交是全球互联网治理变革进程中一个具有里程碑意义的事件，它标志着持续了近二十年的美国政府对互联网关键资源的单边控制权正式结束，也标志着全球互联网多利益相关方社群两年多来的努力取得了重要的阶段性成果。

近年来，随着我国互联网的蓬勃发展，中国互联网社群在全球互联网治理进程中的参与也不断拓展和加深。然而，参与的深度和广度距离习近平主席关于建设网络强国、不断增强我在国际网络空间治理中的话语权和规则制定权的号召还存在较大的差距。在"后移交"时代，中国互联网社群如何更好地参与关键资源领域的相关国际组织，提升我国在全球互联网治理话题上的话语权和影响力，成为摆在我们面前的一个重要课题。

## 一、互联网治理的缘起

"互联网治理"（Internet Governance）这一概念引发全球关注并成为热门话题，最早可以追溯到十三年前联合国召开的"信息社会世界峰会"（World Summit on Information Society，WSIS）。在 2003 年的峰会日内瓦阶段会议上，以美国为首的西方发达国家与广大发展中国家就互联网这一信息社会的重要基础设施应该如何治理发生激烈辩论。鉴于此，会议授权当时的秘书长安南成立"互联网治理工作组"（Working Group on Internet Governance，WGIG），就相关问题开展研究。这是"互联网治理"一词首次正式出现在国际组织的正式官方文件中。2005 年 7 月，WGIG 发表报告，给互联网治理下了一个"工作定义"：互联网治理是政府、私营部门和民间团体根据各自的作用制定和实施旨在规范互联网发展和使用的共享的原则、习惯、规则、决策程序和方案。报告确立了国际互联网治理的主要领域，其中，与互联网关键资源（Internet Critical Resources）管理有关的问题及相关联的 ICANN 合法性问题是最受关注，斗争也最激烈的一个领域。

互联网关键资源包括域名系统（DNS）、IP 地址以及一系列确保互联网互联互通的协议参数，这些资源的技术协调职能统称为 IANA 职能。历史上，互联网关键资源的管理权在美国政府，具体而言，美国商务部下属 NTIA 通过合同外包的方式授权 ICANN 履行 IANA 职能。因此，ICANN 也常常在有关关键资源管理的争论中被推到风口浪尖。

虽然，2003 年的 WSIS 日内瓦阶段会议以及后续的 2005 年突尼斯阶段会议未能动摇美国在互联网关键资源管理权上的特殊地位，但是在后续的十余年间，这一话题始终是国际社会关注和热议的话题。这也就不难理解为什么当 2014 年美国政府正式宣布准备放弃其 IANA 管理权时，国际社会对此给予了高度关注。

## 二、IANA 管理权移交回顾

整个移交工作包括两个部分：IANA 移交方案的制订和 ICANN 问责制方案的制订。

### 1. 方案概述

如前所述，由于 IANA 承担着三项职能，即域名、IP 地址和协议参数，因此移交方案也由三个部分组成，即域名移交方案（CWG），IP 地址移交方案（CRISP）和协议参数移交方案（IANAPLAN）。值得注意的是，美国政府最初的声明并未要求 ICANN 制订所谓"问责制"（Accountability）方案，它是伴随着域名社群对 CWG 方案的讨论进程而衍生出的一个平行流程，其主要目的是为了防止移交后 ICANN 的权力过于集中，因而焦点落在加强社群对 ICANN 制衡能力的一整套体制机制的设计。图 1 整体描述了移交进程涉及的各方关系。

### 2. IANA 与 ICANN 分离

移交方案的核心思想是把 IANA 从 ICANN 的一个部门剥离出来成为一个独立的法人实体，其正式名称为"公共技术标识符公司"（简称 PTI）。PTI 正

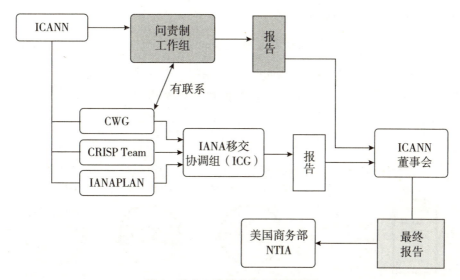

图1　移交工作相关组织及流程图

式成立后，ICANN 将与其签署 4 个协议如图 2 所示，除了域名职能合同及 ICANN – PTI 公司间协议之外，还包括 ICANN 与 IETF 签署的协议参数职能转包合同（Sub – Contract）、与 RIRs 签署的 IP 地址职能转包合同。

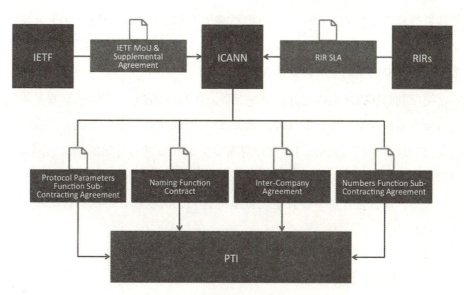

图2　移交后主要协议关系

### 3. 加强 ICANN 问责制方案

问责制方案由一系列给社群赋权（empower）的体制机制构成，赋权后的社群被称为"赋权社群"（Empowered Community，EC）。整个方案包括四个方面：原则和使命、独立复议和审核机制、董事会、赋权社群，如图 3 所示。

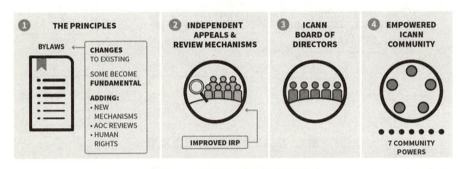

图 3　问责制方案的四个方面

第一，变更现有章程中关于 ICANN 的使命、义务和核心价值方面的内容，将其纳入"基本章程"（Fundamental Bylaws）。基本章程类似于基本法，是指修改程序比普通章程更难、门槛更高的章程。第二，创设独立于 ICANN 之外的第三方审核流程（Independent Review Procedures，简称 IRP），用以听取和解决社群成员对重大问题的投诉。

第三和第四方面可以合并起来一起看。ICANN 董事会（Board）在政策制定方面有最高权威，即批准或者否决 ICANN 内部的各个支持组织及咨询委员会提交的政策建议。然而，EC 可以对董事会的权威进行有效的制衡，因为其被赋予了七项重要权力，如否决 ICANN 预算，罢免 ICANN 董事乃至解散整个董事会等。简言之，董事会有主动做事的权力，而赋权社群则有否决和"说不"的权力。

## 三、移交工作的启示

第一，不论互联网如何发展，关键资源的管理始终是其安全稳定运行的基石，也始终是讨论互联网治理无法绕开的关键话题。

作为一个建构于 TCP/IP 协议基础之上的全球分布式网络，互联网是一个三层体系结构。最上层是丰富多彩的应用层，最底层是线路、设备等物理连接层，互联网关键资源等技术标识符则作为逻辑基础设施层位于二者之间，发挥着承上启下的关键作用。如果标识符系统瘫痪，即使终端设备和通信链路正常工作，互联网应用之间仍无法正常通信。打一个形象的比喻，如果把互联网比作人体的话，那么关键资源层相当于互联网的中枢神经系统。目前，全球域名总数超过 3 亿，域名服务器数量超过 1000 万台，每天提供千亿次的查询服务。不夸张地说，互联网关键资源已经成为当今信息社会包含重大公共利益的一项基础设施。

第二，IANA 移交虽然弱化了美国政府的角色，但是美国在互联网治理领域中的影响力仍牢牢占据主导地位。

这一方面是通过有关章程约定 ICANN 及 PTI 的注册地仍旧位于美国境内（加利福尼亚州）得以体现，另一方面则是由于美国产业界的大公司及技术社群的专家占据了大多数关键席位，自然而然地发出美国声音，也维护了美国的利益。舆论普遍认为，美国在这一进程中具备的超强软实力也是美国政府有信心交出其管理权的一个重要原因。

第三，美国政府对根区的单方面控制权没有动摇。

需要强调指出的是，IANA 移交方案并未触及 ICANN 的根区管理权。现有根区管理的调整仅涉及两项工作：ICANN 同 Verisign 联合开展的系统技术测试以及二者之间新的根区管理协议。

通过种种巧妙的安排，根区管理仍旧遵循 NTIA、Verisign 公司和 ICANN 三者主导形成的权力架构和游戏规则。通过 ICANN 和 Verisign 签署的《根区维护者协议》（*Root Zone Maintainer Agreement*），Verisign 公司延续了其作为关键的根区维护者的角色和地位。同时，美国政府与 Verisign 签署的根区合作协议继续有效，从而维护了其对根区的控制权。

## 四、中国的对策

互联网已经融入社会生活的方方面面，深刻改变着人们的生产和生活方式。中国作为负责任的互联网大国，同时也是全球互联网社群中一支重要的力量，有必要持续跟踪了解国际互联网治理的进程，发出中国声音，贡献中国智慧。具体而言，可以从以下三个方面着手。

第一，认真研究"多利益相关方"的治理模式。美方及 ICANN 已经将 IANA 移交的成功当作多利益相关方治理模式的成功典范，在各种互联网治理的平台中加以宣扬和推广。虽然，我国由于产业界和社群能力相对薄弱，有可能在该模式下话语权偏低，但也不宜不加分析地简单拒绝该模式，尤其是不应当给国际互联网社群留下我国是多利益相关方模式的反对者的印象。我们应当具体问题具体分析，团结国际友好力量，尤其是尽快深入了解游戏规则、形成对策，才能使得我国参与国际互联网治理获得更广泛、更持久的动力。

第二，长远布局、深耕厚植，造就一支宏大的专家队伍，全面深入参与 ICANN 工作。客观而言，中国互联网社群相对较低的参与度和参与意愿是多方面原因综合作用的结果，需要认真研究，对症下药。在这方面，需要有统筹协调的力量并建立完善的人才梯队，尤其是调动这方面专家的积极性主动承担工作、担任职务。在这一过程中，我们应当始终秉承开放、合作、包容、共享的互联网精神和互联网思维，通过融入规则进而改变规则，为促进全球互联网的统一、安全、稳定做出我国独特的贡献。只有这样，"中国声音"和"中国力量"才能成为一支获得国际互联网社群广泛认可和尊重的正能量。

第三，继续做大做强我国的域名产业。归根结底，国际组织的竞争还是实力的比拼。我国域名产业的强势崛起必然导致我国的影响力和发言权增加，国际社会才真心实意地愿意听取和学习我们成功的经验。当然，一个真正强大的域名产业其实包含两层含义，一是"引进来"，通过营造公平有序的国内市场，吸引全世界有实力、讲信誉的域名从业机构到我国开展业务；二是

"走出去"，鼓励和支持中国企业积极拓展海外市场。中国作为世界上最大、发展最快的新通用顶级域市场，是全世界域名从业机构梦想的天堂。一个强大的域名产业也就意味着市场上是"你中有我，我中有你"，这种商业上的分享和共赢不仅有助于融化隔阂和敌意，也能够直接转化为国际场合友军的支持。

## 五、结语

在刚刚结束的第三届世界互联网大会上，习近平主席发表重要讲话，强调深化网络空间国际合作，构建网络空间命运共同体。可以预见中国互联网社群携起手来，一定能在全球互联网治理变革的浪潮中谋求一个重要的地位。

# 刘德良：电信诈骗的法律防范机制

信息社会 50 人论坛成员，亚太网络法律研究中心主任。法学博士，亚太网络法律研究中心主任，北京师范大学法学院教授，英国伦敦政治经济学院、爱丁堡大学、伦敦大学高级法律研究所访问学者，中国—欧盟信息社会项目中方网络法律专家。研究方向为民商法，是国内网络与电子商务法领域的权威专家。在网络与信息法律，尤其是在信息法与信息财产权、网络时代的民商法问题等领域内有独到的见解。近年来，公

刘德良

开发表学术论文 60 余篇。其中，在《法学研究》等核心期刊上发表论文 40 余篇，在网络与电子商务法、信息法与信息财产权领域内出版学术专著三部：《网络时代的民法学问题》《论个人信息的财产权保护》《网络时代民商法的理论与实践》。

## 一、预防电信诈骗的逻辑思路

要谈电信诈骗的防范，首先要界定电信诈骗。简单来说，电信诈骗就是通过电话、短信等方式实施的诈骗。电信只是诈骗的手段，通过发送短信或

拨打电话诱使接收（听）者相信并通过支付机构或网上支付系统付款，从而成功实现其诈骗目的。因而，在防范上，也应该从诈骗信息发送渠道和支付渠道这两个方面入手来建立相应的防范机制。而电信诈骗信息主要是通过垃圾短信和骚扰电话来实现的；而要有效预防和减少垃圾（诈骗）短信和骚扰电话，就应该建立有效的垃圾信息防治法和骚扰电话防治法；而要有效预防和减少垃圾信息和骚扰电话，真正的电信实名制和让电信运营商承担起有效的监管义务是必不可少的。支付渠道方面主要是通过实行严格的开户实名制以及相配套的开户人身份识别制度进而让诈骗分子不敢利用支付机构开设账户和取走赃款。

所谓的真正电信实名制和开户实名制，就是要确保电信服务的使用者和金融账户的所有者与其开通服务或账户时使用的身份证（信息）是一致的。由于在电信业务办理和金融账户的开立过程中，电信企业和金融支付机构没有真正（全部）对客户的身份信息进行严格比对验证，而是大多采取留存身份证复印件的方法作为身份验证的依据，由此才导致社会上非法制作、买卖、转让身份证以及银行卡等现象非常严重，利用他人身份证或假身份证开立账户的现象十分突出。显然，我国目前缺少有效的垃圾信息和骚扰电话防治法、身份证法、电信服务法和金融支付方面的法律规范缺乏要求有关机构对身份证使用过程中的履行严格比对验证义务，才是电信诈骗盛行的主要和根本原因。

## 二、现行的观念及其分析

针对现在广泛关注的个人信息的泄露问题，无论是媒体、舆论，还是专家学者的讨论研究，关注点大多在信息的安全和保护上。虽然电信诈骗离不开对个人信息的使用，但是，这并不意味着通过保密和所谓的防治信息泄露措施就能够有效治理电信诈骗问题。这是因为我们从上学、求职、交易和社会交往等各种场所向无数个主体提供过我们的这些个人信息。换言之，我们的这些个人信息已经存在于无数个源头。如果我们的信息仅仅存在于一个地方或被一个人知道，我们或许可以通过保密或防止泄露来实现立法目的。但问题是，面对已经存在于无数个地方的个人信息，我们立法关注的重点仍然是要求每个地方保密（堵），那么，其成本一定会是巨大的，其效果也一定会是甚微的。更何况，我们的这些个人信息（公开）还会有便于社会交往等方面的积极作用。因此，立法或制度构建如果从防止信息泄露方面来防控，是没有办法做的，最多也是事倍功半、收效甚微。

目前社会上关于电信诈骗与个人信息泄漏之间关系的话题其实是错误的隐私观念所致。这种错误的隐私观点不仅导致我们立法上的缺失和不可操作性，而且也是目前电信诈骗问题日益严重的认识根源。

实际上，个人信息分两部分，一类就是可以知道、可以正常利用的，知道和利用它进行正常的社会交往活动，不仅不会对我们造成伤害，而且也正是该类个人信息赖以产生和存在的依据。因此，对于这种信息无须保密，也没法保密。因此，立法和制度要做的是如何防治对这类个人信息的滥用问题上，而不是在如何防治泄漏方面下功夫。另一类信息才是真正的法律意义上的隐私。之前我们国家立法上有一个概念叫阴私，从1956年《民法》到1986年《民法通则》中都没有隐私概念，而只有"阴私"概念。阴私就是不好的信息、不好的事情，披露出去会对人的名誉、尊严造成损害；早期主要是指性方面的东西，比如裸照、性生活等，这个概念的外延比较狭窄。当前的隐私是个外来概念，它是用美国的概念来表达欧洲人的隐私内涵。美国人的隐私就是指个人信息。欧洲人讲的隐私就是个人不愿意让别人知道的个人秘密、个人领域、个人空间和个人信息。现在，这个内涵被中国的学者如数照搬，即在我国所谓的隐私就是我个人不愿意让别人知道的个人领域、个人空间、私生活秘密、个人信息。这种建立在个人主观判断基础之上的隐私概念在实际生活中就会导致隐私的范围是一个仁者见仁、智者见智的问题，而这种结果与法律上设定权利的宗旨是相悖的。

我们知道，法律上的隐私应该是隐私权保护的对象，如果我们的隐私范围是因人而异的话，那么，我们每个人的隐私权边界也会是因人而异的，其结果就是社会公众可能会随时随地被诉侵权。显然，这与法律设定权利（隐私权）的目的——定分之争是相悖的。换言之，如果法律上的隐私（范围）权是一个因人而异的主观范畴的话，那么，我们社会公众的行为自由就会受到不可预期的不当限制。这样，不仅达不到保护个人隐私的目的，而且还会造成更多的社会纠纷。

实际上，隐私在不同学科、不同语境和不同地域范围是具有不同的内涵和外延的。心理学、社会学、政治学、经济学和法学上的隐私是不能混同使用的。心理学上的隐私是一个因人而异的概念，比如我们所谓的年龄、三围、身高、体重、婚姻状况等个人信息就是心理学上的隐私概念；社会学上的隐私是与社会分层有关的，比如我们的收入、财产状况等；政治信仰则属于政治学上的隐私；而在经济学上，隐私是一种具有潜在市场价值的个人信息。

法学上的隐私应该不同于其他学科上的隐私，它应该是一个内涵确定、外延明晰的概念，而不是一个仁者见仁、智者见智的概念。据此，我认为应该区分不同学科、不同语境下的隐私概念，并认为法学上的隐私是与公共利益和社会利益无关，同时又攸关主体的名誉或尊严的个人信息，它包括但不限于裸照、与性有关的个人信息、不为人知的重大生理疾病缺陷等。在我看来，法律上的隐私与我们国家早期的阴私在本质上是一致的，只是早期的阴私（范围）在现在看起来比较窄。当然，法律上的隐私也是一个与时俱进的概念，其外延本身也是不断发展的。由于法学上的隐私攸关人的名誉或尊严，因此我们（理性的）人人都不希望它被人知悉或公开，因此它确实需要严格保密，不能被公开和传播。

心理学上的隐私是否公开则是一个仁者见仁、智者见智的问题。即使真的公开，也不会对主体的名誉或尊严造成伤害，更何况这类信息都是可以被我们日常生活中正常感知和公开获悉的。一般来说，社会学上的隐私在不同的社会阶层内部以及在不同的社会阶层之间彼此的感受是不一样的，这类信息即使公开和被人知悉，也不会对主体的名誉或尊严造成伤害，只会导致阶层认可以及税收等问题。政治学上的隐私是不同的政治阶层内部以及之间的不同政治信仰问题，它只与政治有关，与个人的名誉或尊严没有直接关系。隐私在经济学上就是具有潜在市场价值的个人信息，是一种资产，它可以而且也应该是可以在市场上自由流动的。

我认为，隐私不仅在不同学科、不同语境下具有不同的内涵和外延，它也有着强烈的地域文化特色。我们国家现在这种隐私观念源于欧美的（不区分不同学科的）混淆隐私观。正是这种混淆的隐私观才导致了我们今天的隐私泛化观念，这种错误的隐私观导致了我们在法律制度的设计上把对法律之外的个人信息的公开和之后的滥用行为相混淆或不加区分，试图通过对该类信息进行保密或防止泄露的方法来实现预防电信诈骗。换言之，这种观念把所有的个人信息都当作法律上的隐私来看待（比如说现在很多人说电话号码、家庭住址、工作单位、身份证号码等就是法律上的隐私），强调法律上对这些信息要进行保密，防止泄露，而没有考虑到这些信息本身的基本价值就是用来维护正常的社会交往活动。而利用这些信息发送垃圾短信和拨打骚扰电话才是对这类信息的滥用，属于非正常利用，我们真正讨厌的是对该类个人信息的滥用而不是公开或被知悉本身。因此，立法对该类个人信息规制的重点不是保密和安全或防止泄露问题，而应该是如何防治被滥用。没有了对这类信息滥用问题，剩下来的就是正常利用了，而这正是该类信息的价值所在。因此，我们不能妄自菲薄、盲目迷信欧美的隐私概念，而应该坚持我们传统的阴私观念，区分法律上的隐私和法律之外的隐私，并据此设定不同的保护模式：对于法律上的隐私，立法的重点应该放在保密和防治扩散；而对于法律之外的个人信息，立法的重点应该而且只能在于充分发挥其基本功能，防治滥用，而不应该是强调保密和防止泄露。

基于上述分析，首先，我们应该树立正确的隐私观；对于个人信息的保护与利用问题，立法应该区分隐私和隐私之外的个人信息并分别采取不同的规制方法，只有对于法律上的隐私，立法上才应该要求保密和防止泄露；对隐私之外的个人信息，立法规制的重点在于防治滥用。其次，就目前错误的隐私观问题和由此导致的日益严重的电信诈骗问题，立法规制应从保密和避免泄露的角度回归到如何防止滥用信息上面来，具体来说，就是制定有效的垃圾短信防治法、骚扰电话防治法和身份假冒防治法。目前采取的堵（防止泄露）不如疏（防止滥用）。如果因为所谓的"信息泄露"导致诈骗发生，就去采取措施防止信息的泄露，从技术上和操作上讲，成本是巨大的，而相应的受害人举证也很困难。尤其在各种具体的案件中，想要查清具体泄露信息的环节无疑是困难重重，也是不现实的。

（法律上隐私之外的用以社会交往活动的）个人信息在价值上是中立的，它既可以用来正常的社会交往活动，也可以被用来发送垃圾短信、拨打骚扰电话等侵权行为。因此，法律对于该类个人信息不能因为可能被滥用就强调保密和防止泄露，而是应该着眼于如何防止被滥用。只要我们的这些个人信息不被滥用，即没有骚扰电话、垃圾短信和身份假冒，电信诈骗问题也就可以得到有效的遏制。所以应当尽快制定和实施有效的垃圾短信防治法、骚扰电话防治法和身份假冒防治法，目前我国的《中华人民共和国居民身份证法》还把我们的身份证当作隐私来看，强调身份证保密。以身份证信息为例，现实生活中，凭借身份证复印件基本上即可办理各项事情、各种手续。大家知道身份证的作用就是通过比对和验证持证人和身份证上的信息（是否一致），从而防止身份假冒和身份滥用。而目前的身份证法不仅没有强调比对验证义务，而且还把身份证当作隐私，强调对其保密。事实上，很多电信运营商和金融支付机构办理业务只需提供一张身份证复印件，很少有严格的比对，所以才会出现大量制作、买卖身份证假身份证和转让等现象。如果在办理各类业务过程中能够严格实行身份证比对验证（通过摄像扫描技术）等，就可以有效防止现在的身份假冒问题，从而可以保证实名制的真正有效落实。

## 三、电信诈骗的法律防范机制

对于电信诈骗的防范，可以从民事、行政、刑事立法三个层面上展开。具体地说，就民事立法上讲，首先，要承认个人信息的商业价值属于个人的财产利益，把买卖个人信息的行为视为一种财产侵权行为（如果受害人能够证明其精神利益因此而遭受损害的，也可以要求承担人格侵权的法律责任），只要受害人能够举出合理证据证明（高度怀疑）是由侵权人出卖其个人信息的，除非其能够证明不是其出卖的或者是由他人出卖的，否则将承担责任。

其次，要把发送垃圾信息和拨打骚扰电话的行为视为侵犯人格权（信息自由权）和财产权（手机或电话内存空间）的双重侵权行为，进而可以为受害人维权提供财产赔偿救济措施，减少其维权成本；从侵权人的角度上讲，这种做法也加大了其侵权成本，令其减少或放弃侵权。如果找不到垃圾信息发送者或骚扰电话拨打者的话，电信运营商应该承担连带责任，除非其可以证明其应该履行了严格的身份比对验证义务。对于非法买卖个人信息和发送垃圾信息以及拨打骚扰电话者，考虑到该类侵权行为的财产受害难以衡量，未来的立法可以采取法定赔偿与实际损害相结合的做法，即受害人能够证明实际损害的，按照实际损害进行赔偿；如果不能证明的，每次侵权最低不能少于（从有利于受害人维权的角度规定）法定数额（诸如1000元）。

最后，对于身份假冒给被假冒者造成损害的，电信、金融等机构应该承担赔偿责任，除非其能够证明其已经履行了严格的比对验证义务。

从行政法层面上讲，首先，将非法买卖个人信息行为视为一种治安行政违法行为予以追究其法律责任；其次，将发送垃圾短信和拨打骚扰电话情节严重者视为一种治安违法行为，追究其行政法上的责任；最后，对于电信运营商、金融支付机构在办理业务过程中疏于履行监管义务的，追究其行政违法责任。

在刑法层面上，首先，应该将发送垃圾信息和拨打骚扰电话行为视为一种独立的犯罪行为。其次，将刑法上买卖个人信息犯罪修改为侵害财产罪，加大侵害财产责任和刑罚力度。

总之，电信诈骗问题的法律防范机制是一个系统工程，我们应该认识到所谓的个人信息泄漏不是导致电信诈骗的根本原因，它只是一个诱因；电信诈骗的根本原因在于我国缺乏有效的垃圾信息、骚扰电话防治法和身份假冒防治法，缺乏（从民事法、行政法和刑法上的）系统有效的综合治理机制。之所以如此，在观念和认识上源于我们错误的隐私观和不切实际的个人信息保护观。

第三篇

# 互联网发展与信息社会测评

段永朝：互联网

　　　　　——认知重启的千年大事

胡泳：从山寨到创客

吴秀媛：为精准扶贫注入"互联网+"新动能

师曾志：新媒介赋权

　　　　　——在传播与行动中改变

邬焜：信息哲学

　　　　　——哲学的革命

国家信息中心：全球信息社会发展报告2016

国家信息中心：中国信息社会发展报告2016

# 段永朝：互联网
## ——认知重启的千年大事

信息社会50人论坛成员，财讯传媒集团（SEEC）首席战略官。北京大学新闻与传播学院专业硕士兼任导师，杭州师范大学特聘教授，杭师大阿里巴巴商学院学术委员会主任，担任阿里巴巴研究院、腾讯互联网与社会研究院、华闻传媒产业创新研究院、阿里妈妈实效营销研究院、北京云华时代科技公司（北京云基地）、央视 CCTV2《互联网时代》大型电视纪录片等多个学术顾问。中国信息化推进联盟业务持续管理（BCM）专业委员会委员、副秘书长。著有《互联网思想十讲：北大讲义》《新物种起源：互联网的思想基石》等。

段永朝

2016年8月27日—9月4日，在南非开普敦召开了第35届国际地质学大会。这次会议有一项重要的议程，就是国际地层委员会（ICS）下设的"人类世工作组（AWG）"，对"人类世（anthropocene）①"这一术语是否纳入地质纪年序列进行表决。在 AWG 的35位委员中，有34人认同"人类世已经是地

---

① 参看 Chris Kelly 文章（2015 – 4 – 11），人类世：地质记录中的人类（The Anthropocene: Humankind in the Geological Record）。http://www. because – science. org/blog/2015/4/11/the – anthropocene – humankind – in – the – geological – record.

层学的事实"，最后有 30 票赞成将"人类世"正式接纳为地质学术语①。

从 18 世纪初地质学作为一门独立学科，到 1993 年国际地层委员会成立，地质学已经有近 300 年辉煌的历史。按照今天通俗的说法，地球 45 亿年的演化史，被划分为隐生宙和显生周两大分期。这两大分期的衔接点，分别是 6 亿年前后的震旦纪和寒武纪。其显著的地质特征和生物学特征，是矿物岩石的生成和寒武纪物种大爆发。在寒武纪物种大爆发的约 5600 万年间，出现了海生无脊椎动物、原始鱼、两栖动物，也有蕨类、石松等植物。此后，是生物世界生机勃勃演化历史的渐次展开。寒武纪之后，是奥陶纪、志留纪、泥盆纪、石炭纪、二叠纪、三叠纪、侏罗纪、白垩纪、第三纪和第四纪，加震旦纪共 12 个地质分期。第三纪这个名称已经不叫了，改分为古近纪、新近纪。第四纪还保留。

2009 年国际地层委员会做出了一个仲裁：第四纪和第三纪的分界线距今天是 258 万年。因为进入第四纪，才有了真正近现代意义上的人类活动。在 258 万年之前的第三纪，只有人类的远亲：猴子、狒狒、猩猩等灵长类动物。

地质纪年中，"纪"下面是"世"。比如第四纪下面划分为两个"世"，一个更新世，大约从 258 万年持续到约 11 万年前，对人类来说，历经早期猿人、直立人、能人到智人的演化阶段。"全新世"大概开始于 11500 年前，这已经属现代人种，并且人类就此逐步进入农业定居时代了。

第 35 届国际地质学大会所表决的议程，即把人类世纳入传统的地质纪年，的确是个有趣的问题。与炫酷的前沿科技、热闹的认知科学相比，地质学距离人们的日常生活似乎比较远。这些地质学家们要干什么？为什么要定义"人类世"？这与互联网有多大的关系？对理解新经济、新治理有什么意义和价值？这是本文试图讨论的一个问题，也是笔者认为理解互联网千年大事的新视角，理解互联网背景下认知重启的一个框架。

---

① 参看报道：http://www2.le.ac.uk/offices/press/press - releases/2016/august/media - note - anthropocene - working - group - awg。

## 一、让人回归物种：认知重启的生物学基础

在过去的十多年里，世界地质学界热闹非凡。比如 2004 年第 32 届世界地质学大会上，就提出一个口号叫作"全球地质学文艺复兴时代来临"[①]。地质学家一直在探讨这样的问题，就是今天我们身处其间的这个地球，它的地质活动——描述这个现象有一个专门的名词，叫作"地质营力"——已经不只限于自然现象，比如火山喷发、冰盖融化、板块运动、造山运动、物种迁徙等。人类活动已经深深地介入到了地质的构造、地质的形态、生物圈、大气圈的演化当中了，也就是说，人类活动越来越成为我们依存的这个环境的重要因素。

2014 年年底，同样是《自然》和《科学》杂志，发表了两篇重磅文章，对 2014 年世界科学大事进行盘点，其中有一件事情，叫作第六次生物大灭绝[②]。为什么这么说呢？因为地质学家、考古学家考证，过去在有人类活动以来，从第四纪大冰川开始，260 万年前出现了人和猿在进化论上的分离，当然人还不是现在意义上的人，200 多万年经过了直立人、能人，到我们今天的"智人时代"，这个时间，有人锁定在大约 6 万年这个时段。解剖学意义上的人类走出中非大峡谷是 6 万年左右，当然学者还有争论，给了一个区间，2 万年到 6 万年。在第四纪人类参与到地球活动中来以后，越来越多的人类活动改变了地球的面貌。

特别是 1600 年以来，高等动物灭绝了 724 种，生物的生存面积减少了90%；过去 100 年间，哺乳动物灭绝了 23 种，比化石记录要高 13～135 倍。更不用说温室气体排放、臭氧洞、海平面上升、温度上升这些事情了。所以

① 殷跃平. 全球地质学复兴——第 32 届国际地质大会环境地质述评［J］. 地质通报，2005：99 - 103.

② Life - a status report, Richard Monastersky, Nature 516, 158 - 161 (11 December 2014)；Defaunation in the Anthropocene. , R. Dirzo, H. S. Young, M. Galetti, G. Ceballos, N. J. B. Isaac, B. Collen. Science, 2014；345 (6195)：401 DOI：10. 1126/science. 1251817.

说，学者们认为这第六次物种大灭绝还真不是危言耸听。物种灭绝的速度加快了，甚至是集成了前五次物种大灭绝的各种因素，前五次物种大灭绝有些离我们很久远，离我们最近的物种大灭绝就是白垩纪末期的恐龙大灭绝，那一次大约地球上96%的物种消失了。这则新闻提出了物种大灭绝的事情，至今还为人们热烈地讨论着①。

2015年，《自然》和《科学》两个著名的学术期刊上分别有两篇论文②，在探讨15年前由诺贝尔化学奖获得者克鲁兹③提出的议题：如何定义"人类世（Anthropocene）"？

《自然》和《科学》上的论文，对把"人类世"纳入地质纪年，其实并无大的争议，所争论的，是什么时候起算？克鲁兹说应该从1786年瓦特蒸汽机开始算，英国兰彻斯特大学地理学教授Zalasiewicz认为，应该从1945年第一个原子弹爆炸起算④。这里面的争论很热闹，我们暂且不表。

那这个"人类世"是什么意思？为什么要把"人类世"纳入地质纪年里去呢？这是我们理解互联网需要关注的一个大背景。

2012年有一个以色列的70后，耶路撒冷大学历史学家尤瓦尔·赫拉利，写了一本书叫《人类简史》⑤，这本书被翻译成30多种文字出版。这个生于1976年的年轻学者写的这本书为什么引起全世界的轰动呢？我自己理解可能是这样的原因，就是我们看待这个世界的目光，看待这个宇宙、地球、环境的目光需要重新审视，人类历史发展的整个历程需要重新审视，人类发展的内在动力、发展路径和发展目标需要重新审视。重新审视的基础，就是人与

① 刘学，张志强，等. 关于人类世问题研究的讨论 [J]. 地球科学进展，2014，29（5）：640 - 649.

② Qilliam F. Ruddiman, Earl C. Ellis, Jed O. Kaplan, Dorian Q. Fuller. Defining the epoch we live in [J]. Science，2015：38 - 39.

Simon L. Lewis, Mark A. Maslin. Defining the Anthropocene [J]. Nature, 2015：171 - 180.

③ P. J. Crutzen, E. F. Stoermer. The Anthropocene [J]. IGBO, 2000：17 - 18. P. J. Crutzen. Geology of mankind [J]. Nature, 2002：23.

④ J. Zalasiewicz, et al. The Anthropocene：a new epoch of geological time? [M]. Phil. Trans. R. Soc. Land A 369, 2001：835 - 841.

⑤ 尤瓦尔·赫拉利. 人类简史（Sapiens：A Brief History of Humankind）[M]. 北京：中信出版社，2014.

自然共生演化的完整过程，就是将人回归到生物界的一个物种。

## 二、追寻远古生命演化的记忆：认知重启的心理学基础

20世纪70年代，美国神经生理学家麦克力恩（Paul D. MacLean，1913—2007）提出了一个脑模型，叫作"三位一体脑（The triune brain theory）"[1]。这个脑模型与流行的"左右脑模型"不同。左右脑模型是同时期，80年代美国神经生理学家斯巴利（Roger Wolcott Sperry，1913—1994）提出的。斯巴利因此获得1981年诺贝尔医学奖。

斯巴利的大脑模型大家都知道，大脑分左右两个半球，中间靠胼胝体联结。左边叫理性脑、数学脑、男性脑，右边叫直觉脑、图像脑、女性脑。长期以来，斯巴利的脑模型是解释人类大脑机能、活动和行为模式的主流，麦克力恩的脑模型则被忽略了。随着认知科学的逐步深入，麦克力恩模型现在越来越被科学界认可，这一现象充分说明脑科学界已经不把人类大脑看作孤立的存在。麦克力恩的脑模型指出，大脑其实是某种层次结构，最里面的是小脑和脑干部分，中间还有一套空洞的边缘系统，最外面才是像核桃仁的大脑新皮质。麦克力恩脑模型的特点是，小脑、脑干部分对应的是爬行动物脑，边缘系统对应哺乳动物脑，大脑新皮质对应灵长类哺乳动物脑。

"对应"这个词是什么意思？就是说，我们人脑的结构，有一部分与爬行动物、哺乳动物、灵长类哺乳动物共享着同样的脑结构。这个脑模型给人的启示是什么？我们事实上与数千万年、数亿年前的物种进化历程紧密相连。5.7亿年前后，寒武纪物种大爆发以后，大家知道物种的进化路径，大致是从鱼类、两栖、爬行、鸟类、哺乳类，这样的演化轨迹。麦克力恩的脑模型告诉我们，人的大脑依然残留着寒武纪之后漫长物种进化的点滴印记，也就是说，今天的人类大脑与爬行动物、哺乳动物、灵长类动物的大脑结构，有一

---

[1]　关于 Paul MacLean 的三位一体脑模型，参看：http://mybrainnotes.com/evolution-brain-maclean.html.

些重叠、相似的结构。这意味着，我们的认知结构、心理结构、心智结构，并不像文艺复兴以来那些科学家、思想家描绘得那样简单，既不是什么"神"的创造，也不是"脱离"了动物的"已经完成"的演化。它足够复杂，到今天我们也很难孤立地将人的大脑与动物的大脑完全区别开来，简单说，大脑的进化仍在继续，并未停止。人的认知与行为的演化历程，就必然是人与环境、与工具、与其他物种之间的交互联系在一起的。

为什么要关注脑科学、认知科学？这个问题我们要把目光拉回到 1978 年。1978 年，美国斯隆基金会发表了一个报告，题目叫作《认知科学》①，这个报告奠定了认知科学这个交叉学科的基础，它包括六大学科：神经科学、计算科学、心理学、语言学、人类学和哲学。1979 年美国认知科学学会成立，沿用了这个框架，并增加了第七个维度：教育。1983 年，日本认知科学学会成立，中国认知科学学会，成立于 2011 年②。

简单说，认知科学意味着我们的大脑、情绪、意识和知识构建，以及行为塑造，走出了传统学科细分下单一学科单刀突进的局面，形成大范围的学科交叉、融合，进而将人的认知奠基在人与自然、人与机器、人与符号、人与人、人与自身的相互交叉、相互影响、彼此塑造、共生演化的基础上。近10 年大量脑神经科学、神经认知科学、心理学、人类学和计算科学的综合，获得了丰富的成果，大大改变甚至颠覆了人对这个世界和人类自身的理解。

这里举一个简单的例子，叫具身性（embodiment）③，这是过去 20 年来在西方学界叫得越来越响的一个词汇。我们知道，机器人技术、人工智能、虚

---

① Cognitive Science, 1978: Report of The State of the Art Committee to The Advisors of The Alfred P. Sloan Foundation; October 1, 1978; 参见：http://csjarchive.cogsci.rpi.edu/misc/CognitiveScience1978_OCR.pdf.

② 中国心理学、认知科学界并非与世界隔绝的状态；心理学、认知科学、神经科学等相关学科的学者们，在跟踪、研究这一领域的数十年里，做出了大量艰辛的努力。比如北京大学心理系早在 20 世纪 90 年代就开设"认知神经科学讲习班"；北京大学心理系朱滢、王甦、沈政教授等1998 年部分编译出版了 M. S. Gazzaniga 主编、170 余位世界级学者撰写的《认知神经科学》；2014 年 9 月，朱滢老师亲赠他在 15 年前编写的《实验心理学》教材（第三版），并在 2015 年 8 月网络智酷举办的第四期读书沙龙"走进意识"中，概要讲述了认知科学在国内的发展历程。中国认知科学界在 2009 年就正式向有关部门提出了成立中国认知科学学会的申请，并在 2010 年承办了第七届国际认知科学大会。

③ 叶浩生. 具身认知：认知心理学的新取向 [J]. 心理科学进展, 2010, 18 (5): 705 - 710.

拟现实正在掀起一股强大的科技旋风。但这次人工智能与60年前大有不同，根本的区别就在于对"智能"的假设发生了本质的变化。

人工智能是1956年在美国达特茅斯学院召开的一次学术会议上提出来的。当年人工智能的领袖人物如麦卡锡、纽艾尔、西蒙、明茨基等十几个人都参加了这次会议。当年的人工智能是一个雄心勃勃的计划，即未来十年人类能造出一个超越人的智能的机器。这一波人工智能热潮，很快就沉寂下去了。为什么？这个可以参看西蒙的《人工科学》① 一书。人工智能50年代兴起又很快地衰落，根本的原因在于他们的"梦想"错了，他们的"梦想"是什么？是试图确定地构建出人类智能的基本原理，并在此基础上运用电子技术、工程技术将这种智能复现出来。

产生这种战略误判的根源是什么？是传统知识框架下人对自然、对人类自身，对这个世界的基本假设，在于人固有的认知结构。这个认知结构的关键点，就是"还原论"。发端于法国思想家笛卡儿的还原论方法，认为存在一个客观如实的物理世界，人可以最终透彻了解这个世界的运行规律和内在构造，并运用人类智慧将这种内在规律和构造表达出来、呈现出来。

在这种情况下，人的身体和人的智能是剥离的关系，人们只要掌握类似牛顿定律一样的方程式，就可以把智能完整地表达出来，这是一个致命的缺陷。认知科学的主张与此不同。具身性智能，致力于"交互"这个核心概念，认为智能产生于、涌现于行为体与外部环境的交互，通过持续不断的交互，行为体对外部世界的认知逐步建立起来，进而与外部环境一道共同演化。

这是互联网背景下理解科学基础的一个重要转变。

大家知道，2013年年初，奥巴马政府宣布了一个为期10年的大脑计划，欧盟也宣布了未来10年的大脑计划。这并非第一次宣布一个为期10年的关注脑科学、神经科学的计划了。90年代，美国、欧盟、日本等都宣布过脑科学作为战略重点的发展计划，但与今天的这个脑计划相比，我认为有一个重要的区别。这个区别就是，20年前的大脑计划，基本上还秉持还原论、两分

---

① 司马贺. 人工科学 [M].武夷山，译. 上海：上海科技教育出版社，2004.

法、确定性的工业时代科学观，今天的大脑计划则完全转换到另一个思路上来了。这个思路强调神经元集群，强调大脑、身体和环境之间的连接与关联，这个思路把人与机器放在同一个语境下看待，机器也是有机体的组成部分。

这种变化的苗头，可以从 2002 年美国政府商务部和美国自然科学基金会联合发布的一份 482 页的报告中看出端倪。这份报告叫作《聚合科技改变人类未来：纳米科技、生物科技、信息技术与认知科学》。所谓聚合科技，指的是纳米技术、生物技术、信息技术和认知科学四大科技的聚合。这个报告里面有这样一句话非常让人震撼，它说 NBIC 这四种科技的聚合，将会改变未来人类的"物种"①。

"改变人类的物种"这可是个大事情，需要我们认真地思考。但是，我们需要意识到的是，思考的问题和思考的方式，都发生了巨大的变化。过去我们自己，我们的知识体系、原则假设、理论方法是思考的"武器"，我们人是认识的主体。环顾四周，一切都只不过是我们认知的对象。今天我们依然在用主客两分的方法，用还原论、分离原则来认识这个世界，这一定是远远不够的。

## 三、确立新史观：认知重启的历史学视角

"人类世"这一术语、第六次物种大灭绝的预警、《人类简史》这本书所呈现的思想，以及认知科学诞生、聚合科技改变人类未来，所有这些联系在一起，我想表达的是这样一句话：互联网思想说到底是"史观"的问题。史观问题，即如何看待地球演化、生命进化、自然变迁的漫漫长河中，人的位置和人与其他物种、生命、自然界的内在关联、相互关系。史观问题之所以重要，是因为当今流行于世的所谓主流史观，是西方文艺复兴以来，特别是启蒙运动、资产阶级革命、工业资本主义兴起以来日渐形成的史观，或者说

---

① Converging Technologies for Improving Human Performance：Nanotechnology，Biotechnology，Information Technology And Cognitive Science，NSF/DOC – sponsored report，Edited by Mihail C. Roco and William Sims Bainbridge，National Science Foundation，June 2002.

工业思维范式，我们已经被这样一个脱胎于旧世界的史观格式化了很多年，这是东西方面临的共同挑战。在那个史观格式化之下，我们再也看不到其他的东西，我们已经固定了一种思维范式。

传统史观是什么史观？按照历史学家的说法，在法国年鉴学派以前，传统史观是编年史，是政治史，是事件史。历史就是由一件一件的事情构成的，就是这么编缀而成的历史。但是年鉴学派之后提出新的史观，认为历史是整体的。什么叫整体？就是历史关乎每一个人，它既是艺术史，又是心灵史，它当然是地质史、地理史，当然是经济史、政治史、文化史。互联网出现之后，已经极大地改变了传统的生产方式、社会互动方式、组织方式和生活方式，隐藏在这种变革力量背后的，是史观的巨大变化。新的史观，要求我们重新理解人（大写的和小写的人、个体和群体的人、经济人和社会人、理性人和非理性人等），重新理解焕然一新的人与人、人与机器、机器与机器、人与自然等种种关系，进而重新理解构建于这种新型关系基础上的经济基础、社会组织形态、政治生态和生活样貌。如果大家注意到最近 30 年来西方文化思潮的转向，就可以看清楚这一点。

简单说从法兰克福学派、后现代、后殖民话语，到今天的建构主义思潮，这 100 年来的西方文化思潮，我认为有一个非常强悍的逻辑，这个逻辑迄今为止还在发挥起重要的作用，就是西方世界自文艺复兴以来逐渐固化、信奉的 Logos 中心主义，可以说 Logos 中心主义是西方中心主义的灵魂。然而最近这 30 年，在经历了数次中东战争、数次全球金融危机，在世界步入高风险社会的大背景下，西方世界不得已提出了这样一个问题：Logos 中心主义是不是碰到了根本性的麻烦？然而从 100 年前德国历史学家、哲学家斯宾格勒《西方的没落》那本书到今天，很多反思西方文明衰落的学者们，其实都不甘心，骨子里仍然想继续捍卫 Logos 中心主义，他们不认为这个事情是根子上的问题，不认为这是在基本假设上出了问题，宁肯将未来人类的挑战，看作是"文明的冲突"（典型如亨廷顿）。

但是少数学者不这么看。比如美国康奈尔大学教授马丁·贝尔纳出版于 1987 年的三卷本著作《黑色雅典娜》，就是从另一面深刻反思启蒙运动的佳作。西方的 Logos 中心主义是柏拉图以来西方思想的主轴，这是不是有问题？毛泽东在 1941 年写的《改造我们的学习》一文中提出教条主义的一个表现，就是"言必称希腊"。"言必称希腊"，不但指教条主义、本本主义，我觉得也指那种固化了的"史观""文化观"。在很多人眼里，包括今天西方大学课堂上，以及主流的历史教科书里，希腊是西方文明（乃至于是世界文明）的源头。马丁·贝尔纳颠覆了这一思想。他用翔实的人类学、考古学、历史学证据，说明"雅利安文明"是包装出来的，是过去 200 余年里启蒙运动包装的产物。这一看法可谓惊世骇俗，曾引起西方学界强烈反弹。但今天看，贝尔纳的观点日益显示其独到的眼光和深度。

另一件事也可用来说明西方思潮转变的这股潜流。2015 年，由复旦大学杜威研究中心与美国南卡大学杜威研究中心合作的这套 37 卷，外加一卷索引的《杜威全集》，历经十载寒暑，终于出齐，这是中国思想界、读书界的一件大事。重读杜威，对中国人而言意义非凡，对美国人来说，也如是[1]。

杜威可谓"中国人民的老朋友"。1919—1921 年，两年多的时间，杜威逗留中国，在北京、杭州、上海等地访问、讲学、游历。他大约是 20 世纪思想家中唯一一位在中国连续驻留这么长时间的人。此外，杜威还恰好是那个热血沸腾的时代的见证者：五四运动、新文化运动。

通过胡适、傅斯年、陈独秀、顾颉刚、钱玄同等人的引介、诠释，杜威的实用主义哲学可谓深入人心。赛先生、德先生成为百年来最富有时代气息的符号。然而，100 年后再看这段历史，不由得让人唏嘘。在 20 世纪初叶逼仄的历史舞台，局促的历史时空下，实用主义很快蜕变为"只问结果，不问缘由""真理即有用，有用即真理"的庸俗哲学的模样，迅速与功利主义挂上钩来。赛先生，也旋即成为古史辨派、整理国故派的重要理论出处。

在美国，作为实用主义哲学第三代传人的杜威，也更多以教育家的面

---

[1] 以下关于"重读杜威"的文字，选编自笔者为纪念美国 MIT 媒体实验室创始人、未来学家尼葛洛庞帝《数字化生存》20 周年纪念版撰写的纪念文章，原文收录在《数字化生存》20 周年纪念版中（电子工业出版社，2017 年出版）。

目出现，而不是哲学家。20世纪70年代之前，世界哲学如万花筒般流派众多，存在主义、现象学、分析哲学、语言哲学、结构主义、解构主义、解释学等，不一而足。美国主流哲学基本是分析哲学、语言哲学的天下，"欧陆哲学与英美分析哲学"的两分法，基本框定了20世纪哲学主流的疆域。

然而20世纪70年代之后，思想界这种局面正缓慢地发生巨变。

首先是心灵问题重新进入人们的视野，但这次不是詹姆斯机能主义心理学的复兴，更不是华生行为主义心理学的延展，而是一系列亚文化的汇流——从嬉皮士到雅皮士的中产生活，白领中悄然兴起的灵修运动、瑜伽运动，对"言必称希腊"的两希文明的反思，线粒体DNA考古对"夏娃"的发现，认知科学的兴起等思潮汇聚而成的洪流。

这一洪流，与信息时代、第三次浪潮、数字化革命的同频共振，在暗流涌动30余年后，终于呈现出一幅波澜壮阔的大画面，这幅画面所映射出的几个耀眼的光斑，则是——世纪末福山的"终结论"与亨廷顿"文明冲突论"的兴起；中国作为一个大国在21世纪的崛起；9·11带来的巨大震撼，以及美国文化界、科技界、传媒界、政商各界，重新思考和寻求9·11之后美国哲学和美国精神的支柱；世界政经社会秩序正在纷繁复杂的状态下走向重构；基因技术、纳米技术、生物技术和信息技术，已经收获了太多令人震惊的成果——这一切，都与世界网民超过30亿人、网民对网络的依赖度超过传统媒介的总和这一基本事实相契合。

问题的溪流已经汇聚成滔滔江河。最后的"大问题"业已清晰可见，我们如何重新看待和回答这样一个问题：未来我们将如何生存？

其次是杜威哲学呈现出某种"重整哲学"的契机。在杜威看来，人类（主要指西方）面向"确定性寻求"的两条道路，看上去无可挽回地失败了，一条通过宗教、祭祀，另一条通过发明艺术（参见杜威晚期著作第四卷《确定性的寻求》第一章）。之所以失败，杜威认为根源在于长期以来西方思想观念的进路，被锁定在有关"观念/理念""行为/实践/经验"等各种名目的两分法中，这也是百多年来"主义盛行"的根由。更重要的是，

"观念/理念"（杜威的话说就是对确定性的寻求）占据形而上的位势，而实践、经验则被贬抑为粗糙的、不确定的、充满偶然性的、复杂性的形下之事物。

现象学转型之后，越来越多不同领域的思想者（诸如社会生物学家威尔逊、控制论创始人维纳、心理分析学家荣格、美国哲学家罗蒂、历史学家沃勒斯坦、英国生态学家拉夫洛克等）认识到，人既是自然的生物，也是社会的生物，人的生命源自与自然和社会环境的动态交互和共生演化。与外部环境和内心世界永不停息的交互活动，不但塑造着整个世界的样貌，反过来也塑造着人本身的认知。进一步地，这种认识并未与行为剥离、割裂开来，而是形成"认知—行为"交叉缠绕的"共生运动"。

这正是连接一切的互联网所展现的新世界、新空间。这也正是虚拟实境与物理世界、观念世界、符号世界交相辉映的新存在、新命运。

重读杜威，正是这样一种历史契机下出现的现象。美国正在寻求哲学意义上的"重启"，而不仅仅是再工业化、重整世界政经秩序和输出西方普世价值观。或许可以说，遭 20 世纪轻视、误读的杜威哲学，是独立的美国哲学思想最好的"备选品"。

实用主义哲学不甘沦为二流的生活哲学乃至庸俗哲学，那它就必须在彻底重新审视西方 2500 年以来文明传统的基础上，在充分汲取包括中国的、印度的、两河流域的、埃及的文明营养，以及诸多区域文明营养的基础上，走向文明的融合。尤其重要的是，这次重读，不止是美国思想界自己的历程，而是一个开放的历程。不止是重读杜威，而是需要以百多年前尼采那样的勇气，重估一切价值。

## 四、小结

综合上述，在"新史观"这个意义上理解互联网思想，首先需要确立新的大历史框架，需要重新梳理东西文明的嬗变、交流、融合的漫漫长河，彻底批判和反思西方 Logos 传统在百余年来给我们带来的历史误会和思想障碍，真正意识到文明之间的对话不但没有完结，而是以新的面貌、激动人心的方式重新展开。这是中华民族伟大复兴的重要的历史窗口，也是认真梳理和盘点丰富历史遗产的重要的历史机遇，在新的史观框架下，如何建构奠基于东西方文化融合、人与自然共生演化、共同发展的新思想，是历史赋予这一代人的使命和重任。

# 胡泳：从山寨到创客

信息社会 50 人论坛成员，北京大学新闻与传播学院教授。历任《中国日报》记者、《三联生活周刊》主笔、《互联网周刊》编委会主席、《环球管理》总编、《北大商业评论》副主编、中央电视台《经济信息联播》主编、《对话》总策划、《赢在中国》总编辑、《我们》总策划。著作《网络为王》（1997）是国内首部全面介绍互联网的诞生、发展、现状以及未来趋势的专著，因此被《中国图书商报》评为

胡泳

"1997 年十大新锐作者"之一；《海尔中国造》（2001）是最早的中国企业研究著作之一，获《经济观察报》评选的"2002 年影响中国商业界的 20 本书"之一；著作《张瑞敏如是说》（2003）获第 13 届浙江树人出版奖；《众声喧哗：网络时代的个人表达与公共讨论》（2008）获北京市第十一届哲学社会科学优秀成果奖二等奖、第六届吴玉章人文社会科学奖优秀奖。

2016 年 3 月 2 日，小米公司 CEO 雷军登上《连线》杂志英国版的封面，标题为《是时候山寨中国了》。

## 一、从山寨之都到创客之城

无论是讨论山寨还是创客，我们都把聚焦点放在深圳。如果你去过华强

北，你会发现它的旗号不是"深圳华强北"，而是"中国华强北"，因为其辐射力远远超过深圳，中国官方给它的认证是"中国电子第一街"。华强北是始于1988年的电子市场，现在已成为全球最大的电子元器件交易中心，有许多数字证明其规模之大，比如60万从业者，日客流量50万人次以上，每天的流水达10亿元。但是如此繁荣的华强北现在却遭遇巨大的困难，"山寨"衰落了。

天涯论坛有一个帖子流传很广，即《别了，华强北！》。这是一个在深圳奋斗了10多年的人最后却不得不告别华强北、回到家乡的故事，他在帖子中提到很多店铺关门"深圳给了我所有的梦想，华强北承载了我无悔的昨天"，但"华强北繁华的夜市再不属于我"。

我们来看华强北黄金时期的数据：拥有3万以上的经营商铺，其中有21家经营面积达到1万多平方米，最大的电子大卖场达到5万平方米，有370亿元的营业额。而如果我们今天来到华强北，会看到很大的招贴画：创客中心在招租，广告牌上写着"给创客点赞"，华强北最大的电子集团自己在办创客中心，一些深圳市政府支持的创客中心，甚至国外的创客中心在这里落户。

在2014年年底，根据深圳的统计，国家级的孵化器有12家，省级的有6家，拥有的场地面积是150万平方米，正在孵化的企业是4000家，已经孵化完成的企业2000家。这些都是大的孵化器，小的更加不计其数。现在这里被誉为"创客的天堂"。因为在华强北这一物理空间我们可以直接买到所有所需的电子元器件，如果在华强北买不到的，可以很容易地在淘宝买到。

《创客：新工业革命》的作者克里斯·安德森在做无人机时，就是从中国淘宝购买元器件，在美国可能需要三个月的时间搞定很多电子元件，但如果在深圳华强北一天就能搞定，这就是产业链的效率。因此，深圳开始把自己逐步往生产智能硬件的大本营方向前进。现在各种智能家居、3D打印、智能手机、手机、手环、无人机、机器人等都来到深圳。我们有统计，如果从整个硬件行业投资的分布来看，深圳占比达到16%。由此，深圳提出一个口号：如何从山寨之都变成创客之城？

"山寨之都"是我们外界赋予深圳的称呼，"创客之城"是市政府推广的深圳市的名片。今天深圳强调的是，我们有高科技技术产品，其中60%以上拥有自己的知识产权，研发投入比重占到本地 GDP 超过 4%（全国的比例是 2%）。深圳的 PCT 国际专利申请数量占全国的 48%，拥有超过 4 万家的国家级高新技术产业，深圳以此证明，自己是创新型城市。深圳向外界传达的理念：我们是创客的摇篮，创新的天堂。

现在深圳有一个雄心勃勃的规划，即促进创客发展 3 年计划，计划从 2015 年开始每年至少新增 50 个创客空间，10 个创客服务平台，新增创客 3 万人。

## 二、有没有一种东西是"山寨式的创新"

深圳为什么要改头换面把自己打造创客中心呢？因为电子第一街制造业走到尽头，尽头所伴随的就是所谓"山寨"的结束。我们回溯山寨的现象，会联想到中国人非常熟悉的隐喻，即李逵与李鬼的区别。我们抨击李鬼是假李逵，其核心的东西是法律专家所谓的 copyright（版权）的问题，但山寨认为不在于 copyright，而是 copy is right，即 copy 本身是正当的。在中国传统意义上，山寨意味着占山为王的山区土匪的据点。因此，"山寨"作为词语本身有反叛意味。在现实生活中，我们把没有自主创新能力、靠模仿其他品牌以达到低价行销、自产产品的现象，统称为山寨现象。

从深圳的历史来说，山寨产品的生产往往在私营企业发达、管理比较松懈的地方产生，产品输送方向往往为到达消费水平不高、经济比较不发达、法律管制不严谨的地方。在这么多年的发展中，有人在正面的意义上使用"山寨"，指在条件有限的情况下，用较低的成本实现一种模仿式的创新。

很多人在负面意义上使用"山寨"一词，尤其是中国一直被诟病的知识产权保护问题，即有大量的仿冒、假造的产品。我们经常可以在市场上看到，一个外形与苹果手机没有任何差别的手机居然在开机的时候冒出安卓系统，在苹果手表刚发布的时候，我们在华强北看到 AM Watch、I watch，运行的也是安卓系统，外形完全一样，号称能兼容 iOS 界面，甚至有些功能是苹果手表所没有的，价格只有其十分之一。这是我们的 copy is right 强大之处。

这一过程其实起始于联发科做了芯片之后，把所有的软件芯片集成在一个简单的电路板上，导致厂家可以用极低的成本进入手机的生产当中。其实不仅是手机，中国的"山寨"是从电话、传真机、VCD、DVD、音响、MP3等一路过来，最终大放异彩在手机上。深圳的手机不仅在中国占据半壁江山，而且远销国外大量欠发达地区。这种局面一直到 2007 年，乔布斯用他的苹果手机打破这一局面，他把手机完全变更成智能化的，中国的消费者从此也开始意识到在山寨机以外，他们有一个升级的需要。山寨手机衰落的起点源于苹果手机的出现。

山寨本身有很多负面的含义，是一个过时的现象。但是，我要讲到的核心是，山寨在整个中国制造业发展过程中扮演了无可替代的角色。因此，我们就会谈论到，有没有一种东西叫作"山寨式的创新"？听上去这个词完全是悖论。但我们需要仔细研究，在中国特定的土壤上，草根企业家们用什么方式做了山寨式的创新？

我们来看一下深圳的具体情况，在整个山寨的过程中，在产业链的每一个环节当中都有许多参与者，他们会把自己的任务模块化、流水化，自发地、横向地与厂商对接，这个过程没有一个主导厂商，因此，它不是苹果供应链系统。整个这一模式我们称为"交钥匙式的解决办法"，组合起来以后，一个产品的整个流程是打通的，因此，深圳所有的制造企业都不大，但他们每一个都是产业链上不可或缺的一部分。只要有差异化的设计和产品出现，所有产业链上的小的模块可以马上行动，根据新的设计和产品需求重新组装它的生产线，其生产线非常柔性，因此，深圳经过"山寨"的洗礼以后，它最大的优势就是可以迅速地产业化，这可能是全世界任何一个城市都不具备的。

因此，我把"山寨式创新"上升提炼一下，分为四个优势来加以分析，看看到底哪些东西是值得我们保留和发扬的？

一是模块化，即把生产系统分解成一系列结构和功能独立的标准单元，然后将其模块化，按照特定的需求进行模块的组合，在一种精益制造的环境下迅速制造出市场需要的产品。

二是产业链创新，这一产业链不仅辐射整个珠三角，而且辐射到国外。因此，一个产品从组件的采购、设计，从生产制造到销售，高度专业化的分工不仅降低了生产成本，而且形成了强大的信息交流、创新启发、降低成本的规模效应。

三是面向消费者的产品创新，紧紧围绕消费者的需要来进行产品外观以及功能方面的创新。在山寨机时代，厂家可以针对建筑工地的工人设计一个喇叭声音很大的手机，以便让工人在嘈杂的环境中清晰地听到手机的声音；可以为中东的客户设计出进行 28 种语言转换的古兰经翻译手机。他们有相当多紧贴客户需要的设计。

四是快速的市场反应能力。山寨手机选择的是传统的为大企业所忽略的需求尚未得到满足的利基市场，因此，它们会避开大企业的正面冲突，但对非主流市场的把控是惊人的。

以上四点构成我所说的山寨式的创新。前面说过，山寨本身在中国传统文化中有反叛的意思，从文化的角度，山寨的反叛代表一系列东西：反叛大公司，同时反叛领先品牌、价格昂贵的产品，反叛主流文化。其整个产业链组合过程，我称之为深具"后福特主义"气质。山寨的生产者非常像前工业时代的手工作坊，一家一家，所有作坊加起来做成一个产品，个体产量不多，但是厂家众多，这非常像过去 IBM 所说的企业最大的境界是随需应变，因此山寨其实符合将来的生产企业的要求，即如何能够生产个性化的产品，同时这些个性化产品又是批量生产的，换言之就是大规模定制。在这个意义上，山寨所具有的气质是有很强的反叛性的，这种反叛性赋予其一种特立独行的味道。

## 三、中国的创客有很强的功利化色彩

现在有研究者提出创客是不是新的山寨？这要看从哪个角度说，创客对山寨有继承也有发展。我们分析一下，中国正在兴起的创客运动有三大驱动因素。

第一是中国的开源运动，由于我们有 Arduino 这样一个通用的板子，因此，所有创客的生产是开放式的，材料清单、设计草图可以共享，以 Arduino

为代表的开源硬件和开源精神是这项运动能够持续的重要原因之一。

第二是众筹。过去的创新过程是先研发，然后大规模生产、大规模营销。众筹的核心是在我还没有开始大规模生产之前可能已经把产品卖出去了。

第三是制造工艺的一个很大改变，即3D打印，其最大的优势是让创客以很小的成本进行原型生产。

但中国的创客运动与西方有很大的不同。西方走的是个体创客之路，而现在中国创客有一个很重要的东西，我称之为产业创客，即有相当多的创客本身不是独立做事情，而是借助珠三角很小的企业，这些企业处于制造业的低端，需要产业链的转型，因此，他们非常愿意与创客联合，以实现转型。

与此同时，中国的大企业也希望借助创客进行转型，它们开始搭建创客平台，为创客提供原始的办公场所、基金，占有一定的股份，分享创客的成果，这可能是与大家想象的个体创客不一样的东西。

在这种情况下，很多创客脱离了西方创客的内涵，即只是运用开源的软硬件进行工作，很多时候没有商业目的，因为爱好而做创客空间。但中国相当多的创客空间变成了创业孵化器，因为政府有这个冲动，企业有这个冲动。因此，中国的创客有很强的功利化色彩，他们渴望很快发家致富。在中国创客与创业者本身越来越被混同使用。

我们谈论中国的创客运动时一定要注意这一三角联盟关系，怎么来平衡政府、企业和创客之间的关系，因为政府在其中有强烈的推动作用，尤其是政府现在提倡"大众创新，万众创业""互联网＋"。而企业面临如何转型的问题，借助创客的力量实现产业的转型。于是出现了创客作为个体的创业者、创造者如何在这两者之间扮演好自己的角色的问题，这是中国非常独特的场景。

## 四、中国特色的创新之道：用户拉动式

我认为没有山寨就没有今天的创客，换言之山寨对于创客兴起其实起到了巨大的作用。我们需要重新思考一下什么叫创新，尤其是在中国的语境下

来讨论。

我把创新分为两种，一种是技术的推动式，另一种是用户的拉动式。如果仅从传统的技术推动式的创新来看，我们会发现，中国的创新之路一定存在很大的障碍，至少有三重障碍：中国缺少现成的知识产权；缺乏训练良好的科研人员和世界一流的研究性大学作为科学支柱，这导致我们很难做技术主动型的创新；资金压力使企业没有足够的现金实力放在研发上支持创新研究，在服务用户的同时企业必须艰苦地挣得自己的利润。像华为这样的企业在中国是凤毛麟角。因此，用技术推动型的创新来理解创新，我们会看到中国企业前景不妙。

但如果我们换个角度，从用户拉动的方向来思考，企业完全可以使用三种不同于西方的创新策略：坚定地站在用户立场上；把非技术性的创新系统化，比如物流、生产、服务、营销，把这些东西系统化；捕捉本地的机会，在全球整合创意与资源。而这些正是深圳试图要做的事情。在某种意义上，这是中国特色的创新之道，可以在花费较少的情况下，取得最大的成效。

我们怎么看中国创客？可以说，中国的创客使用山寨式创新，提供了关于创新更宽泛的理解，重新定义了什么是创新，以及什么是创新的源泉。这就是我所谓的我们需要重新理解创新。具体放到中国，我称之为用户拉动式创新，主要来自于围绕核心技术的商业模式中的一些要素，如生产、物流、分销与服务。追求用户拉动式创新的管理者，必须勇于在所有这些要素上进行试验，将其中最有潜质的做法挑选出来加以迅速和广泛地扩散。

当企业注重用户拉动式创新时，意味着你要非常重视客户资源。能够抓住市场用户资源，就等于拥有了市场竞争力。因此，无论技术人员还是成果，取决于你能否产生巨大的用户资源。小米的崛起绝不是仅仅依靠技术，而是抓住了用户资源，即所谓的粉丝经济。中国企业的发展崛起并不完全在于核心技术的掌握，更重要的在于对市场的感应和这种感应之后的反应速度。这是山寨创新给我们留下的最大财富。

# 吴秀媛：**为精准扶贫注入"互联网＋"新动能**

信息社会 50 人论坛成员，农业部信息中心副主任。历任吉林省农村经济信息中心主任、吉林省农委副巡视员等职务，曾是吉林省省管高级专家。2008 年 9 月作为农业部引进优秀人才，调至农业部信息中心工作，任农业部信息中心副主任（副局级），分管农业部网站和新媒体、农业农村信息服务、农业电子商务等工作。长期从事农业农村信息化研究和管理工作，近年来承担国家电子政务、信息服务、电子商务等方面课题重要项目十余个，组织实施各类大型信息化项目 20 余

吴秀媛①

项，牵头制定、撰写规范性文件和报告 70 余份，获各类奖励 19 项，曾荣获中国信息化百名学术带头人、2007 年中国农业信息化十大年度人物、农业部"巾帼建功立业标兵"等多项荣誉称号。

改革开放以来，我国减贫工作取得巨大成就，累计减贫 7 亿人，但目前，扶贫攻坚任务仍然很艰巨。中央提出到 2020 年我国要全面建成小康社会，现行标准下农村贫困人口实现脱贫，贫困县全部摘帽，解决区域性整体贫困。

---

① 该文章乃课题组成果。课题主持人：吴秀媛；副主持人：钟永玲；参与人：康春鹏、白玲、张祚本、徐佳男、刘洋、胡杰、王昕、李春逸、李敏、高兴明。

如何在当前经济发展进入新常态，以及"四化同步"发展战略背景下，引入新思维、新理念、新技术、新举措，扎实推进精准扶贫，实现脱贫攻坚目标，是迫切需要研究的问题。与此同时，我国自 1994 年全功能接入互联网经过 20 多年发展，以 2015 年 7 月 4 日国务院印发《关于积极推进"互联网＋"行动的指导意见》为标志，"互联网＋"已上升为国家战略。在这一战略指引下，"互联网＋"特色农业扶贫、"互联网＋"手工业扶贫、"互联网＋"旅游扶贫、电商扶贫等扶贫减贫举措不断创新。可以说，基层的实践丰富多彩，一些地方也取得了初步成效，涌现了一批有生命力、实现内生持续发展的案例，但也存在思路不清、盲目发展、急功近利等问题。因此，也有必要对实践案例进行深入研究，为"互联网＋"背景下规范有序推进精准扶贫提供参考。

## 一、"互联网＋"形势下精准扶贫面临良好机遇

党和国家历来高度重视信息技术在扶贫工作中的应用。随着 2015 年"互联网＋"上升为国策，以及关于打赢脱贫攻坚战决定、精准脱贫等目标的提出，更是为"互联网＋"在扶贫工作中的深入应用提供了良好政策环境。同时，各地积极实践，推进"互联网＋"与扶贫工作融合，取得初步成效。

### 1. 中央有要求

近年来，党中央、国务院出台了多项政策文件，积极推动信息技术在扶贫工作中的应用。2011 年《中国农村扶贫开发纲要（2011—2020 年）》，明确要"普及信息服务，优先实施重点县村村通有线电视、电话、互联网工程"。2014 年《关于创新机制扎实推进农村扶贫开发工作的意见》中要求"推进贫困地区建制村接通符合国家标准的互联网，努力消除'数字鸿沟'带来的差距"。2015 年《关于打赢脱贫攻坚战的决定》指出要"加大'互联网＋'扶贫力度。完善电信普遍服务补偿机制，加快推进宽带网络覆盖贫困村。实施电商扶贫工程"等。

### 2. 技术有保障

随着我国信息化基础设施不断完善和信息技术不断进步，贫困地区通电、

有线电视、电话覆盖率也不断提高；云计算、物联网、大数据等技术迅速崛起，智能移动客户端快速普及，农村地区的低学历、低收入人群加速网民化。

### 3. 工作有需求

中央提出打赢脱贫攻坚战、精准脱贫的目标，传统扶贫手段、工作模式的局限性凸显出来，必须要创新扶贫工作思维、手段、方式等。随着"互联网＋"战略上升为国策，各地区、各部门、各类社会主体在扶贫实践中也积极引入互联网思维、互联网技术，取得一定成效。

当然，以"互联网＋"推进精准脱贫也面临挑战，一是客观上贫困人口基数大，信息化基础差；二是各地推进"互联网＋"扶贫的经验极为欠缺。对此，我们要有清醒认识，更要加强"互联网＋"以及精准扶贫规律的认识和把握，更好发挥"互联网＋"在精准脱贫中的新动能作用。

## 二、"互联网＋"为精准扶贫提供有效技术支撑

互联网具有融合、创新、开放、共享等特征。"互联网＋"扶贫攻坚，就是要把互联网和扶贫攻坚这两个要素联系融合起来，以"互联网＋"的技术要素即云、网、端为基础，从致贫根源入手，利用"互联网＋"的手段助推扶贫攻坚目标的实现。

### 1. 云计算、大数据的强势应用为精准扶贫提供技术保障

一是有助于实现精准识别。应用云计算技术构建云平台，并基于云平台，搭建"扶贫信息系统"，整理录入扶贫对象、贫困类型、贫困规模等"第一手资料"，建立扶贫信息大数据库，将有利于识准扶贫对象、找准致贫原因、定准帮扶措施，实现扶贫工作全程信息化管理；二是有助于实现精准研判。运用大数据挖掘等技术手段，分析归纳总结出各地贫困人口的不同特征，在此基础上为每个贫困户量身制定可量化、看得见、能落实的帮扶措施，为各级政府因户施策、对症下药、检验成效提供可靠依据；三是有助于实现精准管理。运用云计算、大数据技术对贫困户信息进行实时监测，及时更新脱贫动态，实现数据动态监测和贫困对象动态进出，做到动态管理、进出有序，从

而使得扶贫政策和扶贫资源投向更精准、扶贫管理更精准。

### 2. 互联网的快速渗透为精准扶贫提供基础支撑

根据中国互联网络信息中心（CNNIC）历年数据，2000—2015 年，中国网民规模从 2250 万人增长至 6.88 亿人，互联网普及率也从 1.8% 增长至 50.3%。十几年间，中国互联网发展迅速，规模急剧扩大，正在以前所未有的深度和广度推动社会发展，改变人民的生产生活，这为扶贫攻坚提供了重要基础支撑。"互联网＋"的应用可以深度整合传统的产业链、技术链、服务链、信息链，从产品形态、销售渠道、服务方式等方面打破原有业态的边界，能够有效推动贫困地区产业转型升级。此外，基于互联网的物联网技术深化应用，将给贫困地区的产业带来巨大革新。以农业物联网为代表的物联网技术的试点应用，实现了农业生产过程从宏观到微观的实时监测，对于合理利用资源，降低生产成本、精细化管理、提高农产品产量和品质将发挥积极作用。

### 3. 智能终端的异军突起为精准扶贫提供重要载体

以智能终端为代表的用户设备，正成为信息服务提供的重要载体和大数据采集的重要入口。特别是智能手机的普及应用，可以使得贫困地区的群众更便捷地接入互联网，了解各种信息，提高信息获取率及利用率，为实现农村"数字脱贫"，缩小城乡数字鸿沟提供了有效途径。

## 三、"互联网＋"精准扶贫实践丰富多彩

近年来，各地区、各部门、各类主体积极进行"互联网＋"扶贫攻坚的探索与实践，充分利用各地资源优势，以精准脱贫为目标，在信息服务、教育、医疗、文化、产业、电商、金融等多个领域发力，为贫困地区跨越发展提供了有利契机与可行路径。

### 1. "互联网＋"大数据为精准扶贫奠定基础

摸清底数是做好精准扶贫的重要前提。国务院扶贫办开发了"全国扶贫网络信息系统"，为精准扶贫提供基础数据支持。黑龙江省明水县应用大数据

等现代信息技术，通过建设扶贫大数据中心，搭建扶贫综合管理服务平台，明确"扶持谁"，并科学划分贫困类型，根据致贫原因将贫困户划分为"一扶即脱、长扶能脱、久扶难脱"三种类型进行因村、因人精准施策，取得实效。

### 2. "互联网＋"12316"三农"综合服务助力精准扶贫

12316是全国农业系统"三农"综合服务的标志品牌，通过电话、广播、电视、网站、微博、微信等多种手段、多种渠道、多种形式，为广大农户提供生产生活服务，有效促进综合信息服务进村入户。目前12316服务已覆盖全国所有的省份，年均受理咨询电话逾2000万人次，为农民挽回直接经济损失及帮助农民增收节支超过100亿元。

### 3. "互联网＋"公共服务能力提升实现精准脱贫

在贫困地区公共服务能力提升方面，相关政府部门、市场主体均注重以"互联网＋"为载体，多媒体、多渠道、多手段为贫困人口提供较高水平的公共服务。如爱因生集团通过开发专门技术教育网络平台，上载大量精品应用型课程，为贫困地区输送优质实用的教育资源。湖北恩施土家族苗族自治州中心医院通过开发运用"远程会诊系统"和"掌上智慧医院"系统，利用网络与通信技术为边远地区群众提供便捷的医疗服务。山东省通过扶持贫困地区挖掘保护和开发利用红色、民族、民间文化资源，形成了剪纸、编织等网店遍地开花局面，为"互联网＋"文化扶贫探索了有益经验。

### 4. "互联网＋"产业升级实现精准减贫

产业是贫困地区发展、脱贫的基础。很多地区都以当地资源优势为切入点，以"互联网＋"特色主导产业为发展路径，将电子商务、云服务、大数据等新兴网络服务嵌入产业的生产经营管理全过程，推动了贫困地区优势传统产业转型升级和快速发展。如农业部"互联网＋"行业扶贫、甘肃省陇南市"互联网＋"核桃产业、河北省平乡县"互联网＋"家庭手工业、云南省元阳县"互联网＋"旅游业等，都取得了较好成效。

### 5. "互联网＋"环境下的电商扶贫促进县域经济发展

当前电商扶贫如火如荼，贵州省铜仁市、陕西省武功县、新疆阿克苏等不少地区在开展电商扶贫方面取得一定成效。苏宁、京东等电商企业与有关部门、地方政府合作实施"电商扶贫双百工程""产业扶贫、创业扶贫、用工扶贫"等行动，积极帮助贫困人口实现稳定脱贫。电商扶贫以整个社会迅猛发展的"共享经济""平台经济"为基础，为贫困地区引入了"互联网+"的思维和理念，促进了贫困群众生产、生活方式的转变，进而有力推动了县域经济发展。

### 6. "互联网+"金融有效推进精准扶贫

随着我国互联网金融服务范围扩大、服务层次加深，"互联网+"金融开始在贫困地区萌芽，为扶贫攻坚提供了强大助力。广西田东县通过互联网、农村金融与精准扶贫的结合，多管齐下，解决了传统金融扶贫中的信用、风险、资金难题，为"互联网+"金融扶贫落到实处做出了有益探索。

## 四、推进"互联网+"精准扶贫要把握"五个点"

通过对"互联网+"扶贫攻坚的机理与实践案例的研究，我们认为，推进"互联网+"扶贫攻坚，要把握"关键点、切入点、着力点、突破点、支撑点这五个点"。

### 1. 精准识别贫困群众是"互联网+"扶贫的关键点

贫困人群和帮扶资源都是动态变化的，要及时动态掌握贫困地区及人口的具体情况。通过"互联网+"，拓展贫困地区的数据获取维度。利用大数据的优势，加强对对口支援发达地区可支出物资和人力资源的监控，并优化资源配置。构建大数据处理和云管理中心，实现扶贫数据的实时观测、分析和对比。

### 2. 把发展电子商务作为"互联网+"精准扶贫的切入点

积极开展贫困地区农特产品网上销售，支持农产品溯源体系建设、QS（企业食品生产许可）和"三品一标"认证等供应链监管服务，帮助贫困地区农畜特色产品、民俗文化产品、乡村旅游产品等上网变现。用互联网思维谋划贫困地区产业主攻方向与产品销售渠道，实现"输血"与"造血"同步。根据不同地区的资源禀赋，发展适合当地特色的产业，并充分利用电子商务把农业、工业、服务业等三次产业充分融合，挖掘被低估的贫困地区产品潜在价值。

3. **推动新型农业经营主体与互联网融合发展是"互联网＋"精准扶贫的着力点**

发挥贫困地区种养大户、家庭农场、合作社、农业产业化龙头企业等新型农业经营主体的扶贫"生力军"作用。支持新型农业经营主体利用互联网发展"一村一品"或"一村一业"，通过"互联网＋"实现特色产品优质优价，推动农业规模化、品牌化和标准化，实现农民就近就业。加强新型农业经营主体信息化建设。

4. **利用互联网开展农村"双创"是"互联网＋"精准扶贫的突破点**

通过有效营造"互联网＋"扶贫的有利环境，激活贫困群众触网的主动性和利用互联网创业的欲求。同时，政府要努力搭建好政策软环境和基础硬环境两个平台，推动贫困群众利用互联网创业。将救助性活动与开发式扶贫相结合，推行"扶持＋孵化＋服务"，谋划引导贫困群众开展"双创"。

5. **政府的有效引导是"互联网＋"精准扶贫的支撑点**

通过"互联网＋"积极拓展政府服务维度，推动电子政务、电子村务、便民服务、电子农务、网上培训、远程医疗等进农村，让群众享受"互联网＋"带来的红利。利用"互联网＋"扁平化的优势，整合各方人力物力财力资源，构建有利于消除贫困的组合机制，鼓励社会各方力量以不同方式为贫困人口就业创业提供相关资助。

## 五、做好"七个一"扎实推进"互联网＋"精准扶贫

推进"互联网＋"精准扶贫，必须多措并举、多方发力，大力消除各项现实制约因素。应该围绕"七个一"下功夫：即编制一个规划、夯实一个基础、培育一批人才、构建一套机制、打造一批产业、实施一批工程、树立一批典型。

## 1. 编制一个规划

建议制定"互联网＋"扶贫攻坚行动计划（2017—2020年），以顺畅协调部门资源、广泛动员社会力量，统一思想、形成合力。

## 2. 夯实一个基础

加快贫困地区互联网基础设施建设。重点做好"摸家底、增投入、降资费、保基本"四件事。一是委托相关专业机构开展贫困地区"互联网＋"基础情况调查，摸清贫困地区信息化的"家底"；二是依托"宽带中国""宽带乡村"等工程，加大投入力度，重点保障贫困地区网络通信基础设施建设；三是鼓励电信企业针对贫困地区居民实行电信服务费率优惠专项政策，完善以宽带为重点内容的电信普遍服务补偿机制，降低贫困地区互联网接入门槛；四是针对地理位置偏远、建设成本过高地区，探索通过政府购买服务的方式，鼓励卫星服务企业提供低价卫星上网服务，保障其基本上网需求。同时，鼓励社会企业研发生产适合贫困地区居民使用的物美价廉的上网终端设备。

## 3. 培育一批人才

依托中央党校、国家行政学院、相关部委培训机构等，对贫困地区干部专项开展"互联网＋"培训，培育一批能干、会干、敢干的"领头羊"。扶持贫困地区加强"互联网＋"人才培养与引进，专项开展"互联网＋"扶贫智力援助行动，鼓励大学生、国家公职人员前往贫困地区专门开展"互联网＋"扶贫工作。加大贫困地区居民职业培训工作力度，特别是面向新型农业经营主体开展专项"互联网＋"培训，培养一批会上网、懂经营的脱贫致富带头人。

## 4. 构建一套机制

构建有利于推动"互联网＋"扶贫攻坚的一套机制。一是工作机制，即建立国家级"互联网＋"扶贫专家咨询委员会，专项负责"互联网＋"扶贫的重大问题研究、技术指导、咨询建议等。二是协调机制，即建立"互联网＋"扶贫部际联席会议制度，利于各部门及时沟通、协调意见。三是激励机制，即通过政府支持与引导，培育一批积极投身"互联网＋"扶贫攻坚的市场主体；发起成立"互联网＋"扶贫公益联盟，引导社会资源投入扶贫领域。四是考核评价机制，即制订科学的"互联网＋"扶贫评价指标体系，引导敦促各地务实有效推进工作。

### 5. 打造一批产业

就"互联网＋"产业扶贫进行统一规划，扶持贫困地区综合考虑资源禀赋、产业基础、市场需求、生态环境等因素，选择适合自身发展的特色优势产业，进行因地制宜地分类指导与推动，集中打造一批扶贫支撑产业，促进贫困地区"互联网＋"与一、二、三产业融合发展。

### 6. 实施一批工程

建议重点实施电子商务、信息服务、教育培训、医疗卫生、公益捐赠、金融保险等若干"互联网＋"扶贫攻坚工程。通过这些重大工程，推动互联网创新成果与贫困地区的产业发展、民生改善相融合。特别是，要强化针对贫困地区的信息服务，重点为贫困地区农民提供扶贫政策咨询、产业对接、电商培训、产品推介、乡村旅游与民俗文化推介等综合信息服务。

### 7. 树立一批典型

建议设立"互联网＋"精准扶贫高峰论坛，每年召开一届。在论坛上宣传推广一批可复制、可推广、可借鉴的"互联网＋"精准扶贫的实践经验与案例模式。此外，建议结合"一带一路"等国家重大战略，总结"互联网＋"精准扶贫的中国经验与中国模式，与发展中国家共享中国减贫方略、减贫经验，彰显负责任的大国形象。

# 师曾志：**新媒介赋权**
## ——在传播与行动中改变

信息社会 50 人论坛成员，北京大学新闻与传播学院教授。担任北京大学公民社会研究中心执行主任、北京大学公共传播与社会发展研究中心主任、安平公共传播公益基金主席。著作有《新媒介赋权：国家与社会协同演进》《新媒介赋权及意义互联网的兴起》《新媒介赋权：一种农村电子商务实践性的社会研究——以沙集网商为例》。

师曾志

面对互联网时代，我们需要问的问题是，媒体是不是等于媒介？媒体是体制与制度的产物，媒介是传播的载体、介质，其相通的地方在于，它们都承接着各种各样的社会关系，凸显的是人与人的关系。在互联网尤其是移动互联网、云计算和大数据等的影响下，新媒介在传播速度上的快捷性在跨越时空中建构出新的人际网络关系，网络技术本身的涌现、迭代等特征，决定了传统媒体向新媒介的转型不是一种简单的新和旧之间的转换，它们在传播主体、议题、手段、方式、反馈效果以及运行机制上都会存在很大差异。

媒体与新媒介在发展过程中必然会存在你中有我、我中有你的样态。媒体的建制存在于历史与现实当中，它是历史与法律、政治、文化制度等方面的再现，其存在得益于体制、惯习等的支持，但同时也受制于制度、惯习等的约束。以互联网为代表的媒介，是历史与现实，甚至是未来的体现，其正当性与合法性来源于跨越制度、体制以及符合社会发展的空间与行动。正是在媒体与新媒介的交融以及对中国社会变迁带来深刻改变的基础上，我们提出了新媒介赋权的概念。

## 一、新媒介赋权的三重结构

新媒介赋权的核心要义是过去被体制、机制遮蔽的权力得到彰显，对现有权力的解构与重构，社会交往关系越来越成为权力的重要来源。移动互联网时代的到来，手机等通信社交功能的增加，信息获取与交流已成为人们的日常生活方式，信息传播在不知不觉中改变着人们认识世界的方式和世界观、人生观等。

新媒介赋权所带来的社会变迁，是在一种复杂的社会结构中进行的，也有着自身发展的逻辑与机制。概而言之，新媒介赋权中存在三种结构体系：一是社会交往网络中传播—行动—改变；二是关系—事件—权力；三是创新—差异—生命力。这三种结构体系还在纵向上展开，即传播—关系—创新；行动—事件—差异；改变—权力—生命力。传播重在行动，更希望改变，传播在事件中多元主体在关系互动中试图达成创新；关系生发权力，权力生成于事件中，事件是在行动与差异中推动权力格局的变化；差异有利于创新，生命力在差异和创新中改变与发展。

这三种结构与机制的相互作用、相互影响关系，我们可以借鉴葛兰西的"盟主权"概念以及雷蒙·威廉姆斯对盟主权概念的发展加以理解。葛兰西作为马克思主义思想家，没有简单停留在上层建筑与经济基础的概念、关系中，而是深入到文化、经济、阶级以及权力之间的关系中研究社会变革。葛兰西认为文化等不是经济基础的简单再现，"社会变迁取决于从事各种实践的个体的创造性活动"。葛兰西在《南方问题的一些方面》中首次提出作为政治、知识和文化因素的综合体"盟主权"的概念。盟主权肯定了阶级统治结构中的价值观念体系、文化自主性及其机制独立存在的事实，剖析了行动者在既有的统治支配关系中获得认同及使之合法化过程中所起的积极作用，也为传统主流权力的解构与重构提出了理据。

改革开放以来，中国社会在政府、市场关系中已有了很大的发展空间，这为价值、观念等的交流、交锋等提供了可能性，各方的声音与行动都会影响到权力本身，这也构成了盟主权存在与发展的前提。盟主权作为一种分析工具，给我们最大的启示是，"文化既作为制度也作为实践，紧密地联系着历史与政治，与权力关系深深地交织在一起。文化不是中立的，也不是从社会制度中自发产生的。文化由特定的群体或知识分子生产出来，尤其是那些属于'上升阶级'的成员，他们必须用新的和富有挑战性的思想打击旧的和传统的思想。"葛兰西提出"民族大众"的概念，将文化意识形态等深入到人们的日常生活中，肯定了人的因素，人的价值，在人的交往、交流中最终实现意义、观念等的生产与再生产。

葛兰西强调行动者间的文化信仰的认同，这为行动提供了主观基础。文化信念嵌于社会关系网络中，生发于多样性的社会结构中，也是一种内化过程。文化价值观不是支配与消弭的关系，而是确立价值观的争夺过程。葛兰西的盟主权概念允许意识到社会结构中存在差异和多元声音的可能性，在此基础上，威廉姆斯提出"盟主权"超越了文化和意识形态的概念，因为"盟主权绝非仅仅是一个阶级观念或者某个特殊阶级的世界观的问题，而是一种结构。该结构包含了一整套实践与期望、能量、感受和有生命力的价值与意义系统。盟主权也不是单纯的上层建筑，它构成了一个生动的过程，一个由各种经验、关系和行动组成的丰富、深邃、透彻的且现实的集合；在这一过程中，各种需要不断得以更新、再造、维护和修正。"

## 二、权力在传播中生成与发展

新媒介赋权三重结构中，最本质的是对权力本身、来源的认识。很多人认为媒体是权力，政府是权力，资本是权力，也就是把权力当成一种占有和所有之物，它是固态的、静止的。福柯是权力研究方面的思想家，他的本体论思想是："历史游戏中的力量既不服从一种使命，也不服从一种机械论，而是服从于斗争的偶然。它们表现自己，不是以一种先前意图或者一种最终结果的逐渐出现的形式。它们在事件那独特的色子游戏中现身。"这是福柯社会关系网络中生产与再生产权力的思想来源，与新媒介赋权密切相关的是，福柯一针见血地指出，权力构建、解构于社会关系网络之中。这也就是说权力更多是在关系和传播过程当中实现的，它是交流的，甚至是共享的，是动态的，是在传播过程生发、生成与发展的。

传播—关系—创新是权力产生的基础，也是其他行动—事件—差异、改变—权力—生命力延展的前提。新媒介在中国社会转型中发挥作用最关键的是在对传统社会关系网络解构基础上建构一种新的社会关系网络。赋权从主体上划分可以分为自我赋权、群体赋权、社会赋权与组织赋权四种。受各方面因素的影响，它们的关系会有很大不同。传统社会中权力是自上而下的赋权机制，也就是组织赋权起着决定性的作用，它决定着群体、社会赋权，甚至决定自我赋权。互联网社交传播方式构建出的新型社会关系网络，具有跨界、跨行以及主体多元、异质的特点，它生产出一种以社会交往与社会资本连接的权力体系，这种权力体系已不单单是自上而下的权力控制，更多的是产生出自下而上的权力。这种自下而上的权力强调的首先是自我赋权，在自我赋权基础上得到群体、社会赋权乃至组织赋权。社会赋权也是社会发展合法性的表现之一，在很大程度上会引发社会各类组织的高度关注，这种自下而上和自上而下的权力大多交汇在公共政策方面，在公共政策上达成各方利益的平衡，真正实现赋权与改变。

新媒介赋权中关系—传播—创新对应关系，强调的是生成性和创新性。不仅仅是国家与社会宏大叙事下的关系，更是在各种主体的相互竞争的小叙事中展开。赋权也是从自我赋权中开始的，并努力实现群体、社会，乃至组织赋权。值得注意的是，这种关系中更多的是以人性、语言、知识等为基础的。多元异质的语境下，人性、语言、知识等直抵生死的交汇之处，这也为行动—事件—差异结构发展的作用得到肯定。

新社会关系网络中多元异质的人与人之间的关系，只是出现了新权力产生与发展的可能性，还需要在行动—事件—差异上展开。行动是个人及社会关系中的抵抗、反抗与改变等的政治行为。这里涉及行动与知识的关系，长久以来我们认为知识就是知识，其实知识是能力，其本身拥有三种特质：第一是倾听的能力，第二是做事的能力，第三是处事的能力。

事件强调的是关系—传播—创新中的特异性。将事件放在时空的维度上考虑。时空本是空洞的，但与时空相关的观念、行动等却构成了历史，也实现着过去与现在、现在与未来之间的清算。本雅明说："过去随身带着一份时间的清单，它通过这份时间的清单而被托付给赎救。过去的人与活着的人之间有一个秘密协议。我们的到来在尘世的期待之中，这种力量的认领权属于过去。"

新媒介赋权概念中最奇妙之处是在于主语的缺位。莱布尼茨思想的基点之一就是，谓语被他认定为是一种事件，一种断然的行动。谓语能脱离主语而获得自主性，具有了修正，甚至是颠覆主语的力量。"事件是无形的，以生成流变的方式出现在时间里，生命并非仅是那种出现在躯体间的那种有形的状态，而是通过事物进行了无形的转化。于是生命就是具有肯定性差异和生产性的'事件'"。

事件指的不仅仅是大众传媒报道的事件。德勒兹曾说："我不认为大众传媒能有多大的能力或本领抓住一个事件。首先，媒体往往表现开始或结尾，而一个事件，即使是短暂的，即使是瞬间的，也是持续的。其次，媒体总是要使事件具有戏剧性，而事件与停顿时间是不可分的。停顿时间不仅存在于事件的前后，而且就在事件之中。"德勒兹一再强调停顿的重要性，他说："停顿令事件具有深度。"我们是事件的观察者，而不是媒体事件的看客或窥视者。德勒兹引格勒蒂森的话说："一切事件都可以说是存在于什么事也没发生的时间之中。"强调各方对事件的回应、等待、期待，新媒介赋权正是对大众传媒对事件选择性报道的逸出，将每个人对事件的回应和等待都体现了出来，尤其是大家在表达与讨论之中，获得的新的感知与体验，并由此而不断变换着讨论的议题以及将问题引向不同的方向。

## 三、最佳世界存在于博弈与创新之中

行动—事件—差异的基础不是简单基于道德、伦理、公益、责任、良善等基础上的。新媒介赋权在行动—事件—差异的逻辑与机制中，不是简单地强调"公共善""公共利益""公益传播"等，这是因为新媒介赋权本身也影响到以社会分工为基础建构的经济学发展的基础。当代经济学中的"理性人"更多地注入了社会交往、社会关系等因素，人微不再言轻，利他、担当、责任、公益、价值观甚至人性与利润的实现融为一体，使得经济学在互联网时代的发展面临巨大的挑战。这就是为什么今天我们所言的跨界、跨行以及超越社会分工能实现新媒体赋权的最根本的依据。

行动—事件—差异中凸显了多元主体以及主体间人性、知识、语言等感知、体验、交流、对话甚至宽恕等能力，它们也越来越成为权力生产与再生产机制中必要的物料和构成部分。黑格尔的"世界之夜"，说明人类的本性犹如黑夜，万事万物围绕着它，变幻莫测，行动强调事件的时空性以及特异性，就是让人们可以探索到行动的无限可能性，不断突破人们所谓的概念、观念、信仰等"虚假意识"，为"破坏是创新的另一种存在方式"奠定基础。

新媒介赋权中的权力—改变—生命力这一组关系中，是关系—传播—创新与事件—行动—差异两组关系的目标与延伸。新媒介赋权中自上而下与自下而上权力的博弈对社会发展的推动最终还是需要落实在法律、政治、经济、文化等制度的完善中，而这些制度也永远处于不断完善中。因为一个问题的解决，可能会带来另外的问题，这需要我们保持警惕与警醒。生命力实则来源于对生命本能的信仰，它体现在对制度的不断逃逸与伸张、逸出中，生命本能与制度本身永远处于矛盾紧张关系之中。

新媒介赋权在传播、行动中的改变，从机理上应在与关系—事件—权力及创新—差异—生命力复杂关系中展开和分析，使得传播—行动—改变成为有源之水、有本之木。更重要的是，让互联网时代每个人都应参与其中。转型期国家与社会关系的错综复杂，简单地肯定与简单地否定都是没有意义的。

诚如马克思所言："现今社会的这种令人失望的形势使我满怀希望。"

然而，新媒介赋权的今天，我们仍然要问的问题是，现实社会与虚拟社会有无分界点，我们如何行动？互联网让媒介景观日趋比真实还真实，我们太多人已习惯于在象征符号世界中进化，也在象征世界中定义着个体与国家、个体与组织、个体与个体之间的关系，人们的这种重新认同，是让人获得解放还是不知不觉中将自身隶属与束缚？这是我们需要明晰与清醒的，现实的行动永远不能被象征世界的符号行动所遮蔽。世事繁杂，法无定法，幻象之心依然有各自的姿态与追索，新媒介赋权让人心的连接、体验与感知不再仅仅是理性的再现，也是心性的逸出与伸张。

生命心智上的感知成为弥合撕裂让生命得以延存的源泉活水，新媒介赋权的三重结构好似通往"无"的中介。在这个意义上，新媒介赋权应放在生命传播的救赎与时间中，通过传播所生成的生命力推动人类的自我救赎以及在自我救赎中获得新的生命力。新媒介赋权让我们认识到，生命的生成、存续及升腾强调的是将生命的体验融于日常生活中，积极虚无主义的超验信仰与消极虚无主义物质享受信仰并不绝对矛盾，正如天空与大地彼此相依。

总之，新媒介赋权带来中国社会的发展与变化，如莱布尼茨早就认识到，"我们的世界是最佳的，并不是因为它受善的支配，而是因为它适宜产生和接受新的东西"。这告诉我们，新媒介赋权时代，最佳世界不是由人的良善意愿与意志所建构和趋达的，而是存在于权力博弈而不断有创新事物产生并被社会所认同的可能性中。在这个意义上，公益传播中强调公共利益以及在公共善上的协商与协力，但在更大的时空中博弈，以公共传播的视野，公益才能有更好的发展前景。所谓公共传播，是针对社会问题，社会多元主体构成交往网络，相互赋权，资源共享，风险共担，在沟通、对话、行动中，达成影响并改变公共政策决策机制与内容的过程。正是在这个基础上，我们看到新媒介赋权下，公益传播越来越重要，但其真正的意义却是在公共传播时代的到来。

# 邬焜：信息哲学
## ——哲学的革命

信息社会 50 人论坛成员，西安交通大学国际信息哲学研究中心主任。国际一般系统论研究会中国分会（IIGSS‑CB）理事，中国自然辩证法研究会理事，中国复杂性与系统科学研究会副理事长，陕西省自然辩证法研究会副理事长，陕西省价值哲学学会副会长，陕西省哲学学会常务理事。1994—2001 年在西安石油大学任教，曾任经济管理系副主任、社会科学部副主任、西安石油大学信息与交叉科学研究所所长；2002 年起在西安交通大学人文社会科学学院任教，2010 年起任西安交通大学国际信息哲学研究中心主任。主要著作有《哲学信息论导论》《信息认识论》《信息哲学——理论、体系、方法》等。

邬焜

"任何真正的哲学都是自己时代的精神上的精华，因此，必然会出现这样的时代：那时哲学不仅在内部通过自己的内容，而且在外部通过自己的表现，同自己时代的现实世界接触并相互作用。那时，哲学不再是同其他各特定体系相对的特定体系，而变成面对世界的一般哲学，变成当代世界的哲学。各种外部表现证明，哲学正获得这样的意义，哲学正变成文化的活的灵魂，哲学正在世界化，而世界正在哲学化。"①

这是马克思当年对真正哲学的时代价值的一段论述。在今天，在人类已经进入了信息时代的今天，信息哲学已经成为能够体现当今时代精神的精华的哲学，并深刻而全面地展示出了其重大而深远的时代意义和价值。

## 一、无视维纳警示使哲学研究停滞和走向歧途

早在 1948 年，通信信息论和控制论诞生的年代，控制论的创始人维纳先生就写下了这样一段话："信息就是信息，不是物质也不是能量，不承认这一点的唯物论，在今天就不能存在下去。"② 令人遗憾的是，长期以来，维纳当年对哲学所提出的这一明确警示却并未引起更多哲学家的关注。不仅信息对发展哲学所应有的革命性价值未能清晰揭示，而且，就连统一的信息科学也未能成形地建立。因为，统一信息科学的建立必须以信息哲学的一般理论为其建立的理论基础。

我们注意到，20 世纪以来，西方主流哲学始终沿着与科学背驰的道路前行。这样的一种人类知识发展的扭曲态势，不仅使哲学走向了死胡同，而且也使哲学丧失了作为一般世界观和方法论的应有地位，使之沦落为很少被科学家所理睬的个别学者的窃窃私议。

就连宣称继承马克思主义哲学传统的那些大师们，包括西方马克思主义和改革开放后的中国马克思主义学派的主流哲学家们，也都未能对维纳当年的警示给予足够的重视。他们纷纷以西方意识哲学的主体性原则来阐释和改造马克思主义哲学，抛弃辩证唯物主义，提出实践唯物主义，把实践活动作为世界的本体，不承认人之外、人的实践活动之外的世界的客观性，甚至否认其真实的存在性，因为那个世界对人而言也是"无"。

其实，辩证唯物主义的提法比实践唯物主义的提法更具有一般概括性。

---

① 马克思，恩格斯. 马克思恩格斯全集（第 1 卷）[M]. 北京：人民出版社，1995：220.
② 维纳. 控制论 [M]. 北京：科学出版社，1963：133.

因为，对于实践，哲学家们完全可以从不同的角度和层面做出不同性质的解释，而各类不同的解释又可能是相互抵牾的。就目前已有的学说来看，对于实践可以做实用主义的解释、意识化的人本主义或主体性的解释，也可以做自然化的物质性活动的解释，还可以做主客体相互关系的解释，从信息哲学的相关理论出发，还可以做出信息活动意义上的解释。这样，实践唯物主义提法的不确定性和随机性特征便使其无法准确概括马克思主义哲学的性质。而马克思主义哲学则需要用辩证唯物主义的观点和方法去理解和解释实践。就此而论，辩证唯物主义的概念层次高于实践唯物主义的概念层次，而不是相反。

## 二、信息哲学的性质

从维纳先生关于信息的哲学意义的讨论算起，国内外科学和哲学界关于信息问题的讨论虽然卷帙浩繁，但是，绝大多数都仅只是停留在具体科学和技术层面，其中也包括对信息科学、信息技术、信息经济和信息社会的一般理论中所涉及的哲学问题的探讨。真正在改造哲学本身的一般信息哲学层面的文献并不很多。虽然，近二十年来，这样的一种局面已经有所改观。直到目前，成体系的信息哲学理论的建构还只是个别学者的行为。

相关文献考察认为，是中国学者于 20 世纪 80 年代初首先提出了真正具有一般哲学性质的"信息哲学"的概念，并相应建构了相关理论。①

我们认为，信息哲学的兴起是一个时代的思潮，判定其是否兴起的依据并不简单依赖于是否提出了"信息哲学"的概念。事实上，在涌现的大量相关文献中，很多并未冠以"信息哲学"的文献则可能真正探讨了信息哲学的问题，而某些冠以"信息哲学"的文献则可能离具有真正韵味的信息哲学理

---

① 参见王健. "信息哲学"与走向融贯的信息哲学范式——一个概念史的文本 [J]. 东北大学学报（社会科学版），2013（6）：551 - 556. 该文指出："'信息哲学'作为一个特指的学术性概念，最早见于中国学者邬焜在 1982 年所提交的兰州大学哲学系本科毕业论文《哲学信息论》。此文的基本要点在 1985 年以《哲学信息论要略》为题发表，全文则于 1987 年以《哲学信息论导论》为书名出版。"

论相去甚远。

　　长期以来，国内外科学和哲学界对信息哲学的学科性质的一般性理解存在很大的局限。更多学者仅仅在信息科学和信息技术中的哲学问题的层面来理解信息哲学的性质。依据这种看法，信息哲学只能是一种部门性或领域性的哲学。正如物理哲学、化学哲学、生命哲学、地理哲学、经济哲学、文化哲学……那样。另有一些学者，则总是倾向于把信息哲学纳入到已有的某些传统或哲学范式之中来进行解读。在这两种方向上，发展出了多条研究进路：计算主义进路、信息伦理进路、通信信息进路、信息认知进路、语义信息学进路、逻辑概念信息学进路、符号信息学进路、信息因果动力学进路、信息现象学进路等。然而，由于这些研究进路采用的都是依附于已有的某些相关具体的哲学或科学技术的理论，所以，它们便都自觉或不自觉地受到了这些原有理论和学科性质的狭隘性和局限性的束缚，这就使他们的学说都不能很好揭示信息问题所具有的真正独特性和革命性的意义和价值，由此发展起来的信息理论并不属于高层次的信息科学，更不具有一般信息哲学或统一信息科学的性质。

　　我曾经把这两种对信息问题的研究方式称为"哲学的比附"：对具体科学中的具有特定局限性的理论和观点的比附；对已有哲学中的陈腐观点和理论的比附。这样的比附体现了哲学的庸俗、保守和僵化的一面。与此同时，我提出了一个主张，在对信息问题的研究中应当采取一种"哲学的批判"的立场。在这里要实现的是一种双重批判和双重超越：对具体科学的局限性的批判和超越；对已有哲学的陈腐理论和僵化体系的批判和超越。由此引出的又是一种双重的革命：一是所批判的具体现实界的革命；二是哲学自身的革命。①

　　我们坚持的一个明确的观念是：绝不能把信息哲学等同于信息科学和信息技术中的哲学问题，也不能把信息哲学看成是一种依附或归结为某种已有传统哲学的哲学。因为，在这样一些层次上，信息哲学的真正普遍性品格和对哲学的变革所起的革命性作用将会被实质性地阉割。

---

　　① 邬焜. 哲学的比附与哲学的批判 [J]. 中国社会科学, 1995 (4)：117 – 125.

　　邬焜. *Philosophical Forced Analogy and Philosophical Critique* [J]. 中国社会科学（英文版），1997 (4)：74 – 78.

按照当代科学的一般说法，构成世界的基本成分有三种：材料、能源和信息。材料和能源在一般物理学的层面指的正是质量和能量，这也正是唯物论哲学所强调的客观实在的物质世界。而信息则不能简单归入这个世界，虽然信息世界是由物质世界派生出来的，并且也只能以质量或能量为其载体，但是，信息世界却并不具有实在的性质，它是一个非实在的世界。从信息乃是一种不同于物质的构成世界的基本存在领域这一规定出发，信息哲学便有理由被看作是一种元哲学、第一哲学或最高哲学。

如果把信息哲学看作是一种全新的元哲学形态，那么，我们刻意去罗列信息哲学的问题便可能是多余的。因为，在元哲学的层次上，所有哲学涉及的领域和问题都应当是信息哲学研究的领域和问题。这样，我们只要按照一般哲学研究的性质去讨论信息哲学相关的领域便可以了。而在这些相关领域的具体展开中所有的理应研究的问题也便一定会具体而丰富地展示出来。当然，我们这样的分析并不意味着那些关于信息哲学研究的领域和问题的罗列都全然毫无意义和作用，我们这里要强调的仅仅在于，作为一种元哲学的信息哲学对于一般哲学中的所有的领域和问题都理所当然地应该具有一种全新的解读视角和阐释方法。

早在 20 世纪 80 年代我就不仅强调了信息哲学诞生的必然性，以及它的元哲学的性质，而且还对其所涉及的领域和问题进行了说明，同时还对其中诸多方面的问题进行了相应探讨。

1986 年，我曾在一篇论文的开篇中写下了这样一段话："近几年来，国内学术界发表了一系列对信息进行哲学分析的文章，这些文章虽然见解纷杂，但是，却有逐渐形成一种合力的趋势，这一趋势预示着多年孕育着的一门新的时代哲学——信息哲学的诞生。"[①]

1989 年，我在《信息哲学——一种新的时代精神》一书中就曾强调："信息哲学首先是一种元哲学……还没有哪一个现有的哲学领域是信息哲学绝

---

① 邬焜，刘世文，李琦．关于信息论研究中几个问题的探讨［J］．社会科学评论，1986（1）：50 - 57，79．

对不能涉足的。"①

2003 年，我又在《亦谈什么是信息哲学与信息哲学的兴起》一文中更为清晰地阐释了信息哲学的性质。在那篇文章中我写道："信息哲学乃是区别于所有其他哲学的一种元哲学或最高哲学。基于对信息本质的不同认识，信息哲学也可能产生诸多学派。""信息哲学把信息作为一种普遍化的存在形式、认识方式、价值尺度、进化原则来予以探讨，并相应从元哲学的高度建构出全新的信息本体论、信息认识论、信息生产论、信息社会论、信息价值论、信息方法论、信息进化论等，在这些信息哲学的大的领域之下还可以再包括若干分支哲学，从而派生出第二、第三或更深层次的信息哲学学科。"②

不仅信息哲学具有元哲学的性质，而且信息科学也具有元科学的性质。1995 年 7 月，我参加了在中国北京召开的"全国信息科学技术与哲学学术研讨会"，为会议提交了题为《科学的信息科学化》的论文，并作了大会报告。③ 在该文中，我对信息科学的性质作了如下阐释和规定："信息科学发展到今天已经不再仅仅是一门单一的学科和仅仅是某种交叉性、横断性学科，而是一个具有诸多层次，涉及众多学科领域的学科体系。信息科学的最一般的、最普遍的理论和方法乃是一种新的科学范式，这一新的科学范式具有极强的渗透力、贯穿力和改造力。当把相关的一些信息科学的原理和方法拓展开来应用到已有的传统学科时，便会立即赋予这些学科以某种崭新意义的全方位改造。到目前为止，还没有发现哪一个传统学科是信息概念、信息科学的最一般性的品格、理论和方法所绝对不可涉入的。信息时代的科学也如这一时代的社会、经济、生活一样，正在面临着一个全面信息化的发展过程。这一科学发展的信息化过程可以更为贴切地称之为'科学的信息科学化'。"

---

① 邬焜. 信息哲学——一种新的时代精神 [M]. 西安：陕西师范大学出版社，1989：31 – 32.

② 邬焜. 亦谈什么是信息哲学与信息哲学的兴起——与弗洛里迪和刘钢先生讨论 [J]. 自然辩证法研究，2003（10）：6 – 9，14.

③ 邬焜. 科学的信息科学化 [J]. 青海社会科学，1997（2）：53 – 59.

邬焜. 现代科学的范式——信息科学 [M] // 刘克选，周桂如. 信息高速公路和信息社会. 北京：北京邮电大学出版社，1998：48 – 52.

### 三、哲学的最高范式和哲学革命的判据

为什么说信息哲学首先是一种元哲学、第一哲学或最高哲学？为什么说信息哲学是哲学的革命？要回答这样的问题，就需要阐明两个方面的理论：一是信息本身所具有的普遍性品格；二是哲学自身的性质、哲学体系的结构、哲学范式的层次，以及哲学的革命性和非革命性变革的一般判据。

让我们首先从哲学自身性质、体系的结构和范式的层次的讨论入手进行探讨。

在最为一般的意义上，我们可以把哲学看作是人类追求普遍理性的活动。我们这里所说的普遍理性乃是人类通过理性认识所达到的某种具有普遍性程度的观点和理论。[①] 但是，人类的理性认识所可能达到的普遍理性的普遍程度却存在着某种差异。由这种差异便构成了哲学体系的结构和哲学范式的层次。[②]

哲学作为人类通过理性思维建构的知识系统，通常这个知识系统总是由某些范畴和原理通过某种逻辑的方式结成的理论体系。作为理论体系，无论其如何庞杂，总可以区分出两个部分：一个是该理论体系赖以建立的最初始的范畴和原理组成的部分；另一个则是由这第一个部分所做的进一步的推论而产生的次一级的，或更加次一级的范畴和原理所组成的部分。正是这两个不同层次的范畴和原理分别构成了哲学理论的基本理论和非基本理论。这就是哲学理论的结构。其实，这样的结构并不是哲学理论独有的特征，人类建构的所有科学理论都是以逻辑的方式表达出来的知识体系，只要是知识体系就必然会存在这样的结构。

通常，哲学被区分为不同的领域和层次。其基础理论部分包括：本体论（存在论）、认识论、实践论、价值论、方法论……其下可以罗列出诸多应当被称为领域哲学的部分：自然哲学、社会哲学、精神哲学、数学哲学、系统哲学、环境哲学、科学哲学、技术哲学、工程哲学……再其下则是众多的门

---

① 邬焜. 哲学的性质：普遍性、终极性和思辨性 [J]. 学术研究, 2014（1）：15 - 20, 159.
② 邬焜. 试论科学与哲学的关系 [J]. 科学技术与辩证法, 2004（1）：1 - 3.

类哲学和分支哲学。

显然，哲学的基础理论部分构成了哲学的基本理论，正是哲学的基本理论能够使哲学成为一门独立的学科，而不同性质的哲学、不同哲学流派的区别就在于其哲学基本理论部分存在差异。然而，哲学的基本理论同样分有层次。在上面罗列的哲学基础理论的各领域之间，本体论（存在论）无疑是其基础之基础。正是这一领域构成了哲学的最为核心的理论部分。这也是亚里士多德所称谓的研究"存在的存在"的第一哲学。①

按照通常的说法，本体论（存在论）是研究世界的本原和本性的哲学学科。但是，要探究世界的本原和本性首先必须对不同存在领域之间的关系予以研究，而要研究这个问题又必须首先研究一个前提性问题，这就是世界上有多少种存在（何物存在）？我把这一问题称为"存在领域的分割"。② 因为存在领域的划分方式是研究各存在领域之间的关系，进而确定世界的本原和本性的前提性或基础性问题，所以，存在领域的分割方式便构成了哲学的最高范式。③

哲学的变革可以发生在哲学结构的不同层次，可以针对不同层次的不同问题。但是，在不同层次，或不同层次的不同问题上所发生的变革对于哲学本身的发展而言，其作用、意义和价值是不同的。一般而言，只有在哲学本体论层面发生的变革对于哲学的发展才具有比较大的意义和价值，尤其是，在存在领域分割方式这一哲学的最高范式的层面发生的变革更具有哲学发展的根本性变革的意义和价值，由此引出的便一定是哲学的革命。而发生在哲学结构的其他层次上的变革便不具有这样的性质。这些变革对于哲学的发展而言并不具有根本性和革命性的意义和价值，通常，我们只应当把它们看作是非根本性的哲学的进步和发展。

由此我们可以得出一个一般性的结论：从变革发生的位置我们便可以判定变革的性质。只有在哲学最高范式的层面发生的变革才能构成哲学的革命。

---

① 亚里士多德. 形而上学［M］. 上海：上海人民出版社，2005：83.
② 邬焜. 存在领域的分割［J］. 科学·辩证法·现代化，1986（2）：32－33.
③ 邬焜. 哲学基本问题与哲学的根本转向［J］. 河北学刊，2011（4）：11－21.
邬焜. 存在领域的分割和信息哲学的"全新哲学革命"意义［J］. 人文杂志，2013（5）：1－6.

这就是衡量哲学革命是否发生的判据。

## 四、传统哲学的立论之基：存在 = 物质 + 精神

既然存在领域的分割方式是哲学的最高范式，那么，它便是哲学的立论之基。一般而论，考察某一哲学的根本性质便应当首先考察其所认定的对存在领域的分割方式。

具体考察人类哲学的发展，在一般的哲学传统中存在被分割为三大领域：客观理念世界（包括宗教神学中的上帝、柏拉图的理念世界、黑格尔的绝对精神、印度古代哲学的大梵、中国宋代哲学家朱熹的先天地之理）；物质世界；人的精神世界。随着科学昌明的发展，客观理念世界逐步退出了一般科学和哲学的领域，这样，在传统哲学关于存在领域的分割方式上剩下的便只有两大领域：物质世界和人的精神世界。存在 = 物质 + 精神，这就是传统哲学的最高范式，也是传统哲学的立论之基。

恩格斯曾经指出："全部哲学，特别是近代哲学的重大的基本问题，是思维和存在的关系问题。"在这同时，他又强调说："唯物主义这种建立在对物质和精神关系的特定理解上的一般世界观。"① 据此，后来的相关文献总是倾向于认为恩格斯提出的哲学基本问题有两个标准的表述方式："思维和存在的关系问题"和"物质和精神的关系问题"。②

其实，细究起来，这两种表述并不完全同一，使二者同一是有条件的。"思维和存在的关系问题"是一种抽象的表述，而"物质和精神的关系问题"则是一种具体的表述。从前者过渡到后者依赖于对一个前提性问题的回答，即"存在领域的分割"。认定这两种表述同一的基础在于坚持了传统哲学对存在领域的基本分割方式：存在 = 物质 + 精神。因为，存在是由物质和精神两大领域构成的，所以，要回答"思维和存在的关系问题"就只能从具体解读

---

① 马克思，恩格斯. 马克思恩格斯选集（第 4 卷）[M]. 北京：人民出版社，1995：223，227.
② 肖前主编. 马克思主义哲学原理（上册）[M]. 北京：中国人民大学出版社，1994：10 - 11.
肖前，李秀林、汪永祥主编. 辩证唯物主义原理 [M]. 北京：人民出版社，1981：8.

"物质和精神的关系问题"中去寻求。然而，如果存在领域的分割方式发生了改变，不再是"存在＝物质＋精神"的传统模式，那么，这两种表述方式便不再是同一的了。[①]

由此看来，恩格斯所说的哲学的基本问题并不基本。

关于哲学的发展，西方哲学界有一个一般的说法，这就是两次转向论：本体论到认识论的转向，认识论再到语言论的转向。在此两次转向论之外，尚有学者提出了更多转向的说法：现象学转向、价值论转向、生存论转向、实践论转向、身体论转向等。然而，细究起来，这些所谓的种种转向所实现的变革还仅仅停留于哲学所重点关注的问题域和其所涉及的学科范围的转换。由于这些所谓的转向并未改变传统哲学的最高范式，所以，他们都不是哲学的根本的转向，因而都未曾给哲学带来根本性的革命。

## 五、哲学的信息转向：存在＝物质＋信息

20世纪中叶以来，伴随当代复杂信息系统学科群的崛起，一个全新的世界领域——信息世界日益清晰地得以展现。到20世纪80年代之后，随着中国信息哲学的诞生和发展，这个信息世界更是在哲学本体论的一般存在领域的层面获得了规定和阐释。

信息哲学给哲学带来的变革与以往的哲学变革不同，它并不是在哲学的局部研究领域、个别研究问题的方面有所转移和变化。信息哲学对哲学的变革首先是在哲学最高范式的层面实现的。这就是，信息哲学首先改变了传统哲学对存在领域的划分方式。我们在上面已经提到，传统哲学的立论之基是"存在＝物质＋精神"。而中国的信息哲学提出的新的存在领域划分方式是"存在＝物质＋信息（精神仅只是信息活动的高级形态）"。

当然，不同的哲学流派对于信息的存在论地位完全可以做出十分不同的解读。事实上，在相关的哲学领域，已经出现了三种不同的解读方式：一种

---

① 邬焜. 哲学基本问题与哲学的根本转向 [J]. 河北学刊, 2011 (4): 11－21.

是把信息仅仅作为物质的某种存在方式或属性，从而将其简单归结为物质现象，不承认其有自身存在的独立性；另一种则是把信息简单归属到精神世界，否定客观信息的存在，更有甚者则直接把信息看作是精神的代名词；第三种则是把信息看作是与精神和物质不同的，具有独立存在意义的一个全新的世界。在这第三种解读方式中又可以区分出两类：第一类是把信息、物质和精神三元并列，第二类是把精神作为信息世界的一个领域包容在信息世界之中。20世纪80年代以来，在中国诞生和发展起来的信息哲学采用的则正是这第三种解读方式中的第二类，通常，我们也把它称为物质和信息双重存在的理论。

在上述三种对信息存在论地位的解读方式中，前两种对于哲学的变革来说并不具有革命性的意义和价值，因为这两种解读方式并未根本改变传统哲学对存在领域的划分模式，它仅仅是在或者对物质世界的具体存在方式和领域，或者对精神世界的具体存在方式、领域和称谓给出了某种具有新意的阐释。而上述的第二种解读方式则与前两种解读方式不同，因为这种解读方式改变的是存在领域的传统划分方式，是针对哲学的最高范式所发生的变革，所以，这一解读方式便导致了哲学的根本转向，便引发了哲学的革命。

由于揭示了信息比较与物质和精神的独立存在的品格，人们才可以在此基础上去进一步讨论物质、精神和信息之间的关系。已有的相关讨论已经产生了三种不同的哲学学说：第一种是新唯物主义。新唯物主义仍然把物质看作是世界的本原，一方面承认信息和精神是由物质派生，并以物质为载体而存在，另一方面又承认信息和精神所具有的不同于物质现象的独立品格。第二种是新唯心主义。新唯心主义仍然把精神看作是世界的本原，把信息和物质都看作是精神世界的派生现象。第三种是唯信息主义。唯信息主义把信息看作是世界的本原，并认定物质和精神现象都是从信息世界中派生和幻化出来的。

虽然上述的三种主义对信息、物质和精神的关系的解读方式不同，但是由于它们都承认信息、物质和精神各自所具有的独立存在性品格，所以，这三种理论都从根本上改变了传统哲学关于"存在领域划分方式"的基本范式。正是在这一意义上，我们说，这三种主义构成了哲学的全新变革。然而，由于这三种主义都以对哲学的最高范式"存在领域的划分方式"的全新改变模式为基础，所以，这三种主义都不是最高层级的哲学学说，它们都还只是由同一个存在领域划分方式派生出来的次一级的哲学学说。我们对他们所具有的哲学革命意义的讨论，并不是来自于简单的唯物或唯心或唯信的阐明，而是来自于它们所依据的新的"存在领域划分方式"。由此我们也可以清晰地看到：正是这一新的存在领域的划分方式才构成了哲学意义的存在论或本体论的最高范式的变革。

从1980年开始，经过几十年的持续研究，我所创立的信息哲学已经形成了一个比较完善的体系。在我看来，传统唯物主义哲学所认定的客观的都是实在的物质世界的理论是难以成立的，因为，客观的并不都是实在的，在客观事物的相互作用中普遍存在着各种各样的事物自身显示、相互映射、相互表征的普遍联系的复杂现象。在这一现象中显示、映射、表征着的内容本身虽然是客观的，但是却并不具有实在的性质。如果我们用"客观实在"来定义物质的话，那么，我们便不能再用"客观实在"来定义这种显示、映射、表征着的内容的性质和存在方式。如此看来，这种显示、映射、表征着的内容便应该被看作是另一种不同于物质现象的客观存在。我把此类现象定义为"客观不实在"或"客观虚在"。另外，精神世界作为对客观世界的主观反映也不具有实在的性质，我把它相应地规定为"主观不实在"或"主观虚在"。由于"客观不实在"和"主观不实在"都具有不实在的性质，所以它们便可以统一归入一个大的世界领域，即"不实在"或"虚在"的世界。

如果从实在和不实在的对应关系来考察的话，我们将会看到不实在的世界是由实在的世界在相互作用中派生出来的关于自身的某些性质、存在方式和状态的显示、呈现、映射、表征或主观反映的一个世界。我们可以举一个浅显的例子来说明这种不同方式的存在以及它们之间的某种对应性关系。例如，我们可以举出月亮的三种存在方式：天上月、水中月（场中月）、脑中月。这三种月亮分别对应的便是客观实在的月、客观不实在的月、主观不实在的月。显然，月的后两种存在方式都是由它的第一种存在方式通过不同性质的相互作用而派生出来的。月的后两种存在方式是对月的第一种存在方式的客观显示或主观反映。从这种对应关系上我们有理由把月的第一种存在方式叫作直接存在的月，而把月的后两种存在方式叫作间接存在的月。由于间接存在是对直接存在的显示或反映，所以，从间接存在所呈现的内容来看它便是关于直接存在的信息。这样我们有理由做出规定：直接存在的世界是物质世界，间接存在的世界是信息世界。由于信息世界是由物质世界在相互作用中派生出来的，所以，信息世界便是物质世界的自身显示。正是根据这样的思考，我把信息定义为："信息是标志间接存在的哲学范畴，它是物质（直接存在）存在方式和状态的自身显示。"①

从上述讨论中我们可以很自然地得出一个结论：由于信息是由物质在相互作用中派生出来的，信息世界又是对物质世界的显示，所以，物质世界仍然是第一性的本原性存在，而信息世界则是第二性的派生性存在。在此，我们仍然坚持了唯物主义的一元论学说。

虽然在信息产生机制的逻辑推论上我强调了物质的第一性和信息的第二性，但是，在现实性上我又主张世界的物质和信息的二重存在性。这是因为，世界演化的时间没有开端，相互作用又是事物存在的普遍方式，所以，世界上现存的所有物的结构都是在漫长演化过程中生成的，这种演化生成的结构都同时凝结了相应演化过程的时间和空间的信息。这就导致一种现象的发生：世界上现存的所有物的结构，乃至世界整体本身都已经被二重化，它们都既是物质体，又是信息体，并且这两个世界又是镶嵌在一起的。

由此，我提出了一种全新的在物质统一性的基础上，物质和信息双重存在和双重演化的理论，正是这一理论在哲学存在论和本体论的最高范式的层面导致了哲学的根本性变革，或称"全新的哲学革命"。② 正是这样的一场革命实现了哲学的信息转向，而其转向的革命性质的标志便是"存在领域的重新划分"："存在＝物质＋信息"。

---

① 此定义最先发表于，邬焜．哲学信息的态［J］．潜科学杂志，1984（3）：33－35．在邬焜：《信息在哲学中的地位和作用》（《潜科学杂志》1981（3）：53、60）一文中曾以此定义的后半句作为信息的定义。

② 邬焜、李琦．哲学信息论导论［M］．西安：陕西人民出版社，1987.

邬焜．自然的逻辑［M］．西安：西北大学出版社，1990.

邬焜．信息哲学——理论、体系、方法［M］．北京：商务印书馆，2005.

## 六、信息范式对科学和哲学的根本变革的 12 个方面

因为信息哲学的转向是在"存在领域划分"这一哲学最高范式的层面发生的变革，所以，它将在哲学的所有问题和领域，包括基本的问题和非基本的问题，包括基本的领域和非基本的领域都实现某种全新的变革。

下面我们从 12 个方面对信息范式所导致的科学和哲学的根本变革意义进行概述。

### 1. 信息本体论：一种关于物质和信息双重存在的全新存在论学说

由于提出了一种物质和信息双重存在和双重演化的理论，信息哲学改变了传统哲学在存在领域划分方式上的基本信条：存在 = 物质 + 精神。

由于在存在领域划分方式这一哲学的最高范式的层面实现了变革，恩格斯当年所提出的哲学基本问题便显得不那么基本了。"存在与思维的关系问题"的具体解读方式因为哲学最高范式的改变而发生了改变。在新的哲学最高范式的解读方式面前，"存在与思维的关系问题"不再与"物质与精神的关系问题"相等同。因为，在新的存在领域划分方式的基础上，要回答"存在与思维的关系问题"，不仅要回答"物质与精神的关系问题"，而且还要回答"物质和信息的关系""信息和精神的关系"等方面的问题。这样，原本简单的物质和精神二元对立统一关系的问题便不能不转化为物质、信息和精神多重领域相互作用、相互蕴含、转化和过渡的更为复杂交织的关系。而这种多领域全新复杂交织关系的新阐释便导致了哲学本体论学说的根本性变革。哲学本体论学说的根本性变革为哲学的所有其他领域的变革奠定了基础，提供了一个全新的变革范式，这就必然会给哲学的所有领域，包括基本问题领域，也包括所有非基本问题的领域，都将会带来全面的根本性变革。这就是我们所说的哲学革命的爆发。①

---

① 邬焜. 哲学基本问题与哲学的根本转向 [J]. 河北学刊，2011（4）：11－21.

### 2. 信息认识论：一种关于人的认识发生的多维中介建构与虚拟的学说

在西方哲学中，当论及人的认识发生的过程和机制时，总是有这样的一种倾向，这就是总是试图要在物质和精神这两个领域采取一种绝对割裂的态度。最初是试图在上帝（神、绝对理念、绝对精神）和人的个体精神之间建立直接的关联和沟通，当上帝（神、绝对理念、绝对精神）消退之后，当代西方意识哲学又转到仅仅在人的意识内部去寻求人的认识发生的原因。这样的一种认识论模式产生的根源盖出于西方哲学的传统本体论信条。物质和精神二元结构的世界模式无法为物质向精神的升华、精神向物质的转化提供必要的中介过渡环节。这样，人的精神只能和上帝的精神相沟通，只能从上帝的完善的理念中去分有部分不完善的理念；只能在物质和精神、主体和客体之间划出一道不可逾越的鸿沟；只能将外部物质世界悬置，简化、绝对化、单极化的从人自身的意识内部活动的构造来阐明意识发生的原因。

由于确立了客观信息世界的存在论地位，信息哲学便为哲学认识论的革命，便为揭示人的认识发生的过程和机制提供了哲学本体论的基础。

信息哲学构建了全新的哲学认识论学说，可以把这一学说简单概括为"哲学认识论的信息中介论"。这一理论把物质和精神、主体和客体看作是一个通过客观信息中介的相应活动相互转化、相互生成的统一的过程，把人的认识看作是一个在多级信息中介的综合建构和虚拟中的一种复杂性涌现。具体说来，参与这一复杂性涌现的中介维度包括五个方面：客体信息场、主体生理结构、主体认知结构、实践物化工具、自然史和社会史的信息凝结。由于是一种复杂性的涌现、由于通过了多重维度的中介，便一定会在这多重中介中发生不同性质和不同层次的信息选择、信息匹配、信息转换、信息重构、信息识辨、信息储存、信息阐释、信息监控、信息建构、信息创造与信息虚拟的复杂性活动。[①]通过相应的复杂性活动，信息也呈现出了它的复杂形态：自在信息（客观信息）、自为信息（主体直观把握的信息）、再生信息（主体

---

① 方元（邬焜曾用笔名）. 哲学认识论的信息中介论探讨 [J]. 兰州学刊，1984 (5)：57－63.
邬焜. 认识：在多级中介中相对运动着的信息建构活动 [J]. 长沙水电师院学报，1989 (3)：17－22.

思维创造的信息）、社会信息（人类创造的文化信息——自在、自为、再生三态信息的有机统一）。①

有西方学者对中国人创立的信息识论学说给出了高度评价。认为"信息哲学的解释超越了现象学的解释"②；"清除了为胡塞尔的先验直觉寻找自然等价物的艰巨任务"③；"这意味着经典现象学的终结"。④

### 3. 信息演化论：一种关于物质形态和信息形态双重演化的理论

人类历史上的演化论学说，无论是科学的，还是哲学的，都基本上是关于物质形态演化的。信息哲学关于物质和信息双重存在的本体论学说也从根本上改变了人类的演化观。双重存在的理论，必然带来双重演化的理论。信息哲学提出的演化论学说不仅从物质和信息的双重维度对与演化相关的各类哲学范畴进行了全新阐释，而且还详细论证和揭示了物质形态和信息形态演化的协同性和同步性的统一性关系。信息哲学的演化观认为，无论是在宇宙整体的层面，还是在宇宙中的具体事物的层面都存在着进化或退化的两个分支，都是有进有退的大循环。其中必然相应发生着物质形态和信息形态的同步进化或退化现象，并且，物质形态和信息形态还具有相互协同、相互载负、相互映现和相互规定的全息蕴含关系⑤，不仅没有不被物质载负的"裸信

---

① 邬焜. 哲学信息的态 [J].潜科学杂志，1984（3）：33-35.

② 约瑟夫·布伦纳. 作为信息时代精神的哲学——对邬焜信息哲学的评论 [J].王健，译.哲学分析，2015（2）.

③ Joseph E. Brenner. *Wu Kun and the Metaphilosophy of Information International Journal* [J]. Information Theories and Applications，2011（2）：103-128.

④ 德国德累斯顿大学的格哈德·卢纳（Gerhard Luhn）教授在读了 Joseph Brenner 的文章（*Wu Kun and the Metaphilosophy of Information International Journal*）后评论说："这是邬焜的一个非常有趣和重要的成果，当然，这是从我们的'直觉'感受来看，这意味着经典现象学的终结，我们认为有必要对所有的事物重新进行认识……这似乎是一个重大的成就或努力，我们不得不从一开始就这样做。我们不得不从一开始就把关于'本体'和'现象'（或主观和客观的维度）的辩证关系的争论（现实逻辑，LIR 的讨论）作为核心范式。约瑟夫，我们研究的最困难的部分在于必须用我们的方法解释清楚那种以人为核心的理论的随意性和危害性，它只是在某种特定的场合才具有一定的合理性。"（摘自 Joseph Brenner 2012 年 2 月 5 日的电子来信）。他还在其发表的论文中写道："在我知道的科学家和哲学家中，只有邬焜从哲学的高度揭示了信息的世界本体的意义，并建立一个关于世界各领域之间复杂性关系的理论。"（Gerhard Luhn. The Causal-Compositional Concept of Information [J].*Information*，2012（2）：1-34.）

⑤ 邬焜. 演化范畴的双重规定 [J].哈尔滨师专学报，1994（1）：12-16，2.

息"，而且也没有不载负特定信息的"纯物质"。①

### 4. 信息时空观：一种全新的时间和空间内在融合统一的理论

人类科学史上曾经有过两种最有影响的时空观理论：牛顿力学的时空观是在时间和空间绝对割裂的基础上建立起来的；爱因斯坦提出了时空协同变化的"四维连续统"理论，然而，在爱因斯坦那里，时间和空间关系还仅只是某种外在衔接的统一性。

当代信息科学和复杂性自组织理论以及信息哲学的研究揭示了物质的空间结构在普遍相互作用的时间过程中相互改变，通过这种改变凝结了相应的时间和空间的信息，从而导致时空转换的、时空二重化的、时空内在融合的统一性结构的生成。

时空内在融合的新的时空观把信息的、历史的、演化的观念引入对时空关系的考察，并相应阐明了在事物普遍相互作用中通过时空内在融合的方式所实现的事物普遍联系、规定和转化的内在机制和过程。由于现存事物的结构都是在时空转化的信息凝结中产生出来的，所以，所有事物的现实结构都是一个空间化的时间（时间凝聚成了空间的构造）和时间化的空间（空间的结构拥有了自己的时间维度）的统一体。②

### 5. 全息境界论：一种关于事物普遍联系的机制、过程和结果的学说

时空内在融合是通过事物相互作用的相互改变所导致的信息凝结实现的，正是这一信息凝结的过程使所有的物体都转化成了物质和信息的二重化存在，亦即是，所有的物体都成了物质体和信息体的统一体。这样的信息体必然会在其后续演化的过程中将其所凝结的某些不同层次和不同性质的信息以某种方式呈现出来，这就构成了种种有趣的全息现象。尤其是在事物进化演化的方向上，各类全息现象的表现更为突出。

对于全息，我曾经给出过一个定义："全息的含义是指事物在自身结构中映射、凝结着自身现存性之外的多重而复杂的信息关系和内容。我们有

---

① 邬焜. 与信息本体论相关的若干重大问题的讨论 [J]. 哲学分析, 2015 (2)：42 - 54.
② 邬焜. 相互作用与双重演化 [J]. 内蒙古大学学报, 1994 (2)：94 - 99.

理由将全息现象看作是复杂性自组织进化所可能达到的一种相关信息凝结、积累的结果。"我还曾把全息现象具体划分为五种类型：演化历史关系全息、演化未来关系全息、演化系列关系全息、演化内在关系全息、演化结构全息。在这五类全息现象中演化系列关系全息和演化内在关系全息是两类最基本的全息现象。另外，我还特别强调指出：由于全息是一种特殊的演化现象，所以，在对全息问题进行讨论时需要注意一些约束条件和原则：一是全息现象仅仅与进化演化的方向相关；二是"全息不全"；三是全息所全息的信息内容主要是关于程序型信息方面的；四是不能将全息观点"无限泛化"。①

### 6. 信息价值论：一种关于物质价值和信息价值的双重价值理论

事物通过普遍相互作用所实现的信息同化和异化的信息凝结不仅导致了物质和信息的双重存在、双重演化、时空内在融合，以及形形色色的全息现象，而且还导致了在所有相互作用的事物之间普遍建立起了某种对象化、效应性关系。基于这种普遍的对象化、效应性关系我们便可以在自然本体的意义上建立某种全新的价值哲学。我曾经从一般哲学的尺度上对价值进行了定义："价值乃是事物（物质、信息，包括信息的主观形态——精神）通过内部或外部相互作用所实现的效应。"由此定义出发所建立的价值哲学首先是一种自然价值和天道价值的理论，同时又能解释传统价值哲学中的人道价值和主体价值，另外，它还是一种关于物质价值和信息价值的双重价值的理论。②

值得强调指出的是，西方很多学者在他们的长期努力中建立起了不同形式和层次的环境价值伦理学、生态价值伦理学，但是，因为他们都未能彻底突破以人为中心的价值伦理范式，所以，在关于价值本质的认识上仍然备受

---

① 邬焜. 论自然演化的全新境界 [J]. 西北大学学报（社会科学版），1994（2）：7-13.
邬焜. 信息哲学——理论、体系、方法 [M]. 北京：商务印书馆，2005：266-275.
② 邬焜. 一般价值哲学论纲——以自然本体的名义所阐释的价值哲学 [J]. 人文杂志，1997（2）：18-21，25.
邬焜. 信息哲学——理论、体系、方法 [M]. 北京：商务印书馆，2005：346-379.

限制。而信息哲学所提出的信息价值论则能够为信息生态文明和可持续发展理论提供一般哲学层面的理论基础。

### 7. 社会信息论：一种关于社会性质和社会进化方式的新理论

信息科学和信息哲学提出的信息范式不仅为一般科学和哲学的发展提供了一个全新解释范式，而且也为探讨人类社会的本质和发展尺度，为人类的信息经济和信息社会的发展提供了某种全新的解释原则。

从信息活动的维度来看，能动地把握、利用、开发和创造信息是人类社会的本质；把握、利用、开发和创造信息的间接化（中介环节的强化）程度是人类社会进化的尺度。①

信息哲学认为：人类的不同文明时代是以不同的信息处理、创制和传播方式为其技术前提的。已经发展起来的信息网络，对于人类科学技术、经济社会的发展既是一种全新的信息处理、创制和传播方式，也是一种全新的生产方式、组织模式和发展模式。信息网络的普及和发展已经和必将导致某种全新的网络文化的诞生。随着这种全新网络文化的发展人类价值观念的体制将会日益朝着多元化的方向发展，其发展的结果必将会在极大程度上弱化和消解传统社会的世界霸权和国家集权的各类体制，从而建立一种更加民主和自由的新型政治体制、经济模式和社会秩序。信息网络的发展已经成了建立人类信息社会文明新体制的技术前提。②

### 8. 信息生产论：对人类实践和生产活动本质的新认识

对于人类的生产和实践活动，传统科学和哲学的解释更多是在物质活动的维度上展开的。信息哲学提出的物质和信息双重存在的全新范式，为阐释人类的生产和实践活动也提供了一个全新的信息维度。

根据科学的一般原理，物质守恒，信息不守恒，人类在生产活动中不可能创造物质，只可能创造信息。通常人们所说的物质生产不可能生产物质，生产的仅仅是物质资料（生产一种由特定物质结构所载负的信息模式）。人类

---

① 邬焜，刘世文，李琦. 关于信息论研究中几个问题的探讨 [J]. 社会科学评论，1986 (1)：50 - 57、79.
② 邬焜. 网络文化中的价值冲突 [J]. 深圳大学学报，2001 (5)：45 - 51.

的生产和实践活动都具有物质和信息双重活动的意义和价值。从信息活动的维度来看，人类的生产和实践活动是一种主体创造的目的性信息，通过主体创造的计划性信息的实施，在客体中实现的过程，简言之，是主体目的性信息转化为客体结构信息，在客体中实现的过程。① 在信息哲学看来，由于人类生产不可能创造物质，所以，人类的生产只能是信息生产，人类的生产力也只能是信息生产力。②

信息哲学不仅关注人类物质资料的生产活动，而且还关注人类精神生产、人本身的生产和人的交往关系的生产、虚拟化生产等诸多生产形式，并把这多种生产形式看作是相互交织、内在融合，并互为基础和前提的统一性过程。③

### 9. 信息思维论：一种关于科学与哲学的思维方式变革的理论

根据科学范式、科学世界图景和科学思维方式统一变革的关系，信息哲学把人类历史上发生的大的科学革命分为三次。并认为通过这三次大的科学革命人类的科学世界图景从实体实在论过渡到场能实在论，再过渡到信息系统复杂综合论，而人类科学思维方式相应地也从传统的实体思维过渡到能量思维，再过渡到信息思维。

信息哲学对信息观念和信息思维做了具体规定：信息观念乃是人们将信息作为一种区别于质量和能量的基本存在，以及对其本质、存在方式、意义和价值所做的一般性理解、规定和认识。而依据相应的理解、规定和认识，从现存事物的结构组织和关系互动模式、演化程序和过程模式中去把握和描述事物的本质、特点和属性的方式和方法，将现存事物的结构、关系、过程作为信息的载体或符码，并由此破译出其中蕴含着的关于事物历史状态、现实关系、未来趋向等间接存在的内容的方式和方法，以及将现实对象物或信息再行人为符号化，并赋予其特定代式关系的方式和方法便构成了信息认识

---

① 方元（邬焜曾用笔名）. 哲学认识论的信息中介论探讨 [J]. 兰州学刊, 1984 (5)：57－63.
② 邬焜. 信息生产和信息生产力 [J]. 哈尔滨师专学报, 1997 (3)：28－39.
③ 邬焜. 论马克思和恩格斯"全面生产"理论的复杂性特征 [J]. 中国人民大学学报, 2006 (6)：86－92.

方式或信息思维方式，亦即信息思维。①

**10. 顶天立地的统一信息科学论：一种关于"科学的信息科学化"的当代科学发展的理论**

不仅信息哲学具有元哲学的性质，而且信息科学也具有元科学的性质。发展到今天的信息科学已经不再仅仅是一门单一的学科和仅仅是某种交叉性、横断性学科，而是一个具有诸多层次，涉及众多学科领域的学科体系。信息科学的最一般的、最普遍的理论和方法乃是一种新的科学范式，这一新的科学范式具有极强的渗透力、贯穿力和改造力。当把相关的一些信息科学的原理和方法拓展开来应用到已有的传统学科时，便会立即赋予这些学科以某种崭新意义的全方位改造。到目前为止，还没有发现哪一个传统学科是信息概念、信息科学的最一般性的品格、理论和方法所绝对不可涉入的。只有尚未被信息范式改造的学科，而没有信息范式不可改造的学科。信息时代的科学也如这一时代的社会、经济、生活一样，正面临一个全面信息化的发展过程。这就是我所提出的"科学的信息科学化"。②

由于贯穿了人类知识的所有层次，统一信息科学将是一门顶天立地的具有全新意义的现代科学体系。在这一全新的科学体系之中，信息哲学呈现出了科学的品格，而那些具体性的信息科学技术和工程实践又同时呈现出了哲学的韵味。这样，在统一信息科学理论的框架内，人类的哲学和科学，也包括工程技术，必将会以某种互动融合的方式发展，这样一种全新发展的趋势，必然会导致人类知识的发展再度达到某种统一而综合的全新形态。③

**11. 对现有科学研究纲领的整合作用**

现有的复杂性科学研究纲领试图要把那些传统的和新兴的科学研究纲领通过某种再整合的方式统一起来。但是，由于未能很好地确立信息科学研究

---

① 邬焜. 物质思维·能量思维·信息思维——人类科学思维方式的三次大飞跃 [J]. 学术界，2002（2）：60 - 91.

② 邬焜. 科学的信息科学化 [J]. 青海社会科学，1997（2）：53 - 59.

邬焜. 现代科学的范式——信息科学 [M] //刘克选，周桂如. 信息高速公路和信息社会. 北京：北京邮电大学出版社，1998：48 - 52.

③ 邬焜. 信息哲学的独特韵味及其超然品格 [J]. 哲学分析，2015（1）：43 - 52.

纲领在复杂性研究纲领中的重要地位和价值，所以，现有的复杂性科学研究纲领还缺乏应有的复杂性韵味。其实，当代信息科学和信息哲学提出和日益完善的信息范式本身就具有复杂性研究纲领的特征。

信息科学和信息哲学研究纲领能够很好地把还原论和整体主义、决定论和非决定论统一起来，能够很好地把要素、关系、结构和双重涌现（在事物整体和构成要素两个层面同时形成的新质建构）的性质统一起来，能够把组织互动、网络反馈环链、全息映射、时空内在融合的相互转化、直接存在（物质）和间接存在（信息）的统一性、有序和无序的兼容、要素的自主个性和整体行为的涌现等诸多方面的内容统一起来，能够对自组织行为的性质，以及自组织发生的具体过程和机制进行详尽的揭示，从而可以比较全面地覆盖复杂性科学研究纲领的基本要旨，并为复杂性理论的研究提供一个信息科学的阐释维度。如此看来，信息科学和信息哲学研究纲领恰恰能够担当对众多传统的和现代的科学研究纲领进行全新整合，并使之走向统一的历史使命。[①]

**12. 对现有科学和哲学的全方位改造作用**

由于传统科学和哲学都是在物质或精神的维度上对世界及其事物进行认识的，所以，当信息的普遍性品格被揭示之后，人类所有的科学和哲学学科都面临着用信息范式对自身进行改造的任务，都需要增加信息认识的维度，这就导致信息范式对现有的科学和哲学必然会具有全方位改造的作用。

由于当代的科学和哲学都面临着由同一个统一的信息范式全面改造的过程，所以，人类的科学和哲学再次出现某种互动融合统一发展的态势便不仅是必然的，而且是合理的。

由于篇幅问题，要更加深入地了解信息哲学对哲学带来的更为广泛变革的情景，建议读者去读本人已经出版的著作：《信息哲学——理论、体系、方法》和《哲学与哲学的转向》。[②]

---

① 邬焜. 信息科学纲领与自组织演化的复杂性 [J]. 中国人民大学学报，2004（5）：10-16.
邬焜. 建构统一复杂信息系统理论的几个问题 [J]. 自然辩证法研究，2006（12）：96-99.
② 邬焜. 信息哲学——理论、体系、方法 [M]. 北京：商务印书馆，2005.
邬焜. 哲学与哲学的转向 [M]. 北京：人民出版社，2014.

# 国家信息中心：**全球信息社会发展报告 2016**

随着信息技术持续扩散，新技术、新产品、新应用、新业态、新模式不断涌现，信息产品与服务愈加普及，为全球经济社会发展和人民生活带来了日新月异的变化，信息社会理念日益深入人心，建设信息社会成为世界各国的共同愿景。

从 2015 年开始，国家信息中心信息化研究部信息社会测评课题组紧跟国际形势，从信息社会发展的内在规律和需要出发，形成了一套全球信息社会测评的理论框架与方法体系（详见附录），并对全球 126 个国家的信息社会发展状况进行了测评。[①]

2016 年，课题组沿用 2015 年报告的测评体系和分析框架，继续追踪全球信息社会发展总体情况以及各个领域的最新进展。同时，在收集历史数据后，课题组将测评的起始年份向前延伸至 2012 年。这一扩展形成了连续 5 年的时间序列数据，可以更好地进行纵向比较分析，把握全球信息社会的趋势性变化和动向。

## 一、全球信息社会发展概况

2016 年全球信息社会指数（Information Society Index，以下简称 ISI）[②] 为 0.5601，比去年略有提高，增长 2%，仍处在从工业社会向信息社会过渡的转

---

① 测评所用基础数据来源于联合国经济与社会事务部、世界银行、国际知识产权组织、国际电信联盟。

② 全球信息社会指数（Information Society Index，ISI）是 126 个样本国家信息社会指数的算术平均值。本报告中与全球、区域和其他样本群组有关的信息社会各种指数的均值均依此方法计算。

型期。

126 个国家中，有 53 个国家进入信息社会，发达国家全部进入了信息社会，而绝大多数发展中国家正在加速向信息社会转型，同时仍有 13 个低收入发展中国家处于信息社会起步期。欧洲信息社会指数为 0.7017，整体上已进入信息社会。卢森堡信息社会指数为 0.9091，位居全球第一。信息社会指数排名前十名中有八个是欧洲国家。大洋洲两大主要国家的信息社会发展水平均有不俗表现，澳大利亚信息社会指数为 0.8443，全球排名第 13 位，新西兰信息社会指数为 0.8100，全球排名第 16 位。美洲和亚洲国家信息社会处于中游水平，美洲信息社会指数为 0.5197，亚洲信息社会指数为 0.5237。非洲信息社会指数为 0.3554，信息社会发展水平依然最为滞后。

2011 年，全球信息社会指数仅为 0.4923。经过 5 年时间，该指数达到 0.5601，提升了 13.78%，表明世界信息社会发展水平取得了较大进展。在这一时期，世界各国在信息社会领域相继出台许多战略文件和行动计划，显示出各国政府顺应信息时代大潮的强大决心。数字生活强势驱动信息社会发展，在线政府建设逐步增强，信息经济稳健成长，网络社会在发展初期意义显著。

### 1. 全球加速向信息社会转型

2016 年全球信息社会指数为 0.5601，仍处于信息社会准备阶段的转型期，相比 2015 年提升了 2%，相比 2011 年则提升了 14%。有 53 个国家信息社会指数在 0.6 以上，已经迈入了信息社会。其中 17 个国家的信息社会指数超过 0.8，进入信息社会中级阶段，卢森堡 ISI 已经超过 0.9，进入信息社会高级阶段。有 60 个国家信息社会指数在 0.3 到 0.6 之间，正在从工业社会向信息社会加速转型，有 13 个国家信息社会指数低于 0.3，仍处于信息社会发展的起步期。

2016 年，卢森堡信息社会指数达到 0.9091，蝉联全球第一，新加坡（0.8846）和瑞士（0.8811）紧随其后。芬兰、丹麦、瑞典、挪威、日本、英国、奥地利分别位列第四至第十位。2016 年信息社会指数排名前 30 位的无一例外是高收入国家。相比 2011 年，这 30 个国家的信息社会指数平均增长了约 6.71%，增幅最大的是俄罗斯和科威特，分别为

28.17% 和 19.4%。

2016 年，全球 ISI 排名前 30 的国家中，排名增幅较大的国家是瑞士和美国，都上升了 4 位。

表1　　　　　　　　　全球 ISI 排名前 30 名的国家

| 2016 年排名 | 国家 | 2016 年 ISI | 2015 年 ISI | 排名变化 |
| --- | --- | --- | --- | --- |
| 1 | 卢森堡 | 0.9091 | 0.9036 | 0 |
| 2 | 新加坡 | 0.8846 | 0.8909 | 1 |
| 3 | 瑞　士 | 0.8811 | 0.8481 | 4 |
| 4 | 芬　兰 | 0.8793 | 0.8922 | −2 |
| 5 | 丹　麦 | 0.8642 | 0.8606 | 0 |
| 6 | 瑞　典 | 0.8640 | 0.8687 | −2 |
| 7 | 挪　威 | 0.8572 | 0.8572 | −1 |
| 8 | 日　本 | 0.8541 | 0.8363 | 3 |
| 9 | 英　国 | 0.8529 | 0.8460 | −1 |
| 10 | 奥地利 | 0.8525 | 0.8419 | −1 |
| 11 | 美　国 | 0.8455 | 0.8106 | 4 |
| 12 | 冰　岛 | 0.8449 | 0.8364 | −2 |
| 13 | 澳大利亚 | 0.8443 | 0.8333 | −1 |
| 14 | 德　国 | 0.8224 | 0.8201 | −1 |
| 15 | 荷　兰 | 0.8168 | 0.8162 | −1 |
| 16 | 新西兰 | 0.8100 | 0.7944 | 0 |
| 17 | 巴　林 | 0.8042 | 0.7832 | 3 |
| 18 | 爱尔兰 | 0.7994 | 0.7920 | −1 |
| 19 | 法　国 | 0.7961 | 0.7857 | −1 |
| 20 | 比利时 | 0.7928 | 0.7834 | −1 |
| 21 | 加拿大 | 0.7901 | 0.7784 | 0 |
| 22 | 韩　国 | 0.7843 | 0.7773 | 0 |
| 23 | 以色列 | 0.7810 | 0.7729 | 0 |
| 24 | 阿联酋 | 0.7667 | 0.7545 | 0 |

| 2016 年排名 | 国家 | 2016 年 ISI | 2015 年 ISI | 排名变化 |
|---|---|---|---|---|
| 25 | 科威特 | 0.7629 | 0.7502 | 0 |
| 26 | 爱沙尼亚 | 0.7616 | 0.7475 | 0 |
| 27 | 塞浦路斯 | 0.7407 | 0.7304 | 0 |
| 28 | 西班牙 | 0.7364 | 0.7240 | 1 |
| 29 | 俄罗斯 | 0.7346 | 0.7266 | −1 |
| 30 | 意大利 | 0.7318 | 0.7236 | 0 |

与 ISI 绝对水平排名前 30 的国家不同，2011—2016 年增幅最大的 30 个国家主要为发展中国家，平均增幅为 35.51%，与排名前 30 国家 6.71% 的增幅形成了显著对比。埃塞俄比亚以 55.05% 的增幅名列第一。这 30 个国家中除了俄罗斯和乌拉圭已经进入信息社会外，其余 27 个国家在 2016 年依然处于信息社会的准备阶段，其中 6 个国家尚处起步期。可以看出，这些国家中多数国家发展起点低、基础薄弱、信息化建设落后，但同时，这些国家也处于从工业社会向信息社会过渡的加速转型期，蕴含着巨大的发展动能，前景十分广阔。

表 2         2011—2016 年 ISI 增幅前 30 名的国家

| 增幅排名 | 国家 | 2016 年 ISI | 2015—2016 年增幅 | 2011—2016 年增幅 |
|---|---|---|---|---|
| 1 | 莫桑比克 | 0.2514 | 13.49% | 42.63% |
| 2 | 埃塞俄比亚 | 0.2245 | 10.13% | 55.07% |
| 3 | 巴基斯坦 | 0.2799 | 9.08% | 10.69% |
| 4 | 柬埔寨 | 0.2867 | 8.54% | 49.83% |
| 5 | 印度尼西亚 | 0.3841 | 6.51% | 29.78% |
| 6 | 乌干达 | 0.2326 | 6.45% | 21.38% |
| 7 | 加 纳 | 0.3595 | 6.24% | 51.62% |
| 8 | 伊 朗 | 0.5205 | 6.17% | 38.32% |
| 9 | 格鲁吉亚 | 0.5023 | 6.10% | 45.99% |
| 10 | 孟加拉国 | 0.2713 | 6.10% | 28.17% |

续　表

| 增幅排名 | 国家 | 2016 年 ISI | 2015—2016 年增幅 | 2011—2016 年增幅 |
|:---:|:---:|:---:|:---:|:---:|
| 11 | 叙利亚 | 0.4141 | 6.01% | 22.82% |
| 12 | 突尼斯 | 0.4977 | 5.83% | 22.92% |
| 13 | 乌克兰 | 0.5223 | 5.32% | 23.71% |
| 14 | 不丹 | 0.3758 | 5.26% | 29.13% |
| 15 | 蒙古 | 0.4493 | 5.25% | 38.74% |
| 16 | 巴西 | 0.5884 | 5.11% | 27.60% |
| 17 | 肯尼亚 | 0.3073 | 5.09% | 38.78% |
| 18 | 尼日利亚 | 0.3031 | 5.03% | 41.44% |
| 19 | 尼泊尔 | 0.2352 | 5.00% | 36.36% |
| 20 | 捷克 | 0.7225 | 4.70% | 13.21% |
| 21 | 萨尔瓦多 | 0.4271 | 4.53% | 15.82% |
| 22 | 斯里兰卡 | 0.4439 | 4.49% | 25.81% |
| 23 | 越南 | 0.4254 | 4.38% | 26.66% |
| 24 | 美国 | 0.8455 | 4.30% | 2.30% |
| 25 | 阿尔巴尼亚 | 0.4758 | 4.13% | 26.95% |
| 26 | 中国 | 0.4523 | 4.10% | 39.63% |
| 27 | 波兰 | 0.6959 | 4.07% | 17.03% |
| 28 | 乌拉圭 | 0.6942 | 4.06% | 28.64% |
| 29 | 白俄罗斯 | 0.6041 | 3.90% | 18.32% |
| 30 | 巴拉圭 | 0.4341 | 3.90% | 25.25% |

## 2. 信息经济平缓发展

2016 年全球信息经济指数为 0.5508，比 2015 年增长 0.95%，相比 2011 年增长了 4.79%。不同收入组国家差距明显，高收入国家信息经济指数达到 0.7621，中等收入国家信息经济指数为 0.4231，低收入国家信息经济指数仅为 0.2519。

2016 年日本信息经济指数达 0.9110，位居全球首位，比全球平均值高出 65.41%。排名第二至五位的分别是以色列、丹麦、美国和瑞典，信息经济指数分别为 0.9065、0.8806、0.8749 和 0.8694。在排名前 20 位的国家中，欧洲占了 10 位。

信息经济发展是大势所趋。与 2011 年相比，2016 年接受过高等教育的劳动力比例提升最快，为 16.12%①，而每 1000 美元 GDP（2005 年不变价）的能源使用量则下降了 13.75%。可见，信息经济的发展离不开创新，进一步提高国民教育素质和人力资源软实力，并加强对国家创新和研发能力的投入将会在未来的信息经济建设中起到更关键的作用；同时，信息经济也强调绿色发展，通过信息化与工业化的深度融合，提升技术创新对国民经济的贡献率，倡导绿色、环保、低碳、共享等信息社会的发展理念，并同步提升能源利用效率，达到节能减排的目的。

**表3　　　　　2016 年信息经济指数排名前 30 位的国家**

| 排名 | 国家 | 2016 年信息经济指数 | 2015—2016 年增幅 | 2011—2016 年增幅 |
|------|------|---------------------|-------------------|-------------------|
| 1 | 日　本 | 0.9110 | −0.10% | 2.22% |
| 2 | 以色列 | 0.9065 | 0.07% | 1.21% |
| 3 | 丹　麦 | 0.8806 | −0.08% | 0.51% |
| 4 | 美　国 | 0.8749 | 0.76% | 2.99% |
| 5 | 瑞　典 | 0.8694 | 0.21% | 1.62% |
| 6 | 瑞　士 | 0.8627 | 0.64% | 2.08% |
| 7 | 芬　兰 | 0.8616 | −0.03% | 1.75% |
| 8 | 韩　国 | 0.8591 | 0.37% | 4.41% |
| 9 | 比利时 | 0.8525 | 0.54% | 2.90% |
| 10 | 英　国 | 0.8512 | 0.13% | 2.22% |
| 11 | 法　国 | 0.8500 | 0.27% | 2.14% |
| 12 | 卢森堡 | 0.8448 | 0.37% | 0.30% |
| 13 | 奥地利 | 0.8442 | 2.48% | 3.19% |

---

① 本报告中提到的指标数据的变动如无特别说明，均指指标下可得数据的算数平均值的变动情况。

| 排名 | 国家 | 2016 年信息经济指数 | 2015—2016 年增幅 | 2011—2016 年增幅 |
|------|------|--------------------|------------------|------------------|
| 14 | 新加坡 | 0.8411 | −1.36% | 2.53% |
| 15 | 塞浦路斯 | 0.8403 | 0.43% | 1.76% |
| 16 | 挪 威 | 0.8375 | 1.43% | 0.11% |
| 17 | 德 国 | 0.8345 | −0.51% | 0.58% |
| 18 | 荷 兰 | 0.8272 | 0.63% | 2.14% |
| 19 | 澳大利亚 | 0.8200 | −0.39% | −0.74% |
| 20 | 加拿大 | 0.8178 | −0.16% | 0.01% |
| 21 | 爱尔兰 | 0.8144 | 0.21% | −1.78% |
| 22 | 巴巴多斯 | 0.8104 | 0.18% | 0.11% |
| 23 | 新西兰 | 0.8056 | 0.72% | 1.20% |
| 24 | 西班牙 | 0.7948 | −0.11% | −0.39% |
| 25 | 冰 岛 | 0.7911 | −0.11% | −1.93% |
| 26 | 葡萄牙 | 0.7789 | 3.57% | 4.87% |
| 27 | 意大利 | 0.7754 | 0.25% | 0.43% |
| 28 | 斯洛文尼亚 | 0.7703 | −0.59% | 3.55% |
| 29 | 马耳他 | 0.7528 | −1.76% | 0.93% |
| 30 | 捷 克 | 0.7451 | 0.47% | 5.81% |
|  | 均值 | 0.8309 | 0.28% | 1.56% |

### 3. 网络社会稳步发展

2016 年全球网络社会指数为 0.5131，比 2015 年增长 1.56%，比 2011 年增长 5.53%。其中，高收入国家网络社会指数为 0.6864，中等收入国家网络社会指数为 0.4108，低收入国家网络社会指数为 0.2448。

2016 年卢森堡网络社会指数为 0.9613，排名全球第一，瑞士、新加坡、冰岛和美国位居其后，网络社会指数分别为 0.9245、0.8686、0.8572 和 0.8509。值得注意的是，加拿大、比利时、美国等国家网络社会指数同比增幅出现了不同程度的负增长，究其原因，主要是这些国家的移动电话资费水平均出现了大幅上涨。国际电信联盟（ITU）数据显示，美国 2009 年资费标

准为 15.28 美元/月（2005 年不变价），2014 年该费用达到 35.62 美元/月，
涨幅达到 133.12%，相应地支付能力指数下降 36.10%，进而造成网络社会指
数下降。

　　网络社会指数考察的是一个国家信息基础设施建设、社会发展水平和生
活舒适度的整体情况。在 2016 年网络社会指数排名前 30 位的国家中，科威
特属于高收入石油国家，俄罗斯属于新兴市场国家，其余均为发达国家，这
些国家经济发展起步早，社会基础建设完善，也更早地投入到了信息社会的
发展之中。

表4　　　　　　　　　　　　**2016 年网络社会指数排名前 30 位的国家**

| 排名 | 国家 | 2016 年网络社会指数 | 2015—2016 年增幅 | 2011—2016 年增幅 |
|---|---|---|---|---|
| 1 | 卢森堡 | 0.9613 | 0.13% | 0.58% |
| 2 | 瑞　士 | 0.9245 | 10.21% | 28.42% |
| 3 | 新加坡 | 0.8686 | − 6.92% | − 6.52% |
| 4 | 冰　岛 | 0.8572 | 0.93% | 2.71% |
| 5 | 美　国 | 0.8509 | 11.28% | − 8.76% |
| 6 | 挪　威 | 0.8467 | − 2.25% | 2.97% |
| 7 | 芬　兰 | 0.8447 | − 2.70% | 2.80% |
| 8 | 科威特 | 0.8356 | 0.34% | 8.03% |
| 9 | 奥地利 | 0.8279 | 0.33% | 11.02% |
| 10 | 瑞　典 | 0.8256 | − 3.45% | − 0.82% |
| 11 | 丹　麦 | 0.8132 | 0.87% | − 6.43% |
| 12 | 英　国 | 0.8092 | 1.72% | − 3.17% |
| 13 | 澳大利亚 | 0.8087 | − 4.05% | 6.92% |
| 14 | 巴　林 | 0.8040 | 7.54% | 11.91% |
| 15 | 爱尔兰 | 0.7898 | 0.68% | − 2.13% |
| 16 | 新西兰 | 0.7897 | 1.87% | 19.81% |
| 17 | 俄罗斯 | 0.7809 | − 5.96% | 36.22% |
| 18 | 德　国 | 0.7680 | − 1.25% | 3.03% |

| 排名 | 国家 | 2016 年网络社会指数 | 2015—2016 年增幅 | 2011—2016 年增幅 |
|------|------|--------------------|-----------------|-----------------|
| 19 | 日　本 | 0.7643 | − 0.27% | 15.51% |
| 20 | 加拿大 | 0.7424 | 0.97% | − 13.03% |
| 21 | 文　莱 | 0.7362 | 2.54% | 10.54% |
| 22 | 塞浦路斯 | 0.7238 | − 0.08% | 1.09% |
| 23 | 比利时 | 0.7029 | 0.02% | − 12.27% |
| 24 | 法　国 | 0.6984 | 0.81% | 7.77% |
| 25 | 荷　兰 | 0.6965 | − 2.50% | − 5.88% |
| 26 | 乌拉圭 | 0.6776 | 4.96% | 34.37% |
| 27 | 伊　朗 | 0.6752 | 3.54% | 50.77% |
| 28 | 哥斯达黎加 | 0.6663 | 1.65% | − 1.53% |
| 29 | 阿　曼 | 0.6612 | − 0.62% | 0.49% |
| 30 | 白俄罗斯 | 0.6431 | 2.70% | 2.01% |

#### 4. 在线政府大幅提升

2016 年全球在线政府指数为 0.5763，比 2015 年增长 2.49%，比 2011 年增长 13.94%。其中，高收入国家在线政府指数为 0.7630，中等收入国家在线政府指数为 0.4703，低收入国家在线政府指数为 0.2447。

2016 年韩国在线政府指数为 0.9631，位居全球第一。排名第二至五位的国家分别为新加坡、澳大利亚、日本和法国，在线政府指数分别为 0.9476、0.9413、0.9305 和 0.9296。在排名前 30 位的国家中，欧洲国家依然占绝大多数，有 18 个，另外有 7 个亚洲国家，3 个美洲国家和 2 个大洋洲国家。

表 5　　　　　　　　**2016 年在线政府指数排名前 30 位的国家**

| 排名 | 国家 | 2016 年在线政府指数 | 2015—2016 年增幅 | 2011—2016 年增幅 |
|------|------|--------------------|-----------------|-----------------|
| 1 | 韩　国 | 0.9631 | 1.79% | 9.63% |
| 2 | 新加坡 | 0.9476 | 4.41% | 26.75% |
| 3 | 澳大利亚 | 0.9413 | 3.41% | 19.71% |
| 4 | 日　本 | 0.9305 | 4.85% | 30.10% |

| 排名 | 国家 | 2016 年在线政府指数 | 2015—2016 年增幅 | 2011—2016 年增幅 |
|---|---|---|---|---|
| 5 | 法　国 | 0.9296 | 4.00% | 23.78% |
| 6 | 荷　兰 | 0.9097 | 2.25% | 12.35% |
| 7 | 新西兰 | 0.8977 | 3.86% | 22.79% |
| 8 | 英　国 | 0.8832 | 1.58% | 8.41% |
| 9 | 芬　兰 | 0.8820 | 4.39% | 26.59% |
| 10 | 美　国 | 0.8808 | 0.68% | 3.50% |
| 11 | 西班牙 | 0.8634 | 2.66% | 14.87% |
| 12 | 以色列 | 0.8565 | 4.93% | 30.72% |
| 13 | 爱沙尼亚 | 0.8484 | 3.71% | 21.81% |
| 14 | 挪　威 | 0.8441 | 1.01% | 5.25% |
| 15 | 瑞　典 | 0.8413 | 2.28% | 12.56% |
| 16 | 加拿大 | 0.8411 | -0.09% | -0.44% |
| 17 | 冰　岛 | 0.8288 | 3.99% | 23.76% |
| 18 | 巴　林 | 0.8271 | 2.24% | 12.33% |
| 19 | 丹　麦 | 0.8235 | 0.89% | 4.60% |
| 20 | 奥地利 | 0.8220 | 3.90% | 23.08% |
| 21 | 爱尔兰 | 0.8046 | 3.02% | 17.19% |
| 22 | 意大利 | 0.8041 | 5.90% | 38.64% |
| 23 | 德　国 | 0.8003 | 1.76% | 9.49% |
| 24 | 俄罗斯 | 0.7836 | 7.40% | 52.57% |
| 25 | 卢森堡 | 0.7821 | 3.03% | 17.22% |
| 26 | 乌拉圭 | 0.7813 | 5.30% | 33.60% |
| 27 | 哈萨克斯坦 | 0.7709 | 5.85% | 38.21% |
| 28 | 比利时 | 0.7649 | 1.12% | 5.87% |
| 29 | 阿联酋 | 0.7583 | 6.26% | 41.76% |
| 30 | 拉脱维亚 | 0.7516 | 4.71% | 29.01% |

### 5. 数字生活快速普及

2016 年全球数字生活指数为 0.6110，比 2015 年增长 3.51%，比 2011 年提升了 32.95%。其中，高收入国家数字生活指数为 0.8205，中等收入国家为 0.4951，低收入国家为 0.2118。

2016 年阿联酋数字生活指数值为 0.9840，位列全球第一。排名第二至五位的国家分别为巴林、卢森堡、芬兰和新加坡，数字生活指数分别为 0.9820、0.9634、0.9306、0.9231。在排名前 30 位的国家中，西方发达国家仍然占大多数，高收入石油国家表现也依然突出，说明经济实力直接影响居民的数字生活品质。

2011—2016 年，各国信息化建设紧锣密鼓，信息基础设施不断完善，各项信息终端设备和技术应用更加泛在、普及，信息化发展取得了显著的进展。手机普及率从 2011 年的 109.52% 提升至 2016 年的 131.66%，家庭电脑覆盖率从 53.02% 提升至 67.07%，互联网普及率从 53.07% 提升至 67.39%。这充分表明了全球在向信息社会转型的过程中，数字生活呈现出加速普及的特征。

表6　　　　　　　　2016 年数字生活指数排名前 30 位的国家

| 排名 | 国家 | 2016 年数字生活指数 | 2015—2016 年增幅 | 2011—2016 年增幅 |
|---|---|---|---|---|
| 1 | 阿联酋 | 0.9840 | 2.51% | 27.50% |
| 2 | 巴 林 | 0.9820 | 0.55% | 34.26% |
| 3 | 卢森堡 | 0.9634 | 0.64% | 5.01% |
| 4 | 芬 兰 | 0.9306 | −3.29% | 6.64% |
| 5 | 新加坡 | 0.9231 | 4.76% | 12.33% |
| 6 | 爱沙尼亚 | 0.9203 | 2.76% | 24.94% |
| 7 | 丹 麦 | 0.9124 | 0.35% | 5.28% |
| 8 | 瑞 士 | 0.9063 | 2.01% | 10.45% |
| 9 | 瑞 典 | 0.9047 | 0.65% | 5.36% |
| 10 | 阿 曼 | 0.9014 | 6.72% | 66.76% |
| 11 | 荷 兰 | 0.8955 | 0.90% | 0.84% |
| 12 | 奥地利 | 0.8955 | 0.20% | 11.25% |

| 排名 | 国家 | 2016 年数字生活指数 | 2015—2016 年增幅 | 2011—2016 年增幅 |
|---|---|---|---|---|
| 13 | 冰　岛 | 0.8918 | 1.23% | 2.83% |
| 14 | 挪　威 | 0.8917 | 0.53% | 4.17% |
| 15 | 英　国 | 0.8881 | 0.40% | 5.93% |
| 16 | 德　国 | 0.8721 | 1.97% | 4.33% |
| 17 | 澳大利亚 | 0.8719 | 7.87% | 17.00% |
| 18 | 日　本 | 0.8615 | 5.91% | 14.59% |
| 19 | 比利时 | 0.8322 | 2.95% | 15.20% |
| 20 | 捷　克 | 0.8278 | 4.22% | 18.80% |
| 21 | 沙特阿拉伯 | 0.8276 | 3.53% | 30.66% |
| 22 | 波　兰 | 0.8259 | 3.98% | 20.90% |
| 23 | 俄罗斯 | 0.8167 | 7.22% | 34.46% |
| 24 | 韩　国 | 0.8140 | 0.02% | 4.24% |
| 25 | 马耳他 | 0.8095 | 2.06% | 24.43% |
| 26 | 斯洛伐克 | 0.8068 | 2.63% | 18.01% |
| 27 | 新西兰 | 0.8054 | 2.65% | 2.04% |
| 28 | 立陶宛 | 0.8005 | 1.52% | 7.37% |
| 29 | 乌拉圭 | 0.7993 | 4.81% | 40.63% |
| 30 | 美　国 | 0.7989 | 2.75% | 15.91% |

## 二、五大洲信息社会发展情况

纵览全球，2011—2016 年各大洲信息社会建设都有了显著进展。欧洲信息社会发展总体水平较高且相对平衡，美洲、亚洲内部国家间差异显著，非洲国家信息社会发展普遍较为落后，大洋洲表现不俗。

### 1. 亚洲

2016 年亚洲信息社会指数为 0.5237，基本接近全球平均水平，相比 2015 年增长 2.95%，与 2011 年相比提升 19.78%。2016 年亚洲各国信息社会指数

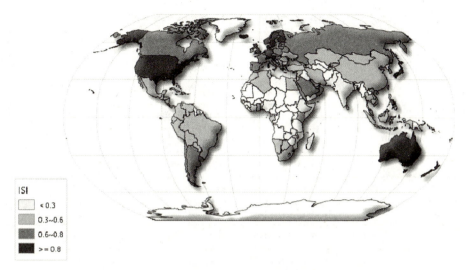

**图1 全球信息社会发展水平热力图**

在全球的排名总体有所提升，新加坡信息社会指数达到 0.8846，位居亚洲第一，在全球排名第二。

亚洲地区信息社会发展呈现如下特点：

一是亚洲信息社会指数增幅快于全球平均水平。与 2011 年相比，2016 年亚洲国家信息经济指数、网络社会指数、在线政府指数和数字生活指数的增幅均高于全球平均水平，其中数字生活指数增幅最大，达到 50.89%。

二是亚洲不同国家信息社会发展水平差距较大。2016 年新加坡、日本、韩国等 11 个国家已经进入信息社会，比 2011 年增加 1 个，这些国家主要分布在东亚与西亚。相比之下，尼泊尔、孟加拉国、也门等六个国家尚处在信息社会起步期。

三是部分亚洲国家信息社会指数全球排名变动幅度较大。与 2015 年相比，2016 年亚洲国家全球排名上升超过（含）3 位的国家有伊朗、蒙古、日本、巴林、沙特阿拉伯、哈萨克斯坦、中国、印度尼西亚。其中伊朗和蒙古分别上升了 6 位和 5 位；排名下降较明显的亚洲国家有泰国、菲律宾和也门，均下降 2 位。

| 表7 | | | | 2016 年亚洲地区国家 ISI 及排名情况 | | | | |
|---|---|---|---|---|---|---|---|---|
| 2016 年全球排名 | 国家 | 2016 年 ISI | 信息经济指数 | 网络社会指数 | 在线政府指数 | 数字生活指数 | 2015 年 ISI | 排名变化 |
| 2 | 新加坡 | 0.8846 | 0.8411 | 0.8686 | 0.9476 | 0.9231 | 0.8909 | 1 |
| 8 | 日本 | 0.8541 | 0.9110 | 0.7643 | 0.9305 | 0.8615 | 0.8363 | 3 |
| 17 | 巴林 | 0.8042 | 0.6190 | 0.8040 | 0.8271 | 0.9820 | 0.7832 | 3 |
| 22 | 韩国 | 0.7843 | 0.8591 | 0.6201 | 0.9631 | 0.8140 | 0.7773 | 0 |
| 23 | 以色列 | 0.7810 | 0.9065 | 0.6190 | 0.8565 | 0.7923 | 0.7729 | 0 |
| 24 | 阿联酋 | 0.7667 | 0.6806 | 0.6384 | 0.7583 | 0.9840 | 0.7545 | 0 |
| 25 | 科威特 | 0.7629 | 0.7099 | 0.8356 | 0.6513 | 0.7805 | 0.7502 | 0 |
| 32 | 阿曼 | 0.7175 | 0.6057 | 0.6612 | 0.6697 | 0.9014 | 0.7011 | 2 |
| 33 | 文莱 | 0.7152 | 0.6871 | 0.7362 | 0.5104 | 0.7907 | 0.7039 | −1 |
| 35 | 沙特阿拉伯 | 0.7046 | 0.6961 | 0.5803 | 0.7340 | 0.8276 | 0.6806 | 3 |
| 47 | 马来西亚 | 0.6357 | 0.5563 | 0.5771 | 0.6119 | 0.7817 | 0.6165 | 2 |
| 54 | 哈萨克斯坦 | 0.5993 | 0.4381 | 0.5503 | 0.7709 | 0.7523 | 0.5795 | 3 |
| 58 | 黎巴嫩 | 0.5778 | 0.5248 | 0.4996 | 0.5131 | 0.7307 | 0.5660 | 0 |
| 60 | 约旦 | 0.5611 | 0.5655 | 0.4922 | 0.5139 | 0.6412 | 0.5529 | 0 |
| 64 | 土耳其 | 0.5298 | 0.5484 | 0.4587 | 0.5609 | 0.5719 | 0.5146 | 2 |
| 66 | 伊朗 | 0.5205 | 0.4036 | 0.6752 | 0.4577 | 0.5036 | 0.4903 | 6 |
| 68 | 阿塞拜疆 | 0.5169 | 0.3810 | 0.5227 | 0.5697 | 0.6293 | 0.5049 | −1 |
| 75 | 亚美尼亚 | 0.5001 | 0.3790 | 0.4911 | 0.6365 | 0.5847 | 0.4817 | −1 |
| 84 | 中国 | 0.4523 | 0.3848 | 0.4057 | 0.5496 | 0.5341 | 0.4345 | 3 |
| 85 | 蒙古 | 0.4493 | 0.4142 | 0.4479 | 0.5666 | 0.4465 | 0.4269 | 5 |
| 88 | 泰国 | 0.4443 | 0.3991 | 0.3959 | 0.4626 | 0.5318 | 0.4368 | −2 |
| 89 | 斯里兰卡 | 0.4439 | 0.3560 | 0.5613 | 0.5774 | 0.3698 | 0.4248 | 2 |
| 94 | 越南 | 0.4254 | 0.3530 | 0.3522 | 0.4768 | 0.5537 | 0.4075 | 1 |
| 96 | 叙利亚 | 0.4141 | 0.4241 | 0.4411 | 0.3142 | 0.4105 | 0.3907 | 1 |
| 100 | 印度尼西亚 | 0.3841 | 0.3371 | 0.4041 | 0.4602 | 0.3857 | 0.3606 | 3 |
| 102 | 菲律宾 | 0.3800 | 0.3561 | 0.3034 | 0.4801 | 0.4470 | 0.3710 | −2 |

续　表

| 2016 年全球排名 | 国家 | 2016 年ISI | 信息经济指数 | 网络社会指数 | 在线政府指数 | 数字生活指数 | 2015 年ISI | 排名变化 |
|---|---|---|---|---|---|---|---|---|
| 103 | 不　丹 | 0.3758 | 0.3148 | 0.4704 | 0.2887 | 0.3713 | 0.3570 | 2 |
| 104 | 吉尔吉斯斯坦 | 0.3725 | 0.3591 | 0.2818 | 0.4717 | 0.4436 | 0.3604 | 0 |
| 111 | 塔吉克斯坦 | 0.3232 | 0.3497 | 0.3372 | 0.3375 | 0.2780 | 0.3175 | 0 |
| 114 | 印　度 | 0.2983 | 0.3060 | 0.2932 | 0.3901 | 0.2652 | 0.2914 | −1 |
| 115 | 柬埔寨 | 0.2867 | 0.2425 | 0.2129 | 0.3029 | 0.3992 | 0.2641 | 2 |
| 116 | 巴基斯坦 | 0.2799 | 0.2968 | 0.2954 | 0.2536 | 0.2562 | 0.2566 | 2 |
| 118 | 也　门 | 0.2761 | 0.3273 | 0.2509 | 0.2862 | 0.2469 | 0.2668 | −2 |
| 119 | 孟加拉国 | 0.2713 | 0.2818 | 0.3160 | 0.2689 | 0.2167 | 0.2557 | 0 |
| 123 | 尼泊尔 | 0.2352 | 0.2350 | 0.2178 | 0.2288 | 0.2550 | 0.2240 | −1 |
| — | 平均值 | 0.5237 | 0.4872 | 0.4966 | 0.5485 | 0.5790 | 0.5087 | — |

从图 2 可以看出，处于信息社会起步期与转型期的国家，其信息社会发展速度较快，而进入信息社会的国家其信息社会指数增幅相对较小，新加坡信息社会指数甚至出现轻微的负增长。

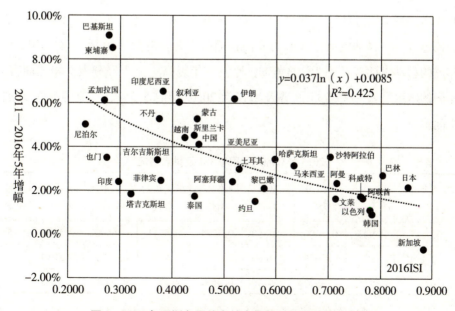

图 2　2016 年亚洲各国信息社会指数及其增幅的散点图

### 2. 非洲

2016 年非洲信息社会指数为 0.3554，比 2015 年增长 3.10%，相比 2011 年增长 26.25%，是全球信息社会发展最落后的地区，总体上刚刚迈入信息社会的转型期。其中，毛里求斯信息社会指数为 0.5690，位居非洲第一、全球第 59 位。

非洲地区信息社会发展呈现如下特点：

一是非洲信息社会发展水平明显落后其全球其他大洲。在全球五大洲中，非洲信息社会指数最低，仅相当于全球平均水平的 70%。在全球排名最后的 10 个国家中，非洲国家占了 7 个。此外，非洲地区国家间信息社会发展差距也较大，毛里求斯和南非在非洲处于领先地位，乌干达、埃塞俄比亚、马达加斯加则不仅排名非洲末位，而且也排名全球末位。

二是信息社会发展增速高于全球平均水平。2016 年非洲国家信息社会指数增幅达到 3.10%，高于全球平均水平。从国家看，2016 年非洲地区有 18 个国家信息社会指数上升，而突尼斯、埃及以及塞内加尔的指数则有所下滑，其中埃及降幅较大，主要原因是互联网普及率有所下降。

三是数字生活指数增长幅度最大。2016 年非洲地区数字生活指数为 0.3708，高于信息经济、网络社会和在线政府指数，这主要得益于移动电话的快速普及。移动电话已经成为非洲各国最为普及的数字生活工具，2016 年非洲的移动电话普及率为 103.6%，比上一年提高 4.2 个百分点。相比而言，非洲的电脑普及率和互联网普及率仅为 20.0% 和 25.5%，存在巨大的发展空间。

表 8　　　　　　　　　2016 年非洲地区国家 ISI 及排名情况

| 2016 年排名 | 国家 | 2016 年 ISI | 信息经济指数 | 网络社会指数 | 在线政府指数 | 数字生活指数 | 2015 年 ISI | 排名变化 |
|---|---|---|---|---|---|---|---|---|
| 59 | 毛里求斯 | 0.5690 | 0.5350 | 0.5781 | 0.5511 | 0.6000 | 0.5833 | −5 |
| 71 | 南 非 | 0.5065 | 0.5689 | 0.3657 | 0.5010 | 0.5867 | 0.5019 | −3 |
| 76 | 突尼斯 | 0.4977 | 0.4749 | 0.4692 | 0.5531 | 0.5306 | 0.4703 | 0 |

续　表

| 2016 年排名 | 国家 | 2016 年 ISI | 信息经济指数 | 网络社会指数 | 在线政府指数 | 数字生活指数 | 2015 年 ISI | 排名变化 |
|---|---|---|---|---|---|---|---|---|
| 78 | 摩洛哥 | 0.4747 | 0.4010 | 0.3433 | 0.5503 | 0.6544 | 0.4573 | 0 |
| 82 | 加　蓬 | 0.4561 | 0.4805 | 0.5198 | 0.3263 | 0.4113 | 0.4517 | -2 |
| 92 | 埃　及 | 0.4334 | 0.3502 | 0.3257 | 0.5282 | 0.5926 | 0.4307 | -3 |
| 95 | 博茨瓦纳 | 0.4247 | 0.4978 | 0.3222 | 0.4338 | 0.4512 | 0.4148 | -2 |
| 97 | 阿尔及利亚 | 0.3959 | 0.4414 | 0.4201 | 0.3087 | 0.3554 | 0.3908 | -1 |
| 105 | 纳米比亚 | 0.3723 | 0.4353 | 0.3248 | 0.4022 | 0.3470 | 0.3639 | -3 |
| 106 | 加　纳 | 0.3595 | 0.3264 | 0.2971 | 0.3980 | 0.4422 | 0.3384 | 2 |
| 112 | 肯尼亚 | 0.3073 | 0.2829 | 0.2552 | 0.3922 | 0.3556 | 0.2924 | 0 |
| 113 | 尼日利亚 | 0.3031 | 0.3051 | 0.2532 | 0.2990 | 0.3526 | 0.2886 | 1 |
| 117 | 塞内加尔 | 0.2785 | 0.3061 | 0.2196 | 0.2772 | 0.3101 | 0.2739 | -2 |
| 120 | 莫桑比克 | 0.2514 | 0.2431 | 0.3227 | 0.2408 | 0.1921 | 0.2216 | 3 |
| 121 | 贝　宁 | 0.2393 | 0.2652 | 0.2315 | 0.1602 | 0.2475 | 0.2321 | -1 |
| 122 | 赞比亚 | 0.2359 | 0.2166 | 0.2672 | 0.2284 | 0.2265 | 0.2302 | -1 |
| 124 | 乌干达 | 0.2326 | 0.2265 | 0.2702 | 0.2538 | 0.1942 | 0.2185 | 0 |
| 125 | 埃塞俄比亚 | 0.2245 | 0.3666 | 0.2049 | 0.2728 | 0.0859 | 0.2039 | 0 |
| 126 | 马达加斯加 | 0.1894 | 0.1846 | 0.2539 | 0.2535 | 0.1083 | 0.1860 | 0 |
| — | 平均值 | 0.3554 | 0.3636 | 0.3286 | 0.3648 | 0.3708 | 0.3447 | — |

### 3. 美洲

2016 年美洲信息社会指数为 0.5197，低于全球平均水平 7.21%，比 2015 年增长 1.86%，比 2011 年增长 12.37%。

2016 年，美国、加拿大、乌拉圭、特立尼达和多巴哥、巴巴多斯、哥斯达黎加、智利、阿根廷、安提瓜和巴布达 9 个国家已进入信息社会。其中美国信息社会指数达到 0.8455，比 2015 年增长 4.31%，继续在美洲国家排名第一，在全球排名第 11 位，比 2015 年前进 4 位。

表9　　　　　　　　　　　2016 年美洲国家信息社会发展情况

| 2016 年全球排名 | 国家 | 2016 年ISI | 信息经济指数 | 网络社会指数 | 在线政府指数 | 数字生活指数 | 2015 年ISI | 排名变化 |
|---|---|---|---|---|---|---|---|---|
| 11 | 美　国 | 0.8455 | 0.8749 | 0.8509 | 0.8808 | 0.7989 | 0.8106 | 4 |
| 21 | 加拿大 | 0.7901 | 0.8178 | 0.7424 | 0.8411 | 0.7930 | 0.7784 | 0 |
| 39 | 乌拉圭 | 0.6942 | 0.5766 | 0.6776 | 0.7813 | 0.7993 | 0.6671 | 2 |
| 43 | 特立尼达和多巴哥 | 0.6700 | 0.6722 | 0.6177 | 0.4964 | 0.7781 | 0.6580 | 1 |
| 46 | 巴巴多斯 | 0.6598 | 0.8104 | 0.4496 | 0.5988 | 0.7398 | 0.6593 | −3 |
| 48 | 哥斯达黎加 | 0.6325 | 0.5720 | 0.6663 | 0.6389 | 0.6570 | 0.6201 | 0 |
| 49 | 智　利 | 0.6277 | 0.6221 | 0.4772 | 0.7399 | 0.7466 | 0.6048 | 3 |
| 50 | 阿根廷 | 0.6197 | 0.6107 | 0.4603 | 0.6516 | 0.7773 | 0.6108 | 1 |
| 52 | 安提瓜和巴布达 | 0.6083 | 0.7286 | 0.4209 | 0.6120 | 0.6741 | 0.6115 | −2 |
| 56 | 委内瑞拉 | 0.5890 | 0.5904 | 0.6163 | 0.5762 | 0.5646 | 0.5934 | −3 |
| 57 | 巴　西 | 0.5884 | 0.5445 | 0.5322 | 0.6259 | 0.6761 | 0.5598 | 2 |
| 62 | 巴拿马 | 0.5475 | 0.5213 | 0.4898 | 0.5398 | 0.6340 | 0.5524 | −1 |
| 67 | 圣文森特和格林纳丁斯 | 0.5186 | 0.5163 | 0.4252 | 0.4109 | 0.6503 | 0.5160 | −2 |
| 69 | 墨西哥 | 0.5152 | 0.5660 | 0.4878 | 0.5879 | 0.4677 | 0.5191 | −5 |
| 72 | 哥伦比亚 | 0.5049 | 0.4884 | 0.4096 | 0.6185 | 0.5786 | 0.4893 | 1 |
| 79 | 圣卢西亚 | 0.4745 | 0.5267 | 0.3771 | 0.4539 | 0.5266 | 0.4587 | −2 |
| 80 | 多米尼加 | 0.4641 | 0.4864 | 0.4765 | 0.4462 | 0.4353 | 0.4496 | 2 |
| 81 | 秘　鲁 | 0.4582 | 0.4564 | 0.4084 | 0.5563 | 0.4770 | 0.4454 | 2 |
| 83 | 厄瓜多尔 | 0.4525 | 0.4042 | 0.4273 | 0.5236 | 0.5024 | 0.4507 | −2 |
| 90 | 牙买加 | 0.4405 | 0.4570 | 0.3931 | 0.4368 | 0.4728 | 0.4325 | −2 |
| 91 | 巴拉圭 | 0.4341 | 0.4139 | 0.4198 | 0.3614 | 0.4929 | 0.4178 | 1 |
| 93 | 萨尔瓦多 | 0.4271 | 0.3841 | 0.3767 | 0.5061 | 0.4941 | 0.4086 | 1 |
| 98 | 伯利兹 | 0.3905 | 0.4613 | 0.3870 | 0.3839 | 0.3253 | 0.3797 | 1 |

续　表

| 2016 年全球排名 | 国家 | 2016 年 ISI | 信息经济指数 | 网络社会指数 | 在线政府指数 | 数字生活指数 | 2015 年 ISI | 排名变化 |
|---|---|---|---|---|---|---|---|---|
| 99 | 玻利维亚 | 0.3901 | 0.3590 | 0.3255 | 0.4633 | 0.4616 | 0.3836 | −1 |
| 101 | 古　巴 | 0.3819 | 0.5415 | 0.4034 | 0.3816 | 0.2009 | 0.3710 | 0 |
| 107 | 圭亚那 | 0.3584 | 0.3233 | 0.3768 | 0.3584 | 0.3750 | 0.3518 | −1 |
| 108 | 洪都拉斯 | 0.3306 | 0.3427 | 0.2857 | 0.4088 | 0.3375 | 0.3297 | 1 |
| 109 | 危地马拉 | 0.3295 | 0.3262 | 0.2949 | 0.2966 | 0.3785 | 0.3450 | −2 |
| 110 | 尼加拉瓜 | 0.3267 | 0.3389 | 0.3217 | 0.2541 | 0.3435 | 0.3216 | 0 |
| — | 平均值 | 0.5197 | 0.5287 | 0.4689 | 0.5321 | 0.5572 | 0.5102 | — |

美洲地区信息社会发展呈现如下特点：

一是美洲内部各地区发展水平分化明显。北美洲遥遥领先，美国和加拿大信息社会指数分别为 0.8455 和 0.7901，远远高于美洲平均 0.5197 的水平。在美洲国家中，有 20 个国家信息社会指数低于 0.6，有 17 个国家位于全球排名的中下游位置（63 名以后）。

二是美洲各国信息社会增长情况也出现分化。一方面是信息社会水平较高的国家，如美国增长较慢，而加拿大、安提瓜和巴布达甚至出现了轻微负增长；另一方面，委内瑞拉、乌拉圭、巴西等国家信息社会发展则相对较快。

三是美洲信息社会内部发展不平衡。比如，2016 年美洲地区网络社会指数仅比 2011 年上升了 2.07%，但同期数字生活指数则上升了 36.37%。上述状况反映了美洲国家网络社会建设相对滞后的现实问题，其原因则是经济社会发展失衡、贫富差距巨大、公共服务落后等因素的影响。

### 4. 欧洲

2016 年欧洲信息社会指数为 0.7017，是全球信息社会发展水平最高的地区，比 2015 年增长了 1.50%，比 2011 年提高了 8.81%。2016 年，有 31 个欧洲国家进入了信息社会，其中卢森堡信息社会指数为 0.9091，排名位居全球第一，已经进入信息社会高级阶段，瑞士、芬兰、丹麦等 10 个国家进入信息社会中级阶段。

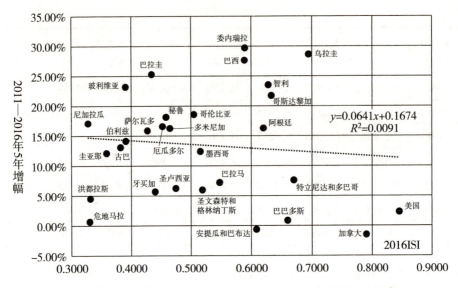

图3　美洲国家2016年信息社会指数与2011—2016年变化幅度散点图

欧洲信息社会发展呈现如下特点：

一是欧洲整体处于世界领先水平。2016年欧洲信息社会指数均值高出世界均值25.27%，全球排名前20位的国家中，欧洲占据14席。西欧和北欧国家表现尤其突出，卢森堡、瑞士、芬兰、丹麦、瑞典、挪威、英国、奥地利8国居于世界前十位。

二是东欧国家信息社会发展明显快于西欧和北欧国家。2011—2016年欧洲信息社会指数增幅超过10%的16个国家全部来自中欧和东欧国家，其中，格鲁吉亚、俄罗斯、阿尔巴尼亚、摩尔多瓦、乌克兰等国的增速均超过20%。

三是欧洲老牌发达国家内部出现了不同走势。2011—2016年法国、意大利、德国等国家保持了增长，而丹麦、荷兰等国信息社会指数增幅不足1%。

表10　　　　　　　　　2016年欧洲地区国家ISI及排名情况

| 2016年全球排名 | 国家 | 2016年ISI | 信息经济指数 | 网络社会指数 | 在线政府指数 | 数字生活指数 | 2015年ISI | ISI全球排名变化 |
|---|---|---|---|---|---|---|---|---|
| 1 | 卢森堡 | 0.9091 | 0.8448 | 0.9613 | 0.7821 | 0.9634 | 0.9036 | 0 |
| 3 | 瑞　士 | 0.8811 | 0.8627 | 0.9245 | 0.7300 | 0.9063 | 0.8481 | 4 |

续　表

| 2016 年全球排名 | 国家 | 2016 年ISI | 信息经济指数 | 网络社会指数 | 在线政府指数 | 数字生活指数 | 2015 年ISI | ISI 全球排名变化 |
|---|---|---|---|---|---|---|---|---|
| 4 | 芬　兰 | 0.8793 | 0.8616 | 0.8447 | 0.8820 | 0.9306 | 0.8922 | -2 |
| 5 | 丹　麦 | 0.8642 | 0.8806 | 0.8132 | 0.8235 | 0.9124 | 0.8606 | 0 |
| 6 | 瑞　典 | 0.8640 | 0.8694 | 0.8256 | 0.8413 | 0.9047 | 0.8687 | -2 |
| 7 | 挪　威 | 0.8572 | 0.8375 | 0.8467 | 0.8441 | 0.8917 | 0.8572 | -1 |
| 9 | 英　国 | 0.8529 | 0.8512 | 0.8092 | 0.8832 | 0.8881 | 0.8460 | -1 |
| 10 | 奥地利 | 0.8525 | 0.8442 | 0.8279 | 0.8220 | 0.8955 | 0.8419 | -1 |
| 12 | 冰　岛 | 0.8449 | 0.7911 | 0.8572 | 0.8288 | 0.8918 | 0.8364 | -2 |
| 14 | 德　国 | 0.8224 | 0.8345 | 0.7680 | 0.8003 | 0.8721 | 0.8201 | -1 |
| 15 | 荷　兰 | 0.8168 | 0.8272 | 0.6965 | 0.9097 | 0.8955 | 0.8162 | -1 |
| 18 | 爱尔兰 | 0.7994 | 0.8144 | 0.7898 | 0.8046 | 0.7923 | 0.7920 | -1 |
| 19 | 法　国 | 0.7961 | 0.8500 | 0.6984 | 0.9296 | 0.7953 | 0.7857 | -1 |
| 20 | 比利时 | 0.7928 | 0.8525 | 0.7029 | 0.7649 | 0.8322 | 0.7834 | -1 |
| 26 | 爱沙尼亚 | 0.7616 | 0.7337 | 0.6017 | 0.8484 | 0.9203 | 0.7475 | 0 |
| 27 | 塞浦路斯 | 0.7407 | 0.8403 | 0.7238 | 0.6021 | 0.7041 | 0.7304 | 0 |
| 28 | 西班牙 | 0.7364 | 0.7948 | 0.6221 | 0.8634 | 0.7499 | 0.7240 | 1 |
| 29 | 俄罗斯 | 0.7346 | 0.5897 | 0.7809 | 0.7836 | 0.8167 | 0.7266 | -1 |
| 30 | 意大利 | 0.7318 | 0.7754 | 0.5982 | 0.8041 | 0.7975 | 0.7236 | 0 |
| 31 | 捷　克 | 0.7225 | 0.7451 | 0.6329 | 0.6073 | 0.8278 | 0.6901 | 4 |
| 34 | 葡萄牙 | 0.7051 | 0.7789 | 0.6358 | 0.7178 | 0.6965 | 0.6898 | 2 |
| 36 | 马耳他 | 0.7037 | 0.7528 | 0.5628 | 0.6615 | 0.8095 | 0.7203 | -5 |
| 37 | 立陶宛 | 0.7020 | 0.6818 | 0.6071 | 0.7515 | 0.8005 | 0.7038 | -4 |
| 38 | 波　兰 | 0.6959 | 0.6466 | 0.6237 | 0.6707 | 0.8259 | 0.6688 | 2 |
| 40 | 斯洛伐克 | 0.6929 | 0.7374 | 0.5562 | 0.6275 | 0.8068 | 0.6745 | -1 |
| 41 | 拉脱维亚 | 0.6841 | 0.6535 | 0.5917 | 0.7516 | 0.7846 | 0.6662 | 1 |
| 42 | 斯洛文尼亚 | 0.6840 | 0.7703 | 0.5364 | 0.6571 | 0.7543 | 0.6816 | -5 |
| 44 | 希　腊 | 0.6645 | 0.7284 | 0.5549 | 0.7471 | 0.6826 | 0.6491 | 1 |

续 表

| 2016年全球排名 | 国家 | 2016年ISI | 信息经济指数 | 网络社会指数 | 在线政府指数 | 数字生活指数 | 2015年ISI | ISI全球排名变化 |
|---|---|---|---|---|---|---|---|---|
| 45 | 匈牙利 | 0.6627 | 0.7357 | 0.4656 | 0.6718 | 0.7839 | 0.6446 | 1 |
| 51 | 克罗地亚 | 0.6181 | 0.6348 | 0.5073 | 0.6388 | 0.7052 | 0.6213 | -4 |
| 53 | 白俄罗斯 | 0.6041 | 0.4858 | 0.6431 | 0.6341 | 0.6735 | 0.5814 | 3 |
| 55 | 黑 山 | 0.5952 | 0.5719 | 0.4518 | 0.6657 | 0.7386 | 0.5830 | 0 |
| 61 | 保加利亚 | 0.5516 | 0.5227 | 0.4513 | 0.5379 | 0.6854 | 0.5472 | 1 |
| 63 | 罗马尼亚 | 0.5402 | 0.4734 | 0.4983 | 0.5670 | 0.6400 | 0.5207 | 0 |
| 65 | 乌克兰 | 0.5223 | 0.4824 | 0.4962 | 0.4995 | 0.5959 | 0.4959 | 4 |
| 70 | 前南马其顿 | 0.5084 | 0.4471 | 0.3742 | 0.4585 | 0.7207 | 0.4922 | 1 |
| 73 | 格鲁吉亚 | 0.5023 | 0.3991 | 0.4648 | 0.6497 | 0.5941 | 0.4735 | 2 |
| 74 | 塞尔维亚 | 0.5008 | 0.4231 | 0.3868 | 0.5694 | 0.6696 | 0.4933 | -4 |
| 77 | 阿尔巴尼亚 | 0.4758 | 0.4338 | 0.4589 | 0.5178 | 0.5207 | 0.4569 | 2 |
| 86 | 摩尔多瓦 | 0.4489 | 0.4198 | 0.3036 | 0.5811 | 0.5792 | 0.4412 | -1 |
| 87 | 波 黑 | 0.4459 | 0.3999 | 0.3349 | 0.4795 | 0.5916 | 0.4425 | -3 |
| — | 平均值 | 0.7017 | 0.6946 | 0.6300 | 0.7125 | 0.7768 | 0.6913 | — |

从图 4 可以看出,信息社会发展水平越高,发展速度越慢。2011—2016年,信息社会指数在 0.8～0.9 的国家的增幅大部分位于 5% 以下,而信息社会指数在 0.8 以下区间的国家的增幅大部分位于 10% 以上。这表明欧洲国家在信息社会发展方面存在较强的趋同现象。

## 5. 大洋洲

受数据可得性影响,本次测评样本中大洋洲仅有澳大利亚和新西兰两个国家。2016 年澳大利亚信息社会指数为 0.8443,全球排名第 13 位,比去年下降 1 位;新西兰信息社会指数为 0.8100,全球排名第 16 位,与去年相同。2011—2016 年,澳大利亚和新西兰信息社会发展都取得了较大进展,信息社会指数增幅都超过了 8%。

澳大利亚在信息社会发展的多个领域表现卓越。2011—2016 年,在信息经济领域,澳大利亚农业就业人口比例降低了 28.13%,就业结构进一步优

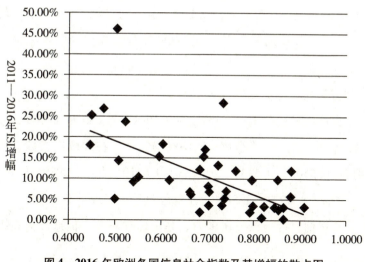

**图4 2016年欧洲各国信息社会指数及其增幅的散点图**

化；百万人均专利数提高了29.18%，创新与研究成果骄人；能耗水平降低了5.90%，经济增长的同时更加注重绿色环保。在线政府领域，澳大利亚的表现同样卓越，其全球排名从2011年的第八位跃居2016年的第三位。此外在数字生活领域，澳大利亚的手机、家庭电脑和互联网覆盖率也都有明显增长。

| 表11 | 2016年大洋洲地区部分国家ISI及排名情况 | | | | | | |
|---|---|---|---|---|---|---|---|
| 2016年<br>全球排名 | 国家 | 2016年<br>ISI | 信息经济<br>指数 | 网络社会<br>指数 | 在线政府<br>指数 | 数字生活<br>指数 | 2015年<br>ISI | 排名<br>变化 |
| 13 | 澳大利亚 | 0.8443 | 0.8200 | 0.8087 | 0.9413 | 0.8719 | 0.8333 | -1 |
| 16 | 新西兰 | 0.8100 | 0.8056 | 0.7897 | 0.8977 | 0.8054 | 0.7944 | 0 |
| — | 平均值 | 0.8272 | 0.8128 | 0.7992 | 0.9195 | 0.8387 | 0.8138 | — |

## 三、全球信息社会发展研究基本结论

从整体上看，全球正在从工业社会向信息社会转型道路上稳步发展，数字生活是中低收入国家信息社会建设主要抓手，高收入国家在线政府建设效果更为突出，产业结构优化推动信息经济发展，全球信息社会不平衡发展状

况小幅恶化，移动电话能够有效降低数字鸿沟。分区域看，"一带一路"沿线
国家信息社会保持较快发展，G20 国家间差距稳步缩小，中国保持快速发展
全球排名继续前进。

### 1. 全球信息社会稳步发展

2016 年全球信息社会指数（ISI）为 0.5601，仍处在从工业社会向信息社
会过渡的转型期。信息经济指数、网络社会指数、在线政府指数、数字生活
指数分别为 0.5508、0.5131、0.5763、0.6110，较之 2015 年分别提高
0.95%、1.56%、2.49%、3.51%，全球信息社会实现了平稳发展。

（1）卢森堡信息社会指数 0.9091，是全球唯一进入信息社会高级阶段的
国家。

（2）新加坡、瑞士、芬兰等 16 个国家信息社会指数超过 0.8，已进入信
息社会发展的中级阶段，其中巴林和新西兰新进入。

（3）爱尔兰、法国、比利时等 36 个国家的信息社会指数超过 0.6，进入
信息社会初级阶段，其中白俄罗斯首次新进入。

（4）哈萨克斯坦、巴西、中国等 60 个国家信息社会指数处于 0.3 和 0.6
之间，处于从工业社会向信息社会转型期，其中尼日利亚和肯尼亚新进入。

（5）印度、柬埔寨、马达加斯加等 13 个国家的信息社会指数低于 0.3，
尚处在信息社会发展的起步期。

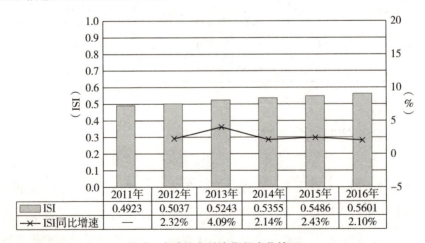

图 5 全球信息社会指数变化情况

研究表明，在信息发展的不同阶段，各类指标的作用表现会有所不同。在起步期和转型期数字生活作用更为明显。进入信息社会初级阶段后，在线政府的作用明显增大。信息经济和网络社会的作用在各个阶段均相对稳定。

**表12　　　　　　　　　2016 年信息社会各发展阶段特征分析**

| ISI | 发展阶段 | 国家数 | | | ISI | | 信息经济 | | 网络社会 | | 在线政府 | | 数字生活 | |
| --- | --- | --- | --- | --- | --- | --- | --- | --- | --- | --- | --- | --- | --- | --- |
| | | 2016 年 | 占比 | 净增 | 均值 | 增速 | 均值 | 增速 | 均值 | 增速 | 均值 | 增速 | 均值 | 增速 |
| 0.3 以下 | 起步期 | 13 | 10.3% | −2 | 0.25 | 5.6% | 0.27 | 3.2% | 0.26 | 4.8% | 0.26 | 0.1% | 0.23 | 11.8% |
| 0.3~0.6 | 转型期 | 60 | 47.6% | 1 | 0.46 | 2.6% | 0.43 | 1.2% | 0.42 | 1.9% | 0.48 | 2.0% | 0.51 | 4.7% |
| 0.6~0.8 | 初级阶段 | 36 | 28.6% | −1 | 0.71 | 1.7% | 0.71 | 0.7% | 0.62 | 1.3% | 0.71 | 3.3% | 0.78 | 2.5% |
| 0.8~0.9 | 中级阶段 | 16 | 12.7% | 2 | 0.85 | 1.1% | 0.83 | 0.3% | 0.82 | 0.6% | 0.86 | 2.7% | 0.89 | 1.7% |
| 0.9 以上 | 高级阶段 | 1 | 0.8% | 0 | 0.91 | 0.6% | 0.84 | 0.4% | 0.96 | 0.1% | 0.78 | 3.0% | 0.96 | 0.6% |

全球信息社会稳健发展的主要原因：一是国际金融危机爆发后新一轮信息技术革命加快推进，移动互联网、大数据、智慧城市、智能制造、社交网络、虚拟现实等技术快速向生产生活领域扩散，应用效果开始逐步显现。二是世界各国高度重视信息技术创新与应用，视其为后危机时代塑造国际竞争优势的重要方面，先后出台了一系列战略和政策，比如美国"工业互联网"和"先进制造业伙伴计划"、德国"工业 4.0"、日本"先进机器人制造计划"、中国"互联网＋"和"中国制造 2025"等。三是全球经济复苏和信心恢复，促进了信息技术在经济社会各领域投资、创新、应用与扩散。

**2. 数字生活是中低收入国家信息社会建设主要抓手**

随着新一轮信息技术革命的深入发展，移动互联网、智能终端、社交网络、大数据、云计算等新一代信息技术迅速推广，提供了丰富的科技产品和新奇的服务体验，人们已然切身感受到信息技术创新对日常生活带来了翻天覆地变化。测评发现，中低收入国家与高收入国家信息社会差距在缩小，数字生活成为重要抓手。

2016 年，51 个高收入国家的 ISI 均值为 0.7570，68 个中等收入国家的 ISI 均值为 0.4457，7 个低收入国家的 ISI 均值 0.3180。中等和低收入国家

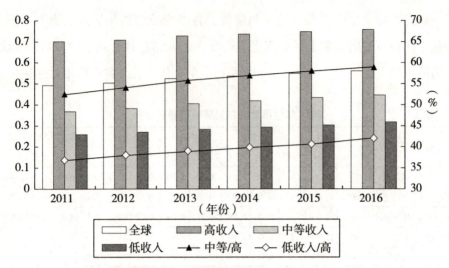

图6　2011—2016年全球不同收入水平国家信息社会指数

ISI同比增速分别为2.80%和4.81%，明显高于高收入国家1.36%的速度。2011—2016年，中等和低收入国家ISI分别提高了21.05%和23.15%，而高收入国家仅增长8.05%，中低收入国家与高收入国家间相对差距持续缩小。

表13　　　　　　　　2016年全球不同收入水平国家信息社会发展情况

| | 国家数 | | ISI | | 信息经济 | | 网络社会 | | 在线政府 | | 数字生活 | |
|---|---|---|---|---|---|---|---|---|---|---|---|---|
| | 2016年 | 占比 | 均值 | 增速 | 均值 | 增速 | 均值 | 增速 | 均值 | 增速 | 均值 | 增速 |
| 低收入 | 7 | 5.6% | 0.3180 | 4.81% | 0.3276 | 3.18% | 0.3123 | 2.84% | 0.3274 | 0.84% | 0.3109 | 10.29% |
| 中收入 | 68 | 54.0% | 0.4457 | 2.80% | 0.4231 | 1.29% | 0.4108 | 2.44% | 0.4703 | 1.98% | 0.4951 | 4.70% |
| 高收入 | 51 | 40.5% | 0.7570 | 1.36% | 0.7621 | 0.53% | 0.6864 | 0.76% | 0.7630 | 3.05% | 0.8205 | 2.15% |

　　数字生活是推动中低收入国家信息社会较快发展的最重要力量。如图7所示，2015—2016年，中低收入国家数字生活指数在绝对水平和发展速度两方面基本为四个一级指标中最高的，有力推动了两组国家ISI增长。2016年，低收入国家数字生活指数为0.3109，增速达到10.29%，对ISI增长贡献率达到59.6%；而信息经济、网络社会、在线政府贡献率仅为20.8%、17.7%、1.9%。类似的，中等收入国家数字生活指数为0.4951，增速为4.70%，对ISI增长贡献率达到55.0%；信息经济、网络社会、在线政府贡

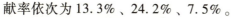

献率依次为 13.3% 、24.2% 、7.5% 。

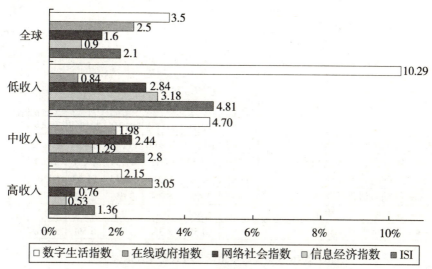

图7　2016 年全球各收入水平国家信息社会同比增速

近年来，数字生活指数影响力度大幅提升对应的是居民生活领域各类信息技术应用快速普及。2014 年，全球移动电话普及率为 116.7%，家庭电脑普及率为 51.63%，互联网普及率为 53.96%，与 2009 年相比分别提升了 23.62% 、29.64% 和 42.13% 。不过，伴随着各类信息技术应用普及率达到新高，普及率增速却逐步放缓。2010—2014 年移动电话普及率增速从 7.6% 下滑到 1.6%，家庭电脑普及率增速从 6.6% 下滑到 4.3%，互联网普及率增速从 10.5% 下滑到 5.6% 。

从发展实践看，人们的生活模式和生存方式正日益数字化和网络化。微博、微信、WhatsApp 等新型社交平台的出现改变了传统的沟通方式和生活方式，超越了时空的限制。网上购物渠道和在线支付手段的多样化，让电子商务渗透到全球每一个角落，并逐步降低人们对现金的“依赖”。以 Uber、Airbnb、滴滴出行为代表的一批分享经济企业的崛起，利用平台和定位技术把分享服务带到了人们的周边，并迅速拓展到餐饮、家政、教育、医疗等诸多领域，让人们能够以低廉便捷的方式享受更好的服务。网上下单、手机叫车、在线支付等成为新的生活方式。

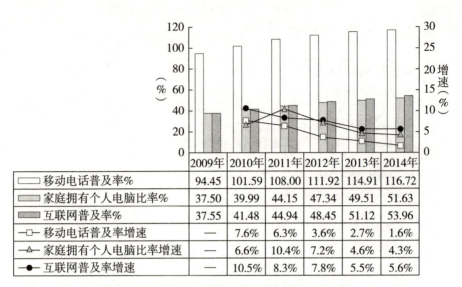

| | 2009年 | 2010年 | 2011年 | 2012年 | 2013年 | 2014年 |
|---|---|---|---|---|---|---|
| □ 移动电话普及率% | 94.45 | 101.59 | 108.00 | 111.92 | 114.91 | 116.72 |
| 家庭拥有个人电脑比率% | 37.50 | 39.99 | 44.15 | 47.34 | 49.51 | 51.63 |
| 互联网普及率% | 37.55 | 41.48 | 44.94 | 48.45 | 51.12 | 53.96 |
| —□— 移动电话普及率增速 | — | 7.6% | 6.3% | 3.6% | 2.7% | 1.6% |
| —△— 家庭拥有个人电脑比率增速 | — | 6.6% | 10.4% | 7.2% | 4.6% | 4.3% |
| —●— 互联网普及率增速 | — | 10.5% | 8.3% | 7.8% | 5.5% | 5.6% |

**图8　2016年各类数字生活工具普及率及增幅情况**

这些巨大改变的背后是信息技术进步及其创新应用的结果。根据汤森路透发布的《开放的未来：2015全球创新现状》报告显示，2014年全球信息技术专利数量从2013年的36.7万件增加到38.0万件，增幅4%，占全球专利总数的30%。在中国，截止到2015年12月31日，信息技术领域专利申请总量共计300.6万件，同比增长19%。此外，商业模式的不断创新也是加速生活方式变化的重要驱动力量。

从未来趋势看，物联网、移动互联网、3D打印、智能硬件、虚拟现实、自动驾驶等信息技术及其创新应用将会对人们的生产生活带来更为深刻的影响。在全球创新创业的浪潮下，充分发挥信息技术进步带来的数字红利，人们的生活必将更加丰富多彩！

### 3. 高收入国家在线政府建设效果更为突出

测评结果显示，随着国家收入层次提高，在线政府发展速度也相应提高，即高收入国家在线政府在绝对值和发展速度两方面领先，而中低收入国家在线政府领域与高收入国家差距拉大。如表14所示，2011年中、低收入国家的在线政府指数分别为高收入国家的65.2%和48.2%，到2016年这两个数字分布演变为61.6%和42.9%。

**表 14　　　　　　　　　全球各收入水平国家在线政府指数变化情况**

| | | 2011 年 | 2012 年 | 2013 年 | 2014 年 | 2015 年 | 2016 年 |
|---|---|---|---|---|---|---|---|
| 均值 | 高收入 | 0.6502 | 0.6973 | 0.7444 | 0.7424 | 0.7405 | 0.7630 |
| | 中等收入 | 0.4237 | 0.4517 | 0.4798 | 0.4705 | 0.4612 | 0.4703 |
| | 低收入 | 0.3136 | 0.3302 | 0.3467 | 0.3357 | 0.3246 | 0.3274 |
| 中等/高 | | 65.2% | 64.8% | 64.5% | 63.4% | 62.3% | 61.6% |
| 低收入/高 | | 48.2% | 47.3% | 46.6% | 45.2% | 43.8% | 42.9% |

在线政府建设成效的发挥需要诸多条件支撑，如信息基础设施高度完备、信息技术创新大量涌现、支持信息技术产品化市场化产业化的"生态系统"高效运转、信息技术人才储备丰厚、信息资源丰富、经济发展已经到了技术创新为主要驱动力阶段、相关法律法规和技术标准相对完善、政府自身信息化水平及认知能力显著提升、政务领域信息充分共享和业务高度协同等。正因为如此，在线政府建设往往在信息社会发展水平达到一定高度后才更容易充分发挥出来。

从近几年在线政府发展水平较高的国家实践看，集约、开放、创新是主要特征。集约是指促进在线政府基础资源的集约化建设与利用、管理层面的统筹规划与高效协同、服务层面的"一站式"无缝整合。开放是指以数据开放打造服务型政府，在国家层面制定战略及政策法规，建设数据开放门户网站，逐步向公众开放免费的可机读数据集，鼓励开发人员基于数据集开发应用程序，带动全社会创新。创新是指政府积极应用云计算、物联网、移动互联网、大数据等新一代信息技术，提升决策科学化、服务便捷化、政务透明化水平。

**4. 产业结构优化推动信息社会发展**

后危机时代，全球范围内兴起的新一轮产业革命促进了产业结构优化，从而推动工业社会向信息社会加速转型。一些发达国家利用信息革命带来的机遇掀起了新一轮再工业化浪潮，生产性服务业和制造业服务化得以快速发展。新兴市场经济体和发展中国家在大力发展信息产业的同时，也在积极以信息化引领传统产业升级，新产业、新业态、新模式不断涌现，建立在互联网基础上的现代服务业迅速崛起。

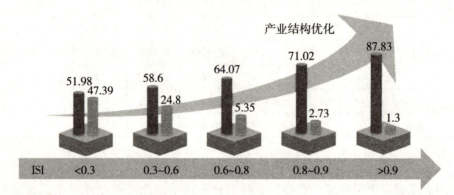

产业结构优化

图9 信息社会不同发展水平国家产业结构

■ 服务业产值占GDP比重（%）
■ 第一产业就业人员占比（%）

从测评结果看，2016年信息社会指数超过0.6的国家服务业产值占比平均为66.62%（比2015年增加0.56个百分点），第一产业就业人员占比平均值为4.48%（比2015年下降0.13个百分点）。信息社会指数低于0.6的国家服务业产值占比平均为57.42%（比2015年增加0.94个百分点），第一产业就业人员占比平均值为28.82%（比2015年下降0.42个百分点）。

表15 按信息社会发展水平分组的服务业产值占比

| 信息社会指数 | 2013 年 | | 2014 年 | | 变化（2014—2013 年） | |
|---|---|---|---|---|---|---|
| | 服务业产值占 GDP 比重（%） | 第一产业就业人员占比（%） | 服务业产值占 GDP 比重（%） | 第一产业就业人员占比（%） | 服务业产值占 GDP 比重（%） | 第一产业就业人员占比（%） |
| 0.9 以上 | 87.53 | 1.40 | 87.83 | 1.30 | 0.31 | −0.10 |
| 0.8~0.9 | 70.75 | 2.73 | 71.02 | 2.73 | 0.27 | −0.01 |
| 0.6~0.8 | 63.38 | 5.53 | 64.07 | 5.35 | 0.69 | −0.18 |
| 0.3~0.6 | 57.76 | 25.24 | 58.60 | 24.80 | 0.84 | −0.44 |
| 0.3 以下 | 50.55 | 47.73 | 51.98 | 47.39 | 1.43 | −0.35 |
| 全球 | 60.51 | 18.88 | 61.29 | 18.58 | 0.78 | −0.30 |

从样本截面和时间两个维度看，从工业社会向信息社会过渡的转型期结构调整较为明显。截面维度横向看，从起步期到转型期、从转型期到信息社会初级阶段，一产就业比重均会发生重大变化，特别是初级阶段后一产就业比重陡然下降到5%左右，意味着转型期是产业结构调整的关键时期。时间维度纵向看，转型期服务业产值比重和一产就业比重调整均较大，反映了城镇化和转型升级的重要性。

从测评过程看，产业结构调整推动了信息经济发展，进而促进信息社会发展。测算指数贡献率发现，近年来产业结构优化在推动全球信息经济发展中作用日益明显。2016年，全球信息经济指数增量部分中有44.3%来自产业结构调整，22.4%来自人力资源指数，经济发展指数和发展方式指数的贡献率均不及两成。2012—2016年，产业结构指数贡献率逐步增强，从2012年对信息经济指数增长负贡献发展为2016年提供最大贡献。这反映出现阶段全球产业结构深度调整推动信息社会发展。

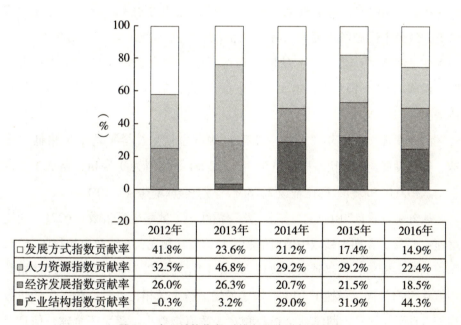

| | 2012年 | 2013年 | 2014年 | 2015年 | 2016年 |
|---|---|---|---|---|---|
| □发展方式指数贡献率 | 41.8% | 23.6% | 21.2% | 17.4% | 14.9% |
| □人力资源指数贡献率 | 32.5% | 46.8% | 29.2% | 29.2% | 22.4% |
| ▨经济发展指数贡献率 | 26.0% | 26.3% | 20.7% | 21.5% | 18.5% |
| ■产业结构指数贡献率 | −0.3% | 3.2% | 29.0% | 31.9% | 44.3% |

**图10　产业结构指数对信息经济增长贡献率**

上述结论与近年来全球产业结构深度调整相符合。在全球经济放缓、竞争加剧、产能过剩的背景下，世界各国把握信息技术革命不断深入推进、新一代信息技术加速推广应用潮流，纷纷出台新的发展战略，在信息技术、生物医药、先进制造、节能环保和新能源等领域加快战略布局的步伐，同时对大数据、电子商务、分享经济等新兴领域积极出台促进政策，从而推动了全球产业结构优化。如在"2015美国国家创新战略"中，美国政府确定了九大优先发展领域：精密医疗、卫生保健、大脑计划、先进汽车、智慧城市、清洁能源和节能技术、教育技术、太空探索和高性能计算。在战略报告中，美国政府承诺将加快基础设施建设，在2018年前让全美99%的学生使用上高速宽带。英国宣布打造分享经济的全球中心和欧洲分享经济之都，印度也在积极开拓本土电子商务市场。此外，英国、德国、韩国、俄罗斯、巴西也出台了相关的产业发展计划。在全球经济增速放缓的背景下，加快产业结构转型升级是寻求新经济增长点的重要途径，也是推动信息社会发展的重要抓手。

### 5. "一带一路"沿线国家信息社会保持较快发展

在后危机时代世界多极化、经济全球化、文化多样化、社会信息化大背景下，致力于促进经济要素有序自由流动、资源高效配置和市场深度融合，中国主动实施"一带一路"战略，获得了沿线国家积极响应。在"一带一路"沿线的65个国家中，本次测评包括55个，基本可以反映沿线国家的总体情况。

测评发现，2016年"一带一路"沿线国家信息社会平均水平略低于全球，但是发展速度较快。样本中55个国家ISI平均值为0.5414，略低于全球平均水平（0.5601）；同比增速2.78%，高于全球增速（2.10%）。

从分领域看，2016年"一带一路"沿线国家数字生活指数0.6221，同比增速4.17%，在四大领域中绝对值和增长速度均领先；在线政府指数0.5637，同比增速2.88%；网络社会指数0.4926，同比增速2.74%；而信息经济指数均值0.5021，同比增速1.10%，增速最慢。与全球相比，只有数字生活指数高于全球平均水平，网络社会指数和在线政府指数小幅落后于全球，信息经济指数与全球均值差距较大。

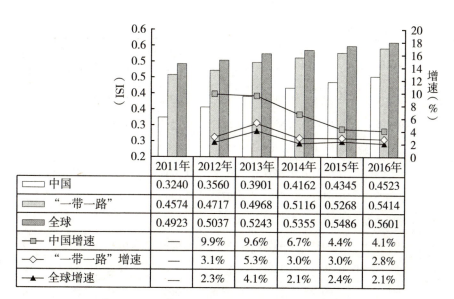

| | 2011年 | 2012年 | 2013年 | 2014年 | 2015年 | 2016年 |
|---|---|---|---|---|---|---|
| □ 中国 | 0.3240 | 0.3560 | 0.3901 | 0.4162 | 0.4345 | 0.4523 |
| ▨ "一带一路" | 0.4574 | 0.4717 | 0.4968 | 0.5116 | 0.5268 | 0.5414 |
| ▩ 全球 | 0.4923 | 0.5037 | 0.5243 | 0.5355 | 0.5486 | 0.5601 |
| ─■─ 中国增速 | — | 9.9% | 9.6% | 6.7% | 4.4% | 4.1% |
| ─◇─ "一带一路"增速 | — | 3.1% | 5.3% | 3.0% | 3.0% | 2.8% |
| ─▲─ 全球增速 | — | 2.3% | 4.1% | 2.1% | 2.4% | 2.1% |

图11　"一带一路"沿线国家信息社会发展水平

表16　　　　　　　　　"一带一路"沿线国家 ISI 及排名情况

| 区域排名 | 国家 | 2016年ISI | 信息经济指数 | 网络社会指数 | 在线政府指数 | 数字生活指数 | 全球排名 | 全球排名年度变化 |
|---|---|---|---|---|---|---|---|---|
| 1 | 新加坡 | 0.8846 | 0.8411 | 0.8686 | 0.9476 | 0.9231 | 2 | 1 |
| 2 | 巴　林 | 0.8042 | 0.6190 | 0.8040 | 0.8271 | 0.9820 | 17 | 3 |
| 3 | 以色列 | 0.7810 | 0.9065 | 0.6190 | 0.8565 | 0.7923 | 23 | 0 |
| 4 | 阿联酋 | 0.7667 | 0.6806 | 0.6384 | 0.7583 | 0.9840 | 24 | 0 |
| 5 | 科威特 | 0.7629 | 0.7099 | 0.8356 | 0.6513 | 0.7805 | 25 | 0 |
| 6 | 爱沙尼亚 | 0.7616 | 0.7337 | 0.6017 | 0.8484 | 0.9203 | 26 | 0 |
| 7 | 俄罗斯 | 0.7346 | 0.5897 | 0.7809 | 0.7836 | 0.8167 | 29 | −1 |
| 8 | 捷　克 | 0.7225 | 0.7451 | 0.6329 | 0.6073 | 0.8278 | 31 | 4 |
| 9 | 阿　曼 | 0.7175 | 0.6057 | 0.6612 | 0.6697 | 0.9014 | 32 | 2 |
| 10 | 文　莱 | 0.7152 | 0.6871 | 0.7362 | 0.5104 | 0.7907 | 33 | −1 |
| 11 | 沙特阿拉伯 | 0.7046 | 0.6961 | 0.5803 | 0.7340 | 0.8276 | 35 | 3 |
| 12 | 立陶宛 | 0.7020 | 0.6818 | 0.6071 | 0.7515 | 0.8005 | 37 | −4 |
| 13 | 波　兰 | 0.6959 | 0.6466 | 0.6237 | 0.6707 | 0.8259 | 38 | 2 |

| 区域排名 | 国家 | 2016 年 ISI | 信息经济指数 | 网络社会指数 | 在线政府指数 | 数字生活指数 | 全球排名 | 全球排名年度变化 |
|---|---|---|---|---|---|---|---|---|
| 14 | 斯洛伐克 | 0.6929 | 0.7374 | 0.5562 | 0.6275 | 0.8068 | 40 | −1 |
| 15 | 拉脱维亚 | 0.6841 | 0.6535 | 0.5917 | 0.7516 | 0.7846 | 41 | 1 |
| 16 | 斯洛文尼亚 | 0.6840 | 0.7703 | 0.5364 | 0.6571 | 0.7543 | 42 | −5 |
| 17 | 匈牙利 | 0.6627 | 0.7357 | 0.4656 | 0.6718 | 0.7839 | 45 | 1 |
| 18 | 马来西亚 | 0.6357 | 0.5563 | 0.5771 | 0.6119 | 0.7817 | 47 | 2 |
| 19 | 克罗地亚 | 0.6181 | 0.6348 | 0.5073 | 0.6388 | 0.7052 | 51 | −4 |
| 20 | 白俄罗斯 | 0.6041 | 0.4858 | 0.6431 | 0.6341 | 0.6735 | 53 | 3 |
| 21 | 哈萨克斯坦 | 0.5993 | 0.4381 | 0.5503 | 0.7709 | 0.7523 | 54 | 3 |
| 22 | 黑 山 | 0.5952 | 0.5719 | 0.4518 | 0.6657 | 0.7386 | 55 | 0 |
| 23 | 黎巴嫩 | 0.5778 | 0.5248 | 0.4996 | 0.5131 | 0.7307 | 58 | 0 |
| 24 | 约 旦 | 0.5611 | 0.5655 | 0.4922 | 0.5139 | 0.6412 | 60 | 0 |
| 25 | 保加利亚 | 0.5516 | 0.5227 | 0.4513 | 0.5379 | 0.6854 | 61 | 1 |
| 26 | 罗马尼亚 | 0.5402 | 0.4734 | 0.4983 | 0.5670 | 0.6400 | 63 | 0 |
| 27 | 土耳其 | 0.5298 | 0.5484 | 0.4587 | 0.5609 | 0.5719 | 64 | 2 |
| 28 | 乌克兰 | 0.5223 | 0.4824 | 0.4962 | 0.4995 | 0.5959 | 65 | 4 |
| 29 | 伊 朗 | 0.5205 | 0.4036 | 0.6752 | 0.4577 | 0.5036 | 66 | 6 |
| 30 | 阿塞拜疆 | 0.5169 | 0.3810 | 0.5227 | 0.5697 | 0.6293 | 68 | −1 |
| 31 | 前南马其顿 | 0.5084 | 0.4471 | 0.3742 | 0.4585 | 0.7207 | 70 | 1 |
| 32 | 格鲁吉亚 | 0.5023 | 0.3991 | 0.4648 | 0.6497 | 0.5941 | 73 | 2 |
| 33 | 塞尔维亚 | 0.5008 | 0.4231 | 0.3868 | 0.5694 | 0.6696 | 74 | −4 |
| 34 | 亚美尼亚 | 0.5001 | 0.3790 | 0.4911 | 0.6365 | 0.5847 | 75 | −1 |
| 35 | 阿尔巴尼亚 | 0.4758 | 0.4338 | 0.4589 | 0.5178 | 0.5207 | 77 | 2 |
| 36 | 中 国 | 0.4523 | 0.3848 | 0.4057 | 0.5496 | 0.5341 | 84 | 3 |
| 37 | 蒙 古 | 0.4493 | 0.4142 | 0.4479 | 0.5666 | 0.4465 | 85 | 5 |
| 38 | 摩尔多瓦 | 0.4489 | 0.4198 | 0.3036 | 0.5811 | 0.5792 | 86 | −1 |
| 39 | 波 黑 | 0.4459 | 0.3999 | 0.3349 | 0.4795 | 0.5916 | 87 | −3 |

续 表

| 区域排名 | 国家 | 2016年ISI | 信息经济指数 | 网络社会指数 | 在线政府指数 | 数字生活指数 | 全球排名 | 全球排名年度变化 |
|---|---|---|---|---|---|---|---|---|
| 40 | 泰 国 | 0.4443 | 0.3991 | 0.3959 | 0.4626 | 0.5318 | 88 | -2 |
| 41 | 斯里兰卡 | 0.4439 | 0.3560 | 0.5613 | 0.5774 | 0.3698 | 89 | 2 |
| 42 | 埃 及 | 0.4334 | 0.3502 | 0.3257 | 0.5282 | 0.5926 | 92 | -3 |
| 43 | 越 南 | 0.4254 | 0.3530 | 0.3522 | 0.4768 | 0.5537 | 94 | 1 |
| 44 | 叙利亚 | 0.4141 | 0.4241 | 0.4411 | 0.3142 | 0.4105 | 96 | 1 |
| 45 | 印度尼西亚 | 0.3841 | 0.3371 | 0.4041 | 0.4602 | 0.3857 | 100 | 3 |
| 46 | 菲律宾 | 0.3800 | 0.3561 | 0.3034 | 0.4801 | 0.4470 | 102 | -2 |
| 47 | 不 丹 | 0.3758 | 0.3148 | 0.4704 | 0.2887 | 0.3713 | 103 | 2 |
| 48 | 吉尔吉斯斯坦 | 0.3725 | 0.3591 | 0.2818 | 0.4717 | 0.4436 | 104 | 0 |
| 49 | 塔吉克斯坦 | 0.3232 | 0.3497 | 0.3372 | 0.3375 | 0.2780 | 111 | 0 |
| 50 | 印 度 | 0.2983 | 0.3060 | 0.2932 | 0.3901 | 0.2652 | 114 | -1 |
| 51 | 柬埔寨 | 0.2867 | 0.2425 | 0.2129 | 0.3029 | 0.3992 | 115 | 2 |
| 52 | 巴基斯坦 | 0.2799 | 0.2968 | 0.2954 | 0.2536 | 0.2562 | 116 | 2 |
| 53 | 也 门 | 0.2761 | 0.3273 | 0.2509 | 0.2862 | 0.2469 | 118 | -2 |
| 54 | 孟加拉国 | 0.2713 | 0.2818 | 0.3160 | 0.2689 | 0.2167 | 119 | 0 |
| 55 | 尼泊尔 | 0.2352 | 0.2350 | 0.2178 | 0.2288 | 0.2550 | 123 | -1 |
| "一带一路"平均值 | | 0.5414 | 0.5021 | 0.4926 | 0.5637 | 0.6221 | — | — |
| 全球均值 | | 0.5601 | 0.5508 | 0.5131 | 0.5763 | 0.6110 | — | — |

2016年,"一带一路"沿线国家中有20个国家ISI超过0.6,其中新加坡和巴林处于信息社会中级阶段,以色列、阿联酋、科威特等18个国家处于初级阶段;35个国家ISI低于0.6,其中哈萨克斯坦等29个国家处于转型期,印度等6个国家处于起步期。

测评发现,"一带一路"沿线国家间信息社会发展水平存在较大差异。其中,欧洲国家信息社会水平均值为0.6026,亚洲国家为0.5058。在亚洲内部,西亚国家表现优异,ISI均值为0.6024,其他地区仅为0.4345。2016年,中国在55个国家中排在第36位,较之2015年前进3位。

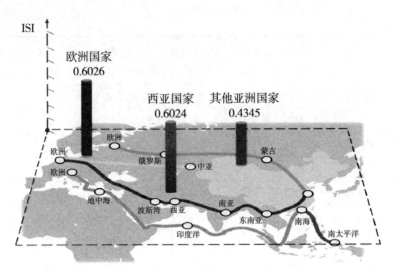

图12　"一带一路"沿线国家信息社会分布特点

表17　　　　　　　　　　　　"一带一路"国家ISI

| 国家 | 2011 年 | 2012 年 | 2013 年 | 2014 年 | 2015 年 | 2016 年 |
|---|---|---|---|---|---|---|
| "一带一路"均值 | 0.4574 | 0.4717 | 0.4968 | 0.5116 | 0.5268 | 0.5414 |
| 其中：欧洲国家 | 0.5249 | 0.5384 | 0.5587 | 0.5702 | 0.5882 | 0.6026 |
| 西亚国家 | 0.5037 | 0.5226 | 0.5518 | 0.5725 | 0.5865 | 0.6024 |
| 其他亚洲国家 | 0.3550 | 0.3663 | 0.3938 | 0.4075 | 0.4200 | 0.4346 |
| 中　国 | 0.3240 | 0.3560 | 0.3901 | 0.4162 | 0.4345 | 0.4523 |
| 全球均值 | 0.4923 | 0.5037 | 0.5243 | 0.5355 | 0.5486 | 0.5601 |

## 6. 大国间信息社会差距稳步缩小

本报告对 G20 内 19 个主权国家的信息社会发展水平进行了对比分析。结果显示：

一是 G20 信息社会发展明显高于全球平均水平。2016 年 G20 信息社会指数均值为 0.6660，高出全球平均水平 18.9%；同比增速 2.0%，略低于全球的 2.1%。在分领域中，G20 在线政府发展表现突出，其指数高出全球均值 26.2%，信息经济、网络社会和数字生活指数分别比全球平均水平高出 21.8%、17.2%、15.4%。

**表 18**　　　　　　　**2016 年 G20 国家信息社会发展情况**

| G20排名 | 国家 | 2016年ISI | 信息经济指数 | 网络社会指数 | 在线政府指数 | 数字生活指数 | 全球排名 | 全球排名年度变化 |
|---|---|---|---|---|---|---|---|---|
| 1 | 日　本 | 0.8541 | 0.9110 | 0.7643 | 0.9305 | 0.8615 | 8 | 3 |
| 2 | 英　国 | 0.8529 | 0.8512 | 0.8092 | 0.8832 | 0.8881 | 9 | −1 |
| 3 | 美　国 | 0.8455 | 0.8749 | 0.8509 | 0.8808 | 0.7989 | 11 | 4 |
| 4 | 澳大利亚 | 0.8443 | 0.8200 | 0.8087 | 0.9413 | 0.8719 | 13 | −1 |
| 5 | 德　国 | 0.8224 | 0.8345 | 0.7680 | 0.8003 | 0.8721 | 14 | −1 |
| 6 | 法　国 | 0.7961 | 0.8500 | 0.6984 | 0.9296 | 0.7953 | 19 | −1 |
| 7 | 加拿大 | 0.7901 | 0.8178 | 0.7424 | 0.8411 | 0.7930 | 21 | 0 |
| 8 | 韩　国 | 0.7843 | 0.8591 | 0.6201 | 0.9631 | 0.8140 | 22 | 0 |
| 9 | 俄罗斯 | 0.7346 | 0.5897 | 0.7809 | 0.7836 | 0.8167 | 29 | −1 |
| 10 | 意大利 | 0.7318 | 0.7754 | 0.5982 | 0.8041 | 0.7975 | 30 | 0 |
| 11 | 沙特阿拉伯 | 0.7046 | 0.6961 | 0.5803 | 0.7340 | 0.8276 | 35 | 3 |
| 12 | 阿根廷 | 0.6197 | 0.6107 | 0.4603 | 0.6516 | 0.7773 | 50 | 1 |
| 13 | 巴　西 | 0.5884 | 0.5445 | 0.5322 | 0.6259 | 0.6761 | 57 | 2 |
| 14 | 土耳其 | 0.5298 | 0.5484 | 0.4587 | 0.5609 | 0.5719 | 64 | 2 |
| 15 | 墨西哥 | 0.5152 | 0.5660 | 0.4878 | 0.5879 | 0.4677 | 69 | −5 |
| 16 | 南　非 | 0.5065 | 0.5689 | 0.3657 | 0.5010 | 0.5867 | 71 | −3 |
| 17 | 中　国 | 0.4523 | 0.3848 | 0.4057 | 0.5496 | 0.5341 | 84 | 3 |
| 18 | 印度尼西亚 | 0.3841 | 0.3371 | 0.4041 | 0.4602 | 0.3857 | 100 | 3 |
| 19 | 印　度 | 0.2983 | 0.3060 | 0.2932 | 0.3901 | 0.2652 | 114 | −1 |
| — | G20均值 | 0.6660 | 0.6708 | 0.6015 | 0.7273 | 0.7053 | — | — |
| — | 全球均值 | 0.5601 | 0.5508 | 0.5131 | 0.5763 | 0.6110 | — | — |

　　二是 G20 内部不同国家间信息社会发展水平差距较大。2016 年 G20 集团中，有 12 个国家 ISI 超过 0.6，其中日本、英国、美国、澳大利亚、德国 5 个国家达到信息社会中级阶段水平（ISI 超过 0.8），日本排名第一

为 0.8541。有 7 个国家 ISI 低于 0.6，最低的是印度为 0.2983（尚处于起步期）。

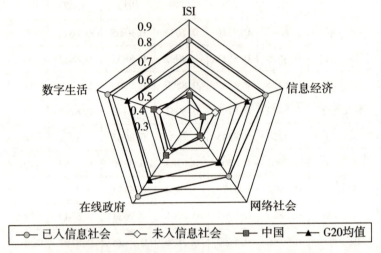

**图 13　G20 国家 2016 年信息社会及一级指标分布**

三是国家间差距稳步缩小。G20 国家间 ISI 最低水平与平均水平的相对差距指数 2011 年为 0.5847，到 2016 年逐步降低为 0.5521。

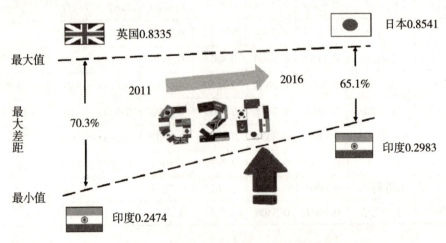

**图 14　G20 国家间信息社会差距显著缩小**

四是"金砖五国"信息社会发展态势良好。2011—2016 年，巴西、俄罗斯、印度、中国、南非五国 ISI 增幅均超过 20%，显著高于全球增幅

（13.8%）。其中，中国信息社会保持较高水平发展速度，巴西、俄罗斯、南非也实现了近30%的增幅。从全球排名变化看，俄罗斯上升了17位，中国上升了15位，巴西和南非均上升5位，印度下降2位。

**表 19　　　　　　　　　　　"金砖五国"信息社会发展情况**

| | | 巴西 | 俄罗斯 | 印度 | 中国 | 南非 | 全球水平 |
|---|---|---|---|---|---|---|---|
| ISI | 2016 年 | 0.5884 | 0.7346 | 0.2983 | 0.4523 | 0.5065 | 0.5601 |
| | 2011—2016 年增幅 | 27.6% | 28.2% | 20.6% | 39.6% | 28.0% | 13.8% |
| | 全球排名变化（2011—2016 年） | 5 | 17 | −2 | 15 | 5 | — |
| 信息经济指数 | 2016 年 | 0.5445 | 0.5897 | 0.3060 | 0.3848 | 0.5689 | 0.5508 |
| | 2011—2016 年增幅 | 3.4% | 5.6% | 9.5% | 23.8% | 4.7% | 4.8% |
| 网络社会指数 | 2016 年 | 0.5322 | 0.7809 | 0.2932 | 0.4057 | 0.3657 | 0.5131 |
| | 2011—2016 年增幅 | 30.4% | 36.2% | −2.6% | 30.5% | 5.1% | 5.4% |
| 在线政府指数 | 2016 年 | 0.6259 | 0.7836 | 0.3901 | 0.5496 | 0.5010 | 0.5763 |
| | 2011—2016 年增幅 | 25.0% | 52.6% | 9.4% | 16.9% | 16.3% | 13.9% |
| 数字生活指数 | 2016 年 | 0.6761 | 0.8167 | 0.2652 | 0.5341 | 0.5867 | 0.6110 |
| | 2011—2016 年增幅 | 55.3% | 34.5% | 111.2% | 77.1% | 106.7% | 33.0% |

### 7. 全球信息社会发展不平衡状况未见好转

当前，美欧等发达国家信息社会指数普遍超过0.6，大部分亚非拉国家相对落后，全球信息社会发展极不平衡。2016年全球 ISI 相对差距指数达到0.66，即最低国家比全球平均水平落后66%[①]。分领域看，网络社会相对差距指数最小为0.60，数字生活相对差距指数最大为0.86。

值得警惕的是，近两年这种不平衡态势没有继续好转而是小幅恶化。2011—2014 年，全球 ISI 相对差距指数从0.71连年下降至0.65，不平衡程度有所缓解。近两年，相对差距指数略有回升，2015 年、2016 年分别

---

[①]　全球相对差距指数表示的是最低水平国家与全球平均水平间的差距程度，介于0~1。0.2以下，表示全球信息社会发展差距不明显，0.2~0.4表明存在"明显差距"，0.4~0.6表明存在"严重差距"，0.6以上表明存在"巨大差距"。

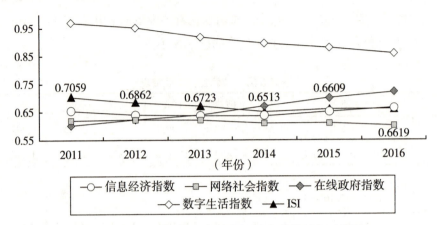

图 15  2011—2016 年全球 ISI 及四个一级指标相对差距

为 0.6609、0.6619。

表 20                    2011—2016 年全球信息社会发展差距测算

| 年度 | 维度 | 信息经济指数 | 网络社会指数 | 在线政府指数 | 数字生活指数 | ISI |
|------|------|------|------|------|------|------|
| 2016 | 最高国家 | 0.9110 | 0.9613 | 0.9631 | 0.9840 | 0.9091 |
|      | 全球平均 | 0.5508 | 0.5131 | 0.5763 | 0.6110 | 0.5601 |
|      | 最低国家 | 0.1846 | 0.2049 | 0.1602 | 0.0859 | 0.1894 |
|      | 最大相对差距 | 0.7973 | 0.7868 | 0.8337 | 0.9127 | 0.7917 |
|      | 全球相对差距 | 0.6648 | 0.6006 | 0.7220 | 0.8594 | 0.6619 |
| 2015 | 最高国家 | 0.9119 | 0.9601 | 0.9462 | 0.9767 | 0.9036 |
|      | 全球平均 | 0.5456 | 0.5052 | 0.5622 | 0.5903 | 0.5486 |
|      | 最低国家 | 0.1901 | 0.1968 | 0.1685 | 0.0708 | 0.1860 |
|      | 最大相对差距 | 0.7915 | 0.7951 | 0.8219 | 0.9275 | 0.7941 |
|      | 全球相对差距 | 0.6516 | 0.6106 | 0.7003 | 0.8800 | 0.6609 |
| 2014 | 最高国家 | 0.9091 | 0.9589 | 0.9373 | 0.9683 | 0.9005 |
|      | 全球平均 | 0.5407 | 0.4867 | 0.5688 | 0.5682 | 0.5355 |
|      | 最低国家 | 0.1958 | 0.1897 | 0.1875 | 0.0591 | 0.1867 |
|      | 最大相对差距 | 0.7846 | 0.8021 | 0.8000 | 0.9390 | 0.7926 |
|      | 全球相对差距 | 0.6379 | 0.6101 | 0.6704 | 0.8960 | 0.6513 |

续 表

| 年度 | 维度 | 信息经济指数 | 网络社会指数 | 在线政府指数 | 数字生活指数 | ISI |
|---|---|---|---|---|---|---|
| 2013 | 最高国家 | 0.9051 | 0.9576 | 0.9283 | 0.9476 | 0.9046 |
| | 全球平均 | 0.5359 | 0.4839 | 0.5753 | 0.5361 | 0.5243 |
| | 最低国家 | 0.1944 | 0.1836 | 0.2064 | 0.0430 | 0.1718 |
| | 最大相对差距 | 0.7852 | 0.8083 | 0.7777 | 0.9546 | 0.8101 |
| | 全球相对差距 | 0.6372 | 0.6206 | 0.6412 | 0.9198 | 0.6723 |
| 2012 | 最高国家 | 0.8994 | 0.9564 | 0.9034 | 0.9322 | 0.8920 |
| | 全球平均 | 0.5306 | 0.4719 | 0.5405 | 0.4963 | 0.5037 |
| | 最低国家 | 0.1912 | 0.1802 | 0.2041 | 0.0238 | 0.1581 |
| | 最大相对差距 | 0.7874 | 0.8116 | 0.7741 | 0.9744 | 0.8228 |
| | 全球相对差距 | 0.6396 | 0.6181 | 0.6225 | 0.9520 | 0.6862 |
| 2011 | 最高国家 | 0.8957 | 0.9558 | 0.8785 | 0.9175 | 0.8814 |
| | 全球平均 | 0.5256 | 0.4871 | 0.5057 | 0.4596 | 0.4923 |
| | 最低国家 | 0.1815 | 0.1856 | 0.2017 | 0.0136 | 0.1448 |
| | 最大相对差距 | 0.7974 | 0.8058 | 0.7704 | 0.9852 | 0.8357 |
| | 全球相对差距 | 0.6548 | 0.6190 | 0.6012 | 0.9704 | 0.7059 |

注：最大相对差距指数表示的是指样本中最低水平与最高水平间的差距程度，介于0~1，数值越大表明差距越大。

2016年，全球ISI前十位国家均值达到0.87，后十位国家均值仅为0.24，

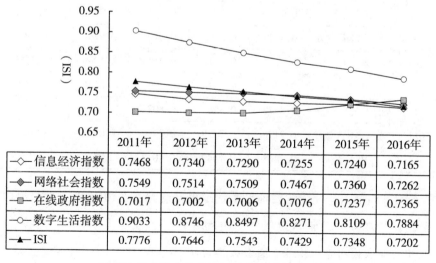

| | 2011年 | 2012年 | 2013年 | 2014年 | 2015年 | 2016年 |
|---|---|---|---|---|---|---|
| 信息经济指数 | 0.7468 | 0.7340 | 0.7290 | 0.7255 | 0.7240 | 0.7165 |
| 网络社会指数 | 0.7549 | 0.7514 | 0.7509 | 0.7467 | 0.7360 | 0.7262 |
| 在线政府指数 | 0.7017 | 0.7002 | 0.7006 | 0.7076 | 0.7237 | 0.7365 |
| 数字生活指数 | 0.9033 | 0.8746 | 0.8497 | 0.8271 | 0.8109 | 0.7884 |
| ISI | 0.7776 | 0.7646 | 0.7543 | 0.7429 | 0.7348 | 0.7202 |

图16 信息社会前十位与后十位国家相对差距

两者之间的相对差距指数达到了 0.72（即后十位国家平均水平比前十位国家落后 72%）。分领域看，四个一级指标的相对差距均保持在 0.7～0.8，数字生活差距最大为 0.79。

表21 信息社会前十位与后十位国家发展对比

| 年度 | 维度 | 信息经济指数 | 网络社会指数 | 在线政府指数 | 数字生活指数 | ISI |
|------|------|------|------|------|------|------|
| 2016 | 前十名平均值 | 0.8730 | 0.8643 | 0.9165 | 0.9328 | 0.8699 |
|      | 后十名平均值 | 0.2475 | 0.2367 | 0.2415 | 0.1974 | 0.2434 |
|      | 相对差距 | 0.7165 | 0.7262 | 0.7365 | 0.7884 | 0.7202 |
| 2015 | 前十名平均值 | 0.8713 | 0.8677 | 0.8889 | 0.9230 | 0.8646 |
|      | 后十名平均值 | 0.2405 | 0.2290 | 0.2456 | 0.1745 | 0.2293 |
|      | 相对差距 | 0.7240 | 0.7360 | 0.7237 | 0.8109 | 0.7348 |
| 2014 | 前十名平均值 | 0.8675 | 0.8656 | 0.8775 | 0.9148 | 0.8591 |
|      | 后十名平均值 | 0.2381 | 0.2193 | 0.2566 | 0.1581 | 0.2209 |
|      | 相对差距 | 0.7255 | 0.7467 | 0.7076 | 0.8271 | 0.7429 |
| 2013 | 前十名平均值 | 0.8624 | 0.8651 | 0.8775 | 0.8931 | 0.8582 |
|      | 后十名平均值 | 0.2337 | 0.2155 | 0.2628 | 0.1343 | 0.2109 |
|      | 相对差距 | 0.7290 | 0.7509 | 0.7006 | 0.8497 | 0.7543 |
| 2012 | 前十名平均值 | 0.8589 | 0.8507 | 0.8416 | 0.8764 | 0.8413 |
|      | 后十名平均值 | 0.2285 | 0.2115 | 0.2523 | 0.1099 | 0.1980 |
|      | 相对差距 | 0.7340 | 0.7514 | 0.7002 | 0.8746 | 0.7646 |
| 2011 | 前十名平均值 | 0.8572 | 0.8687 | 0.8077 | 0.8623 | 0.8387 |
|      | 后十名平均值 | 0.2170 | 0.2129 | 0.2410 | 0.0834 | 0.1865 |
|      | 相对差距 | 0.7468 | 0.7549 | 0.7017 | 0.9033 | 0.7776 |

各大洲内部信息社会发展不平衡状况也普遍存在。2016 年，亚洲相对差距指数最大为 0.55，非洲为 0.47，美洲为 0.37，欧洲最小为 0.36。2011—2016 年，亚洲相对差距指数一直在改善，从 2011 年 0.61 逐步下降到 2016 年 0.55；欧洲和美洲在 2014 年以前，相对差距指数逐步降低，之后基本不变；

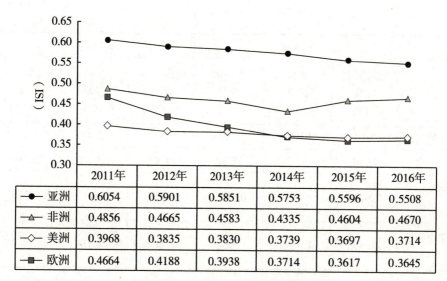

| | 2011年 | 2012年 | 2013年 | 2014年 | 2015年 | 2016年 |
|---|---|---|---|---|---|---|
| ● 亚洲 | 0.6054 | 0.5901 | 0.5851 | 0.5753 | 0.5596 | 0.5508 |
| △ 非洲 | 0.4856 | 0.4665 | 0.4583 | 0.4335 | 0.4604 | 0.4670 |
| ◇ 美洲 | 0.3968 | 0.3835 | 0.3830 | 0.3739 | 0.3697 | 0.3714 |
| ■ 欧洲 | 0.4664 | 0.4188 | 0.3938 | 0.3714 | 0.3617 | 0.3645 |

图 17　2011—2016 年各洲内部相对差距

非洲呈现出"V"型走势，拐点出现在 2014 年。

测算发现，2016 年全球数字鸿沟指数①为 0.8998，即全球最低水平国家主要信息技术产品的普及应用水平比全球平均水平落后近 90%，较之 2015 年下降 0.0223。2016 年电脑、手机、互联网数字鸿沟指数分别为 0.9458、0.8074、0.9463。较之 2015 年，手机数字鸿沟改善幅度较大，电脑和互联网小幅改善。

表 22　　　　　　主要信息技术产品渗透率及其数字鸿沟②

| | 2015 年 | | | 2016 年 | | |
|---|---|---|---|---|---|---|
| | 电脑家庭普及率（%） | 手机普及率（%） | 互联网普及率（%） | 电脑家庭普及率（%） | 手机普及率（%） | 互联网普及率（%） |
| 最高 | 96.70 | 214.75 | 96.55 | 98.10 | 218.43 | 98.16 |

---

①　数字鸿沟大小可用数字鸿沟指数（DDI）来衡量，以最低水平国家与全球平均水平间的相对差距来反映，考察对象主要有电脑普及率、互联网普及率、手机普及率等。

②　表中"电脑家庭普及率"是指每百户家庭中拥有电脑的家庭比例；"手机普及率"是指每百人拥有的手机用户数；"互联网普及率"是指每百人中的上网人数，也称"网民普及率"。"平均数"是指测评样本国家的算术平均数，与按照全球实际人同计算的全球平均数有所区别。

续　表

|  | 2015 年 | | | 2016 年 | | |
|---|---|---|---|---|---|---|
|  | 电脑家庭普及率（%） | 手机普及率（%） | 互联网普及率（%） | 电脑家庭普及率（%） | 手机普及率（%） | 互联网普及率（%） |
| 最低 | 2.10 | 17.71 | 1.90 | 2.80 | 22.48 | 2.90 |
| 平均 | 49.51 | 114.91 | 51.12 | 51.63 | 116.72 | 53.96 |
| 最大相对差距 | 0.9783 | 0.9175 | 0.9803 | 0.9715 | 0.8971 | 0.9705 |
| 单项数字鸿沟 | 0.9576 | 0.8458 | 0.9628 | 0.9458 | 0.8074 | 0.9463 |

### 8. 全面推进信息社会建设是走出中等收入陷阱的必由之路

经济社会发展失衡是导致中等收入陷阱的主要原因和重要表现。测评发现，在低收入、中低收入、中高收入、高收入各分组国家中，只有中高收入国家经济发展与信息社会建设基本脱钩，即不变价人均 GDP 与 ISI 之间无线

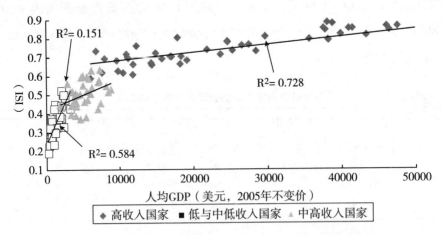

**图 18　不同收入等级国家的人均 GDP 与 ISI 回归分析**

注：1. 示意需要，人均 GDP 超过 5 万美元国家未纳入图中。高收入国家拟合曲线包括图中未显示的那些国家。

2. 横轴采用 2005 年不变价人均 GDP，会造成"现价人均 GDP"高的国家反而"不变价人均GDP"低，即出现了小部分高收入国家位于中高收入国家左侧、中高收入国家位于低于中低收入国家左侧。但是，使用不变价考察更能反映出经济体真实状况，得出更为科学分析结论。

性关系。如图 8 所示，低和中低收入国家 ISI 与人均 GDP（2005 年不变价）最小二乘法回归分析的拟合优度为 0.5841，高收入国家为 0.7283，中高收入国家为 0.1513。

从目前处于中高收入水平的 39 个国家看，哥斯达黎加、白俄罗斯、约旦、黑山、马来西亚、哈萨克斯坦、巴西、保加利亚 8 个国家实际 ISI 远高于预测值（超出 10% 以上）。从理论上看，这些国家经济社会发展协调性较好，对顺利跨越中等收入陷阱非常有利。另有加蓬、阿尔及利亚、伯利兹、博茨瓦纳、古巴、纳米比亚 6 个国家实际 ISI 远低于预测值（落后 10% 以上）。从理论上看，这些国家经济社会发展协调性较差，跨越中等收入陷阱可能会面临更多困难。

表 23　　　中高收入国家基于人均 GDP 的 ISI 预测值与实际值对比

| 国家 | 实际 ISI | 预测 ISI | 实际 - 预测 | （实际 - 预测）/预测 |
|---|---|---|---|---|
| 哥斯达黎加 | 0.6325 | 0.5190 | 0.1135 | 21.9% |
| 白俄罗斯 | 0.6041 | 0.5004 | 0.1038 | 20.7% |
| 约　旦 | 0.5611 | 0.4672 | 0.0939 | 20.1% |
| 黑　山 | 0.5952 | 0.4968 | 0.0984 | 19.8% |
| 马来西亚 | 0.6357 | 0.5374 | 0.0983 | 18.3% |
| 哈萨克斯坦 | 0.5993 | 0.5095 | 0.0898 | 17.6% |
| 巴　西 | 0.5884 | 0.5137 | 0.0747 | 14.5% |
| 保加利亚 | 0.5516 | 0.5009 | 0.0507 | 10.1% |
| 阿塞拜疆 | 0.5169 | 0.4734 | 0.0435 | 9.2% |
| 伊　朗 | 0.5205 | 0.4776 | 0.0429 | 9.0% |
| 黎巴嫩 | 0.5778 | 0.5357 | 0.0421 | 7.9% |
| 毛里求斯 | 0.5690 | 0.5335 | 0.0355 | 6.7% |
| 前南马其顿 | 0.5084 | 0.4844 | 0.0240 | 5.0% |
| 罗马尼亚 | 0.5402 | 0.5201 | 0.0201 | 3.9% |
| 突尼斯 | 0.4977 | 0.4840 | 0.0137 | 2.8% |
| 塞尔维亚 | 0.5008 | 0.4886 | 0.0122 | 2.5% |

续 表

| 国家 | 实际 ISI | 预测 ISI | 实际－预测 | （实际－预测）／预测 |
|---|---|---|---|---|
| 哥伦比亚 | 0.5049 | 0.4950 | 0.0098 | 2.0% |
| 圣文森特和格林纳丁斯 | 0.5186 | 0.5092 | 0.0094 | 1.9% |
| 蒙 古 | 0.4493 | 0.4516 | －0.0024 | －0.5% |
| 巴拿马 | 0.5475 | 0.5506 | －0.0031 | －0.6% |
| 阿尔巴尼亚 | 0.4758 | 0.4831 | －0.0074 | －1.5% |
| 南 非 | 0.5065 | 0.5174 | －0.0109 | －2.1% |
| 巴拉圭 | 0.4341 | 0.4549 | －0.0208 | －4.6% |
| 土耳其 | 0.5298 | 0.5609 | －0.0311 | －5.5% |
| 秘 鲁 | 0.4582 | 0.4867 | －0.0285 | －5.9% |
| 厄瓜多尔 | 0.4525 | 0.4818 | －0.0292 | －6.1% |
| 波 黑 | 0.4459 | 0.4760 | －0.0301 | －6.3% |
| 圣卢西亚 | 0.4745 | 0.5107 | －0.0362 | －7.1% |
| 墨西哥 | 0.5152 | 0.5555 | －0.0403 | －7.3% |
| 中 国 | 0.4523 | 0.4896 | －0.0372 | －7.6% |
| 泰 国 | 0.4443 | 0.4811 | －0.0368 | －7.7% |
| 多米尼加 | 0.4641 | 0.5043 | －0.0402 | －8.0% |
| 牙买加 | 0.4405 | 0.4865 | －0.0460 | －9.4% |
| 加 蓬 | 0.4561 | 0.5390 | －0.0829 | －15.4% |
| 阿尔及利亚 | 0.3959 | 0.4752 | －0.0793 | －16.7% |
| 伯利兹 | 0.3905 | 0.4849 | －0.0945 | －19.5% |
| 博茨瓦纳 | 0.4247 | 0.5332 | －0.1085 | －20.3% |
| 古 巴 | 0.3819 | 0.5072 | －0.1253 | －24.7% |
| 纳米比亚 | 0.3723 | 0.4953 | －0.1230 | －24.8% |

　　上述发现给我们两个启示：一是当经济水平达到中高收入阶段时，经济发展与社会发展最容易产生脱节，甚至背离，这也是中等收入陷阱产生的主要原因和重要表现。二是所谓的陷阱主要发生在中高收入阶段而不是中低收

入阶段，即跨越中低收入阶段相对而言比较容易，难点在于能否跨越中高收入阶段。也就是说，在中高收入发展阶段，注重经济社会协调发展显得尤为重要。

在信息社会，应充分发挥现代信息技术特性，化解中高收入阶段所面临的特殊问题。信息技术具有广泛渗透性，可以为所有人带来发展机遇，实现包容性发展，也为中高收入国家跨越中等收入陷阱带来了前所未有的历史机遇。

### 9. 移动电话快速普及成为缩小全球数字鸿沟的重要因素

从各国实践来看，随着移动通信网络技术的发展，移动电话成为发展中国家最受欢迎、普及程度最高的数字生活工具，有效缩小了全球数字鸿沟。家庭电脑与固定宽带受资费昂贵、体验不佳、缺乏必要的应用技能等因素影响在发展中国家应用受到了一定阻碍。

如图 19 所示，中低收入国家的家庭电脑普及率、互联网普及率分别为32.8%、37.2%，不足高收入国家平均水平的一半，在信息技术产品与服务的应用上与高收入国家存在巨大的数字鸿沟。相比之下，中低收入国家的移动电话普及率相对较高，达到 107.3%，与高收入国家的差距已经不大。这也说明与家用电脑相比，移动电话应用对不同经济发展阶段国家、不同受教育与市民化程度的群体具有更强的技术普适性。

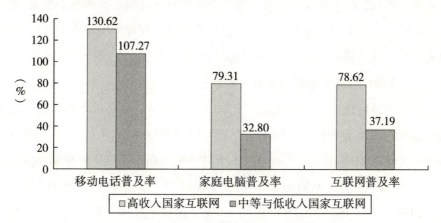

图19  不同收入国家主要数字生活工具的普及程度

从分地区看，非洲地区家庭电脑普及率、互联网普及率分别仅为 20.0% 、25.5% ，但其移动电话普及率达到了 103.6% ，接近于世界平均水平。从典型国家看，全球家庭电脑普及率低于 10% 的国家，其互联网普及率均值为 14.6% ，而移动电话普及率平均水平达到 69.2% ，通过移动电话有效地分享了数字生活带来的便利。

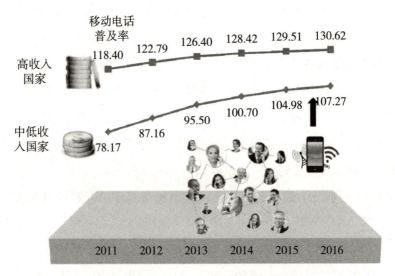

**图20　移动电话在中低收入国家快速普及**

全球实践表明，移动电话对于缩小发展中国家与发达国家的数字鸿沟具有重要作用，发展中国家享受移动电话带来的数字红利具有明显的后发优势。新一轮的信息技术变革与创新应用正在加快推进，发展中国家可以抓住机遇、抢先布局，通过新一代信息技术应用实现跨越式发展。

### 10. 中国在全球信息社会排名中前进三位

虽然中国信息社会发展尚处于全球中下游水平，但是近年来保持了较高增长速度。2016 年中国在全球 126 个测评国家中排名第 84 位，比 2015 年前进三位，比 2011 年前进 15 位。在 55 个 "一带一路" 沿线国家中排第 36 位，比 2015 年提升 3 位。在亚洲 35 个国家中排第 19 位，比 2015 年提升 1 位。

2016 年中国 ISI 比 2015 年提高 4.1% ，远高于全球（2.1%）、"一带一路" 沿线国家（2.8%）、G20（2.0%）的增长速度。

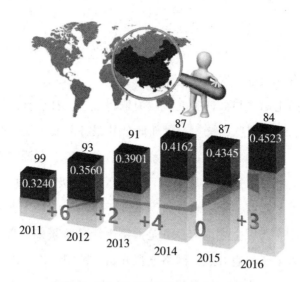

图21　近年来中国信息社会排名变化

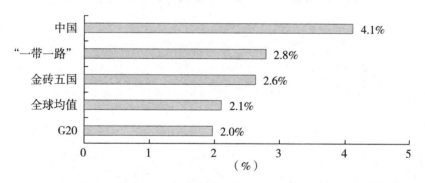

图22　中国及世界主要区域信息社会指数2016年增速

　　近年来，中国信息化发展受到国家高度重视，成立了最高级别的网络安全与信息化领导小组，出台了强国战略、"互联网＋"行动计划、大数据战略等一系列政策措施，促进了信息社会全面快速发展。主要表现在，一是互联网和实体经济深度融合发展，以信息流带动技术流、资金流、人才流、物资流，促进资源配置优化，促进全要素生产率提升，带动全社会兴起了创新创业热潮，信息经济在我国国内生产总值中的占比不断攀升，为推动创新发展、转变经济发展方式、调整经济结构发挥积极作用。二是信息基础设施建设提速，建成了全球最大的4G网络，信用等信息资源深度整合，经济社会发展的信息"大动脉"初步打通。三是社会领域"互联网＋"促进了基本公共服务均等化，教育、医疗、文化等方面取得了实质性进展，互联网在精准扶贫、精准脱贫也在发挥效能，农村电商基地以及第一、第二、第三产业融合等新业态帮助农产品走出乡村。四是在线政府取得成效，社会保障、食品安全监测、社会信用、地理信息系统等一批面向公共服务和改善民生的重要信息化系统初见成效，跨部门、跨层级和跨系统的信息共享、资源整合、业务协同受到重视，网上办事大厅和并联审批已经推至区县级基层政府，政务微信、政务微博、政务大数据、电子政务云得到广泛应用，信息化支撑的事中事后监管逐步成为政府履职主要内容。五是数字生活日益繁荣，微信、微博等社交网络逐渐成为主流沟通方式，网络电视开始大范围推广，网约车在大中城市广泛应用，餐饮、购物、教育等领域"O2O"蓬勃兴起，老百姓体验到了用得上、用得起、用得好、很好用的信息服务，享受到了实实在在的数字化成果。

# 国家信息中心：中国信息社会发展报告 2016

本报告是第 5 份关于中国信息社会发展状况的研究报告。2016 年的研究中再次对全球信息社会发展情况进行了定量测算与分析，具体指标说明与测算方法详见附录。本报告分为正文和附录两部分：正文反映了全国信息社会发展概况，附录介绍了本研究的理论基础和数据表。

本报告的研究对象包括中国大陆 31 个省（含省、自治区、直辖市）、336 个地级以上城市，未包括香港特别行政区、澳门特别行政区和台湾省。

## 一、信息社会发展总体概况

### 1. 全国

2016 年全国信息社会指数（ISI）达到 0.4523，同比增长 4.1%，处于从工业社会向信息社会的加速转型期。2007—2016 年年均增长率为 8.35%，预计 2020 年前后全国信息社会指数将达到 0.6，整体上进入信息社会初级阶段。

从信息社会发展的四个重点领域看，2016 年全国信息经济、网络社会、在线政府、数字生活指数分别为 0.3848、0.4057、0.5496、0.5341，其中，数字生活领域发展最快，同比增长 6.01%，是 2007 年（0.1377）的 3.88 倍。

### 2. 东中西区域比较

2016 年东、中、西部地区信息社会指数分别为 0.5644、0.4018、0.3852，不同区域之间信息社会发展水平差距明显。其中，东部地区信息社会指数比全国平均水平高 24.76%，比中、西部地区分别高 40.46% 和 46.51%。中、西部地区信息社会指数比全国平均水平分别低 11.17% 和 14.84%。

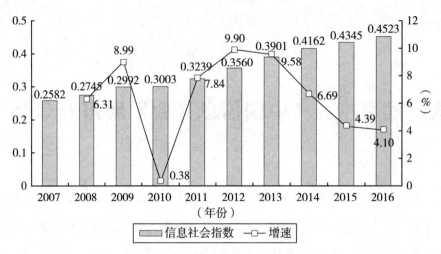

图1 全国信息社会指数发展趋势（2007—2016年）

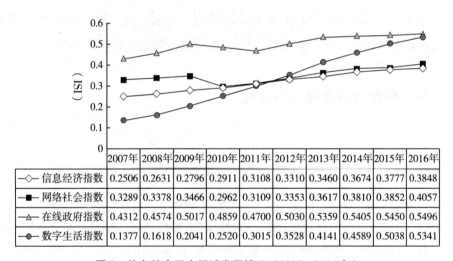

| | 2007年 | 2008年 | 2009年 | 2010年 | 2011年 | 2012年 | 2013年 | 2014年 | 2015年 | 2016年 |
|---|---|---|---|---|---|---|---|---|---|---|
| 信息经济指数 | 0.2506 | 0.2631 | 0.2796 | 0.2911 | 0.3108 | 0.3310 | 0.3460 | 0.3674 | 0.3777 | 0.3848 |
| 网络社会指数 | 0.3289 | 0.3378 | 0.3466 | 0.2962 | 0.3109 | 0.3353 | 0.3617 | 0.3810 | 0.3852 | 0.4057 |
| 在线政府指数 | 0.4312 | 0.4574 | 0.5017 | 0.4859 | 0.4700 | 0.5030 | 0.5359 | 0.5405 | 0.5450 | 0.5496 |
| 数字生活指数 | 0.1377 | 0.1618 | 0.2041 | 0.2520 | 0.3015 | 0.3528 | 0.4141 | 0.4589 | 0.5038 | 0.5341 |

图2 信息社会四大领域发展情况（2007—2016年）

从发展速度上看，2007—2016年，东中西地区信息社会指数年均增长率分别为7.30%、7.83%、8.72%，西部地区信息社会发展速度略高于东部和中部，但其与东部地区的绝对差距仍在扩大，2007—2016年，东西部地区信息社会指数差值从0.1248增加到0.1792，差距扩大了43.5%。

3. "一带一路"沿线省份

2016年"一带一路"沿线省、自治区、直辖市的信息社会指数为

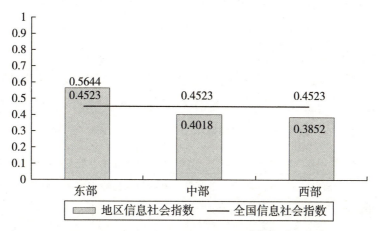

图3　2016年东、中、西部地区信息社会发展情况

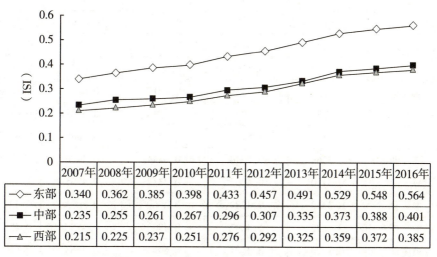

| | 2007年 | 2008年 | 2009年 | 2010年 | 2011年 | 2012年 | 2013年 | 2014年 | 2015年 | 2016年 |
|---|---|---|---|---|---|---|---|---|---|---|
| 东部 | 0.340 | 0.362 | 0.385 | 0.398 | 0.433 | 0.457 | 0.491 | 0.529 | 0.548 | 0.564 |
| 中部 | 0.235 | 0.255 | 0.261 | 0.267 | 0.296 | 0.307 | 0.335 | 0.373 | 0.388 | 0.401 |
| 西部 | 0.215 | 0.225 | 0.237 | 0.251 | 0.276 | 0.292 | 0.325 | 0.359 | 0.372 | 0.385 |

图4　东、中、西地区信息社会指数发展趋势（2007—2016年）

0.4498，低于全国信息社会指数平均水平（0.4523）。从信息社会四大领域看，一带一路省、自治区、直辖市的信息经济指数为0.3677，比全国均值低4.45%；在线政府指数为0.5410，略低于全国均值；数字生活指数为0.5198，比全国均值低2.67%；网络社会指数为0.4314，比全国均值高6.32%。

　　"一带一路"沿线省、自治区、直辖市的信息社会发展明显不平衡，各省、自治区、直辖市信息社会发展的差异系数为23.60%，不平衡程度略大于全国平均水平。其中，"21 世纪海上丝绸之路"沿线的 5 个省信息社会指数为 0.5591，"丝绸之路经济带"沿线的 13 个省份信息社会指数为 0.3993。信息社会指数最高省份是上海，达到 0.7375，是最低省份的 2.37 倍，上海是"一带一路"沿线省、自治区、直辖市中唯一进入信息社会初级阶段的地区，除上海、广东、浙江、福建、辽宁 5 个省、自治区、直辖市外，"一带一路"沿线的其他 13 个省、自治区、直辖市信息社会发展程度均低于全国平均水平。

表1 "一带一路"沿线省、自治区、直辖市的 2016 年信息社会发展指数情况

| 地　区 | 信息经济指数 | 网络社会指数 | 在线政府指数 | 数字生活指数 | ISI |
|---|---|---|---|---|---|
| 全　国 | 0.3848 | 0.4057 | 0.5496 | 0.5341 | 0.4523 |
| "一带一路"沿线省、自治区、直辖市 | 0.3677 | 0.4314 | 0.5410 | 0.5198 | 0.4498 |
| 上　海 | 0.6722 | 0.6565 | 0.7508 | 0.8795 | 0.7375 |
| 广　东 | 0.4291 | 0.5100 | 0.7195 | 0.7933 | 0.5917 |
| 浙　江 | 0.4760 | 0.5199 | 0.6434 | 0.7243 | 0.5804 |
| 福　建 | 0.3827 | 0.5959 | 0.7017 | 0.6601 | 0.5618 |
| 辽　宁 | 0.3852 | 0.4947 | 0.5276 | 0.5622 | 0.4854 |
| 内蒙古 | 0.3472 | 0.5107 | 0.4554 | 0.4846 | 0.4483 |
| 陕　西 | 0.3669 | 0.3940 | 0.6844 | 0.4726 | 0.4385 |
| 海　南 | 0.3410 | 0.4002 | 0.7314 | 0.4595 | 0.4333 |
| 吉　林 | 0.3312 | 0.4289 | 0.4660 | 0.5005 | 0.4248 |
| 重　庆 | 0.3672 | 0.4092 | 0.4803 | 0.4750 | 0.4234 |
| 黑龙江 | 0.3320 | 0.4001 | 0.5443 | 0.4563 | 0.4109 |
| 青　海 | 0.3290 | 0.3652 | 0.4698 | 0.4586 | 0.3928 |
| 宁　夏 | 0.3227 | 0.3741 | 0.2865 | 0.4884 | 0.3842 |
| 广　西 | 0.3054 | 0.3892 | 0.5535 | 0.3989 | 0.3834 |
| 新　疆 | 0.3424 | 0.3575 | 0.3667 | 0.4514 | 0.3821 |
| 云　南 | 0.2978 | 0.3389 | 0.6055 | 0.3660 | 0.3614 |
| 甘　肃 | 0.3206 | 0.3091 | 0.4627 | 0.3649 | 0.3446 |
| 西　藏 | 0.2697 | 0.3110 | 0.2893 | 0.3611 | 0.3115 |

目前，"一带一路"沿线省、自治区、直辖市的信息社会发展的优势与不足比较明显。一方面，"一带一路"沿线省、自治区、直辖市在稳定经济增长、增加教育投入、改善空气质量、提升城乡居民信息产品支付能力、推动移动电话与互联网普及等方面取得突出的成绩，其相应测评指数均高于全国平均水平。另一方面，"一带一路"沿线省、自治区、直辖市在调整产业结构、强化研发投入、促进创新发展、推动节能降耗等方面进展相对缓慢，加快经济发展方式转型是未来"一带一路"省、自治区、直辖市亟须补强的重点。

表2　"一带一路"沿线省、自治区、直辖市 2016 年信息社会发展指数与全国的比较

| 指标名称 | "一带一路"指数值 | 全国指数值 |
| --- | --- | --- |
| 经济发展指数 | 0.3140 | 0.2945 |
| 成人识字指数 | 0.8559 | 0.9016 |
| 教育投入指数 | 0.5864 | 0.4893 |
| 大学生指数 | 0.2892 | 0.2856 |
| 产值结构指数 | 0.5555 | 0.6013 |
| 就业结构指数 | 0.1950 | 0.1695 |
| 研发投入指数 | 0.3586 | 0.5857 |
| 创新指数 | 0.0856 | 0.1188 |
| 能效指数 | 0.1687 | 0.1970 |
| 固定宽带支付能力指数 | 0.3294 | 0.3195 |
| 移动电话支付能力指数 | 0.3285 | 0.2908 |
| 人均寿命指数 | 0.7448 | 0.7520 |
| 城镇化指数 | 0.5814 | 0.5765 |
| 空气质量指数 | 0.2752 | 0.1905 |
| 在线政府指数 | 0.5410 | 0.5496 |
| 移动电话指数 | 0.6287 | 0.5877 |
| 电脑指数 | 0.3782 | 0.4824 |
| 互联网指数 | 0.5526 | 0.5322 |

### 4. 省份比较

2016 年北京、上海、天津 3 个直辖市的信息社会指数超过 0.6，进入信息社会初级阶段；除此之外，广东、浙江、福建、江苏、辽宁、山东 6 个省的信息社会指数也高于全国平均水平。

图 5  **2016 年全国各省、自治区、直辖市的信息社会情况**

从排名情况看，与 2015 年相比，2016 年各省、自治区、直辖市的信息社会指数排名基本保持稳定，个别省份变化较大。

表3　　2016年全国各省、自治区、直辖市的信息社会指数及排名情况

| 地　区 | 信息社会指数 | | |
|---|---|---|---|
| | 指数 | 排名 | 排名变化 |
| 全　国 | 0.4523 | — | — |
| 北　京 | 0.7746 | 1 | 0 |
| 上　海 | 0.7375 | 2 | 0 |
| 天　津 | 0.6528 | 3 | 0 |
| 广　东 | 0.5917 | 4 | 0 |
| 浙　江 | 0.5804 | 5 | 0 |
| 福　建 | 0.5618 | 6 | 0 |
| 江　苏 | 0.5540 | 7 | 0 |
| 辽　宁 | 0.4854 | 8 | 0 |
| 山　东 | 0.4585 | 9 | 0 |
| 内蒙古 | 0.4483 | 10 | 0 |
| 湖　北 | 0.4422 | 11 | 0 |
| 陕　西 | 0.4385 | 12 | 0 |
| 海　南 | 0.4333 | 13 | 0 |
| 吉　林 | 0.4248 | 14 | 0 |
| 重　庆 | 0.4234 | 15 | 0 |
| 山　西 | 0.4109 | 16 | -1 |
| 黑龙江 | 0.4043 | 17 | 1 |
| 湖　南 | 0.4014 | 18 | 0 |
| 四　川 | 0.3967 | 19 | 0 |
| 新　疆 | 0.3928 | 20 | -5 |
| 青　海 | 0.3914 | 21 | 1 |
| 河　北 | 0.3860 | 22 | 1 |
| 宁　夏 | 0.3842 | 23 | 0 |
| 安　徽 | 0.3834 | 24 | 2 |

续　表

| 地　区 | 信息社会指数 | | |
| --- | --- | --- | --- |
| | 指数 | 排名 | 排名变化 |
| 广　西 | 0.3821 | 25 | 1 |
| 河　南 | 0.3743 | 26 | 0 |
| 江　西 | 0.3707 | 27 | 0 |
| 云　南 | 0.3614 | 28 | 0 |
| 贵　州 | 0.3559 | 29 | 0 |
| 甘　肃 | 0.3446 | 30 | 0 |
| 西　藏 | 0.3115 | 31 | 0 |

### 5. 地级以上城市比较

2016年，全国有深圳、广州、北京、宁波、珠海等32个城市（含直辖市）信息社会指数超过0.6，已经进入信息社会初级阶段。从排名上看，2016年浙江湖州在全国城市中的排名较上年提升15位，山东威海上升13位，山东济南提升9位，浙江舟山提升8位，浙江绍兴提升7位，表现较为突出；同时，也有阿拉善盟、鄂尔多斯、包头等少数城市排名下降明显。

进入信息社会初级阶段的32个城市中，25个位于东部沿海地区，其中表现较为突出的是广东省（6个）、浙江省（6个）、江苏省（各5个）、山东省（4个）。在中西部地区，表现突出的有湖北武汉、湖南长沙、新疆的克拉玛依与内蒙古的乌海、包头、阿拉善盟、鄂尔多斯等7个城市，均已进入信息社会初级阶段。

表4　　　　2016年信息社会指数排名前32位的地级以上城市

| 城　市 | ISI | | | 信息经济指数 | 网络社会指数 | 在线政府指数 | 数字生活指数 |
| --- | --- | --- | --- | --- | --- | --- | --- |
| | 指数 | 排名 | 排名变化 | | | | |
| 深　圳 | 0.8510 | 1 | 0 | 0.7478 | 0.8310 | 0.7735 | 1.0000 |
| 广　州 | 0.7785 | 2 | 1 | 0.6237 | 0.7475 | 0.7496 | 0.9739 |
| 北　京 | 0.7746 | 3 | −1 | 0.7545 | 0.6411 | 0.7946 | 0.9214 |

续 表

| 城 市 | ISI | | | 信息经济指数 | 网络社会指数 | 在线政府指数 | 数字生活指数 |
|---|---|---|---|---|---|---|---|
| | 指数 | 排名 | 排名变化 | | | | |
| 宁 波 | 0.7745 | 4 | 2 | 0.6884 | 0.7938 | 0.6522 | 0.8821 |
| 珠 海 | 0.7628 | 5 | 0 | 0.6404 | 0.7258 | 0.5672 | 0.9873 |
| 苏 州 | 0.7560 | 6 | −2 | 0.7016 | 0.7489 | 0.6226 | 0.8621 |
| 上 海 | 0.7375 | 7 | 1 | 0.6722 | 0.6565 | 0.7508 | 0.8795 |
| 佛 山 | 0.7353 | 8 | −1 | 0.5585 | 0.6652 | 0.6818 | 1.0000 |
| 杭 州 | 0.7330 | 9 | 3 | 0.6360 | 0.7357 | 0.5949 | 0.8733 |
| 中 山 | 0.7232 | 10 | 0 | 0.5773 | 0.6306 | 0.6455 | 0.9876 |
| 无 锡 | 0.7122 | 11 | 0 | 0.6887 | 0.7385 | 0.6531 | 0.7292 |
| 舟 山 | 0.7115 | 12 | 8 | 0.4875 | 0.8454 | 0.5357 | 0.8604 |
| 南 京 | 0.7068 | 13 | 0 | 0.6480 | 0.7144 | 0.6188 | 0.7873 |
| 厦 门 | 0.7020 | 14 | −5 | 0.5693 | 0.6908 | 0.7343 | 0.8352 |
| 武 汉 | 0.6887 | 15 | 0 | 0.5713 | 0.6313 | 0.6684 | 0.8704 |
| 东 莞 | 0.6765 | 16 | −2 | 0.5511 | 0.5531 | 0.4822 | 0.9902 |
| 东 营 | 0.6759 | 17 | −1 | 0.5441 | 0.7744 | 0.5185 | 0.7618 |
| 青 岛 | 0.6734 | 18 | −1 | 0.5393 | 0.6511 | 0.7735 | 0.7965 |
| 嘉 兴 | 0.6665 | 19 | 3 | 0.5376 | 0.6488 | 0.5653 | 0.8467 |
| 威 海 | 0.6646 | 20 | 13 | 0.4603 | 0.7724 | 0.5901 | 0.7857 |
| 济 南 | 0.6615 | 21 | 9 | 0.4742 | 0.6717 | 0.7018 | 0.8249 |
| 绍 兴 | 0.6596 | 22 | 7 | 0.5067 | 0.7621 | 0.5281 | 0.7538 |
| 常 州 | 0.6492 | 23 | 2 | 0.5699 | 0.6931 | 0.5863 | 0.7057 |
| 天 津 | 0.6396 | 24 | 2 | 0.6050 | 0.6608 | 0.5834 | 0.6718 |
| 镇 江 | 0.6390 | 25 | 2 | 0.5650 | 0.6916 | 0.6025 | 0.6726 |
| 克拉玛依 | 0.6330 | 26 | 5 | 0.5135 | 0.7834 | 0.3877 | 0.6840 |
| 长 沙 | 0.6295 | 27 | −4 | 0.4921 | 0.5978 | 0.7305 | 0.7649 |
| 鄂尔多斯 | 0.6294 | 28 | −9 | 0.5293 | 0.7987 | 0.5959 | 0.5712 |
| 包 头 | 0.6190 | 29 | −5 | 0.5136 | 0.7140 | 0.4717 | 0.6785 |

续 表

| 城　　市 | ISI | | | 信息经济指数 | 网络社会指数 | 在线政府指数 | 数字生活指数 |
|---|---|---|---|---|---|---|---|
| | 指数 | 排名 | 排名变化 | | | | |
| 乌　海 | 0.6180 | 30 | −2 | 0.5031 | 0.6665 | 0.4268 | 0.7482 |
| 湖　州 | 0.6069 | 31 | 15 | 0.4652 | 0.6694 | 0.4918 | 0.7246 |
| 阿拉善盟 | 0.6012 | 32 | −11 | 0.4600 | 0.7440 | 0.4011 | 0.6663 |
| 上述城市平均值 | 0.6903 | — | — | 0.5748 | 0.7078 | 0.6088 | 0.8155 |
| 全国平均值 | 0.4523 | — | — | 0.3848 | 0.4057 | 0.5496 | 0.5341 |

## 6. 省会城市比较

2016 年，全国共有广州、杭州、南京、武汉、济南、长沙 6 个省会城市信息社会指数超过 0.6，进入信息社会初级阶段。所有省会城市的信息社会指数平均值为 0.5561，比全国平均水平高 22.95%。合肥的信息社会指数在所有省会城市中排名第 15 位，比 2015 年提升 7 位。

表5　　　　　2016 年省会城市信息社会发展情况

| 城　　市 | ISI | | | 信息经济指数 | 网络社会指数 | 在线政府指数 | 数字生活指数 |
|---|---|---|---|---|---|---|---|
| | 指数 | 排名 | 排名变化 | | | | |
| 广　州 | 0.7785 | 1 | 0 | 0.6237 | 0.7475 | 0.7496 | 0.9739 |
| 杭　州 | 0.7330 | 2 | 0 | 0.6360 | 0.7357 | 0.5949 | 0.8733 |
| 南　京 | 0.7068 | 3 | 0 | 0.6480 | 0.7144 | 0.6188 | 0.7873 |
| 武　汉 | 0.6887 | 4 | 0 | 0.5713 | 0.6313 | 0.6684 | 0.8704 |
| 济　南 | 0.6615 | 5 | 1 | 0.4742 | 0.6717 | 0.7018 | 0.8249 |
| 长　沙 | 0.6295 | 6 | −1 | 0.4921 | 0.5978 | 0.7305 | 0.7649 |
| 西　安 | 0.5979 | 7 | 0 | 0.5099 | 0.4583 | 0.6684 | 0.8019 |
| 福　州 | 0.5804 | 8 | 0 | 0.4031 | 0.5672 | 0.6875 | 0.7353 |
| 太　原 | 0.5716 | 9 | 3 | 0.4901 | 0.4811 | 0.4488 | 0.7845 |
| 呼和浩特 | 0.5712 | 10 | 0 | 0.5067 | 0.5827 | 0.4669 | 0.6589 |
| 成　都 | 0.5696 | 11 | 0 | 0.4159 | 0.4916 | 0.7133 | 0.7533 |

续　表

| 城　　市 | ISI | | | 信息经济指数 | 网络社会指数 | 在线政府指数 | 数字生活指数 |
|---|---|---|---|---|---|---|---|
| | 指数 | 排名 | 排名变化 | | | | |
| 沈　阳 | 0.5590 | 12 | −3 | 0.5023 | 0.5354 | 0.5538 | 0.6410 |
| 郑　州 | 0.5298 | 13 | 1 | 0.4601 | 0.5057 | 0.5347 | 0.6219 |
| 海　口 | 0.5219 | 14 | −1 | 0.3981 | 0.4710 | 0.5806 | 0.6771 |
| 合　肥 | 0.5127 | 15 | 7 | 0.4626 | 0.4989 | 0.6360 | 0.5355 |
| 银　川 | 0.5086 | 16 | 1 | 0.3496 | 0.5007 | 0.2865 | 0.7494 |
| 南　昌 | 0.5073 | 17 | −1 | 0.4250 | 0.5060 | 0.6598 | 0.5401 |
| 乌鲁木齐 | 0.5069 | 18 | 2 | 0.3772 | 0.5655 | 0.2693 | 0.6572 |
| 贵　阳 | 0.5011 | 19 | −4 | 0.3745 | 0.3610 | 0.5806 | 0.7415 |
| 兰　州 | 0.4972 | 20 | 1 | 0.3765 | 0.4445 | 0.3724 | 0.7124 |
| 昆　明 | 0.4946 | 21 | −2 | 0.3890 | 0.4637 | 0.4774 | 0.6370 |
| 长　春 | 0.4599 | 22 | −4 | 0.3901 | 0.4653 | 0.5242 | 0.5029 |
| 哈尔滨 | 0.4593 | 23 | 2 | 0.3851 | 0.4171 | 0.5949 | 0.5306 |
| 石家庄 | 0.4585 | 24 | −1 | 0.3479 | 0.3991 | 0.5472 | 0.5987 |
| 南　宁 | 0.4428 | 25 | −1 | 0.3384 | 0.4428 | 0.5013 | 0.5277 |
| 西　宁 | 0.4103 | 26 | 0 | 0.3421 | 0.4214 | 0.3600 | 0.4840 |
| 省会城市平均值 | 0.5561 | — | — | 0.4496 | 0.5261 | 0.5588 | 0.6918 |
| 全国平均值 | 0.4523 | — | — | 0.3848 | 0.4057 | 0.5496 | 0.5341 |

## 7. 副省级城市比较

2016 年，全国 15 个副省级城市中有 9 个城市信息社会指数超过 0.6，进入信息社会初级阶段。15 个副省级城市信息社会指数平均值为 0.6535，比全国平均水平高 44.61%。从排名情况看，在 15 个副省级城市排名中，成都、杭州、南京、济南、西安排名均上升了 1 位，大连、厦门、沈阳排名有所下降。

表6                 **2015 年 15 个副省级城市信息社会情况**

| 城　市 | ISI | | | 信息经济指数 | 网络社会指数 | 在线政府指数 | 数字生活指数 |
|---|---|---|---|---|---|---|---|
| | 指数 | 排名 | 排名变化 | | | | |
| 深　圳 | 0.8510 | 1 | 0 | 0.7478 | 0.8310 | 0.7735 | 1.0000 |
| 广　州 | 0.7785 | 2 | 0 | 0.6237 | 0.7475 | 0.7496 | 0.9739 |
| 宁　波 | 0.7745 | 3 | 0 | 0.6884 | 0.7938 | 0.6522 | 0.8821 |
| 杭　州 | 0.7330 | 4 | 1 | 0.6360 | 0.7357 | 0.5949 | 0.8733 |
| 南　京 | 0.7068 | 5 | 1 | 0.6480 | 0.7144 | 0.6188 | 0.7873 |
| 厦　门 | 0.7020 | 6 | −2 | 0.5693 | 0.6908 | 0.7343 | 0.8352 |
| 武　汉 | 0.6887 | 7 | 0 | 0.5713 | 0.6313 | 0.6684 | 0.8704 |
| 青　岛 | 0.6734 | 8 | 0 | 0.5393 | 0.6511 | 0.7735 | 0.7965 |
| 济　南 | 0.6615 | 9 | 1 | 0.4742 | 0.6717 | 0.7018 | 0.8249 |
| 西　安 | 0.5979 | 10 | 1 | 0.5099 | 0.4583 | 0.6684 | 0.8019 |
| 大　连 | 0.5872 | 11 | −2 | 0.5305 | 0.6001 | 0.6235 | 0.6190 |
| 成　都 | 0.5696 | 12 | 1 | 0.4159 | 0.4916 | 0.7133 | 0.7533 |
| 沈　阳 | 0.5590 | 13 | −1 | 0.5023 | 0.5354 | 0.5538 | 0.6410 |
| 长　春 | 0.4599 | 14 | 0 | 0.3901 | 0.4653 | 0.5242 | 0.5029 |
| 哈尔滨 | 0.4593 | 15 | 0 | 0.3851 | 0.4171 | 0.5949 | 0.5306 |
| 副省级城市平均值 | 0.6535 | — | — | 0.5488 | 0.6290 | 0.6630 | 0.7795 |
| 全国平均值 | 0.4523 | — | — | 0.3848 | 0.4057 | 0.5496 | 0.5341 |

## 二、信息经济发展概况

### 1. 全国

2016 年全国信息经济指数为 0.3848，同比增长 1.89%，连续两年增速下滑。其中，2007—2016 年年均增长率为 5.84%。

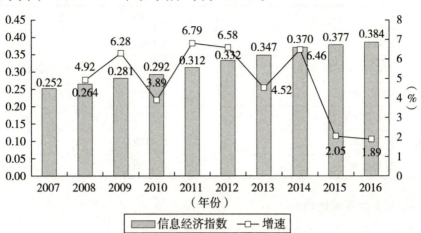

图 6　全国信息经济指数发展趋势（2007—2016 年）

从衡量信息经济发展的四个重要领域看，在 2007—2016 年的十年间，我国经济发展指数、人力资源指数、产业结构指数和发展方式指数分别提高了 151.40%、38.45%、25.76% 和 72.10%，意味着过去十年经济快速增长是我国信息社会发展的重要推动力；在转变发展方式方面，我国也取得了明显成效，研发投入指数、创新指数和能效指数均得到明显提高。但 2016 年人力资源指数、成人识字指数和教育投入指数出现下滑，需要引起有关方面的足够重视。

表 7　　　　　　　　　　2016 年全国信息经济发展情况

| 指标 | 指数值 | 同比增长% |
|---|---|---|
| 1　信息经济指数 | 0.3848 | 1.89 |
| 1.1　　经济发展指数 | 0.2945 | 5.54 |
| 1.2　　人力资源指数 | 0.5588 | −2.13 |
| 1.2.1　　成人识字指数 | 0.9016 | −0.70 |
| 1.2.2　　教育投入指数 | 0.4893 | −6.76 |
| 1.2.3　　大学生指数 | 0.2856 | 1.91 |
| 1.3　　产业结构指数 | 0.3854 | 4.79 |

续 表

| 指标 | 指数值 | 同比增长% |
| --- | --- | --- |
| 1.3.1 产值结构指数 | 0.6013 | 4.34 |
| 1.3.2 就业结构指数 | 0.1695 | 6.44 |
| 1.4 发展方式指数 | 0.3005 | 0.33 |
| 1.4.1 研发投入指数 | 0.5857 | 1.99 |
| 1.4.2 创新指数 | 0.1188 | −1.59 |
| 1.4.3 能效指数 | 0.1970 | 7.31 |

### 2. 东中西区域比较

2016 年东、中、西部地区信息经济指数分别为 0.4748、0.3317、0.3258，同比增长率分别为 1.82%、2.19%、2.13%，2007—2016 年年均增长率分别为 5.61%、5.16%、4.91%，东部地区增速超过中西部。

区域之间信息经济发展水平差距明显。东部地区比全国平均水平高 23.38%，比中西部地区分别高 43.13% 和 45.72%。总体上看，中西部地区信息经济发展起点低，增速快，与东部地区的绝对差距逐年缩小。与 2015 年相比，2016 年东部与中西部的指数差距分别提高了 0.97% 和 1.16%。

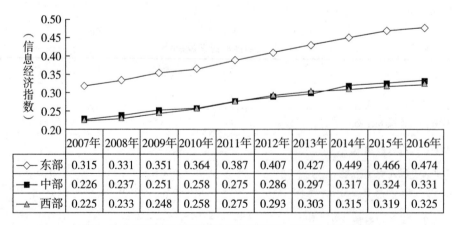

| | 2007年 | 2008年 | 2009年 | 2010年 | 2011年 | 2012年 | 2013年 | 2014年 | 2015年 | 2016年 |
| --- | --- | --- | --- | --- | --- | --- | --- | --- | --- | --- |
| 东部 | 0.315 | 0.331 | 0.351 | 0.364 | 0.387 | 0.407 | 0.427 | 0.449 | 0.466 | 0.474 |
| 中部 | 0.226 | 0.237 | 0.251 | 0.258 | 0.275 | 0.286 | 0.297 | 0.317 | 0.324 | 0.331 |
| 西部 | 0.225 | 0.233 | 0.248 | 0.258 | 0.275 | 0.293 | 0.303 | 0.315 | 0.319 | 0.325 |

图7 东中西地区信息经济指数发展趋势（2007—2016 年）

从衡量信息经济发展的四个重要领域看，2016 年西部地区经济发展指数、产业结构指数、发展方式指数与东部地区存在明显差距，相当于东部地区的比例分别为 54.06%、62.99%、41.63%。值得注意的是，2016 年西部地区人力资源指数超过了东部地区。

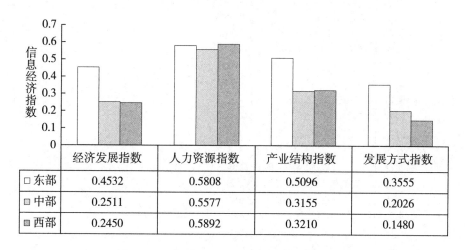

图 8　2016 年东中西部地区信息经济指数比较

### 3. 省、自治区、直辖市比较

2016 年全国共有北京、上海、天津、江苏、浙江、广东、山东、辽宁 8 个省、自治区、直辖市信息经济指数高于全国平均水平，北京、上海、天津三市的信息经济水平在全国遥遥领先，分别比全国平均水平高 96.08%、74.68% 和 57.22%。

从全国排名看，2016 年有 11 个省、自治区、直辖市的排名没有变化，其中前 6 位连续 5 年没有变化；排名上升幅度较大的有湖南和青海，分别提升了 3 位和 6 位；排名下降较大的有山西和宁夏，分别下滑了 6 位和 4 位。

从二级指标看，北京、上海、天津等领先地区的优势在于产业结构指数和发展方式指数，均远超全国平均水平。

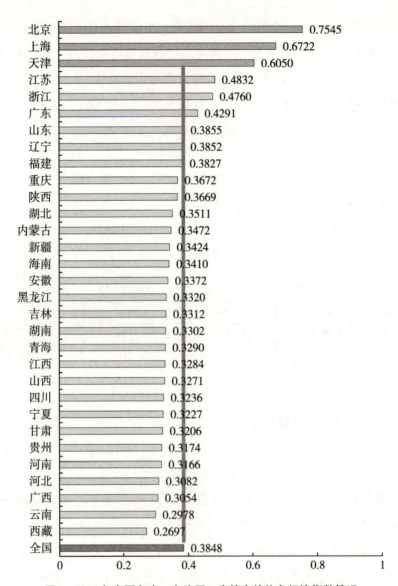

**图9  2016年全国各省、自治区、直辖市的信息经济指数情况**

表8    2016年全国各省、自治区、直辖市的信息经济指数及排名情况

| 地　区 | 信息经济指数 | | | 经济发展指数 | 人力资源指数 | 产业结构指数 | 发展方式指数 |
|---|---|---|---|---|---|---|---|
| | 指数 | 排名 | 排名变化 | | | | |
| 全　国 | 0.3848 | — | — | 0.2945 | 0.5588 | 0.3854 | 0.3005 |
| 北　京 | 0.7545 | 1 | 0 | 0.6315 | 0.7872 | 0.9872 | 0.6122 |

续 表

| 地 区 | 信息经济指数 | | | 经济发展指数 | 人力资源指数 | 产业结构指数 | 发展方式指数 |
|---|---|---|---|---|---|---|---|
| | 指数 | 排名 | 排名变化 | | | | |
| 上 海 | 0.6722 | 2 | 0 | 0.6150 | 0.6651 | 0.9051 | 0.5035 |
| 天 津 | 0.6050 | 3 | 0 | 0.6646 | 0.6551 | 0.6345 | 0.4658 |
| 江 苏 | 0.4832 | 4 | 0 | 0.5171 | 0.5246 | 0.4234 | 0.4677 |
| 浙 江 | 0.4760 | 5 | 0 | 0.4611 | 0.5371 | 0.4841 | 0.4218 |
| 广 东 | 0.4291 | 6 | 0 | 0.4009 | 0.5170 | 0.4180 | 0.3805 |
| 山 东 | 0.3855 | 7 | 1 | 0.3845 | 0.4942 | 0.3532 | 0.3100 |
| 辽 宁 | 0.3852 | 8 | −1 | 0.4118 | 0.5590 | 0.3542 | 0.2157 |
| 福 建 | 0.3827 | 9 | 1 | 0.4009 | 0.5183 | 0.3552 | 0.2564 |
| 重 庆 | 0.3672 | 10 | 1 | 0.3022 | 0.5620 | 0.3688 | 0.2356 |
| 陕 西 | 0.3669 | 11 | −2 | 0.2964 | 0.5721 | 0.3016 | 0.2975 |
| 湖 北 | 0.3511 | 12 | 2 | 0.2978 | 0.5230 | 0.3211 | 0.2626 |
| 内蒙古 | 0.3472 | 13 | 0 | 0.4487 | 0.5184 | 0.3108 | 0.1111 |
| 新 疆 | 0.3424 | 14 | −2 | 0.2567 | 0.7150 | 0.3102 | 0.0875 |
| 海 南 | 0.3410 | 15 | 0 | 0.2458 | 0.6113 | 0.3828 | 0.1242 |
| 安 徽 | 0.3372 | 16 | 2 | 0.2174 | 0.5422 | 0.2974 | 0.2917 |
| 黑龙江 | 0.3320 | 17 | 2 | 0.2477 | 0.5745 | 0.3342 | 0.1717 |
| 吉 林 | 0.3312 | 18 | −1 | 0.3168 | 0.5504 | 0.2938 | 0.1638 |
| 湖 南 | 0.3302 | 19 | 3 | 0.2543 | 0.5351 | 0.3249 | 0.2064 |
| 青 海 | 0.3290 | 20 | 6 | 0.2506 | 0.6758 | 0.2998 | 0.0897 |
| 江 西 | 0.3284 | 21 | 0 | 0.2190 | 0.5963 | 0.3112 | 0.1869 |
| 山 西 | 0.3271 | 22 | −6 | 0.2215 | 0.5842 | 0.3484 | 0.1543 |
| 四 川 | 0.3236 | 23 | 0 | 0.2219 | 0.5369 | 0.3052 | 0.2304 |
| 宁 夏 | 0.3227 | 24 | −4 | 0.2642 | 0.5832 | 0.3232 | 0.1200 |
| 甘 肃 | 0.3206 | 25 | 0 | 0.1669 | 0.6405 | 0.3182 | 0.1567 |
| 贵 州 | 0.3174 | 26 | −2 | 0.1670 | 0.6774 | 0.3192 | 0.1061 |
| 河 南 | 0.3166 | 27 | 2 | 0.2341 | 0.5556 | 0.2933 | 0.1834 |

续 表

| 地 区 | 信息经济指数 | | | 经济发展指数 | 人力资源指数 | 产业结构指数 | 发展方式指数 |
|---|---|---|---|---|---|---|---|
| | 指数 | 排名 | 排名变化 | | | | |
| 河 北 | 0.3082 | 28 | −1 | 0.2525 | 0.5195 | 0.3079 | 0.1527 |
| 广 西 | 0.3054 | 29 | 1 | 0.2090 | 0.5790 | 0.2848 | 0.1489 |
| 云 南 | 0.2978 | 30 | −2 | 0.1722 | 0.5869 | 0.3169 | 0.1151 |
| 西 藏 | 0.2697 | 31 | 0 | 0.1847 | 0.4233 | 0.3930 | 0.0777 |

### 4. 地级以上城市比较

2016 年全国共有 11 个城市（含直辖市）信息经济指数超过 0.6，比 2015 年增加了 2 个。从区域分布来看，信息经济排名前 30 位的城市主要集中分布在广东（6 个城市）、江苏（5 个城市）、浙江（4 个城市）等东部省份，中西部城市只有湖北武汉，内蒙古鄂尔多斯、包头、呼和浩特、乌海，陕西西安和新疆克拉玛依。

从排名情况看，克拉玛依较上年提高 6 位，首次进入排名前 30 位城市；嘉兴排名上升了 5 位，武汉、东莞均提升 3 位；绍兴排名下降了 5 位，厦门排名下降了 4 位，大连、鄂尔多斯和沈阳均下降 3 位。

表9　　　　　2016 年信息经济指数排名前 30 位的地级以上城市

| 城 市 | 信息经济指数 | | | 经济发展指数 | 人力资源指数 | 产业结构指数 | 发展方式指数 |
|---|---|---|---|---|---|---|---|
| | 指数 | 排名 | 排名变化 | | | | |
| 北 京 | 0.7545 | 1 | 0 | 0.6315 | 0.7872 | 0.9872 | 0.6122 |
| 深 圳 | 0.7478 | 2 | 0 | 0.9442 | 0.5550 | 0.8588 | 0.6331 |
| 苏 州 | 0.7016 | 3 | 0 | 0.8206 | 0.6128 | 0.8025 | 0.5704 |
| 无 锡 | 0.6887 | 4 | 0 | 0.7982 | 0.5945 | 0.8025 | 0.5597 |
| 宁 波 | 0.6884 | 5 | 1 | 0.8259 | 0.6090 | 0.7755 | 0.5431 |
| 上 海 | 0.6722 | 6 | −1 | 0.6150 | 0.6651 | 0.9051 | 0.5035 |
| 南 京 | 0.6480 | 7 | 1 | 0.6792 | 0.8059 | 0.5920 | 0.5146 |
| 珠 海 | 0.6404 | 8 | 1 | 0.7360 | 0.6020 | 0.7459 | 0.4776 |
| 杭 州 | 0.6360 | 9 | −2 | 0.8176 | 0.6441 | 0.5919 | 0.4903 |

| 城　市 | 信息经济指数 | | | 经济发展指数 | 人力资源指数 | 产业结构指数 | 发展方式指数 |
|---|---|---|---|---|---|---|---|
| | 指数 | 排名 | 排名变化 | | | | |
| 广　州 | 0.6237 | 10 | 2 | 0.8114 | 0.5525 | 0.7200 | 0.4110 |
| 天　津 | 0.6488 | 11 | −1 | 0.6646 | 0.6551 | 0.8098 | 0.4658 |
| 中　山 | 0.5773 | 12 | 1 | 0.5601 | 0.5016 | 0.7644 | 0.4830 |
| 武　汉 | 0.5713 | 13 | 3 | 0.6189 | 0.6730 | 0.5810 | 0.4122 |
| 常　州 | 0.5699 | 14 | 0 | 0.6595 | 0.5662 | 0.5287 | 0.5251 |
| 厦　门 | 0.5693 | 15 | −4 | 0.5484 | 0.4742 | 0.8416 | 0.4129 |
| 镇　江 | 0.5650 | 16 | 2 | 0.6483 | 0.6049 | 0.4923 | 0.5146 |
| 佛　山 | 0.5585 | 17 | −2 | 0.6418 | 0.4681 | 0.6821 | 0.4420 |
| 东　莞 | 0.5511 | 18 | 3 | 0.4459 | 0.4844 | 0.8256 | 0.4484 |
| 东　营 | 0.5441 | 19 | −2 | 1.0000 | 0.4902 | 0.3006 | 0.3856 |
| 青　岛 | 0.5393 | 20 | 3 | 0.6096 | 0.5321 | 0.4559 | 0.5597 |
| 嘉　兴 | 0.5376 | 21 | 5 | 0.6102 | 0.5297 | 0.5261 | 0.4846 |
| 大　连 | 0.5305 | 22 | −3 | 0.6944 | 0.5238 | 0.4884 | 0.4153 |
| 鄂尔多斯 | 0.5293 | 23 | −3 | 1.0000 | 0.4509 | 0.3457 | 0.3207 |
| 包　头 | 0.5136 | 24 | 1 | 0.8174 | 0.4725 | 0.4738 | 0.2907 |
| 克拉玛依 | 0.5135 | 25 | 6 | 0.9668 | 0.7665 | 0.2044 | 0.1162 |
| 西　安 | 0.5099 | 26 | 2 | 0.4029 | 0.6030 | 0.4726 | 0.5612 |
| 绍　兴 | 0.5067 | 27 | −5 | 0.6091 | 0.5821 | 0.4591 | 0.3764 |
| 呼和浩特 | 0.5067 | 28 | 2 | 0.6061 | 0.5339 | 0.5361 | 0.3506 |
| 乌　海 | 0.5031 | 29 | 0 | 0.6856 | 0.5111 | 0.7238 | 0.0917 |
| 沈　阳 | 0.5023 | 30 | −3 | 0.5420 | 0.5706 | 0.4207 | 0.4760 |
| 上述城市平均值 | 0.5883 | — | — | 0.7004 | 0.5807 | 0.6238 | 0.4483 |
| 全国均值 | 0.3848 | — | — | 0.2945 | 0.5588 | 0.3854 | 0.3005 |

## 5. 省会城市比较

2016 年全国省会城市信息经济指数均值为 0.4496，比全国平均水平高 16.84%。其中南京、杭州、广州三个城市的信息经济指数超过 0.6。乌鲁木齐、兰州、贵阳、银川等 7 个城市的信息经济指数低于全国平均水平。

从排名变化情况看，2016 年福州上升了 3 位，西安、呼和浩特和长沙排名上升了 2 位，太原和长春排名下降了 4 位。

表 10 2016 年省会城市信息经济发展情况

| 城 市 | 信息经济指数 | | | 经济发展指数 | 人力资源指数 | 产业结构指数 | 发展方式指数 |
| --- | --- | --- | --- | --- | --- | --- | --- |
| | 指数 | 排名 | 排名变化 | | | | |
| 南 京 | 0.6480 | 1 | 1 | 0.6792 | 0.8059 | 0.5920 | 0.5146 |
| 杭 州 | 0.6360 | 2 | -1 | 0.8176 | 0.6441 | 0.5919 | 0.4903 |
| 广 州 | 0.6237 | 3 | 0 | 0.8114 | 0.5525 | 0.7200 | 0.4110 |
| 武 汉 | 0.5713 | 4 | 0 | 0.6189 | 0.6730 | 0.5810 | 0.4122 |
| 西 安 | 0.5099 | 5 | 2 | 0.4029 | 0.6030 | 0.4726 | 0.5612 |
| 呼和浩特 | 0.5067 | 6 | 2 | 0.6061 | 0.5339 | 0.5361 | 0.3506 |
| 沈 阳 | 0.5023 | 7 | -1 | 0.5420 | 0.5706 | 0.4207 | 0.4760 |
| 长 沙 | 0.4921 | 8 | 2 | 0.6801 | 0.5688 | 0.3713 | 0.3480 |
| 太 原 | 0.4901 | 9 | 4 | 0.3728 | 0.6102 | 0.5861 | 0.3915 |
| 济 南 | 0.4742 | 10 | -1 | 0.5182 | 0.5496 | 0.4817 | 0.3474 |
| 合 肥 | 0.4626 | 11 | 0 | 0.4275 | 0.5771 | 0.3883 | 0.4576 |
| 郑 州 | 0.4601 | 12 | 0 | 0.4610 | 0.6741 | 0.4175 | 0.2880 |
| 南 昌 | 0.4250 | 13 | 1 | 0.4421 | 0.5749 | 0.3751 | 0.3080 |
| 成 都 | 0.4159 | 14 | 1 | 0.4422 | 0.4637 | 0.4773 | 0.2802 |
| 福 州 | 0.4031 | 15 | 3 | 0.4421 | 0.4932 | 0.3834 | 0.2936 |
| 海 口 | 0.3981 | 16 | 0 | 0.3154 | 0.4708 | 0.5991 | 0.2071 |
| 长 春 | 0.3901 | 17 | -4 | 0.4477 | 0.5915 | 0.3074 | 0.2138 |
| 昆 明 | 0.3890 | 18 | 1 | 0.3539 | 0.5462 | 0.4325 | 0.2235 |
| 哈尔滨 | 0.3851 | 19 | -2 | 0.3402 | 0.4982 | 0.4233 | 0.2788 |

续 表

| 城　　市 | 信息经济指数 | | | 经济发展指数 | 人力资源指数 | 产业结构指数 | 发展方式指数 |
|---|---|---|---|---|---|---|---|
| | 指数 | 排名 | 排名变化 | | | | |
| 乌鲁木齐 | 0.3772 | 20 | 0 | 0.4448 | 0.5598 | 0.4432 | 0.0609 |
| 兰　　州 | 0.3765 | 21 | 1 | 0.3459 | 0.4683 | 0.4529 | 0.2387 |
| 贵　　阳 | 0.3745 | 22 | −1 | 0.3475 | 0.5847 | 0.4146 | 0.1511 |
| 银　　川 | 0.3496 | 23 | 0 | 0.4165 | 0.4487 | 0.3613 | 0.1720 |
| 石家庄 | 0.3479 | 24 | 0 | 0.3093 | 0.5050 | 0.3533 | 0.2242 |
| 西　　宁 | 0.3421 | 25 | 0 | 0.2953 | 0.6068 | 0.3602 | 0.1059 |
| 南　　宁 | 0.3384 | 26 | 0 | 0.2889 | 0.4944 | 0.3699 | 0.2005 |
| 省会城市平均值 | 0.4496 | — | — | 0.4681 | 0.5642 | 0.4582 | 0.3079 |
| 全国均值 | 0.3848 | — | — | 0.2945 | 0.5588 | 0.3854 | 0.3005 |

## 6. 副省级城市比较

2016 年全国 15 个副省级城市信息经济指数平均值为 0.5488，比全国平均水平高 42.62%；其中深圳、宁波、南京、杭州、广州五个城市超过 0.6。从排名变化情况看，南京、广州、武汉等 6 个城市上升 1 位，厦门排名下降 2 位，杭州、大连、沈阳、长春均下降 1 位。

表 11　　　　　　　2016 年 15 个副省级城市信息经济情况

| 城　　市 | 信息经济指数 | | | 经济发展指数 | 人力资源指数 | 产业结构指数 | 发展方式指数 |
|---|---|---|---|---|---|---|---|
| | 指数 | 排名 | 排名变化 | | | | |
| 深　　圳 | 0.7478 | 1 | 0 | 0.9442 | 0.5550 | 0.8588 | 0.6331 |
| 宁　　波 | 0.6884 | 2 | 0 | 0.8259 | 0.6090 | 0.7755 | 0.5431 |
| 南　　京 | 0.6480 | 3 | 1 | 0.6792 | 0.8059 | 0.5920 | 0.5146 |
| 杭　　州 | 0.6360 | 4 | −1 | 0.8176 | 0.6441 | 0.5919 | 0.4903 |
| 广　　州 | 0.6237 | 5 | 1 | 0.8114 | 0.5525 | 0.7200 | 0.4110 |
| 武　　汉 | 0.5713 | 6 | 1 | 0.6189 | 0.6730 | 0.5810 | 0.4122 |
| 厦　　门 | 0.5693 | 7 | −2 | 0.5484 | 0.4742 | 0.8416 | 0.4129 |

| 城　市 | 信息经济指数 | | | 经济发展指数 | 人力资源指数 | 产业结构指数 | 发展方式指数 |
|---|---|---|---|---|---|---|---|
| | 指数 | 排名 | 排名变化 | | | | |
| 青　岛 | 0.5393 | 8 | 1 | 0.6096 | 0.5321 | 0.4559 | 0.5597 |
| 大　连 | 0.5305 | 9 | −1 | 0.6944 | 0.5238 | 0.4884 | 0.4153 |
| 西　安 | 0.5099 | 10 | 1 | 0.4029 | 0.6030 | 0.4726 | 0.5612 |
| 沈　阳 | 0.5023 | 11 | −1 | 0.5420 | 0.5706 | 0.4207 | 0.4760 |
| 济　南 | 0.4742 | 12 | 0 | 0.5182 | 0.5496 | 0.4817 | 0.3474 |
| 成　都 | 0.4159 | 13 | 1 | 0.4422 | 0.4637 | 0.4773 | 0.2802 |
| 长　春 | 0.3901 | 14 | −1 | 0.4477 | 0.5915 | 0.3074 | 0.2138 |
| 哈尔滨 | 0.3851 | 15 | 0 | 0.3402 | 0.4982 | 0.4233 | 0.2788 |
| 副省级城市平均值 | 0.5488 | — | — | 0.6162 | 0.5764 | 0.5659 | 0.4366 |
| 全国均值 | 0.3848 | — | — | 0.2945 | 0.5588 | 0.3854 | 0.3005 |

## 三、网络社会发展概况

2016 年全国网络社会发展稳步发展，各细分指标较 2015 年均有不同幅度增长，但区域差距略有扩大，各城市排名也有所变化，具体情况如下：

### 1. 全国

2016 年全国网络社会指数为 0.4057，同比增长 5.32%。2007—2016 年网络社会指数的年均增长率为 2.60%，但期间波动较大。开始阶段缓慢发展，随后在 2010 年出现明显下降，之后 2011—2013 年呈现加速增长态势，2014 年增速有所放缓，2015 年触底，2016 年有所反弹。

从衡量网络社会发展的几个重要领域看，2016 年我国支付能力指数尤其是移动电话支付能指数大幅上涨，涨幅分别达到 11.05% 和 14.03%，成为推动我国网络社会发展的重要力量；社会发展指数略有增长，其中人均寿命统计数据尚无变化，城镇化率稳步提升，但全国空气质量呈现好转态势，指数

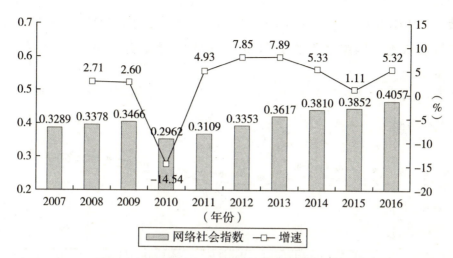

图10　全国网络社会指数发展趋势（2007—2016年）

由 2015 年的 0.1695 提升到 2016 年的 0.1905，增速达到 12.38%，年均增长率 1.38%。

表12　　　　　　　　　2016年全国网络社会发展情况

| 指标 | 指数值 | 同比增长% |
|---|---|---|
| 2　网络社会指数 | 0.4057 | 5.32 |
| 2.1　支付能力指数 | 0.3051 | 11.05 |
| 2.1.1　固定宽带支付能力指数 | 0.3195 | 8.47 |
| 2.1.2　移动电话支付能力指数 | 0.2908 | 14.03 |
| 2.2　社会发展指数 | 0.5063 | 2.15 |
| 2.2.1　人均寿命指数 | 0.7520 | 0.00 |
| 2.2.2　城镇化指数 | 0.5765 | 1.94 |
| 2.2.3　空气质量指数 | 0.1905 | 12.38 |

### 2. 东中西区域比较

2016 年我国东、中、西部地区网络社会指数分别为 0.5342、0.3872、0.3713，区域之间网络社会发展水平差距明显。东部地区为网络社会发展水平比全国平均高 31.66%，比中部和西部地区分别高 37.95% 和 43.86%。

从发展趋势上看，2007—2016 年东、中、西部地区网络社会指数年均增长率分别为 3.36%、2.44% 和 3.08%，尽管三大区域网络社会指数都有大幅增长，但内部网络社会发展水平的绝对差距仍然在扩大，2007—2016 年，西部与东部地区网络社会指数差值从 0.1194 增加到 0.1629，差距扩大了 36.44%。

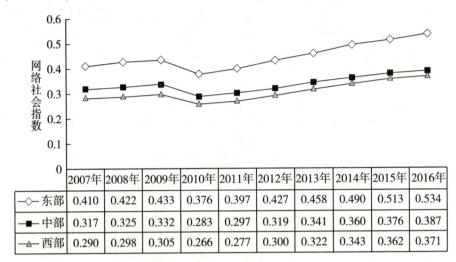

图 11　东中西部地区网络社会指数发展趋势（2007—2016 年）

| | 2007年 | 2008年 | 2009年 | 2010年 | 2011年 | 2012年 | 2013年 | 2014年 | 2015年 | 2016年 |
|---|---|---|---|---|---|---|---|---|---|---|
| 东部 | 0.410 | 0.422 | 0.433 | 0.376 | 0.397 | 0.427 | 0.458 | 0.490 | 0.513 | 0.534 |
| 中部 | 0.317 | 0.325 | 0.332 | 0.283 | 0.297 | 0.319 | 0.341 | 0.360 | 0.376 | 0.387 |
| 西部 | 0.290 | 0.298 | 0.305 | 0.266 | 0.277 | 0.300 | 0.322 | 0.343 | 0.362 | 0.371 |

从影响网络社会发展的因素看，支付能力和城镇化水平是影响区域间网络社会发展不平衡的重要因素。2016 年东、中、西部地区的支付能力指数分别是 0.4919、0.2669 和 0.2514，东部地区表现明显优于中西部地区；东部地区城镇化率约 67.57%，比中西部地区分别高约 15.55 个和 20.68 个百分点。

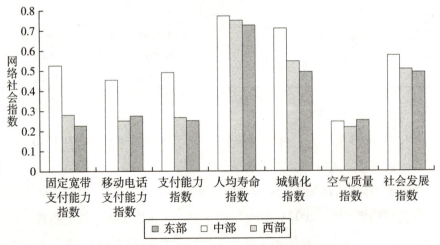

图 12　2016 年东中西部地区网络社会指数比较

### 3. 省、自治区、直辖市比较

2016 年上海、天津和北京 3 个直辖市网络社会指数超过 0.6，13 个省、自治区、直辖市网络社会指数超过全国平均水平。从排名情况看，2016 年全国各省、自治区、直辖市网络社会指数排名较之 2015 年变化不大。四川、安徽分别前进了 3 位和 2 位。

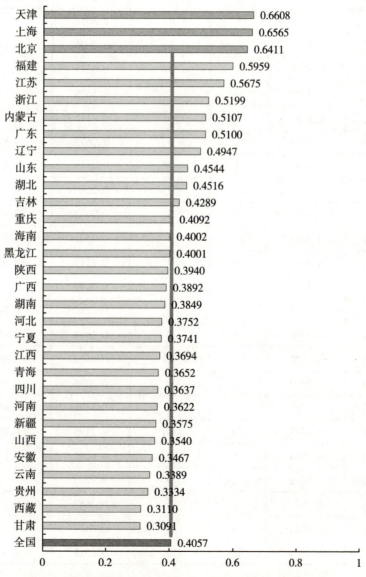

图 13  2016 年全国各省、自治区、直辖市网络社会指数情况

表 13 2016 年全国各省、自治区、直辖市网络社会指数及排名情况

| 地　区 | 网络社会指数 | | | 支付能力指数 | 社会发展指数 |
|---|---|---|---|---|---|
| | 指数得分 | 排名 | 排名变化 | | |
| 全　国 | 0.4057 | — | — | 0.2660 | 0.4491 |
| 天　津 | 0.6608 | 1 | 1 | 0.6544 | 0.6278 |
| 上　海 | 0.6565 | 2 | −1 | 0.2454 | 0.5548 |
| 北　京 | 0.6411 | 3 | 0 | 0.3051 | 0.5063 |
| 福　建 | 0.5959 | 4 | 0 | 0.2006 | 0.4929 |
| 江　苏 | 0.5675 | 5 | 0 | 0.6372 | 0.6758 |
| 浙　江 | 0.5199 | 6 | 1 | 0.5879 | 0.5471 |
| 内蒙古 | 0.5107 | 7 | −1 | 0.2111 | 0.4969 |
| 广　东 | 0.5100 | 8 | 0 | 0.2635 | 0.5063 |
| 辽　宁 | 0.4947 | 9 | 0 | 0.4649 | 0.5564 |
| 山　东 | 0.4544 | 10 | 0 | 0.2269 | 0.5119 |
| 湖　北 | 0.4516 | 11 | 0 | 0.2662 | 0.4583 |
| 吉　林 | 0.4289 | 12 | 0 | 0.4322 | 0.5572 |
| 重　庆 | 0.4092 | 13 | 1 | 0.1819 | 0.6184 |
| 海　南 | 0.4002 | 14 | 1 | 0.2699 | 0.5084 |
| 黑龙江 | 0.4001 | 15 | −2 | 0.3282 | 0.5296 |
| 陕　西 | 0.3940 | 16 | 1 | 0.1914 | 0.4306 |
| 广　西 | 0.3892 | 17 | −1 | 0.4153 | 0.6047 |
| 湖　南 | 0.3849 | 18 | 0 | 0.3936 | 0.5096 |
| 河　北 | 0.3752 | 19 | 1 | 0.7199 | 0.6017 |
| 宁　夏 | 0.3741 | 20 | −1 | 0.2596 | 0.4708 |
| 江　西 | 0.3694 | 21 | 0 | 0.6131 | 0.5787 |
| 青　海 | 0.3652 | 22 | 0 | 0.1629 | 0.4553 |
| 四　川 | 0.3637 | 23 | 3 | 0.2889 | 0.5295 |
| 河　南 | 0.3622 | 24 | 0 | 0.4139 | 0.4948 |
| 新　疆 | 0.3575 | 25 | 0 | 0.2519 | 0.4962 |

续　表

| 地　区 | 网络社会指数 | | | 支付能力<br>指数 | 社会发展<br>指数 |
|---|---|---|---|---|---|
| | 指数得分 | 排名 | 排名变化 | | |
| 山　西 | 0.3540 | 26 | −3 | 0.2871 | 0.4634 |
| 安　徽 | 0.3467 | 27 | 2 | 0.4676 | 0.5722 |
| 云　南 | 0.3389 | 28 | −1 | 0.1844 | 0.4824 |
| 贵　州 | 0.3334 | 29 | 1 | 0.2324 | 0.4950 |
| 西　藏 | 0.3110 | 30 | −2 | 0.1784 | 0.4994 |
| 甘　肃 | 0.3091 | 31 | 0 | 0.2666 | 0.5213 |

### 4. 地级以上城市比较

2016 年网络社会指数在全国排名前 30 位的地级及以上城市，全部超过 0.65，均值达到 0.7242，其中支付能力指数均值为 0.8324，社会发展指数均值为 0.6160。

从区域分布来看，网络社会排名前 30 位的城市集中东部地区，共计 24 个城市，分别来自浙江（6 个城市）、山东（6 个城市）、江苏（5 个城市）、广东（4 个城市），以及福建厦门、天津、上海。位于中西部的有 3 个省区，包括内蒙古 4 个城市（鄂尔多斯、阿拉善盟、包头、乌海）、新疆克拉玛依和黑龙江大庆。

**表 14　　　2016 年网络社会发展排名前 30 位的地级以上城市**

| 城　市 | 网络社会指数 | | | 支付能力<br>指数 | 社会发展<br>指数 |
|---|---|---|---|---|---|
| | 指数 | 排名 | 排名变化 | | |
| 舟　山 | 0.8454 | 1 | 23 | 0.8960 | 0.7948 |
| 深　圳 | 0.8310 | 2 | −1 | 0.9662 | 0.6958 |
| 鄂尔多斯 | 0.7987 | 3 | 1 | 1.0000 | 0.5975 |
| 宁　波 | 0.7938 | 4 | 11 | 0.9584 | 0.6292 |
| 克拉玛依 | 0.7834 | 5 | −2 | 0.8987 | 0.6681 |
| 东　营 | 0.7744 | 6 | 3 | 1.0000 | 0.5487 |
| 威　海 | 0.7724 | 7 | 25 | 0.9601 | 0.5847 |

续 表

| 城 市 | 网络社会指数 | | | 支付能力指数 | 社会发展指数 |
|---|---|---|---|---|---|
| | 指数 | 排名 | 排名变化 | | |
| 绍 兴 | 0.7621 | 8 | 31 | 0.8991 | 0.6251 |
| 大 庆 | 0.7511 | 9 | −4 | 0.9569 | 0.5454 |
| 苏 州 | 0.7489 | 10 | −4 | 0.9051 | 0.5926 |
| 广 州 | 0.7475 | 11 | −1 | 0.8408 | 0.6542 |
| 阿拉善盟 | 0.7440 | 12 | −10 | 0.8535 | 0.6345 |
| 无 锡 | 0.7385 | 13 | −6 | 0.8941 | 0.5828 |
| 杭 州 | 0.7357 | 14 | 2 | 0.8721 | 0.5992 |
| 珠 海 | 0.7258 | 15 | −3 | 0.7626 | 0.6891 |
| 南 京 | 0.7144 | 16 | 4 | 0.8353 | 0.5935 |
| 包 头 | 0.7140 | 17 | −9 | 0.8469 | 0.5811 |
| 常 州 | 0.6931 | 18 | 8 | 0.8256 | 0.5606 |
| 镇 江 | 0.6916 | 19 | 12 | 0.8201 | 0.5632 |
| 厦 门 | 0.6908 | 20 | −9 | 0.7046 | 0.6771 |
| 台 州 | 0.6779 | 21 | 71 | 0.6411 | 0.7148 |
| 烟 台 | 0.6748 | 22 | 24 | 0.7979 | 0.5517 |
| 淄 博 | 0.6740 | 23 | 21 | 0.8039 | 0.5441 |
| 济 南 | 0.6717 | 24 | 29 | 0.7849 | 0.5586 |
| 湖 州 | 0.6694 | 25 | 56 | 0.8074 | 0.5314 |
| 乌 海 | 0.6665 | 26 | −12 | 0.7104 | 0.6225 |
| 佛 山 | 0.6652 | 27 | −9 | 0.6650 | 0.6654 |
| 天 津 | 0.6608 | 28 | −6 | 0.7199 | 0.6017 |
| 上 海 | 0.6565 | 29 | −8 | 0.6372 | 0.6758 |
| 青 岛 | 0.6511 | 30 | 4 | 0.7069 | 0.5953 |
| 上述城市平均值 | 0.7242 | — | — | 0.8324 | 0.6160 |
| 全国平均值 | 0.4057 | — | — | 0.3051 | 0.5063 |

### 5. 省会城市比较

2016 年全国省会城市网络社会指数均值为 0.5261，比全国平均水平高 29.67%。其中广州、杭州、南京、济南、武汉五市网络社会指数超过 0.6。省会城市的支付能力指数为 0.4909，是全国平均水平的 1.61 倍；但城市之间的差距较大，广州的支付能力最高，为 0.8408，是全国平均水平的 2.76 倍，是最低省会城市贵阳（0.2480）的 3.39 倍。

2016 年省会城市网络社会发展水平排名出现一定变化，济南、乌鲁木齐、海口排名分别上升 5 位、4 位和 4 位，表现突出。

表 15　　　　　　　　　　2016 年省会城市网络社会发展情况

| 城　市 | 网络社会指数 | | | 支付能力指数 | 社会发展指数 |
| --- | --- | --- | --- | --- | --- |
| | 指数 | 排名 | 排名变化 | | |
| 广　州 | 0.7475 | 1 | 0 | 0.8408 | 0.6542 |
| 杭　州 | 0.7357 | 2 | 0 | 0.8721 | 0.5992 |
| 南　京 | 0.7144 | 3 | 1 | 0.8353 | 0.5935 |
| 济　南 | 0.6717 | 4 | 5 | 0.7849 | 0.5586 |
| 武　汉 | 0.6313 | 5 | −2 | 0.6755 | 0.5870 |
| 长　沙 | 0.5978 | 6 | −1 | 0.6349 | 0.5607 |
| 呼和浩特 | 0.5827 | 7 | 1 | 0.6280 | 0.5375 |
| 福　州 | 0.5672 | 8 | −2 | 0.5446 | 0.5898 |
| 乌鲁木齐 | 0.5655 | 9 | 4 | 0.5095 | 0.6214 |
| 沈　阳 | 0.5354 | 10 | −3 | 0.4824 | 0.5885 |
| 南　昌 | 0.5060 | 11 | 0 | 0.4581 | 0.5539 |
| 郑　州 | 0.5057 | 12 | −2 | 0.4810 | 0.5304 |
| 银　川 | 0.5007 | 13 | −1 | 0.4315 | 0.5699 |
| 合　肥 | 0.4989 | 14 | 2 | 0.4461 | 0.5517 |
| 成　都 | 0.4916 | 15 | −1 | 0.4329 | 0.5503 |
| 太　原 | 0.4811 | 16 | −1 | 0.3685 | 0.5937 |
| 海　口 | 0.4710 | 17 | 4 | 0.2601 | 0.6819 |

| 城 市 | 网络社会指数 | | | 支付能力指数 | 社会发展指数 |
|---|---|---|---|---|---|
| | 指数 | 排名 | 排名变化 | | |
| 长 春 | 0.4653 | 18 | 0 | 0.4639 | 0.4667 |
| 昆 明 | 0.4637 | 19 | −2 | 0.3667 | 0.5606 |
| 西 安 | 0.4583 | 20 | 2 | 0.3675 | 0.5491 |
| 兰 州 | 0.4445 | 21 | −1 | 0.3134 | 0.5756 |
| 南 宁 | 0.4428 | 22 | −3 | 0.3377 | 0.5478 |
| 西 宁 | 0.4214 | 23 | 1 | 0.3060 | 0.5368 |
| 哈尔滨 | 0.4171 | 24 | 1 | 0.3525 | 0.4817 |
| 石家庄 | 0.3991 | 25 | −2 | 0.3205 | 0.4778 |
| 贵 阳 | 0.3610 | 26 | 0 | 0.2480 | 0.4740 |
| 上述城市平均值 | 0.5261 | — | — | 0.4909 | 0.5612 |
| 全国平均值 | 0.4057 | — | — | 0.3051 | 0.5063 |

## 6. 副省级城市比较

2016 年全国 15 个副省级城市的网络社会指数均值为 0.6290，比全国平均水平高 55.04%，比省会城市高 19.56%。深圳、宁波、广州、杭州、南京、厦门、济南、青岛、武汉、大连 10 个城市网络社会指数超过 0.6。从分项指数看，15 个副省级城市的支付能力指数和社会发展指数均较高，分别为全国平均的 2.19 倍和 1.16 倍。

表 16　　　　　　2016 年 15 个副省级城市网络社会情况

| 城 市 | 网络社会指数 | | | 支付能力指数 | 社会发展指数 |
|---|---|---|---|---|---|
| | 指数 | 排名 | 排名变化 | | |
| 深 圳 | 0.8310 | 1 | 0 | 0.9662 | 0.6958 |
| 宁 波 | 0.7938 | 2 | 2 | 0.9584 | 0.6292 |
| 广 州 | 0.7475 | 3 | −1 | 0.8408 | 0.6542 |
| 杭 州 | 0.7357 | 4 | 1 | 0.8721 | 0.5992 |
| 南 京 | 0.7144 | 5 | 3 | 0.8353 | 0.5935 |

续 表

| 城 市 | 网络社会指数 | | | 支付能力指数 | 社会发展指数 |
|---|---|---|---|---|---|
| | 指数 | 排名 | 排名变化 | | |
| 厦 门 | 0.6908 | 6 | −3 | 0.7046 | 0.6771 |
| 济 南 | 0.6717 | 7 | 4 | 0.7849 | 0.5586 |
| 青 岛 | 0.6511 | 8 | 1 | 0.7069 | 0.5953 |
| 武 汉 | 0.6313 | 9 | −2 | 0.6755 | 0.5870 |
| 大 连 | 0.6001 | 10 | −4 | 0.5963 | 0.6039 |
| 沈 阳 | 0.5354 | 11 | −1 | 0.4824 | 0.5885 |
| 成 都 | 0.4916 | 12 | 0 | 0.4329 | 0.5503 |
| 长 春 | 0.4653 | 13 | 0 | 0.4639 | 0.4667 |
| 西 安 | 0.4583 | 14 | 0 | 0.3675 | 0.5491 |
| 哈尔滨 | 0.4171 | 15 | 0 | 0.3525 | 0.4817 |
| 副省级城市平均值 | 0.6290 | — | — | 0.6694 | 0.5887 |
| 全国平均值 | 0.4057 | — | — | 0.3051 | 0.5063 |

## 四、在线政府发展概况

### 1. 全国

2016 年全国在线政府指数为 0.5496，同比增长 0.84%。2007—2016 年年均增长率为 3.05%，十年间增幅略有波动。其中，2010—2011 年在线政府指数下滑，增速为负；2012—2013 年增速大幅提升；2014—2016 年呈现出平稳增长的态势。

从发展情况看，"十二五"期间，我国电子政务内外建设的稳步推进，各类政务在线应用不断涌现，政府数据开放共享方兴未艾，"互联网＋政务服务"开始活跃，在线政府已成为各级政府平稳运转和高效履职不可或缺的有效手段。

### 2. 东中西区域比较

2016 年东、中、西部地区在线政府指数分别为 0.6422、0.5652、0.4893，

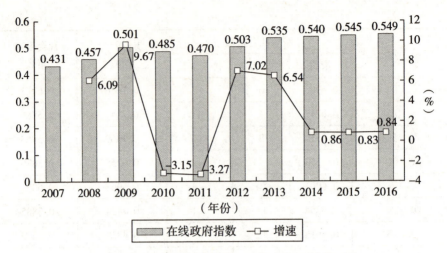

图14　全国在线政府指数发展趋势（2007—2016年）

东部地区明显超过全国平均水平，西部地区与全国平均水平差距较大。

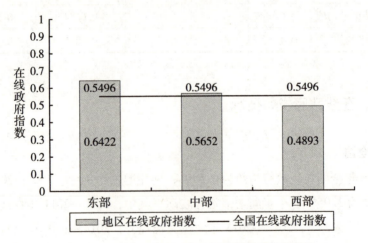

图15　2016年东、中、西部地区在线政府指数比较

　　从发展趋势上看，2007—2016年东、中、西部地区在线政府指数年均增长率分别为3.71%、3.87%和5.17%，西部地区增速明显快于东、中部地区，但东部与西部地区的绝对差距从2007年的0.1474扩大到2016年的0.1528，差距略有扩大。

### 3. 省、自治区、直辖市比较

　　2016年全国共有13个省、自治区、直辖市在线政府指数超过0.6，依次

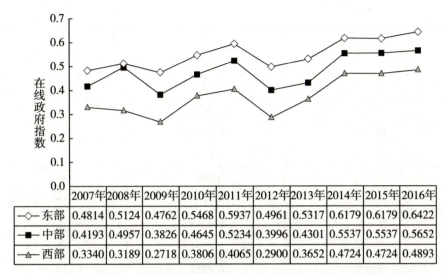

| | 2007年 | 2008年 | 2009年 | 2010年 | 2011年 | 2012年 | 2013年 | 2014年 | 2015年 | 2016年 |
|---|---|---|---|---|---|---|---|---|---|---|
| ◇ 东部 | 0.4814 | 0.5124 | 0.4762 | 0.5468 | 0.5937 | 0.4961 | 0.5317 | 0.6179 | 0.6179 | 0.6422 |
| ■ 中部 | 0.4193 | 0.4957 | 0.3826 | 0.4645 | 0.5234 | 0.3996 | 0.4301 | 0.5537 | 0.5537 | 0.5652 |
| △ 西部 | 0.3340 | 0.3189 | 0.2718 | 0.3806 | 0.4065 | 0.2900 | 0.3652 | 0.4724 | 0.4724 | 0.4893 |

**图16 东、中、西部地区在线政府指数发展趋势（2007—2016年）**

为北京、上海、海南、四川、广东、福建、湖南、陕西、安徽、湖北、浙江、江苏、云南。

### 4. 地级以上城市比较

2016年，全国在线政府指数排名前10的地级以上城市依次为北京、青岛、深圳、上海、广州、厦门、长沙、成都、济南、福州。排名前30位城市的在线政府指数均值为0.6681。

**表17　2016年在线政府指数排名前30的地级以上城市**

| 城 市 | 在线政府指数 | |
|---|---|---|
| | 指数 | 排名 |
| 北 京 | 0.7946 | 1 |
| 青 岛 | 0.7735 | 2 |
| 深 圳 | 0.7735 | 2 |
| 上 海 | 0.7508 | 4 |
| 广 州 | 0.7496 | 5 |
| 厦 门 | 0.7343 | 6 |
| 长 沙 | 0.7305 | 7 |

续 表

| 城　市 | 在线政府指数 | |
|---|---|---|
| | 指数 | 排名 |
| 成　都 | 0.7133 | 8 |
| 济　南 | 0.7018 | 9 |
| 福　州 | 0.6875 | 10 |
| 佛　山 | 0.6818 | 11 |
| 武　汉 | 0.6684 | 12 |
| 西　安 | 0.6684 | 12 |
| 南　昌 | 0.6598 | 14 |
| 无　锡 | 0.6531 | 15 |
| 宁波市 | 0.6522 | 16 |
| 中　山 | 0.6455 | 17 |
| 南　平 | 0.6369 | 18 |
| 合　肥 | 0.6360 | 19 |
| 宿　迁 | 0.6255 | 20 |
| 大　连 | 0.6235 | 21 |
| 苏　州 | 0.6226 | 22 |
| 柳　州 | 0.6207 | 23 |
| 南　京 | 0.6188 | 24 |
| 温州市 | 0.6130 | 25 |
| 咸　阳 | 0.6102 | 26 |
| 镇　江 | 0.6025 | 27 |
| 凉　山 | 0.6025 | 27 |
| 鄂尔多斯 | 0.5959 | 29 |
| 延　边 | 0.5949 | 30 |
| 哈尔滨 | 0.5949 | 30 |
| 杭　州 | 0.5949 | 30 |
| 潍　坊 | 0.5949 | 30 |
| 上述城市平均值 | 0.6681 | — |
| 全国平均值 | 0.5496 | — |

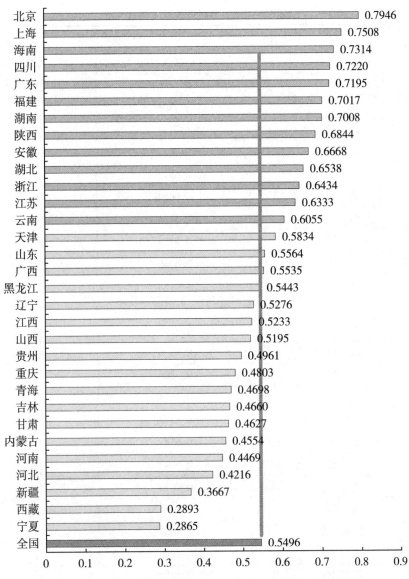

**图17　2016年全国各省、自治区、直辖市在线政府指数情况**

## 5. 省会城市比较

2016年，在线政府指数超过0.6的省会城市有10个，依次为广州、长沙、成都、济南、福州、武汉、西安、南昌、合肥和南京。

表 18　　　　　　　　　　2016 年省会城市在线政府情况

| 城　　市 | 在线政府指数 | |
|---|---|---|
| | 指数 | 排名 |
| 广　州 | 0.7496 | 1 |
| 长　沙 | 0.7305 | 2 |
| 成　都 | 0.7133 | 3 |
| 济　南 | 0.7018 | 4 |
| 福　州 | 0.6875 | 5 |
| 武　汉 | 0.6684 | 6 |
| 西　安 | 0.6684 | 7 |
| 南　昌 | 0.6598 | 8 |
| 合　肥 | 0.6360 | 9 |
| 南　京 | 0.6188 | 10 |
| 哈尔滨 | 0.5949 | 11 |
| 银　川 | 0.5892 | 12 |
| 海　口 | 0.5806 | 13 |
| 贵　阳 | 0.5806 | 13 |
| 沈　阳 | 0.5538 | 15 |
| 石家庄 | 0.5472 | 16 |
| 郑　州 | 0.5347 | 17 |
| 长　春 | 0.5242 | 18 |
| 南　宁 | 0.5013 | 19 |
| 昆　明 | 0.4774 | 20 |
| 呼和浩特 | 0.4669 | 21 |
| 太　原 | 0.4488 | 22 |
| 杭州市 | 0.4412 | 23 |
| 乌鲁木齐 | 0.4049 | 24 |
| 兰　州 | 0.3724 | 25 |
| 西　宁 | 0.3600 | 26 |
| 省会城市平均值 | 0.5697 | — |
| 全国平均值 | 0.5496 | — |

## 6. 副省级城市比较

2016 年，除长春外，其他 14 个副省级城市在线政府指数均超过全国平均水平。其中，青岛、深圳、广州、厦门、成都和济南指数超过 0.7。

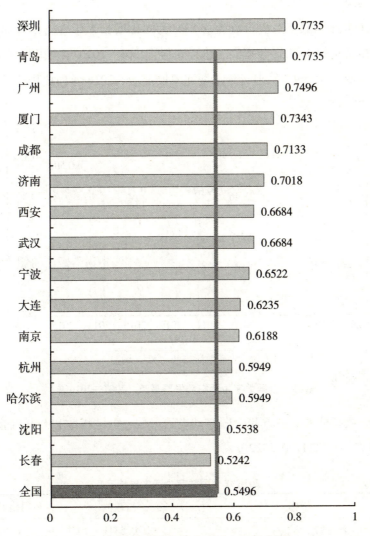

**图18 2016 年全国副省级城市在线政府情况**

## 五、数字生活进展概况

### 1. 全国

2016 年全国数字生活指数为 0.5341，同比增长 6.01%。尽管 2016 年全国数字生活指数比 2007 年提高了将近 3 倍，2007—2016 年全国数字生活指数年均增长率为 31.99%，但近年来增速不断放缓，2016 年同比增速较 2015 年降低 3.78 个百分点。

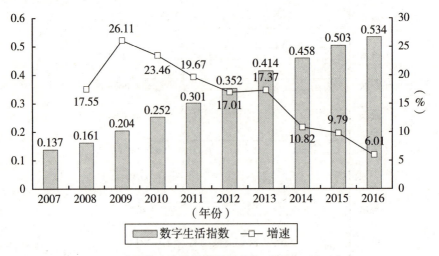

**图 19　全国数字生活指数发展趋势（2007—2016 年）**

从二级指标看，2016 年全国移动电话指数、电脑指数和互联网指数分别为 0.5877、0.4824、0.5322。

表 19　　　　　　　　　**2016 年全国数字生活发展情况**

| 指标 | 指数值 | 同比增长% |
|---|---|---|
| 4　数字生活指数 | 0.5341 | 6.01% |
| 4.1　移动电话指数 | 0.5877 | 4.09% |
| 4.2　电脑指数 | 0.4824 | 10.13% |
| 4.3　互联网指数 | 0.5322 | 4.59% |

2016 年全国移动电话、互联网普及率增速均放缓，自 2007 年以来其增速首次均低于 5%。2006 年，我国互联网普及率首次跨越 10% 的技术扩散临界值，之后互联网普及率经历了快速增长的五年，每年互联网普及率的增长速度均超过 10%，但增速明显放缓。到 2014 年，全国仅有刚过半数的人口使用互联网，而基于网络服务带来的先进、便捷的数字生活体验依然未能惠及全民。

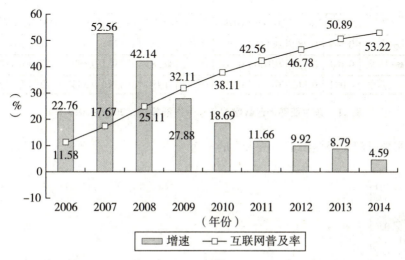

图 20　全国互联网普及率发展趋势（2006—2014 年）

### 2. 东中西比较

2016 年东、中、西部地带数字生活指数分别为 0.6583、0.4320、0.4238，同比增长率分别为 2.13%、6.04%、4.97%，2007—2016 年年均增长率分别为 18.21%、36.03%、40.50%。中西部地区的数字生活指数与东部地区相比增速明显较快，但是由于起点较低，中、西部地区和东部地区的绝对差距并没有缩小。

2016 年东部地区移动电话指数、电脑指数、互联网指数均明显高于中西部地区，尤其是电脑指数，东西部地区差距超过 2 倍。尽管西部地区居民拥有电脑的比例较低，但移动电话普及率、互联网普及率与东部地区差距较小，甚至高于中部地区，移动互联网、智能手机的发展为西部地区缩小数字鸿沟

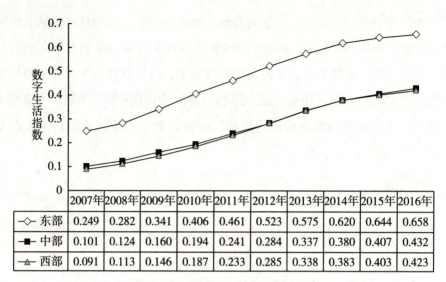

| | 2007年 | 2008年 | 2009年 | 2010年 | 2011年 | 2012年 | 2013年 | 2014年 | 2015年 | 2016年 |
|---|---|---|---|---|---|---|---|---|---|---|
| ◇ 东部 | 0.249 | 0.282 | 0.341 | 0.406 | 0.461 | 0.523 | 0.575 | 0.620 | 0.644 | 0.658 |
| ■ 中部 | 0.101 | 0.124 | 0.160 | 0.194 | 0.241 | 0.284 | 0.337 | 0.380 | 0.407 | 0.432 |
| △ 西部 | 0.091 | 0.113 | 0.146 | 0.187 | 0.233 | 0.285 | 0.338 | 0.383 | 0.403 | 0.423 |

**图 21　东中西部地区数字生活指数发展趋势（2008—2016 年）**

甚至实现赶超发展提供了前所未有的机遇。

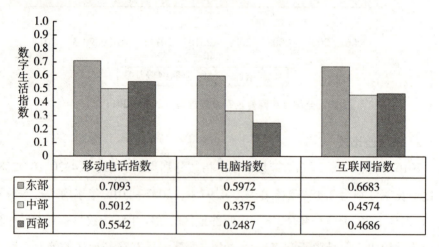

| | 移动电话指数 | 电脑指数 | 互联网指数 |
|---|---|---|---|
| 东部 | 0.7093 | 0.5972 | 0.6683 |
| 中部 | 0.5012 | 0.3375 | 0.4574 |
| 西部 | 0.5542 | 0.2487 | 0.4686 |

**图 22　2016 年东中西部地区数字生活指数比较**

### 3. 省、自治区、直辖市比较

2016 年全国共有 6 个省、直辖市数字生活指数超过 0.6，依次为北京、上海、广东、浙江、天津、福建。23 个中西部省和自治区数字生活指数均低于全国平均水平，数字生活发展水平普遍较低。

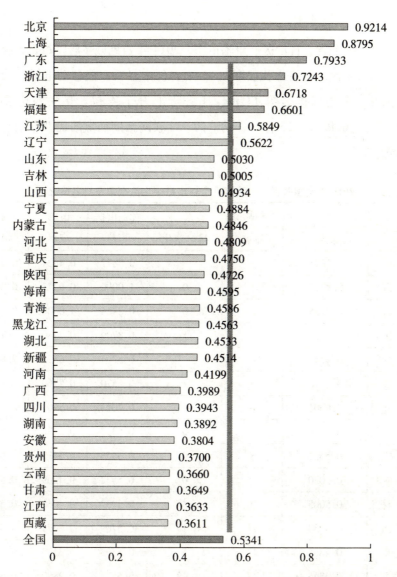

北京　0.9214
上海　0.8795
广东　0.7933
浙江　0.7243
天津　0.6718
福建　0.6601
江苏　0.5849
辽宁　0.5622
山东　0.5030
吉林　0.5005
山西　0.4934
宁夏　0.4884
内蒙古　0.4846
河北　0.4809
重庆　0.4750
陕西　0.4726
海南　0.4595
青海　0.4586
黑龙江　0.4563
湖北　0.4533
新疆　0.4514
河南　0.4199
广西　0.3989
四川　0.3943
湖南　0.3892
安徽　0.3804
贵州　0.3700
云南　0.3660
甘肃　0.3649
江西　0.3633
西藏　0.3611
全国　0.5341

0　　0.2　　0.4　　0.6　　0.8　　1

**图 23　2016 年全国各省、自治区、直辖市数字生活指数情况**

在全国 31 个省、自治区、直辖市数字生活指数排名中，2016 年宁夏排名上升 5 位；吉林、河北、河南排名上升 4 位；云南排名上升 3 位；海南、青海、黑龙江、贵州排名上升 2 位；广东、天津、陕西排名上升 1 位。另外，湖北排名下降 7 位；陕西、新疆排名下降 5 位；内蒙古排名下降 3 为；甘肃、江西排名下降 2 位；浙江、福建、广西、四川、湖南、安徽、西藏排名下降

1 位。

在全国 31 个省、自治区、直辖市中，2014 年西藏城乡居民每百人拥有的电脑数为 3.34 台，电脑普及程度在 31 个省份中最低，但移动电话普及率达到 91.90%，在全国排名第 14 位，比去年上升了 4 位。互联网普及率为 39.4%，在全国排名第 23 位。移动电话、互联网帮助西藏居民共享信息时代的数字生活。

表20　　2016 年全国各省、自治区、直辖市数字生活指数及排名情况

| | 数字生活指数 | | | 移动电话指数 | 电脑指数 | 互联网指数 |
|---|---|---|---|---|---|---|
| | 指数 | 排名 | 排名变化 | | | |
| 全　国 | 0.5341 | — | — | 0.5877 | 0.4824 | 0.5322 |
| 北　京 | 0.9214 | 1 | 0 | 1.0000 | 0.9275 | 0.8367 |
| 上　海 | 0.8795 | 2 | 0 | 0.8484 | 1.0000 | 0.7900 |
| 广　东 | 0.7933 | 3 | 1 | 0.8709 | 0.7480 | 0.7611 |
| 浙　江 | 0.7243 | 4 | −1 | 0.8364 | 0.6377 | 0.6989 |
| 天　津 | 0.6718 | 5 | 1 | 0.5570 | 0.7760 | 0.6822 |
| 福　建 | 0.6601 | 6 | −1 | 0.7023 | 0.5502 | 0.7278 |
| 江　苏 | 0.5849 | 7 | 0 | 0.6337 | 0.5233 | 0.5978 |
| 辽　宁 | 0.5622 | 8 | 0 | 0.6456 | 0.3877 | 0.6533 |
| 山　东 | 0.5030 | 9 | 0 | 0.5532 | 0.4269 | 0.5289 |
| 吉　林 | 0.5005 | 10 | 4 | 0.5932 | 0.4060 | 0.5022 |
| 山　西 | 0.4934 | 11 | 1 | 0.5709 | 0.3471 | 0.5622 |
| 宁　夏 | 0.4884 | 12 | 5 | 0.6503 | 0.3139 | 0.5011 |
| 内蒙古 | 0.4846 | 13 | −3 | 0.6574 | 0.2887 | 0.5078 |
| 河　北 | 0.4809 | 14 | 4 | 0.5273 | 0.3697 | 0.5456 |
| 重　庆 | 0.4750 | 15 | 0 | 0.5411 | 0.3762 | 0.5078 |
| 陕　西 | 0.4726 | 16 | −5 | 0.5972 | 0.3050 | 0.5156 |
| 海　南 | 0.4595 | 17 | 2 | 0.6277 | 0.2218 | 0.5289 |
| 青　海 | 0.4586 | 18 | 2 | 0.5828 | 0.2376 | 0.5556 |

续　表

|  | 数字生活指数 | | | 移动电话<br>指数 | 电脑<br>指数 | 互联网<br>指数 |
|---|---|---|---|---|---|---|
|  | 指数 | 排名 | 排名变化 |  |  |  |
| 黑龙江 | 0.4563 | 19 | 2 | 0.5638 | 0.3417 | 0.4633 |
| 湖　北 | 0.4533 | 20 | −7 | 0.4951 | 0.3614 | 0.5033 |
| 新　疆 | 0.4514 | 21 | −5 | 0.5649 | 0.2304 | 0.5589 |
| 河　南 | 0.4199 | 22 | 4 | 0.5109 | 0.3388 | 0.4100 |
| 广　西 | 0.3989 | 23 | −1 | 0.4672 | 0.2916 | 0.4378 |
| 四　川 | 0.3943 | 24 | −1 | 0.5074 | 0.2611 | 0.4144 |
| 湖　南 | 0.3892 | 25 | −1 | 0.4384 | 0.3003 | 0.4289 |
| 安　徽 | 0.3804 | 26 | −1 | 0.4332 | 0.2981 | 0.4100 |
| 贵　州 | 0.3700 | 27 | 2 | 0.5141 | 0.2081 | 0.3878 |
| 云　南 | 0.3660 | 28 | 3 | 0.4970 | 0.2111 | 0.3900 |
| 甘　肃 | 0.3649 | 29 | −2 | 0.4966 | 0.1891 | 0.4089 |
| 江　西 | 0.3633 | 30 | −2 | 0.4043 | 0.3068 | 0.3789 |
| 西　藏 | 0.3611 | 31 | −1 | 0.5744 | 0.0711 | 0.4378 |

### 4. 城市比较

2016 年全国数字生活指数排名前 30 位的城市集中分布在东部省份。其中，广东有 7 个城市、浙江有 5 个城市、山东有 4 个城市、江苏有 2 个城市、福建有 1 个城市。中西部城市中仍然以省会城市为主，包括湖北武汉、陕西西安、山西太原、湖南长沙、四川成都、宁夏银川以及贵州贵阳等。其中，嘉峪关电脑指数仅为 0.3201，但移动电话指数达到 1，互联网指数达到 0.9082。

**表 21　　　2016 年数字生活指数排名前 30 的地级以上城市**

| 城　市 | 数字生活指数 | | | 移动电话<br>指数 | 电脑<br>指数 | 互联网<br>指数 |
|---|---|---|---|---|---|---|
|  | 指数得分 | 排名 | 排名变化 |  |  |  |
| 深　圳 | 1.0000 | 1 | 1 | 1.0000 | 1.0000 | 1.0000 |
| 佛　山 | 1.0000 | 1 | 0 | 1.0000 | 1.0000 | 1.0000 |

| 城 市 | 数字生活指数 | | | 移动电话指数 | 电脑指数 | 互联网指数 |
|---|---|---|---|---|---|---|
| | 指数得分 | 排名 | 排名变化 | | | |
| 东 莞 | 0.9902 | 3 | 0 | 1.0000 | 1.0000 | 0.9707 |
| 中 山 | 0.9876 | 4 | 0 | 1.0000 | 1.0000 | 0.9627 |
| 珠 海 | 0.9873 | 5 | 0 | 1.0000 | 1.0000 | 0.9619 |
| 广 州 | 0.9739 | 6 | 0 | 1.0000 | 1.0000 | 0.9217 |
| 北 京 | 0.9214 | 7 | 1 | 1.0000 | 0.9275 | 0.8367 |
| 宁 波 | 0.8821 | 8 | −1 | 1.0000 | 0.6562 | 0.9901 |
| 上 海 | 0.8795 | 9 | 1 | 0.8484 | 1.0000 | 0.7900 |
| 杭 州 | 0.8733 | 10 | 1 | 1.0000 | 0.6590 | 0.9608 |
| 武 汉 | 0.8704 | 11 | 8 | 1.0000 | 0.7722 | 0.8389 |
| 苏 州 | 0.8621 | 12 | 1 | 0.8678 | 0.8279 | 0.8907 |
| 舟 山 | 0.8604 | 13 | −1 | 1.0000 | 0.7405 | 0.8406 |
| 嘉 兴 | 0.8467 | 14 | 0 | 1.0000 | 0.6653 | 0.8750 |
| 厦 门 | 0.8352 | 15 | −6 | 0.9696 | 0.5359 | 1.0000 |
| 济 南 | 0.8249 | 16 | 0 | 0.8912 | 0.5836 | 1.0000 |
| 西 安 | 0.8019 | 17 | −2 | 1.0000 | 0.4062 | 0.9996 |
| 青 岛 | 0.7965 | 18 | 5 | 0.8360 | 0.6595 | 0.8941 |
| 南 京 | 0.7873 | 19 | 3 | 0.7958 | 0.6830 | 0.8833 |
| 威 海 | 0.7857 | 20 | 8 | 0.7646 | 0.6646 | 0.9280 |
| 太 原 | 0.7845 | 21 | 16 | 0.9693 | 0.3843 | 1.0000 |
| 长 沙 | 0.7649 | 22 | 2 | 0.9451 | 0.5127 | 0.8369 |
| 东 营 | 0.7618 | 23 | −2 | 0.8193 | 0.5411 | 0.9250 |
| 绍 兴 | 0.7538 | 24 | −4 | 0.9757 | 0.5857 | 0.6999 |
| 成 都 | 0.7533 | 25 | 1 | 0.9543 | 0.6418 | 0.6638 |
| 银 川 | 0.7494 | 26 | 1 | 1.0000 | 0.4433 | 0.8050 |
| 乌 海 | 0.7482 | 27 | −2 | 0.9219 | 0.5253 | 0.7974 |
| 嘉峪关 | 0.7428 | 28 | 76 | 1.0000 | 0.3201 | 0.9082 |

续　表

| 城　　市 | 数字生活指数 | | | 移动电话指数 | 电脑指数 | 互联网指数 |
|---|---|---|---|---|---|---|
| | 指数得分 | 排名 | 排名变化 | | | |
| 贵　阳 | 0.7415 | 29 | 1 | 1.0000 | 0.2697 | 0.9547 |
| 惠　州 | 0.7398 | 30 | 3 | 0.7489 | 0.7893 | 0.6813 |
| 上述城市平均值 | 0.8435 | —— | —— | 0.9436 | 0.6932 | 0.8939 |
| 全国平均值 | 0.5341 | —— | —— | 0.5877 | 0.4824 | 0.5322 |

### 5. 省会城市比较

2016 年有 19 个省会城市的数字生活指数超过 0.6，其中广州、杭州、武汉、济南、西安排名前五，指数超过 0.8。省会城市电脑指数与全国平均水平接近，但移动电话指数、互联网指数分别超出全国平均水平 44.8%、41.2%。在省会城市中，广州、杭州、武汉、西安、贵阳、银川和乌鲁木齐 7 个城市的移动电话指数达到 1。

2016 年全国省会城市的数字生活指数排名发生了一定变化，其中太原上升了 6 位，幅度较大；兰州、合肥排名上升了 4 位，武汉、乌鲁木齐排名上升了 3 位，石家庄、南昌、哈尔滨排名上升了 2 位；海口排名下降了 9 位，长春排名下降了 5 位，南宁、郑州排名下降了 3 位，西宁、沈阳、西安下降了 2 位。

表 22　　　　　　　　　　2016 年省会城市数字生活情况

| 城　　市 | 数字生活指数 | | | 移动电话指数 | 电脑指数 | 互联网指数 |
|---|---|---|---|---|---|---|
| | 指数 | 排名 | 排名变化 | | | |
| 广　州 | 0.9739 | 1 | 0 | 1.0000 | 1.0000 | 0.9217 |
| 杭　州 | 0.8733 | 2 | 0 | 1.0000 | 0.6590 | 0.9608 |
| 武　汉 | 0.8704 | 3 | 3 | 1.0000 | 0.7722 | 0.8389 |
| 济　南 | 0.8249 | 4 | 0 | 0.8912 | 0.5836 | 1.0000 |
| 西　安 | 0.8019 | 5 | −2 | 1.0000 | 0.4062 | 0.9996 |

| 城　市 | 数字生活指数 | | | 移动电话指数 | 电脑指数 | 互联网指数 |
|---|---|---|---|---|---|---|
| | 指数 | 排名 | 排名变化 | | | |
| 南　京 | 0.7873 | 6 | 1 | 0.7958 | 0.6830 | 0.8833 |
| 太　原 | 0.7845 | 7 | 6 | 0.9693 | 0.3843 | 1.0000 |
| 长　沙 | 0.7649 | 8 | 0 | 0.9451 | 0.5127 | 0.8369 |
| 成　都 | 0.7533 | 9 | 0 | 0.9543 | 0.6418 | 0.6638 |
| 银　川 | 0.7494 | 10 | 0 | 1.0000 | 0.4433 | 0.8050 |
| 贵　阳 | 0.7415 | 11 | 0 | 1.0000 | 0.2697 | 0.9547 |
| 福　州 | 0.7353 | 12 | 0 | 0.8251 | 0.4935 | 0.8872 |
| 兰　州 | 0.7124 | 13 | 4 | 0.8994 | 0.3579 | 0.8799 |
| 海　口 | 0.6771 | 14 | -9 | 0.8548 | 0.3254 | 0.8511 |
| 呼和浩特 | 0.6589 | 15 | -1 | 0.8096 | 0.4982 | 0.6689 |
| 乌鲁木齐 | 0.6572 | 16 | 3 | 1.0000 | 0.4127 | 0.5589 |
| 沈　阳 | 0.6410 | 17 | -2 | 0.7586 | 0.5172 | 0.6473 |
| 昆　明 | 0.6370 | 18 | 0 | 0.9071 | 0.3952 | 0.6086 |
| 郑　州 | 0.6219 | 19 | -3 | 0.8541 | 0.2938 | 0.7178 |
| 石家庄 | 0.5987 | 20 | 2 | 0.5486 | 0.4403 | 0.8073 |
| 南　昌 | 0.5401 | 21 | 2 | 0.6154 | 0.4372 | 0.5678 |
| 合　肥 | 0.5355 | 22 | 4 | 0.6165 | 0.3625 | 0.6276 |
| 哈尔滨 | 0.5306 | 23 | 2 | 0.7917 | 0.4265 | 0.3736 |
| 南　宁 | 0.5277 | 24 | -3 | 0.6802 | 0.3555 | 0.5473 |
| 长　春 | 0.5029 | 25 | -5 | 0.7300 | 0.3409 | 0.4376 |
| 西　宁 | 0.4840 | 26 | -2 | 0.6802 | 0.2788 | 0.4932 |
| 省会城市平均值 | 0.6918 | — | — | 0.8510 | 0.4727 | 0.7515 |
| 全国平均值 | 0.5341 | — | — | 0.5877 | 0.4824 | 0.5322 |

**6. 副省级城市比较**

2016 年，有 13 个副省级城市的数字生活指数超过 0.6，仅有哈尔滨与长春未超过 0.6。相比之下，哈尔滨与长春的电脑和互联网普及程度较低，影响了数字生活水平的提高。

2016 年全国副省级城市数字生活指数排名中，武汉排名上升 3 位，杭州、青岛、沈阳、哈尔滨排名上升 1 位；厦门、西安排名下降 2 位，南京、大连、长春排名下降 1 位。

**表 23　　　　　　2016 年 15 个副省级城市数字生活情况**

| 城　　市 | 数字生活指数 | | | 移动电话指数 | 电脑指数 | 互联网指数 |
|---|---|---|---|---|---|---|
| | 指数得分 | 排名 | 排名变化 | | | |
| 深　圳 | 1.0000 | 1 | 0 | 1.0000 | 1.0000 | 1.0000 |
| 广　州 | 0.9739 | 2 | 0 | 1.0000 | 1.0000 | 0.9217 |
| 宁　波 | 0.8821 | 3 | 0 | 1.0000 | 0.6562 | 0.9901 |
| 杭　州 | 0.8733 | 4 | 1 | 1.0000 | 0.6590 | 0.9608 |
| 武　汉 | 0.8704 | 5 | 3 | 1.0000 | 0.7722 | 0.8389 |
| 厦　门 | 0.8352 | 6 | −2 | 0.9696 | 0.5359 | 1.0000 |
| 济　南 | 0.8249 | 7 | 0 | 0.8912 | 0.5836 | 1.0000 |
| 西　安 | 0.8019 | 8 | −2 | 1.0000 | 0.4062 | 0.9996 |
| 青　岛 | 0.7965 | 9 | 1 | 0.8360 | 0.6595 | 0.8941 |
| 南　京 | 0.7873 | 10 | −1 | 0.7958 | 0.6830 | 0.8833 |
| 成　都 | 0.7533 | 11 | 0 | 0.9543 | 0.6418 | 0.6638 |
| 沈　阳 | 0.6410 | 12 | 1 | 0.7586 | 0.5172 | 0.6473 |
| 大　连 | 0.6190 | 13 | −1 | 0.7594 | 0.3881 | 0.7094 |
| 哈尔滨 | 0.5306 | 14 | 1 | 0.7917 | 0.4265 | 0.3736 |
| 长　春 | 0.5029 | 15 | −1 | 0.7300 | 0.3409 | 0.4376 |
| 副省级城市平均值 | 0.7795 | —— | —— | 0.8991 | 0.6180 | 0.8214 |
| 全国平均值 | 0.5341 | — | — | 0.5877 | 0.4824 | 0.5322 |

## 六、中国信息社会发展研究基本结论

随着经济社会深度转型、全面深化改革持续推进、宏观经济环境深刻变化，2016 年全国信息社会发展速度放缓，创新发展的动力相对不足，但农村数字生活得到快速普及，绿色发展成为信息社会建设的突出亮点，全国共有 32 个地级以上城市已经进入信息社会初级阶段。

### 1. 全国信息社会发展速度放缓

2016 年全国信息社会指数为 0.4523，比 2015 年增长 4.10%，明显低于"十二五"期间信息社会发展速度，全国信息社会发展速度放缓。

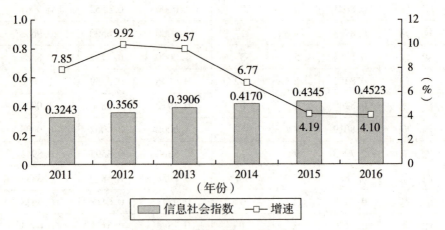

图 24　全国信息社会指数及其增速变化（2011—2016 年）

速度放缓在各个省份、城市信息社会发展中表现明显。2016 年，全国有 19 个省份信息社会指数增速比上年下滑，有 113 个城市的信息社会指数增速比上年下滑，其中 75 个城市的信息社会指数为负增长。

全国信息社会发展总体仍然处于转型期。从省份来看，全国有 28 个省份处于从工业社会向信息社会过渡的转型期，其中广东、浙江等省的 ISI 有望在"十三五"期间超过 0.6；北京、上海、天津 3 个直辖市已经进入信息社会初级阶段。从城市来看，2016 年全国有 35 个地级以上城市处于信息社会起步期，比 2015 年减少 6 个；269 个地级以上城市处于信息社会转型期，比 2015 年增加 5 个；32 个地级以上城市进入信息社会初级阶段。

信息社会发展放缓是与全国宏观经济形势变化紧密相关。目前，我国进入了经济从高速向中高速增长、产业从低端迈向中高端水平的新常态，2012 年 GDP 增长率首次跌落到 8% 以下，2015 年 GDP 增长率再次下降到 7% 以下，经济增长减速从总体上导致了全国信息社会发展放缓。

当前，信息社会发展也出现了很多新的亮点。一方面，与信息社会相关的国家战略设计与政策措施密集出台，2015 年国家和地方政府围绕云计算、大数据、电子商务、智能制造、众创空间、宽带中国建设等诸多领域，制定了一系列的规划计划、实施方案与政策措施，进一步完善了信息社会发展的制度环境。另一方面，信息社会相关的供给侧改革与新动能培育稳步推进，网络提速降费、"互联网＋"、"四众"平台、分享经济、新型智慧城市等催生了一批基于互联网的新产业、新业态、新模式，引领信息社会发展的新动能更加强劲。

### 2. 全国有 32 个城市进入信息社会

2016 年，全国有深圳、广州、北京、宁波、珠海等 32 个城市（含直辖市）信息社会指数超过 0.6，已经进入信息社会。32 个城市的信息社会指数均值为 0.6903，是全国平均水平的 1.5 倍左右，信息社会四大领域发展水平明显高于全国，其中网络社会发展最为突出，是全国平均水平的 1.7 倍。

表 24　　　　　　　　2016 年 32 个进入信息社会的城市与全国比较

| 城市 | ISI | 信息经济指数 | 网络社会指数 | 在线政府指数 | 数字生活指数 |
| --- | --- | --- | --- | --- | --- |
| 32 个城市 | 0.6903 | 0.5748 | 0.7078 | 0.6088 | 0.8155 |
| 全国 | 0.4523 | 0.3848 | 0.4057 | 0.5496 | 0.5341 |
| 32 个城市÷全国 | 152.62% | 149.38% | 174.46% | 110.77% | 152.69% |

在 32 个城市中，深圳市信息社会指数为 0.8510，是唯一进入信息社会中级阶段的城市；湖州、威海是 2016 年新进入信息社会的城市，湖州在全国城

市排名中比上年前进 15 位，威海比上年前进 9 位，另外浙江的舟山、绍兴等进入信息社会的城市排名提升也较快；一些传统的重化工业城市、资源开发型城市面临的转型压力较大，信息社会指数的全国排名均有明显的下降。

32 个城市集中分布在东部沿海地区。其中，广东省有深圳、广州、珠海、佛山、中山、东莞等 6 个城市，浙江省有宁波、杭州、舟山、嘉兴、绍兴、湖州等 6 个城市，江苏省有苏州、无锡、南京、常州、镇江等 5 个城市，山东省有东营、青岛、威海、济南等 4 个城市。在中西部地区，内蒙古自治区拥有信息社会城市最多（乌海、包头、鄂尔多斯、阿拉善盟）。

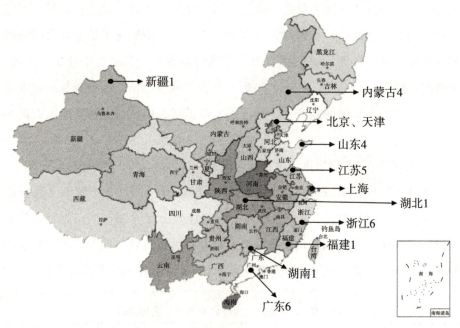

**图 25　2016 年进入信息社会的 32 个城市区域分布情况**

从全国 336 个测评城市来看，排名前进幅度最大的 30 个城市中，山东省有日照、济宁、聊城、枣庄、德州等 9 个城市，安徽有池州、黄山、宣城、蚌埠、安庆等 8 个城市，黑龙江、湖北、四川、甘肃等个别城市排名上升较为明显。排名下降幅度最大的 30 个城市主要集中在中西部省份，导致下降的原因，一方面是网络社会、在线政府指数增长缓慢，另一方面是信息经济、数字生活指数小幅下滑。

**表 25**　　　　　　在全国排名变化较大的城市信息社会发展情况

| 城市 | 年份 | 信息经济指数 | 网络社会指数 | 在线政府指数 | 数字生活指数 | ISI |
|---|---|---|---|---|---|---|
| 排名前进幅度最大的 30 个城市 | 2015 | 0.3131 | 0.3712 | 0.4559 | 0.4109 | 0.3741 |
| | 2016 | 0.3295 | 0.4534 | 0.4564 | 0.4589 | 0.4182 |
| | 2016—2015 | 0.0164 | 0.0822 | 0.0005 | 0.0480 | 0.0440 |
| 排名下降幅度最大的 30 个城市 | 2015 | 0.3108 | 0.3779 | 0.4316 | 0.4898 | 0.3967 |
| | 2016 | 0.3023 | 0.3830 | 0.4316 | 0.4115 | 0.3722 |
| | 2016—2015 | −0.0085 | 0.0051 | 0.0000 | −0.0783 | −0.0245 |

近年来，有关部委相继推进国家电子商务示范城市、信息惠民国家试点城市、国家智慧城市试点城市等项目建设，各个城市依托试点示范项目大力推进教育文化、交通出行、医疗卫生、检验检测等公共服务领域的信息化建设，积极探索市政管理、交通管理、市场监管、公共安全等城市管理领域的智能化水平，试点工作正在以点带面推动各个城市的信息社会发展。

**3. 农村数字生活水平快速提升**

2016 年全国数字生活指数为 0.5341，同比增长 6.01%，数字生活指数在信息社会四大领域中增速最快，对信息社会发展的贡献程度最高，贡献率达到 50.92%。其中，最为突出的是农村数字生活水平快速提升，对缩小城乡数字鸿沟、推动全国信息社会发展发挥了重要作用。

农村居民电脑普及率快速提升。农村居民电脑普及率[①]达到 9.54%，比 2015 年增长 17.90%，增速超过城镇约 11 个百分点。按照信息技术产品扩散的一般规律，电脑在农村的应用将得到进一步加速普及。

互联网在农村正在得到快速普及。随着村村通宽带稳步推进、智能手机在农村的广泛使用，到 2015 年我国农村网民规模达到 1.95 亿，比 2014 年增加 9.43%，增速是城镇的 2 倍；农村互联网普及率是 32.31%，比 2014 年提升 3.51 个百分点，增幅比城镇高出 2.38 个百分点；农村网民占全国网民总

---

① 居民电脑普及率是指每百人拥有的电脑数量。

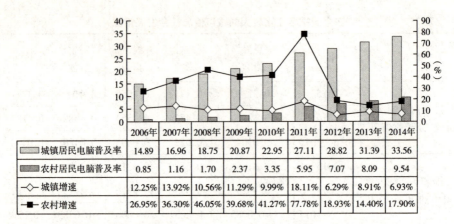

图26 城乡居民电脑普及率及增速的比较（2006—2014年）

| | 2006年 | 2007年 | 2008年 | 2009年 | 2010年 | 2011年 | 2012年 | 2013年 | 2014年 |
|---|---|---|---|---|---|---|---|---|---|
| 城镇居民电脑普及率 | 14.89 | 16.96 | 18.75 | 20.87 | 22.95 | 27.11 | 28.82 | 31.39 | 33.56 |
| 农村居民电脑普及率 | 0.85 | 1.16 | 1.70 | 2.37 | 3.35 | 5.95 | 7.07 | 8.09 | 9.54 |
| 城镇增速 | 12.25% | 13.92% | 10.56% | 11.29% | 9.99% | 18.11% | 6.29% | 8.91% | 6.93% |
| 农村增速 | 26.95% | 36.30% | 46.05% | 39.68% | 41.27% | 77.78% | 18.93% | 14.40% | 17.90% |

数的比例为28.40%，比上年提升0.9个百分点，越来越多的农村居民接入互联网共享数字生活。

表26　　　　　　　　2015年全国城乡网民数量与互联网普及率比较

| 地区 | 网民数量（万人） | 网民数量增速 | 互联网普及率 | 互联网普及率增幅 | 占全国网民比例 | 占全国网民比例增幅 |
|---|---|---|---|---|---|---|
| 城镇 | 49300 | 4.79% | 63.93% | 1.13 | 71.60% | −0.90 |
| 农村 | 19498 | 9.43% | 32.31% | 3.51 | 28.40% | 0.90 |

　　农村电子商务迅猛发展，信息服务不断完善。近年来，农业部、商务部、国家扶贫办等部门推动电子商务进农村、电商精准扶贫，电商企业也相继启动农村电商战略，加快推进农村电商网点布局与服务体系建设，有力推动了农村电子商务发展。信息进村入户试点工作得到有序推进，在试点地区公益服务、便民服务、电子商务和培训体验服务已进到村、落到户。电子商务、信息服务在农村落地生根，推动了农村数字生活的快速发展，从基础的娱乐沟通、信息查询，到商务交易、网络金融，再到教育、医疗、交通等公共服务，各类数字生活在农村得到广泛应用。

　　4. 绿色发展对信息社会转型的支撑作用明显

　　2016年全国能效指数为0.1970，比2015年增长7.31%，空气质量指数为 0.1905，比 2015 年增长 12.38%，增速均达到近年来的最高水平，也明显超过全国信息社会指数增速（4.10%），绿色发展对全国信息社会转型的支撑作用明显。

表 27　　　　　2011—2016 年能效指数、空气质量指数及其增速变化

| 年份 | 2011 | 2012 | 2013 | 2014 | 2015 | 2016 |
|---|---|---|---|---|---|---|
| 能效指数 | 0.1564 | 0.1662 | 0.1731 | 0.1783 | 0.1836 | 0.1970 |
| 能效指数增速 | 4.27% | 6.26% | 4.17% | 3.00% | 2.95% | 7.31% |
| 空气质量指数 | 0.2347 | 0.2273 | 0.2353 | 0.2410 | 0.1695 | 0.1905 |
| 空气质量指数增速 | 3.29% | -3.18% | 3.53% | 2.41% | -29.66% | 12.38% |

具体来看，2015 年全国万元 GDP 能耗比 2014 年降低 5.6%，全国 338 个地级及以上城市平均达标天数比例为 76.7%，PM10、$SO_2$ 和 $NO_2$ 平均浓度同比分别下降 7.4%、16.1%、6.3%，城市空气质量总体呈转好趋势，为信息社会发展提供了良好的资源环境。

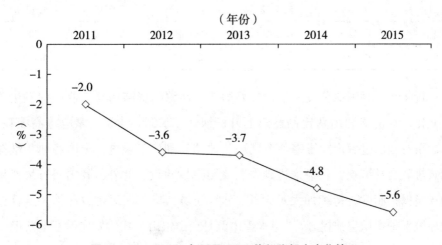

图 27　2011—2015 年万元 GDP 能耗降低率变化情况

绿色发展对各省、自治区、直辖市的信息社会发展的支撑作用明显。2016 年贵州省空气质量指数为 0.3030，是全国平均水平的 1.59 倍，比 2015 年增长 20.71%，增速位居全国第一，集中整治环境污染与三废排放取得突出

成效，空气质量得到持续稳定改善。2016 年江苏省能效指数为 0.2875，是全国平均水平的 1.46 倍，比 2015 年增长 11.82%，增速位居全国首位，在产业"腾笼换鸟"与节能减排领域取得明显成效，高能耗、高污染的传统重化工业去产能、去库存得到有效推进。

表 28　2016 年空气质量指数、能效指数增速排名前 10 的省、直辖市

| 空气质量指数增速排名前 10 位 | | | 能效指数增速排名前 10 位 | | |
|---|---|---|---|---|---|
| 全　国 | 0.1905 | 12.38% | 全　国 | 0.1970 | 7.31% |
| 贵　州 | 0.3030 | 20.71% | 江　苏 | 0.2875 | 11.82% |
| 浙　江 | 0.2564 | 16.67% | 天　津 | 0.2443 | 11.18% |
| 上　海 | 0.2817 | 15.49% | 西　藏 | 0.1530 | 7.66% |
| 河　北 | 0.1212 | 15.45% | 上　海 | 0.2630 | 7.41% |
| 天　津 | 0.1504 | 12.78% | 河　北 | 0.1253 | 5.65% |
| 山　东 | 0.1408 | 12.68% | 吉　林 | 0.1881 | 5.49% |
| 陕　西 | 0.2639 | 9.50% | 湖　南 | 0.1823 | 4.58% |
| 江　苏 | 0.1887 | 8.49% | 浙　江 | 0.2707 | 4.43% |
| 福　建 | 0.3279 | 8.20% | 安　徽 | 0.2152 | 4.28% |
| 重　庆 | 0.2041 | 8.16% | 贵　州 | 0.0999 | 4.07% |

近年来，我国绿色发展呈现良好势头，能源消费结构与产业结构发生明显变化，清洁能源消费比例逐渐上升，钢铁、水泥、建筑、家电等高能耗、高污染行业的过剩产能压缩与节能减排改造得到稳步推进，全国各地相继探索碳排放交易试点，积极推进碳排放交易制度建设。此外，我国实行最严格的环境保护制度，持续加大对大气、水、土壤污染与三废排放防治，全社会的环境保护意识空前提升，"绿水青山就是金山银山"成为发展的基本共识。

**5. 创新发展的动力明显不足**

2016 年全国教育投入指数、研发投入指数、创新指数分别为 0.4893、0.5857、0.1188，比 2015 年分别增长 -6.76%、1.99%、-1.59%，增速明显低于全国信息社会发展总体水平，信息社会发展的创新动力明显不足。

表 29　　　　　2011—2016 年教育投入、研发投入与创新指数变化情况

| 年份 | 2011 | 2012 | 2013 | 2014 | 2015 | 2016 |
|---|---|---|---|---|---|---|
| 信息社会指数 | 0.3240 | 0.3560 | 0.3901 | 0.4162 | 0.4345 | 0.4523 |
| 教育投入指数 | 0.4136 | 0.4209 | 0.4680 | 0.5539 | 0.5248 | 0.4893 |
| 研发投入指数 | 0.4857 | 0.5029 | 0.5257 | 0.5657 | 0.5743 | 0.5857 |
| 创新指数 | 0.0483 | 0.0608 | 0.0821 | 0.1038 | 0.1207 | 0.1188 |
| 信息社会指数增速 | 7.84% | 9.90% | 9.58% | 6.69% | 4.39% | 4.10% |
| 教育投入指数增速 | 6.74% | 1.76% | 11.19% | 18.35% | −5.26% | −6.76% |
| 研发投入指数增速 | 11.54% | 3.53% | 4.55% | 7.61% | 1.52% | 1.99% |
| 创新指数增速 | 21.76% | 25.83% | 34.98% | 26.45% | 16.29% | −1.59% |

我国教育与研发投入、创新能力增长乏力。2016 年有 25 个省、自治区、直辖市的教育投入指数、11 个省、自治区、直辖市的研发投入指数、9 个省、自治区、直辖市的创新指数均为负增长，有 200 个城市的教育投入指数、131 个城市的研发投入指数、113 个城市的创新投入指数为负增长。另外，中西部省、自治区、直辖市在研发创新方面不乏亮点，如 2016 年创新指数增速排名前 10 位的省、自治区、直辖市主要集中在中西部地区，增速均超过 10%，其中江西省创新指数比 2015 年增长 50.44%，增速位居第一位。

目前，我国信息社会发展创新动力不足的问题值得高度关注，创新能力能否得到有效提高将直接关系到国家竞争能力与竞争优势的培育。未来，应按照国家经济和社会发展的总体部署，将更多的人力、物力、财力投向核心技术研发与中高端人才培养，为国家创新发展注入新动力。